우리나라 대통령 선거에서 모두에게 아무 조건 없이 개별적으로 소득을 보장하는 기본소득 정책이 중요한 의제로 떠올랐다. 기본소득이 도입되려면 모든 사람에게 소득을 보장하는 데 대한 근거와 그 필요성에 대해 합의해야 한다. 이 책에는 기본소득에 대한 성서적 근거와 사회과학적 필요성이 제시되어 있다. 하나님께서는 우리에게 넘치는 선물을 주셨다. 토지, 공기, 햇빛, 바람 등은 하나님으로부터 받은 선물로서 우리 모두의 공유부다. 따라서 그로부터 나오는 소득은 모두가 공유해야 한다. 이것이 기본소득의 성서적 근거다. 기본소득은 생태적 전환, 경제 민주주의, 불평등 축소를 위한 수단이 된다. 이것이 기본소득의 사회과학적 필요성이다.

강남훈 한신대학교 경제학과 교수, 기본소득 국민운동본부 상임대표

이 책이 지향하는 '신학과 사회과학의 융복합', 가슴 뛰는 말이다. 신학은 거룩한 나라의 구성 원리를 가장 높은 차원에서 선포하는 역할을 하지만 그런 나라로 '어떻게' 이행할지, 즉 현대 사회에서 제기되는 수많은 문제의 '해법'을 찾으려면 반드시 사회과학이라는 관문을 통과하지 않으면 안 된다. 요한복음 1:1은 예수님을 만물의 이치와 법, 즉 '로고스'로 소개하고 있다. 이런 차원에서 보자면 기본소득은 로고스에 관한 이야기다. 기본소득은 토지를 대표로 하는 천연물은 공유물이고 거기서 발생하는 이익은 모두가 함께 누려야 한다는 '로고스'(말씀)를 담고 있기 때문이다. 책에서 말하고 있듯이 우리는 이 '말씀'(예수님)에서 너무 멀어져 왔고, 그 결과로 인간을 비롯한 피조물 전체가 탄식하기에 이르렀다. 그러므로 우리는 돌아가야 한다. 이 책이 바로 그 방향과 길을 제시하고 있다.

남기업 토지+자유연구소 소장, 희년함께 공동대표

"일하기 싫어하거든 먹지도 말라"는 데살로니가후서의 말씀은 유교적 전통 사회의 근면 정신과도 맞아떨어진다. 그런데 기계화를 넘어 인공지능 시대에 들어서 인간의 일자리는 갈수록 줄어들고 있다. 플랫폼에 종속된 각 노동자의 현실은 인클로저 운동으로 농촌 소작농에서 도시 공장 노동자로 전직한 산업혁명 당시와는 비교할 수 없는 열악한 상황이다. 반면 부의 양극화, 남북문제는 더욱 심각해지고 있다.

기본소득에 관한 논의가 활발하다. 이 책은 기본소득의 정당성과 그 실현 가능성을 성서에서 찾고 있다. 구약성서의 희년 사상과 토지 사상으로부터 시작해 헨리 조지의 토지 단일세론까지, 경제학과 좌우 이념 갈등의 해법, 그리고 지속 가능한 발전을 위한 생태학적 모색과 여성주의 신학까지 기본소득에 관한 신학과 시회과학의 논의를 망라하고 있다. 가뭄에 단비 같은 책이다.

남형두 연세대학교 법학전문대학원 원장·교수

모두에게 아무런 조건 없이 개별적으로 소득을 보장하자는 기본소득이라는 아이디어는 그 이름만큼이나 단순해 보인다. 하지만 이 기본소득이 왜 정당한지 그리고 기본소득이 시행되면 과연 어떤 일이 벌어질지에 대해서는 적지 않은 이야기가 필요하다. 기본소득이 이론과 이념을 넘어 현실의 문제가 되고 있는 오늘날에는 특히 그러하다. 『한국교회, 기본소득을 말하다』는 기독교의 관점에서 이런 이야기의 향연에 참여하려는 귀한 시도다. 만물의 삶이 위협받는 이 시대에 다른 무엇보다 인간을 포함한 만물의 의미 있는 삶을 지향하는 기독교가, 마찬가지로 모두의 삶을 뒷받침하고자 하는 기본소득과 만났을 때 어떤 성찰과 전망이 나오는지를 이 책은 잘 보여주고 있다.

안효상 기본소득한국네트워크 이사장

하나님의 창조 질서를 보존하는 일은 성도와 교회의 신앙적 과제다. 자본의 이윤율 제고(提高)를 위한 비정규직 확대, 무인 공장의 증가 그리고 AI의 급속한 도입은 전 세계적으로 나타나고 있는 현상이다. 이러한 생산 방식의 핵심은 인건비의 큰 감소다. 2008년 금융 자본주의의 파산을 극복하려는 인지 자본의 전략은 결국 잉여 인간의 대량 생산이다. 이는 소득 불평등과 노동 소외의 문제를 넘어 절대 빈곤과 노동 배제로 몰아가는 '보이지 않는 손'에 의한 인간 사냥이 아닐까? 이 책은 이런 위기 하에서 하나님이 사회 속에 위임하신 교회와 국가가 신앙과 정책으로 포옹해 하나님 나라를 세우는 새 이정표다.

양순철 기독교기본소득포럼 상임대표

나의 사적 자유와 재산이 전제된 지평에서 불안하게 대변되는 나의 권리 추구는, 인간 존재론에 대한 깊고도 깊어야 할 우리의 담론을 고작 자본주의에서의 '소유권'이라는 상자에 가두어버렸다. 하나님, 인간 그리고 모든 피조물이 포함된 자연 간의 관계성이 말라버린 가운데, 축복이 아니라 짐이 되어버린 노동에 우리는 너무 오랫동안 길들여졌다. 이 메마른 토양에서 '모두의 것을 모두에게', '모두에게 실질적인 자유'라는 푯대는 얼마나 아득한가. 그 간극에서 기본소득은 생산과 소비의 다만 안전한 순환을 위한 도구로, 또 누군가에게는 부의 축적과 에고이즘적 자유를 위한 도구로 이용되고 또 정치적 소수에 의해 점령되기도 하고 버려지기도 하며 길을 잃는 것만 같다. 이 슬픈 간극을 인간과 하나님의 모든 피조물과의 관계성과 공동체성을 전제한 생명 중심의 인간 담론으로 채우기 위해 우리는 부단히 애쓰는 수밖에 없을 것이다. 어쩌면 영원히 메울 수 없는 그 간극을 채우기 위해 치열하게 노력해준 저자들에게 감사드린다. 신학과 정치·경제학을 가로지르며 이루어진 저자들의 고민과 논의가 지혜의 샘물이 되어 많은 사람에게 흐르길 소망해본다.

이승윤 중앙대학교 사회복지학과 교수

한국교회, 기본소득을 말하다

기본소득에 관한 신학과 사회과학의 대화

이 저서는 2020년 대한민국 교육부와 한국연구재단의 인문사회분야 일반공동연구지원
사업의 지원을 받아 수행된 연구임 (NRF-2020S1A5A2A03041788).

한국 교회,

기본소득에 관한
신학과 사회과학의
대화

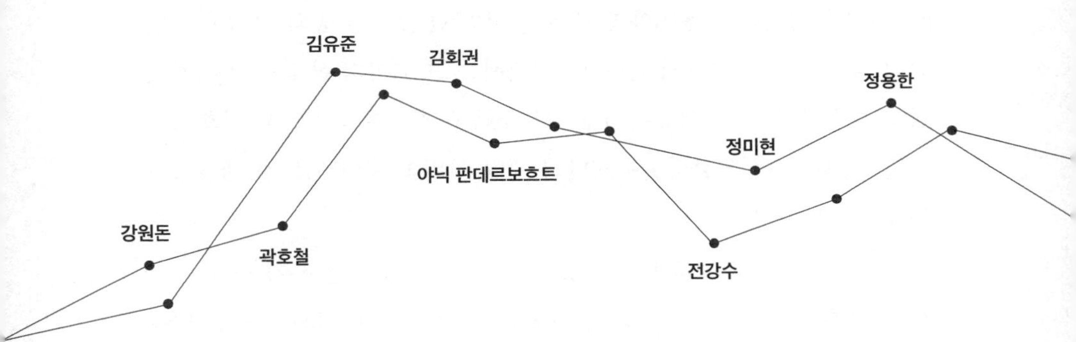

기본 소득을 말하다

책임편집 • 정미현

새물결플러스

머리말

21세기 4차 산업혁명으로 인한 기술의 진보와 전 세계에서 여러 유형으로 지속되는 경제 침체는 일하고 싶어도 일할 수 없는 사람들을 더욱 양산하고 있다. 이러한 예견된 위기에 더하여 팬데믹 상황은 '인류세'(人類世) 시대를 살아가는 우리에게 대안이 될 만한 삶과 노동의 방식이 무엇인지 더 철저히 고민하게 한다. 이 책에서는 그 고민의 한 축을 차지하는 경제 재구성의 문제, 그중에서도 기본소득에 관하여 신학자와 사회과학자들이 지난 1년간 한국연구재단의 재정 지원을 받아 씨름한 내용들을 공유하고자 한다.

독일의 사회학자 하르트무트 로자(Hartmut Rosa)는 후기 근대 시간성을 비판하는 그의 책 『소외와 가속』(앨피 역간, 2020)에서 오늘날 학문의 세계에는 인문학과 사회과학과의 진정한 대화나 공동 숙의가 없으며 더 많은 출판, 학술 대회 업적과 연구 프로젝트를 위한 통제 불능의 광적 질주만 존재한다고 지적한 바 있다. 이 책은 적어도 연구 성과를 가시화하기 위한 광적 질주의 산물이 아니라는 점을 밝히고 싶다. 기본소득이라는 주제어가 사회에서 단순히 선거용으로 남발되지 않고 교계와 신학계에서 이념의 산물로 치부되지 않도록 하며, 신학과 사회과학의 측면에서 그 의미와 함의가 무엇인가를 진지하게 고민하려고 모인 학자들이 서로 대화하며 열심히 준비한 연구의 결과물이다.

기본소득 논의는 끊임없는 생산과 소비의 과정 속에서 쳇바퀴 돌듯이 살아가는 현대인에게 우리의 삶과 우리가 일상적으로 살아가기 위한 모든 일에 대하여 개인적·사회적으로 새로이 성찰해보라는 도전이다. 화폐 경제에 익숙한 우리에게 단순히 삶의 방향성을 전환하라는 말은 다소 황당하게 들릴 수 있다. 그러나 코로나 상황은 현대인에게 보다 근원적인 물음을 회피할 수 없게 하는 절박감을 안겨주었다. 지금까지와 같은 삶의 방식이 그대로 지속된다면 인류가 공멸할 수밖에 없다는 위기 위식은 과거의 삶에 대한 참회를 요구했으며 현재를 살아가지만 미래에 대비하는 삶을 살도록 촉구하고 있다. 기본소득 구상이 당장 오늘, 내일 안에 실현할 수 있는 일은 아니지만 우리가 만나지 못할 후손들의 삶까지도 계획성 있게 생각해보자는 큰 그림이다.

이미 도입된 인공지능 기술은 인간에 대한 위협이 아니라 인간의 삶을 더욱 풍요롭게 할 수 있는 협업 차원의 관계 설정으로 구성될 수 있다. 기본소득은 인간과 노동, 기술을 근본적·다각적으로 성찰해보라는 도전이기도 하며 기술이 도입된 인간의 삶을 새롭게 재구성하는 수단으로 작용할 수 있다. 1990년대 소위 동구권의 사회주의 몰락 이후 고삐 풀린 자본주의가 일방적으로 승리했다고 말하기에는 오늘날 자본주의 체제의 다면적 문제가 부각되고 있는 것이 현실이다. 이러한 시기에 기본소득 담론은 자본주의를 진지하게 성찰할 계기를 마련해주기도 한다. 오늘날 한국 사회에서 기본소득 논의는 소위 진보와 보수 진영, 이념적 우파와 좌파 모두에서 찬성과 반대 의견이 대립하면서 여러 형태로 진행되고 있다. 기본소득에 찬성한다고 해도 그것이 사회 복지 체계의 보완일지 대체일지 간소화일지, 보편 복지일지 선별 복지일지에 대한 기대 양상 역시 각기 다르게 나타난다. 이 책은 특별히 이데올로기적 단어가 마구잡이로 떠돌아다니는 상황에서 기본소득 논의를 이념적 대립 구도에서 보기보다 성서와 기독교 전통의 관점에서 성찰하고 현실적 대안을 찾는 데 보탬이 되고자 기획한 것이다. 또한 이러한 논의가 사회 전반을 떠받치고 있는 수많은 돌봄 노동의 재인정, 재편성, 재배치, 재가치화에도 도움이 되었으면 하는 간절한 바람이 있다.

> 대한민국 헌법 제32조 ② 모든 국민은 근로의 의무를 진다. 국가는 근로의 의무의 내용과 조건을 민주주의 원칙에 따라 법률로 정한다.

이 헌법 조항은 국가가 필요로 할 때 법령에 따라 국민에게 근로의 의무를 부가할 수 있음을 말한다. 이러한 법 조항이 만들어진 것은 굴곡진 현대사에 나름의 배경이 있다. 그러나 이러한 성문법은 윤리적 의무 차원에서 노동하지 않는 이들에 대한 비난을 합법화할 수 있게 한다. 열심히 일해도 먹고살기 힘든 상황에서 일하지 않아도 먹고살 수 있어야 한다는 주장은 허황되거나 상당히 불공평해 보일 수 있다. 특히 기독교인들은 지금까지의 문화적·교리적 학습으로 인하여 '일하지 않고 먹어도 된다'는 뜻에 동조하기가 더욱 어렵다.

이 책을 통해 우리가 소개하고자 하는 기본소득 담론을 지탱하는 기독교의 가르침은 우리에게 노동과 쉼, 일과 그 보상에 대해 여러모로 다른 시각을 갖도록 촉구한다. 궁극적으로 기독교인이 기다리는 것은 하나님 나라가 하늘에서와 같이 이 땅에서 이루어지는 것이며 그 나라의 일원이 되는 것이다. 거시적으로 하나님 나라를 기다리는 전망 가운데 우리의 공동체가 서둘러 신학적·경제학적·사회학적 차원에서 경제활동에 있어 생명을 선택하는 방향으로 재구성되기를 간절히 바란다. 또한 많은 이들이 근대 산업혁명 이후 자본주의 및 생태 파괴적 현상의 위험성을 인식하면서 성서의 말씀들을 새롭게 인식하고 다각적으로 성찰하여 이 기본소득 담론이 우리 사회 안에서 좀 더 활발히 논의되고 점진적으로 실현되기를 소망한다.

온정주의와 자비도 중요하겠으나 공정(fairness)의 정의를 추구하자는 차원에서 뜻을 같이하여 이 작업에 함께해주신 학자들께 진심으로 감사드린다. 기획 단계부터 함께해주시고 좋은 생각을 나눠주신 강원돈 교수님, 곽호철 교수님, 김유준 교수님, 고(故) 이영재 목사님, 전강수 교수님, 정용한 교수님(가나다순)이 바로 그 주인공들이다. 또한 연구 마지막 단계에서 구약학의 공백을 빠르게 채워주신 김회권 교수님께 감사드린다. 무엇보다도 이 연구가 국내의 지평 안에 머무는 것이 아니라 국경 너머 유럽으로까지 이어지도록 많은 도움을 주면서 연구에 참여한 벨기에의 야닉 판데르보흐트(Yannick Vanderborght) 교수님께도 고마움을 전한다. 판데르보흐트 교수의 글을 한국 독자에게 잘 소개하도록 번역해준 정진리 조교, 연구의 모든 과정에서 기술적인 부분을 살뜰히 살펴준 채희연 조교와 연구 프로젝트 기획 단계부터 마무리에 이르기까지 크게 수고하신 김유준 교수님에 대한 감사 인사도 빼놓을 수 없겠다.

출판계 사정이 그리 녹록지 않음에도 흔쾌히 책의 발간을 허락해주신 새물결플러스의 김요한 대표님과 편집을 맡아주신 왕희광 편집장님과 최호연 편집자께 진심으로 감사드린다. 이 책이 많은 사람에게 생각거리를 던지며 반향을 일으키는 귀한 자료로 널리 쓰이기를 소망한다.

2022년 1월
연구 학기로 머물고 있는 암스테르담 자유 대학교 연구실에서
정미현(연세대학교 연합신학대학원 교수, 공동 연구 책임자)

차례

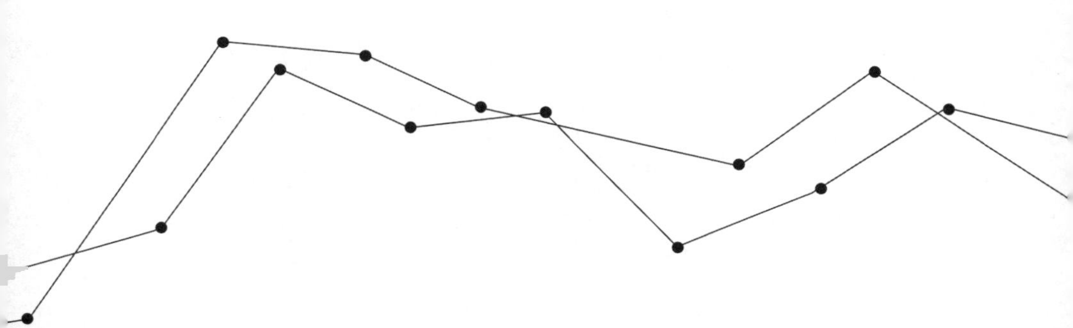

I.
서론

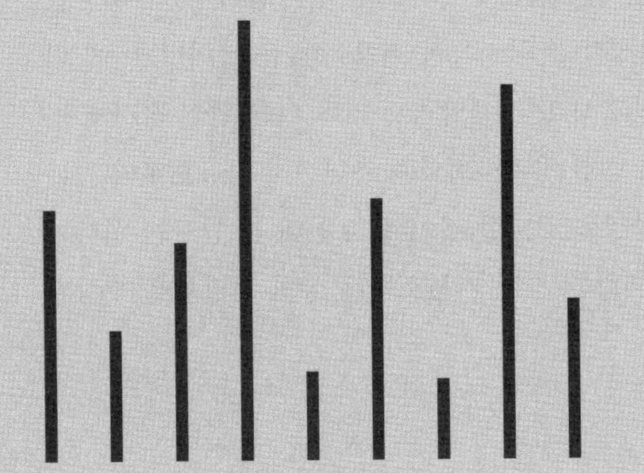

1. 연구 목적과 범위

기본소득의 사상적 연원과 그 맥락을 짚어보면, 기본소득 구상은 수백 년 동안 축적된 역사의 산물임을 알 수 있다. 20세기 이후에는 전 세계적으로 경제학 분야뿐만 아니라 정치사회적 보수와 진보 양측에서도 이에 대한 찬반 논의와 더불어 사상적 발전과 다양한 실험적 시도들이 이어져 왔다. 그러나 국내외적으로 신학 분야에서는 이 주제에 대한 연구가 활발하게 이루어지지 않았다.

본 연구는 기본소득의 사상적 근거, 경제적 기반, 제도화 가능성 등에 관한 신학과 사회과학의 학제간 연구를 통하여, 기본소득이 현대 자본주의가 지닌 약점을 보완하고 경제 정의를 실현하는 유력하고 긍정적인 방안임을 밝히는 것을 목표로 한다. 무엇보다도 먼저 신학의 근간이 되는 구약성서와 신약성서에서 기본소득 정신을 뒷받침할 수 있는 근거를 심도 있게 연구할 것이며, 종교개혁자들이 자본주의의 병폐에 대항하는 맥락에서 펼친 사상과 실천 가운데 기본소득과 관련 있는 선례를 탐구할 것이다. 기독교윤리학의 맥락에서는 기본소득의 사상적 토대를 밝히고 기본소득이 사회정의 실현에 적용될 수 있는가를 연구할 것이다. 또한 여성신학적 관점에서 기본소득 구상을 긍정할 수 있는 이유를 고찰하며 기본소득의 실제적·확장지향적 맥락을 짚을 것이다. 이에 더해 기본소득의 재원 마련에 대한 경제학적 논의와 이를 현실 정치에 어떻게 접목할 수 있을지에 대한 정치사회학적 측면까지 다룸으로써 기본소득 논의의 현실적 타당성을 검토할 것이다. 요컨대 본 연구는 신학과 사회과학의 융·복합적 대화를 통해 기본소득 구상의 정당성을 주장할 수 있는 신학적 근거를 밝히며 그것을 실제로 제도화하기 위하여 사회정책적 타당성에 관해 검토하는 것을 과제로 삼는다.

본 연구는 이론적 연구에만 그치지 않고 설문조사를 통해 기본소득에 대한 기독교인들의 인식과 태도를 파악하고, 기독교 신앙이 그러한 인식과 태도를 형성하는 데 어떤 영향을 끼치는지를 실증적으로 분석하는 데까지 나아가고자 한다. 그렇게 함으로써 기독교가 교회 차원뿐만 아니라 시민 사회 차원에서 기본소득 논의를 이끌어가기 위해 어떤 준비를 해야 하는지를 밝힐 수 있을 것이다.

기본소득에 관한 신학과 사회과학의 학제간 연구는 우리나라 학계에서 처음 시도되는 형태의 연구다. 사실 그동안 우리나라뿐만 아니라 전 세계적으로 기본소득에 대한 사회과학적 연구는 활발하게 이루어져 왔으나 신학적 논의는 상대적으로 저조했다. 본 연구는 기본소득에 대한 신학적 논의를 활성화하여 우리나라와 세계 신학계에 기여하게 될 것이다. 또한 본 연구는 기본소득의 신학적 근거를 밝히는 것에서 한 걸음 더 나아가 기본소득의 제도적 실현 가능성을 사회과학적으로 규명하는 데까지 나아가고자 하기 때문에, 만일 본 연구가 성공을 거둔다면 교회는 본 연구에 바탕을 두고 교회 회중은 물론 시민 사회를 상대로 기본소득 담론을 이끌어가며 구체적인 정책 방안을 제시할 수 있을 것으로 전망한다.

2. 연구 방법 및 선행 연구와의 비교

1) 연구 방법

2020년 대한민국 교육부와 한국연구재단의 지원을 받게 된 본 공동 연구는 2020년 7월부터 1년 동안 매월 공동 연구 회의를 통해 서로의 연구 정보를 공유하고 연구 방향과 세부 내용을 면밀하게 조정하면서 신학과 사회과학의 학제간 연구를 통해 비판적 토론과 성찰을 수행하는 방식으로 진행되었다.[1] 특히 기본소득에 관한 설문과 여론 조사를 함으로써 기본소득에 대한 한국교회의 인식과 기대를 분석하고 평가했다.

이러한 과정을 통하여 깊이가 더해진 연구의 결과물이 이렇게 책으로 편집·출판되기에 이르렀다. 전문 잡지에 게재하는 데 그치지 않고 단행본으로 발간하는 것은 무엇보다도 본 연구 결과물이 소수 전문 학자들의 전유물이 되지 않도록 대학과 학계, 교계, 다양한 시민 단체에 공개하여 문제의식을 공유할 기회로 삼기 위함이다.

2) 선행 연구와의 비교

지금까지 국내외적으로 기본소득을 정치철학·사회복지학·경제학 등 사회과학의 측면에서 다룬 학술 논문과 서적은 많이 발간되었다. 그러

---

1 공동 연구의 성과는 2020년 12월 11일과 2021년 10월 15일 두 차례에 걸쳐서 온라인으로 진행된 국내외 공개 학술 세미나를 통해 발표되었고 논찬을 받고 그 내용을 가다듬었다.

나 신학적인 측면에서는 이 주제에 대해 심도 있는 연구가 많이 이루어지지 않았다. 국내에서의 경향만 살펴보면 다음과 같다. 우선 구약학의 관점에서 기본소득을 키워드로 한 연구는 그리 많지 않았다. 이영재의 논문인 "오경에 나타난 레위인의 기본소득"[2]이 있긴 하지만 본격적인 연구 논문은 아니다. 구약학자 김상기의 "기본소득: 어두운 미래를 밝게 만들기 위해"[3]는 구약의 본문 몇 곳을 간단히 다루었을 뿐이다. 하지만 관점을 좀 더 넓혀 기본소득과 연결될 수 있는 구약의 개념인 땅, 안식년, 희년을 다룬 논문은 훨씬 많다. 대표적으로 이사야의 "구약의 땅과 사회윤리: 안식년과 희년을 중심으로"[4]와 "구약의 사회적 약자와 법전의 사회윤리",[5] 김회권의 "구약성서의 희년사상과 사회윤리적 함의"[6] 등은 땅, 안식년, 희년 등을 신학적·사회윤리적 관점에서 다루었다. 다만

---

2 이영재, "오경에 나타난 레위인의 기본소득", 「기독교사상」 690(2016), 66-77. 본래 이 공동 연구팀이 기획되었을 때 구약 분야를 담당하기로 하셨던 이영재 박사가 2021년 6월 10일 소천하셨기 때문에 함께 공동 연구를 진행할 수 없게 된 점을 밝힌다. 고인은 Aberdeen University에 제출된 박사 학위 논문에서 오경의 경제학적 측면에 대해 깊이 있는 연구를 하셨을 뿐 아니라, 이를 실천에 접목하여 기본소득전북네트워크 창립 회원으로 활발히 활동하였고 전주화평교회에서 기본소득을 구체적으로 실험하였으며 그 사례를 2020년 12월 국내 학술 행사에서 발표하였다. 이 자리를 빌려 고인의 학술적 참여에 다시 한번 감사드린다.

3 김상기, "기본소득: 어두운 미래를 밝게 만들기 위해", 「기독교사상」 699(2017), 122-133.

4 이사야, "구약의 땅과 사회윤리: 안식년과 희년을 중심으로", 「기독교사회윤리」 32(2015), 277-305.

5 이사야, "구약의 사회적 약자와 법전의 사회윤리", 「기독교사회윤리」 18(2009), 259-288.

6 김회권, "구약성서의 희년사상과 사회윤리적 함의", 「신학사상」 127(2004), 131-166. 앞서 언급한 공동 연구 팀원 가운데 구약학 부분의 공백을 김회권 교수가 대신 맡아주셨는데, 이미 이 주제에 대한 연구가 되어 있으셨던 터라 짧은 시간 안에 합류해주실 수 있었다. 이 자리를 빌려 진심으로 감사드린다.

이런 연구들이 최근의 정치적·경제적 화두로서의 기본소득과 연결되어 논의되지는 않았으므로 땅, 안식년, 희년 등에 대한 성서의 이해에 기본소득 모티프가 있는지를 적극적으로 살필 필요가 있다.

신약학에서는 예수의 가르침을 중심으로 신자유주의 경제체제를 비판하고 윤리적 선택과 새로운 경제관을 논의하는 글이 주를 이룬다. 신약학 분야에서 희년에 대한 논의가 없었던 것은 아니지만[7] 신자유주의 경제체제를 로마 제국 당시의 상황과 비교하면서 예수의 가르침이 오늘의 한국 사회에서 지니는 의미를 밝히려는 연구가 많다.[8] 예수의 가르침과 비유에서 다양한 경제적 원리와 가치를 읽어내려는 연구도 많다.[9] 이러한 연구들은 사회적 약자를 돕는 일, 즉 구제와 나눔의 가치를 충분히 다루었다고 볼 수 있으나 구제가 어떻게 사회적 차원으로 확대

---

7 신현우는 "끄떼마"(막 10:22)가 재물이 아닌 토지를 가리키기에 예수도 희년 토지법을 지킬 것을 명령했다고 강조한 바 있다. 신현우, "신약성경에는 희년법이 없는가?", 『희년, 한국사회, 하나님 나라』(서울: 홍성사, 2012), 141-175.

8 조태연은 갈릴리 경제의 특징을 분석하고 그 결과로 "중산층이 몰락하고 사회 계층 구조가 양극화되었고…부의 편중화와 사회 계층 구조의 양극화를 가져왔다"고 평가하였다. 조태연, "갈릴리 경제학", 한국신약학회 편집, 『신약성서의 경제 윤리』(서울: 한들, 1998), 62-88, 특히 86. 또한 김명수는 로마 제국과 금융 자본주의의 공통점으로 공(公)의 사유화를 꼽고 있다. 반면 하나님 나라는 "사(私)의 공유화 질서"로 정의한다. 김명수, "초기기독교 예수운동에 나타난 공(公)경제윤리", 「신학사상」 150(2010), 83-115, 특히 109.

9 김득중, "신약성서의 경제 윤리", 한국신약학회 편집, 『신약성서의 경제 윤리』(서울: 한들, 1998), 25-26. 김경진은 누가-행전의 특징으로 "부자들에 대한 목회적 배려"와 "가난한 자들에 대한 사랑의 관심"을 꼽았다. 누가는 재물의 낭비(탕자의 비유, 불의한 청지기 비유, 부자와 나사로 비유), 집착(만찬의 비유, 부자 청년 기사, 씨 뿌리는 비유), 축적(어리석은 부자 비유)을 비판하면서 재물의 올바른 사용 방법으로 구제(마 6:19-21; 23:26; 눅 3:11; 10:30-37; 11:41; 12:33; 14:12-15, 15-24; 18:22; 19:8)를 가르친다. 김경진, "누가 신학의 재물관-청지기도와 구제", 한국신약학회 편집, 『신약성서의 경제 윤리』(서울: 한들, 1998), 97-111.

될 수 있는지를 고민하는 데까지 나아가지는 못하고 있다.

교회사 분야의 경우 종교개혁자들의 경제사상을 기본소득의 관점에서 다룬 연구물이 거의 없지만, 김유준이 루터, 칼뱅, 츠빙글리, 뮌처 등 종교개혁자들의 경제사상을 희년 사상에 입각하여 연구했다.[10] 경제에 관한 루터의 가르침은 그동안 학자들에 의해 전근대적이거나 자본주의 발달에 역행한 것으로 평가되어왔기 때문이다.[11] 개신교 자본주의 윤리에 막대한 파급력이 있었던 막스 베버는 루터가 직업 소명설을 형성하는 데는 공헌했으나 경제적 가능성을 발전시키지 못하고 오히려 경제적 전통주의로 복귀했다고 보았다.[12] 에른스트 트뢸치도 루터 윤리의 이원성으로 인해 교회가 사회 구조와 제도에 대해 무관심하게 되었다고 보았다.[13] 맥스 스택하우스 역시 루터는 영적이고 좁은 의미의 교회적 혁명에 몰두하고 정치적·사회적 운동에 대해서는 전혀 공감하지 않았다고 보았다.[14] 한편 카터 린드버그는 트뢸치나 스택하우스의 해석이 "루

10 김유준, "마르틴 루터의 경제사상", 「한국교회사학회지」 49(2018), 81-116; "칼빈의 경제사상에 관한 지공주의적(地公主義的) 고찰", 「한국기독교신학논총」 67(2010), 149-168; "Zwingli의 경제윤리에 관한 현대적 고찰", 「복음과 실천신학」 19(2009), 38-62; 『토마스 뮌처의 경제사상』(안산: 희망사업단, 2020).

11 이양호, 『루터의 생애와 사상』(서울: 대한기독교서회, 2002), 224ff.

12 Max Weber, *The Protestant Ethic and the Spirit of Capitalism*, tr. by Talcott Parsons (London: George Allen & Unwin, 1978), 81. 막스 베버, 『프로테스탄트 윤리와 자본주의 정신』(파주: 현대지성, 2018).

13 에른스트 트뢸치는 루터가 기독교인의 윤리에 있어서 근본적으로 기독교적 기준에 따라 세상에서 살아갈 것을 요구했지만, 루터 신학도 가톨릭 신학처럼 윤리의 이원성을 극복하지 못해 세상적 윤리와 은총의 윤리 사이에서의 타협이 불가피했다고 평가했다. Ernst Troeltsch, *The Social Teaching of the Christian Churches*, tr. by Olive Wyon, 2 vols. (London: George Allen & Unwin, 1931), 506-511.

14 Max Stackhouse, *Creeds, Society, and Human Rights: A Study in Three Cultures* (Grand Rapids, MI: Eerdmans, 1984), 54-55.

터의 신학과 실천에 대한 왜곡들"이라고 보면서 "루터는 사회에 대한 신앙의 신학적 적용이 결정적 역할을 할 수 있도록 하는 분명한 모형을 제공할 뿐만 아니라, 좀 더 중요하게는 성서에서 그러한 신학의 위치를 정하는 분명한 모형을 제공한다"[15]고 말했다. 이러한 선행 연구를 염두에 두고 종교개혁자들의 경제사상과 기본소득 개념의 연관성을 조명하고자 한다.

기본소득에 대한 논의는 기본적으로 경제 논의인데 경제윤리의 측면에서 기본소득을 가장 많이 다룬 신학 분야는 기독교윤리학이다. 국내 기독교윤리학 분야에서 기본소득을 다룬 논문으로는 강원돈의 "기본소득 구상의 기독교윤리적 평가"가 있고[16] 곽호철의 "신자유주의의 기독교적 한 대안: 수정된 기본소득제도"가 있다.[17] 또한 김성호의 "한국사회의 기본소득 논쟁에 대한 기독교윤리적 실천방안 연구"가 있으며[18] 오단이와 서봉균의 공동 연구 논문인 "종교개혁의 관점에서 바라본 기본소득의 의미와 적용", 김동환의 "4차 산업혁명 시대, 기본소득에 대한 기독교윤리적 고찰" 등이 있다.[19] 이러한 연구들은 대체로 기본소득의 기본개념이나 현황을 국내 신학계에 소개하는 일에 중점을 두며 기본소득을

---

15 Carter Lindberg, *Beyond Charity: Reformation Initiatives for the Poor* (Minneapolis, MN: Fortress Press, 1993), 162.

16 강원돈, "기본소득 구상의 기독교윤리적 평가", 「신학사상」 150(2010), 177-215.

17 곽호철, "신자유주의의 기독교적 한 대안: 수정된 기본소득제도", 「신학논단」 83(2016).

18 김성호, "한국사회의 기본소득 논쟁에 대한 기독교윤리적 실천방안 연구: 기독교사회복지실천을 중심으로", 「기독교사회윤리」 38(2017), 113-142.

19 오단이·서봉균, "종교개혁의 관점에서 바라본 기본소득의 의미와 적용", 「기독교사회윤리」 40(2018), 121-145; 김동환, "4차 산업혁명 시대, 기본소득에 대한 기독교윤리적 고찰", 「기독교사회윤리」 44(2019), 49-82.

특정한 신학적 주제와 연결하려고 시도한다. 기본소득에 대한 소개나 특정 주제와의 연결에 머물지 않고 기본소득을 사회국가의 혁신이라는 측면에서 거시적으로 파악하고 기본소득의 신학적·철학적·윤리적 근거를 규명하여 기독교윤리적으로 평가한 연구로는 본 연구의 공동 연구원인 강원돈의 논문이 돋보인다.

또한 여성학 분야에서 기본소득을 고찰한 선행 논문들은 있었으나 여성신학적으로 이 내용을 고찰한 것은 연구 책임자 정미현의 선행 논문들이[20] 유일하다.

경제학과 정치사회학 분야에서는 이미 상당히 다양한 논문과 저서가 나와 있기 때문에 여기에 일일이 열거하지는 않겠다. 신학과 사회과학의 학제간 연구인 본 연구에 참여하고 있는 야닉 판데르보흐트(Yannick Vanderborght)[21]와 전강수가 기본소득에 관하여 방대한 연구를 수행하였다는 점은 첨언해둔다. 판데르보흐트는 필리페 판 파레이스(Philippe Van Parijs)와 함께 기본소득 연구의 권위자로 인정되고 있다.

이러한 선행 연구 검토에 근거하여, 본 연구는 기본소득의 신학 사상적 근거와 경제적 기반, 제도화 가능성 등에 관한 신학과 사회과학의 학제간 연구를 수행함으로써 기본소득이 현대 사회에서 경제 정의를 실현하는 유력한 방안임을 밝히고자 한다. 이때 각 학문 분과에 따라 학술

---

20 정미현, "노동의 재분배에 대한 여성신학적 고찰: 기본소득 논의와 관련하여", 「기독교사회윤리」 42(2018), 241-264; 정미현, "기본소득 담론에 대한 생태여성신학적 접근", 「생명연구」 61(2021/8), 1-26.

21 특히 야닉 판데르보흐트의 관심 연구 분야는 비교정치, 비교사회정책, 비교사회역사, 실업과 빈곤, 노동조합, 기본소득 등으로 그의 지도 교수인 판 파레이스를 비롯한 여러 학자들과 함께 기본소득에 관한 일곱 권의 책을 쓴 것은 물론 2000년 이후에만 약 50여 건의 연구 논문을 발표하는 등 왕성하게 활동하고 있다. 판데르보흐트는 기본소득을 논의할 때 판 파레이스와 함께 전 세계적으로 가장 많이 인용되는 학자다.

적 접근을 하는 데 그치지 않고, 한국 리서치의 설문조사를 통해 기본소득에 관한 기독교인의 의견과 태도를 분석하고 향후에 대한 제안과 전망까지 제시하고자 한다.

3) 연구 내용

기본소득에 관한 신학과 사회과학의 학제간 연구인 본 연구에는 총 여덟 명의 국내외 전문 학자들이 참여하여 공동 작업을 했다. 지금까지는 기본소득에 대한 신학적 성찰이나 사회과학과의 학제간 공동 연구가 없었기 때문에 이러한 공동 연구 자체가 기본소득의 새로운 연구 토대를 만든다는 의의가 있다.

본 공동 연구는 먼저 신학의 근본 토대인 구약성서와 신약성서를 살펴볼 것이고, 다음으로 교회사의 맥락에서 종교개혁자들의 구체적 사례를 살펴볼 것이다. 또한 기독교윤리학 차원의 기본소득 논의를 전개하여 경제 정의를 향한 이론적 근거와 대안 제시를 시도할 것이다. 그리고 개혁주의 원리에 바탕을 둔 여성신학적 관점으로 노동의 의미와 재분배 문제를 고찰하여 젠더 정의와 노동, 분배 정의의 문제를 검토할 것이다. 나아가 이러한 신학적 바탕 위에서 경제학과 정치학의 관점으로 기본소득 논의의 현실적 타당성을 점검하고, 재원 마련을 비롯한 정치적 현실을 고려한 이중 경제의 가능성 등 실질적 근거를 마련하는 학제간 연구를 진행할 것이다. 세부적인 연구 내용은 다음과 같다.

성서학 분야에서는 구약신학자 김회권이 기본소득 제도의 정당성을 두 가지 토대에서 찾는다. 하나는 자연법적 토대이고(토머스 페인) 다른 하나는 구약성서의 토지정의법이다. 토지가 만민에게 귀속되었다고 보는 자연법은 토지 소출의 향유도 만민에게 개방된 혜택이라고 주장한다. 또한 성서는 하나님의 선물인 땅이 이스라엘 언약 백성 모두에게 속했으며 어떤 인간도 토지의 사적 소유를 영구화할 수 없다고 말하고 토지 소출 역시 언약 백성 모두가 향유해야 한다고 주장한다. 이 연구는 따라서 성서의 토지정의법이 자연법적 토지 사상과 대동소이함을 밝힌다.

신약학자 정용한은 기본소득에 대한 반대 논의에 가장 자주 등장하는 데살로니가후서 3:10의 "일하기를 싫어하는 사람"에 대한 새로운 성찰을 제공한다. 성서학의 다양한 방법론으로 접근하여 이 구절을 본문 뒤, 본문 안, 본문 앞이라는 세 가지 차원의 세계를 통해 재구성한다. 즉 본문을 1세기 초기 교회의 상황 속에서 분석하고, 로마 제국의 경제 체제가 지녔던 한계를 설명하며, 바울이 지향하는 공동체적 삶을 재해석함으로써 대다수가 프레카리아트(precariat)[22]로 살아가야 하는 오늘날의 현실에서 기본소득을 한국 사회가 수용할 수 있는 가능성으로 볼 수 있게 한다.

교회사학자 김유준은 마르틴 루터와 장 칼뱅의 경제사상에서 기본소득 개념을 유추하고 희년 사상의 맥락에서 연구한다. 루터와 칼뱅의 경제사상은 공평과 정의에 근거하여 인간의 기본권을 보장하고 사회적 약자를 보호하는 희년 사상을 계승했다. 루터와 칼뱅의 경제사상은 근로 소득은 사유하고 불로소득은 공유한다는 희년의 원리에 기초한 지공주의 경제사상으로 볼 수 있고, 이는 기본소득을 뒷받침하는 사상적 토대라고 볼 수 있다.

---

22 '불안정한'을 뜻하는 이탈리아어 precario와 '무산 노동 계급'을 뜻하는 proletariat의 합성어로 불안정한 고용 및 노동 상황에 놓인 저임금·저숙련 노동자 계급을 말한다.

기독교윤리학자 곽호철은 노동 윤리와 기본소득의 관계를 새롭게 규정하고자 한다. 하나님에 의해 모든 인간이 평등하게 창조되었음에도 인간은 불평등한 출발점에서 삶을 시작한다. 하나님은 인간이 풍성한 삶을 살도록 창조하셨기 때문에 성서는 이 불평등을 해소하도록 타자를 향한 사랑과 정의를 요구한다. 약자를 향한 근원적 관심은 성서 기저에 흐르는 핵심 가르침이며, 교회의 오랜 전통에서도 부는 개인을 위해서가 아니라 공동체를 위해서 사용하도록 강조해왔다. 곽호철은 기본소득이 성서의 가르침과 교회 전통을 구현할 수 있는 우리 시대의 한 대안으로서 필요한 제도임을 피력하고자 한다.

조직신학자이자 여성신학자인 정미현은 기본소득 담론이 개혁주의적 기독교 사상과 맞닿아 있으며 기본소득이 가져올 순기능이 여성신학의 관점에서 지지 가능한 것임을 밝힌다. 모든 사회 구성원 사이의 유기체적 관계성 속에서 경제체제를 재구성하며, 무조건성·보편성·개별성에 근거하고 있는 기본소득 담론은 하나님의 은혜를 강조하는 개혁주의 정신 및 여성신학적 원리 실현과 맞물려 있다고 볼 수 있다. 종래의 개혁 정신이 소명의 차원에서 노동을 집중적으로 언급하였다면, 이제는 각 개인의 정체성을 강조하는 은사의 차원에서 노동을 새롭게 이해하면서 기본소득 도입을 통한 성평등 기대 효과, 생명 살림의 신학, 경제학의 재구성 등을 고찰한다.

기독교윤리학자 강원돈은 사회적이고 생태학적인 경제 민주주의의 관점에서 볼 때 생태계 보전과 기본소득이 함께 가야 함을 역설한다. 지금까지 이 두 이슈는 별개로 논의되어왔고 아직 둘을 통합해서 다루는 관점과 방법이 본격적으로 제시되지 않았다. 생태계 보전과 기본소득은 생태학적 지향을 가진 기본소득 구상에서 통합되며, 그것은 생태학적 정의와 사회 정의가 마치 동전의 양면처럼 긴밀히 결합한다는 인식에서 비롯된 구상이다. 강원돈은 이러한 관점에서 그린 뉴딜의 한계를 검토하며 국민 경제 수준에서 사회적이고 생태학적인 소득 분배를 기획한다.

경제학자 전강수는 기본소득론을 좌파·우파·정통파로 나누어 검토하고 각 모델이 한국의 기본소득론에 미친 영향을 밝히는 것을 목적으로 한다. 필리페 판 파레이스가 대표하는 좌파 모델, 밀턴 프리드먼이 대표하는 우파 모델, 토머스 페인, 토머스 스펜스, 헨리 조지의 사상에 기원을 둔 정통파 모델을 소개하고, 특히 마지막 정통파 입장에 서서 변동형 기본소득의 현실적 접근성과 실현 가능성에 역점을 둔 연구를 전개한다.

전 세계적으로 기본소득 논의를 주도하고 있는 벨기에 학자 야닉 판데르보흐트는 기본소득을 제도화하는 현실적 방안을 모색한다. 그는 기본소득에 관한 다양한 실험을 검토·분석하면서 부분적 기본소득에서 시작하여 기본소득의 수준을 높여나가는 방안이 정치사회학적으로 적절하다고 주장한다. 또한 기본소득 제도에 바탕을 두고 영리 경제와 공동체 경제 모두를 아우르는 이중 경제를 활성화할 방안을 검토한다.

공동 연구원들은 이와 같은 신학적·사회과학적 사상의 토대에 기초하여 "기본소득에 관한 신학과 사회과학의 학제간 연구"의 일환으로 기독교인의 기본소득 개념과 도입에 대한 인식을 파악하고자 설문조사 문항을 공동으로 작성하고 (주)한국리서치에 의뢰하여 "기독교인의 기본소득 인식 설문조사"를 실시하였다. 이 설문조사는 2021년 6월 15일부터 6월 30일까지 전국 성인 남녀 기독교인(개신교, 천주교, 정교회) 1,000명을 대상으로 CAWI(Computer-Assisted Web Interview) 방식으로 진행되었다.

4) 본 연구의 의의

본 연구의 구체적 의의는 (1) 기본소득에 대한 기독교 신학계 내부의 담론 형성을 위한 실마리를 제공하고, (2) 경제 및 정의에 대한 종교적 성찰의 바탕을 마련하고, (3) 기본소득 정책의 이론적 근거를 제시하고, (4) 신학과 사회과학의 연계를 통해 학제간 연구의 디딤돌을 마련하며, (5) 통일 이후 시대를 대비해서 사회 통합과 경제 통합에 관한 정책 논의의 방향을 제시하고, (6) 국제적 맥락에서 기본소득에 관한 신학적 담론 형성을 선도하는 것이라고 할 수 있다.

소득 불평등과 경제적 양극화가 심화되는 시대, 플랫폼 자본주의가 소수에게 천문학적 이윤을 몰아주고 다수는 빈곤과 사회적 박탈로 몰아가는 이 시대에, 기본소득에 대한 논의는 유용할 뿐 아니라 필수적이다. 기본소득이 학계에서 많이 논의되고 일반 시민을 상대로 한 설문조사와 공론화 조사도 많이 이루어지고 있는 데 반해, 기독교계에서 아직 활발한 논의가 진행되지 못하고 있는 것은 안타까운 일이다. 본 연구는 이론적인 연구만이 아니라 설문조사를 통하여 기본소득에 대한 기독교인들의 인식과 태도를 실증적으로 분석하고자 하며, 이러한 기초 연구가 기독교계의 기본소득 논의 활성화에 이바지할 수 있을 것으로 기대한다.

II.
기본소득에 관한 성서적 근거와 함의

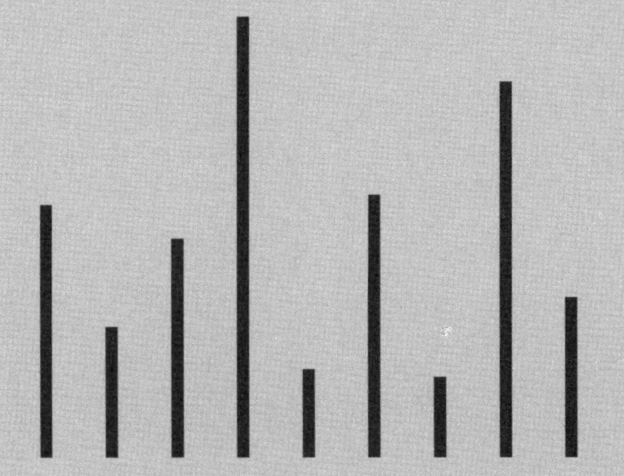

1. 기본소득의 두 토대

자연법과 구약성서[1]

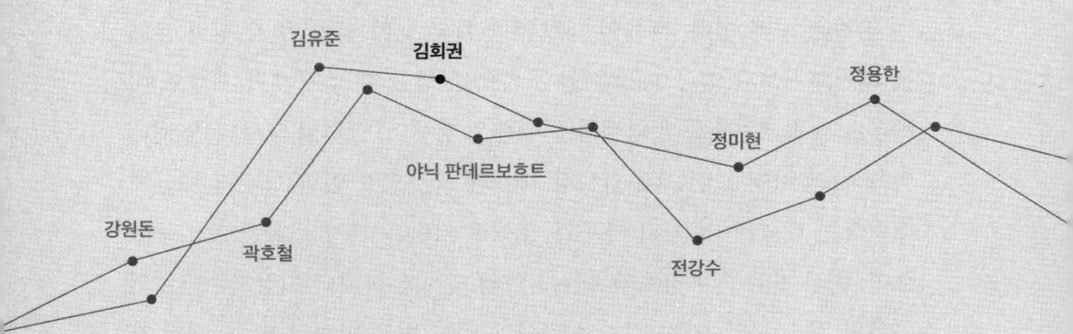

김회권

숭실대학교 인문대 기독교학과 교수

서울대학교 영어영문학과를 졸업하고 장로회신학대학원에서 교역학 석사 학위를, 프린스턴 신학교에서 신학 석사와 성서학 박사 학위를 받았다. 『모세오경』, 『이사야 1-39장 주석』, 『이사야 40-66장 주석』, 『하나님의 도성 그 빛과 그림자』 등 20여 권의 저서와 서른 편 이상의 논문이 있다.

1 이 논문을 확장한 글이 "기본소득론의 두 토대: 자연법과 구약성경"이라는 제목으로 「신학사상」 195(2021/12), 65-105에 실렸음을 밝힌다.

1) 코로나19 팬데믹이 소환한 "사회적 국가"

코로나19 팬데믹이 1년 반 동안 세계를 교란하고 있는 틈에 대면 접촉 문명과 상거래, 그리고 그것을 수반하는 다양한 경제 활동은 엄청난 감축과 쇠락을 맛보고 있다. 기업이 가계 소득의 원천이요 고용 창출이 최고의 복지라고 주장하는 기업 중심의 소박한 자유주의 정치·경제 체제는 곤경에 처해 있다. 문재인 정부는 초기에 토지 정의, 주거 정의 문제를 해결하기보다 임금 노동을 통한 소득 성장을 핵심 경제 정책으로 내세우다가 경제민주화에 역행하는 우행을 범했다. 그러나 코로나19 팬데믹은 이런 전에 없던 보건위생적 재난과 그것으로 인한 경제적 재난에 대처하는 데 기업이 거의 아무런 창조적 역할을 하지 못함을 보여주었으며, 대신 자유주의 경제학자들에 의해 타기된 국가나 지방자치단체의 사회적 결속 과업, 약자 지지와 견인 과업이 빛을 발하고 있다. 세계 각 정부가 앞다투어 시행한 보편 복지의 하나인 백신 무료 주사, 재난 기본소득, 재난 지원금 등이 사회 최약자층의 늘어뜨려진 팔을 부축하고 있다. 전 세계 국가들이 여당의 소속이나 이념에 상관없이 단지 기업의 경제 활동을 보장해주는 시장 보호 국가가 아니라 사회 구성원들을 보호하는 사회적 국가를 재등장시키고 있다. 문재인 정부는 물론이고 전통적으로 보수당인 국민의힘마저도 정강 정책의 앞자리에 '기본소득'을 창설해두고 있다. 1987년 헌법에 경제민주화 조항을 넣는 데 기여한 김종인 전 비상대책위원장이 주창해서 삽입한 정강이지만 의미심장한 변화가 아닐 수 없다. 유력 대선 주자 중 하나인 이재명의 기본소득 주장에 그토록 냉담하고 비판적이었던 정가, 시민 사회 및 학계는 전에 없던 재난 시기에 시행되는 보편 복지의 하나인 '재난 지원금'에 어쩔 수 없이 점차 익숙해져 가고 있다.

2013년 출간되어 세계를 놀라게 한 토마 피케티의 저서 『21세기 자본』의 4부 "21세기 자본 규제"는 사회 구성원들 간에 발생하는 불평등의 원인과 전개 과정 등에 관한 사실을 확인하고 관찰된 원인을 이해하는 데 치중한 1-3부의 논의, 분석, 관찰, 평가로부터 규범적·정치적 교훈을 도출한다.[2] 피케티는 자본(이윤, 배당금, 이자, 임대료, 기타 자본 파생 소득) 회수율(r)과 경제 성장률(g)을 연동시키는 공식에 근거하여 그의 중심 논지를 전개한다. 경제 성장률이 낮을 때는 노동으로부터 오는 부의 집중보다 자본으로부터 오는 부의 집중이 더 빨리 이뤄진다. 부의 분배 격차가 벌어지고 더 큰 부의 불평등을 조장하는 근본적인 동력은 'r 〉 g 불평등'으로 요약할 수 있다. 피케티는 똑같은 공식을 갖고 상속 재산을 분석한다. 그에 따르면 오늘날의 세계는 세습 자본주의로 회귀하고 있으며 경제의 많은 부분이 상속된 부에 의해 지배당한다. 그것들의(그들의) 힘은 증대되고 과두 체제를 만들어낸다. 피케티가 말하는 자본주의의 내재적 불평등 법칙은 두 가지다. 첫째, 국민 소득 중 자본 소득의 비율(자본 소득 분배율) = 자본 수익률×자본/소득 비율이다. 자본 수익률이 올라가거나 자본/소득 비율이 커지면 자본 소득의 분배율이 커진다는 것이다. 둘째, 자본/소득 비율 = 저축률/경제 성장률이다. 이 두 가지의 내재적 법칙 때문에 21세기는 세습 자본주의로 회귀하고 있다. 상속을 통한 소득이 노동 소득보다 더 중요하고 지배적인 세습 사회가 도래한 것이다. 코로나19 팬데믹은 피케티가 예견한 저성장 시대가 아니라

2 토마 피케티/장경덕 외 옮김, 『21세기 자본』(서울: 글항아리, 2014), 560-688.

마이너스 성장 시대를 강제하고 있다. 코로나19 팬데믹 기간에 세계 모든 나라에서 자본 소득은 비약적으로 증대하지만 IT 기업이나 일부 플랫폼 노동자 외에 대면 접촉을 해야 하는 대부분 노동자의 노동 소득은 급강하하고 있다. 결과적으로 국가를 구성하는 구성원들의 유대와 결속이 와해되고 있다.

피케티는 13장에서 불평등이 심화되는 상황에 적합한 '사회적 국가' 모델을 다시 소환한다.[3] 존 메이너드 케인스의 수정 자본주의 체제 아래의 국가 역할 이상을 떠맡는 국가, 즉 사회 구성원들을 지속 가능한 공동체로 묶는 국가를 상상한 것이다. 피케티는 18세기 이래로 부의 분배와 불평등 구조가 어떻게 변화해왔는지를 분석한 『21세기 자본』의 1-3부 분석을 바탕으로 미래 사회의 모델로서 사회적 국가를 내세운 것이다. 그가 말하는 사회적 국가는 1990년대 이후 가속화된 전 세계적 세습 자본주의(노동 소득보다는 자본 소득이 훨씬 더 큰)를 대체할 정당하면서도 효율적으로 통제할 수 있는 새로운 정치 제도로 부의 불평등을 막는 조세 제도 및 공공 정책을 가동하는 국가다. 피케티는 우선 최상위 1%에 대한 소득세와 상속세 최고 세율을 대폭 인상하고 글로벌 부유세를 도입하자고 주장한다. 부의 해외 유출과 도피를 막아 조세 가능한 소득으로 존치시키기 위해 자본에 대한 글로벌 누진세를 제안한다. 피케티는 2%까지 올라가는 누진적 연례 세금과 80%에 이르는 누진적 소득세를 신설해 불평등을 줄이자고 한다. 이러한 세금에는 또 다른 장점도 있다. 부를 노출해 민주적인 감시가 이뤄질 수 있다는 것인데, 이는 은행 시스템과 국제 자본의 흐름을 효과적으로 규제하기 위한 필수 조건이

---

3 위의 책, 560-588.

다. 이 글로벌 자본세는 경제의 투명성과 경쟁의 힘을 유지시키는 한편, 사적 이익에 앞서 공공의 이익을 증진할 것이다.

두 번째로 피케티가 강조하는 사회적 국가의 중요 과업 중 하나는 현대적 '부'의 재분배다. 현대적 부의 재분배는 의료, 교육, 연금을 비롯해 대체로 모두에게 동등한 혜택이 돌아가는 공공 서비스와 대체 소득을 위한 재원을 조달하는 방식으로 이뤄진다. 피케티는 현대적 부의 재분배가 기본권의 논리 그리고 기초적인 것으로 여겨지는 일정한 상품에 대한 평등한 접근이라는 원칙에 따라 이뤄져야 한다고 주장한다. 그는 1776년의 미국 독립 선언문 서문과 1789년의 프랑스 인권 선언에서 사회적 국가의 국민 기본권 보장 의무를 도출한다.

미국 독립 선언문 서문은 자연법적 사상에 근거해 모든 국민의 행복추구권과 그것을 보장할 국가의 사명을 천명한다. 이 서문에 따르면 모든 국민은 행복을 추구할 평등한 권리가 있으며 국가는 이 권리를 보장해야 하는데, 그 이유는 다음과 같은 자명한 진리 때문이다. "모든 사람은 평등하게 태어났고, 창조주는 몇 가지 양도할 수 없는 자연권을 주었으며, 그 권리 중에는 생명, 자유와 행복의 추구가 있다. 이 권리 확보를 위해 인류는 정부를 조직했으며, 이 정부의 정당한 권력은 국민의 동의로부터 나온다."[4] 1789년 프랑스의 인간과 시민의 권리에 관한 선언 제1조 두 번째 문장은 "오직 공익에 바탕을 둘 때만" 불평등을 용인할 수 있다는 내용이다. 사회적 불평등이 오직 모두에게 이익이 될 때만, 특히 가장 불리한 입장에 처한 사회적 집단의 이익에 공헌할 때만 받아들여질 수 있다는 것이다. 따라서 권리와 기회가 가장 적은 사람들의 이익

---

4 위의 책, 571. 인용문은 13장 각주 19에 나온다(764쪽).

에 공헌하는 한 기본적인 권리와 물질적 혜택은 가급적 모두를 대상으로 확장되어야 한다. 이런 해석은 미국의 철학자 존 롤스가 그의 책 『정의론』에서 제시한 "차등의 원칙"과 그 취지가 유사하다.[5] 만인에게 최대한의 "역량"을 평등하게 증대하는 것에 관한 인도의 경제학자 아마르티아 센의 접근법 또한 기본 논리가 크게 다르지 않다.

이처럼 20세기 선진국들이 보여주었던 사회적 국가의 현대적 부의 재분배는 교육, 의료 및 퇴직 연금과 관련된 기본적인 사회적 권리에 기초하고 있다. 여기서 우리가 주목하는 것은 민주적 통제를 받고 사회 통합을 으뜸 과제로 삼는 공화국적 사회 국가가 '부'의 재분배 책임을 맡아야 한다는 점이다. 피케티는 보편적인 '기본소득'을 특정하지는 않지만 정부 지출의 한 형태로 "평생 소득에 비례하는 대체 소득"을 지급하는 사회적 국가를 착상한다. 그는 정부 지출의 형식을 통해서 불평등에 시달리는 사회 구성원들에게 국가에 의한 부의 재분배를 시행해야 한다고 시종일관 주장하고 있는 셈이다.

2) 로마의 공화정 전통에 비추어본 대한민국 민주공화국의 건국 요체

1997-1998년 IMF 사태 이후 우리 사회는 대한민국을 공화국으로 정의한 헌법 제1조의 의미를 심각하게 성찰하게 되었다. 대한민국이 실제로

---

5 John Rawls, *A Theory of Justice* (rev. ed.; Cambridge, MA: Harvard Univ. Press, 1999), 137-156. 존 롤스, 『정의론』(서울: 이학사, 2003).

국민에게 주권이 있는 공화국이 되려면 주권을 행사할 최소한의 조건을 갖춘 국민이 대한민국의 중심 구성원이 되어야 한다. 약 20여 년 전의 IMF 경제 위기는 대한민국이라는 공화국이, 그리고 견고해 보이는 대기업과 은행 등이 국민을 지키는 데 얼마나 무력한가를 전격적으로 폭로했다. 국가는 국민을 보호하겠다는 약속을 근거로 징병권, 징세권, 국가 형벌 소추권, 사법권, 입법권 등을 가지며 이 권한을 집행하는 대의민주주의제의 통치자들과 공무원들을 거느리고 있다. 국가는 국가 안에 있으며 그것을 떠받치는 국민을 섬기기 위해 존재하는 권력 주체지 맹목적 경외와 경배의 대상이 될 수 없다. 국가는 국민의 지위를 가진 사회 구성원들이 공화국을 떠받치는 책임 구성원으로 살 수 있도록 최소한의 사회정치적 보장을 해줄 의무가 있다. 공화국의 개념에 따르면 국민은 존재론적으로 국가나 정부보다 더 근원적이고 토대적인 기관이다. 이것이 대한민국을 공화국이라고 부르는 우리 헌법의 기본 규정이다. 민주공화국 대한민국의 헌법적 국체를 지키려면 '국민'이 존재하여야 하는데 그 국민은 노예적 대우와 신분을 강요당하지 않는 자유 시민이어야 한다. 헌법 제1조, 23조, 119조 1, 2항은 민주 공화국 대한민국을 유지하기 위한 국민 됨의 요건을 어느 정도 규정하고 있다.[6]

> 제1조 ① 대한민국은 민주공화국이다. ② 대한민국의 주권은 국민에게 있고, 모든 권력은 국민으로부터 나온다.

---

6 우리나라의 헌법에 규정된 경제민주화 규정에 대한 예비적 논의를 보려면, 김회권, "경제민주화에 대한 성경의 지침", 「복음과상황」 262(2012/7), 36-46을 참고하라.

> 제23조 ① 모든 국민의 재산권은 보장된다. 그 내용과 한계는 법률로 정한다. ② 재산권의 행사는 공공복리에 적합하도록 하여야 한다. ③ 공공필요에 의한 재산권의 수용·사용 또는 제한 및 그에 대한 보상은 법률로써 하되, 정당한 보상을 지급하여야 한다.

> 제119조 ① 대한민국의 경제 질서는 개인과 기업의 경제상의 자유와 창의를 존중함을 기본으로 한다. ② 국가는 균형 있는 국민 경제의 성장 및 안정과 적정한 소득의 분배를 유지하고, 시장의 지배와 경제력의 남용을 방지하며, 경제주체 간의 조화를 통한 경제의 민주화를 위하여 경제에 관한 규제와 조정을 할 수 있다.

특히 제119조 2항은 국가는 적정한 소득 분배를 유지하면서 경제 주체인 가계, 기업, 정부의 조화를 통한 경제민주화를 이룰 의무를 지니며 이 과정에서 규제와 조정을 할 수 있다고 말한다. 즉, 대한민국 공화국은 시장의 전횡과 범람을 억제하는 공적 질서를 이루어야 한다는 것이다. 이처럼 경제 주체들 사이의 적정한 소득 분배를 추구할 국가의 의무는 헌법이 아예 명문 조항으로 포함하고 있다. 국가의 공적 책무를 규정하는 맥락 중 가장 인상적인 부분이 '경제민주화'다. 이처럼 고결한 헌법을 가진 나라가 얼마나 될까 싶을 정도로 우리나라는 국가의 의무에 경제민주화 실현을 포함시키고 있다. 그런데 지금 우리나라의 경제적 대동맥인 대기업과 국가에는 돈과 자금이 충분히 공급되는 데 비하여 모세혈관에 해당하는 가계, 특히 청년들의 구매력은 빈혈을 일으킬 정도로 바닥을 치고 있다. 낮은 월급, 높은 주거비, 치솟는 사교육비, 막대한 결혼 비용, 각종 보험료 등은 경제적 하층 국민들, 특히 정규직에 진입하지 못하는 청년들의 삶을 근원적으로 위협하고 있다. 우리 국민 대다수가 노예처럼 착취당하는 인간 모멸적 근로 조건에 속박당한 채 서서히 비인간화의 심해로 가라앉고 있다. 특히 부를 생산하는 대기업의 죄를 단죄할 때는 법도 헌법도 일시적으로 느슨해진다. 돈의 위력이 국가의 헌법보다 더 직접적으로 국민 생활을 좌우하고 있는 현실에서 가난한 국민들은 대한민국 공화국의 실종을 경험하고 있다. 공화국이 실종된 그 자리에는 각자도생하며 생존과 인간 존엄을 지켜야 하는 고립된 개인이 넘쳐나고 있다. 이 참혹한 가난과 생존 위기는 공평과 정의의 붕괴를 일상화된 경험으로 대면하는 국민들에게 비국민 대우를 받도록 강요하고 있다. 시민들의 자유 계약으로 들어선 공화국이 부의 생산을 책임지는 주체인 기업들에게 예속되고, 그들에 의해 조종되는 것처럼 느끼는 사람이 늘어가고 있다. 시장의 공화국 침식은 어제오늘 일은 아니다. 노무현의 참여정부는 "이제 권력은 청와대에서 시장으로 넘어갔다"는 공리로 출범했고, MB 정부는 헌법이 경제민주화를 이루기 위해 설정했던 각종 규제를 완화함으로써 국가 민영화를 부단히 시도했다. MB 정권을 심판하고 MB를 영어의 몸으로 전락시킨 비정(秕政)의 큰 줄기는 단지 권력 남용으로 인한 경제적 이익 편취가 아니라 MB 정부의 국가 민영화 시도였다. 국가 민영화주의자들은 천문학적 국가 예산을 국민적 합의도 안 된 사기성 농후한 사업들에 투자하여 국민 혈세를 낭비한 것은 물론이요 방위 산업 비리와 같은 악행을 얼마든지 저지를 수 있었다. 인간의 악행과 탐욕이 사업이라는 거짓된 대의명분을 뒤집어쓰고 공화국의 토대를 일순간에 허물어버릴 수 있었던 것이다.

이명박 정부 이후에 들어선 박근혜 정부는 민주공화국 대한민국의 위상을 복원하는 데 무관심했던 것은 물론, 아예 국가 권력을 사적으로 남용한 대통령이 탄핵됨으로써 중도에 좌초되었다. 박근혜 정부의 난파는 이명박 정부의 악행과 비리를 엄정하게 심판하고 청산하지 못한 결과였다. 박근혜 정부의 중도 파산으로 들어선 문재인 정부는 공화국적 이상을 회복하려고 노력하는 것처럼 보였지만, 국토의 올바른 사용을 규정하는 헌법적 가치를 활성화하는 데 역부족임을 드러내며 시종일관 대기업 중심의 경제 성장을 꿈꾸고 있다. 비정규직 노동자나 하청업 중심의 중소기업 재생 과업은 요원하고 공공 부문 일자리 늘리기, 최저 임금 상승 등의 주변적 정책에 매몰되어 있다. 현 정부는 우리나라의 공화국적 토대를 무너뜨리는 토지·주택 관련 임대업, 투기업의 근본 폐단을 혁파하는 정의감, 청렴함, 그리고 관료 통제 리더십에 있어 현저한 부족함을 드러냈다. 이런 상황에서 코로나 팬데믹은 사회 최약자층을 골라 패대기치고 있다. 대한민국은 과연 헌법대로 작동하는 민주공화국인가?

로마 제국 시대의 공화주의자였던 아프리카누스, 소(小)스키피오, 키케로 등은 공화국이 자유 시민들의 상호 부조, 상호 결속적 유대에 의해 성립된다는 점을 설파했다. 『하나님의 도성』 19권 21장에서 로마의 공화정 이상을 견지한 공화주의자들의 사상을 개관한 아우구스티누스는 로마의 위대한 공화주의자 스키피오가 정의한 것과 같은 공화국이(키케로의 「대화」, 「공화국」 등에 소개) 로마 역사상 한 번도 존재하지 않았다고 비판했다. 그러면서 참된 공화국은 참된 하나님 예배가 실현되는 곳에만 존재할 수 있다고 강조했다. 키케로는 「대화」, 「공화국」 등의 책자에서 로마가 공화국의 이상적 상태에서 타락하고 부패한 것을 포에니 전쟁의 두 영웅인 스키피오와 아프리카누스의 입을 빌려 비판하고 개탄한다. 키케로의 책에서 스키피오는 공화국의 정의가 시민의 행복(국민 복지)이라고 말하며 여기서 시민은 온갖 종류의 모임이나 군중이 아니라 법에 대한 공동의 인식과 공동의 이해관계에 의해 연합된 결사체라고 정의한다. 아우구스티누스는 이런 공화국 정의에 따르면 이런 의미의 시민을 위한 정의로운 공화국은 로마 역사상 실제로 존재한 적이 없었다고 단언한다.[7] 공화국을 국민 복지라고 간단히 정의했던 스키피오(또한 키케로)가 옳다면 로마 사람이 국민 복지를 얻은 일이 없으므로 로마 공화국은 없었다는 것이다. 진정한 공의가 없는 곳에서는 권리를 서로 인정함으로써 뭉친 사람들의 집단이 있을 수 없고 따라서 스키피오나 키케로가 정의한 국민이 있을 수 없기 때문이다. 또한 국민이 없으면 국민 복지도 있을 수 없으며 있는 것은 국민이라고 부를 가치도 없는 잡동사니 군중에 불과하다는 것이다. 다시 말해 공화국은 국민의 복지이며, 권리를 서로 인정함으로써 뭉친 사람들이 아니면 국민이 아니며, 또 공의가 없는 곳에는 권리도 없다면, 가장 확실한 결론은 공의가 없는 곳에는 공화국도 없다는 것이다.[8] 예를 들어 로마 제국의 해외 영토 정복 자체가 불공정하기에 로마는 바른 공화국이 될 수 없다. 해외 영토를 다스리는 로마의 명분이 충족되려면 로마의 통치가 외국인들에게 더 유익하고 불법의 횡행을 막아주어야 하며 정의가 로마 시민 밖의 사람들에게까지 확장되어야 한다. 한 나라의 국민이 식민지 백성처럼 압제를 경험하고 모멸을 당하여 국가 권력의 지배를 받는 곳에는 공화국이 존재하지 않는다. 따라서 한 나라의 일부 국민이 생계를 유지할 정도의 경제 주권도 확보하지 못하는 곳에는 공화국이 이뤄질 수 없다는 결론이 나온다. 아우구스티누스는 개인에게 공의가 없으면 개인들로 구성된 공동

7 성 아우구스티누스/조호연·김종흡 옮김, 『하나님의 도성』(서울: 크리스천다이제스트, 2011), 157.
8 위의 책, 949.

체에게 공의, 즉 권리의 상호 인정이 있을 수 없다고 말한다.

따라서 공평과 정의라는 헌법적 질서가 붕괴되는 순간 공화국은 붕괴되고 인간은 국가를 숭배해야 하는 을(乙)의 위치로 전락하고 만다. 아우구스티누스는 하나님이 사람을 다스리시며 영혼이 신체를 다스리며 이성이 정욕과 영혼의 악한 부분을 다스리는 것을 '정의'라고 규정하고 열등하고 악한 존재들에게는 이성적이고 의로운 자를 섬기는 것 자체가 유익하다고 결론 내린다. 그런 점에서 만민은 의로우신 하나님을 섬겨야 한다. 영혼은 하나님을 섬길 때 비로소 자기 신체를 바르게 통제할 수 있기 때문이다. 따라서 영혼 내부에서 이성이 정욕과 그 밖의 악습들을 바르게 지배하려면 스스로 하나님께 순종해야 한다.[9]

『하나님의 도성』 19권 24장에서 아우구스티누스는 국민과 공화국에 대한 보다 섬세한 정의를 시도한다. 그는 국민을 사랑할 대상에 대한 합의로 뭉친 개인들의 공동체라고 정의한다. 그에 따르면 사랑의 대상이 뛰어날수록 국민도 뛰어나게 된다. 로마가 한 번도 참된 공화국(카토, 키케로, 스키피오, 아프리카누스 등이 정의한 시민적 배려와 우의로 뭉친 공동체)으로 존재하지 못한 이유는 우상숭배를 금하는 하나님을 믿고 따르지 않았기 때문이다. 그런 나라에서는 영혼이 신체에 대하여 고유 지배권을 행사하지 못하며 이성이 악습에 대하여 권위를 행사하지 못하기 때문이다. 공의가 없는 곳에는 공화국이 존재할 수 없다는 것이다. 유일하신 참 하나님에 대한 사랑, 즉 경건함을 잃어버렸다면 덕성도 없다. 다시 말해 '진정한 경건이 없는 곳에는 진정한 덕성(공동체적 예의범절, 도덕성)도 없다'는 것이다. 공동체적 예의범절이 상실된 곳에 공화국은 없다. 돈에 대

9 위의 책, 950.

한 숭배로 뭉친 사람들이 대한민국의 중심 구성원을 이룬다면 맘몬 숭배와 인간 멸시를 일상화하는 나라로 전락할 것은 명약관화하다. 반면 대한민국의 헌법적 가치에 대한 사랑으로 뭉친 국민이 우리나라의 중심 구성원이라면 대한민국은 고상한 민주주의 사회가 될 것이다. 지금 우리 사회는 돈 숭배 사회, 시장 권력 절대 우위 사회로 전락해가면서 민주공화정의 붕괴를 고통스럽게 대면하고 있다.

오늘날 대한민국 공화국은 한쪽으로부터는 모든 공공 기관을 민영화하겠다고 위협하는 극단적 자유주의자들, 즉 기업-시장 전체주의자들, 다른 한쪽으로부터는 공공 기관의 일자리를 늘려서라도 국민의 현금 소득, 구매력 증가를 도모하겠다는 피상적 복지국가주의자들의 점령 시도에 노출되어 있다. 서로 다르지만 두 정치 세력은 대기업의 생산성이 경제 성장을 주도하고 국부를 증대하는 데 결정적이라고 본다는 점에서 일치하며, 공화국의 붕괴를 막을 근본적인 사상을 결여한다는 점에서 닮았다. 이들은 국가 구성원들 사이의 평화, 우애, 연대, 공동체 소속감 같은 무형의 정신 자산은 경제 생산성 계량에서 배제한다. 이들은 지구 자원 고갈과 생태계 파괴 등을 초래하는 경제 성장의 역설에 주목하기보다 '현금'(달러)으로 계상되는 '수입', '소득'에만 주목한다. 국가 주도 복지파는 물론이요 국가의 공공 기관을 민영화하겠다는 이들마저도 '국가'가 휘두르는 '권력'을 포기하려고는 하지 않는다. 그래서 위임된 강제 권력을 동원해서라도 공평과 정의를 지키고 집행하는 데 온갖 노력을 기울여야 할 국가가 오히려 국민을 예속시키는 데 치중한다. 대한민국 역대 정부가 권력을 휘두른 수단으로서의 통치 기구는 다수당을 점한 의회 입법 권력, 검찰, 국세청, 헌법 재판소, 방송, 언론 권력 등이다. 현재의 여야를 가릴 것이 없이, 대한민국은 어떤 정권이 오더라도 건재한 기득권 고지를 점령한 지배층인 주류당에 의해 통치된다. 그들이 함구하고 있는 단 하나의 영역은 '토지 정의' 문제다. '토지 정의'를 건드리는 순간 친북 용공 좌파라는 낙인이 찍히기 때문이다. 그러나 모든 부의 원천이자 부의 생산 기반인 토지 문제를 차치하고는 어떤 경제 정책이나 사회적 형평 정책으로도 공화국적 정체성을 온전하게 회복하기 힘들다. 박정희 독재 체제 이후 계속해서 대한민국은 국가 기관과 기업들의 긴밀한 동맹체로 존재했으며 국가 지배 엘리트들은 부지중에 대한민국의 공화국적 기상을 붕괴시키며 훼손해오고 있다. 시장의 자율주의적이고 공동체 파괴적인 권력을 통제해야 할 국가 권력은 민영화의 이름, 기업 보국의 이름으로 기업의 범죄 심판에 관대하며 생산성 높은 기업의 공평 및 정의 붕괴 범죄에 대해 너그럽다. 반면에 자기 보호망을 가지지 못한 무력한 개인들에게서는 고율의 세금을 걷고 있다. 국가는 점차 거대해져 가는데도 국가에게 제공받아야 할 공평과 정의의 서비스를 전혀 받지 못한 국민들은 생존의 벼랑 끝에서 자기 생존을 강구하는 처지에 놓였다.

국가라는 거대 복합 권력 기관을 통제하고 감독하려면 자유 시민적 지위를 지닌 국민이 깨어 있어야 하는데, 국민 대다수가 노예 혹은 전쟁에도 나가지 못한 채 아이 생산만 담당하는 무산자(proletariat)로 전락한다면 공화국이 위기에 빠지는 것은 시간문제다. 대한민국의 민주주의 위기는 공적 질서의 정립과 유지에 관심을 쏟을 여유도 없이 강압적·착취적 생계 노동에 동원된 국민들의 가혹한 노동 조건 혹은 생계 해결 수단의 박탈을 맛보는 시민들의 빈곤에서 시작된다. 앞서 보았듯이 헌법 제119조 2항은 국가가 국민 경제의 성장 및 안정과 적정한 소득 분배를 유지하기 위하여 시장 지배와 경제력 남용을 방지할 책무를 가지고 있으며 국민 모두가 대한민국이 생산한 부의 분배에 참여할 수 있는 경제 민주화를 위해 시장 지배와 경제력 남용을 적극적으로 막아야 한다고 규정하고 있다. 그런데 지금 우리나라는 절대다수의 국민이 노예, 농노, 혹은 비정규직 노동자로 전락하여 공화국 대한민국을 지킬 능력이나 의향을 급격하게 상실해가고 있다. 코로나19 팬데믹은 복지 국가의 위용을 한껏 드높이는 계기가 되고 있지만 장기간에 걸친 청년 실업률 고조, 자영업자의 몰락, 월급 노동자들의 조기 은퇴 강요, 급격한 노령화 사회 진입으로 인한 노동 인구의 부족 등 대한민국의 공화국 토대를 붕괴시키는 요인을 예방하거나 중화하는 데 있어 국가는 한계에 봉착해 있다. 공화국은 적어도 법적으로 대등한 자유 시민들의 상호 유대, 가치 공유, 이웃의 복지에 대한 인륜적 관심 공유, 전쟁과 위기 시의 참여와 위기 분담 등을 통해 형성된다. 기원전 5세기 중엽의 그리스 역사가 헤로도토스의 『역사』는 페르시아 제국과 그리스 도시 국가들 사이의 전쟁에서 객관적 열세인 그리스의 도시 국가들이 막강한 페르시아 침략군에 맞서 승리할 수 있었던 이유로 그리스 도시 국가의 자유 시민 참전 군인들이 지녔던 자유의 가치에 대한 자부심, 그리스 공화정적 국체에 대한 충성심을 든다. 지금 우리나라는 자유 시민(요즘 흔히 중산층이라 불리는 계층으로, 생계 문제 해결을 이룬 후 공적 정의와 자유 등 공공 가치의 실현에 열심을 내는 국민)의 층이 급격히 얇아지고 생계를 유지하기 위해 필사적으로 노동해야 하는 노예적 신분의 국민 비율이 높아지고 있다. 이러한 공화국 붕괴와 해체를 걱정하는 지식인들은 일찍부터 국민 기본소득을 주창해오고 있다.[10] 고전적 자유주의 국가권력론을 정초한 존 로크나 그것의 영향

10 김종철이 발간하던 「녹색평론」의 131호(2013년 7-8월 호)와 144호(2015년 9-10월

을 받은 미국 독립 선언문은 시민의 상호적 동맹과 협약이 국가 권력이나 정부보다 더 원초적이라고 본다. 정부나 내각은 붕괴되어도 국가를 구성하는 시민들의 사회적 동맹이나 협약은 붕괴되지 않는다. 공화국의 붕괴란 국가의 토대가 되는 이 사회적 동맹이 붕괴되는 위기인 셈이다.[11]

3) 기본소득 논의의 시발과 현황

1997-1998년 IMF 경제 위기 이후부터 대한민국의 공화국 국체 붕괴를 염려하는 선각자들(강남훈, 곽노완, 김종철, 최광은) 사이에서 국민 소득 논의가 시작되었다.[12] 전 세계적으로 볼 때 최근의 기본소득 논의는 1990년대 신자유주의의 발흥으로 국가의 보호를 받지 못하는 최악의 저임금 노동자들이나 실업자들이 대규모로 등장한 사태를 목격한 북유럽식 보편 복지주의파 사회과학자들에 의해 촉발되었다. 그리하여 기본소득 이

호)는 기본소득을 특집으로 다뤄 현실 적합성을 주창하고 있다,

11 한나 아렌트/김선욱 옮김, 『공화국의 위기』(서울: 한길사, 2014), 129-130.

12 「녹색평론」 131호에는 김종철, 곽노완, 강남훈 3자 사이에 이뤄진 기본소득에 대한 대담이 실려 있다(2-51쪽). 이보다 전이나 후에 출간된 「녹색평론」에서는 기본소득에 대한 김종철의 견실한 주장들이 거듭 발표되었다. 곽노완의 제자인 사회당 지도자 최광은의 『모두에게 기본소득을』(서울: 박종철출판사, 2011)도 간략한 기본소득 논의 안내서다. 2013년에 결성된 기본소득한국네트워크는 기본소득 논의를 주도하는 기관이다. 이 단체의 정관 2조에 나오는 목적은 다음과 같다. "네트워크는 모든 사회 구성원의 자유와 참여를 실질적이고 평등하게 보장할 수 있는 기본소득제의 실현에 기여하는 것을 목적으로 한다. 이때 기본소득이라 함은 공유부에 대한 모든 사회 구성원의 권리에 기초한 몫으로서 모두에게, 무조건적으로, 개별적으로, 정기적으로, 현금으로 지급되는 소득을 말한다"(개정 2019. 1. 26).

념은 신자유주의 세계 체제가 기세를 떨치기 시작하던 1990년대부터 유럽연합의 선구자적 사상가들에 의해 세계적으로 퍼졌다. 우리나라의 경우 약 20여 년 전부터 앙드레 고르츠, 필리페 판 파레이스, 브루스 액커만, 앤 알스토트 등 유럽 선진 복지 국가의 여러 기본소득 주창자들의 사상이 국내의 진보 사상가들에게 유입되었으며 2000년을 전후한 시기부터 강남훈, 곽노완, 김종철 등이 이 논의를 주도해오고 있다.[13] 국민 기본소득 주창자들은 시장이나 선진 복지 체제도 국가의 하층민 소득 박탈, 빈곤화를 막을 수 없다고 근본적으로 확신하고 있다. 그들은 국민의 소득 박탈 및 무산자화는 국가를 통제할 민주 시민들의 결사체인 공화국의 몰락을 가져온다고 본다. 또한 그들은 사회 보호형 경제사상가들로서 경제는 공평과 정의의 사회 질서를 유지하는 데 이바지해야 한다고 믿는다.

국민 기본소득은 시장 거래, 부동산, 이자 및 임대 노동, 투자금, 임노동 등으로 얻어지는 소득 외에 국가가 공화국적 정체를 지키기 위하여 국민에게 주는 국민 배당금이다. 판 파레이스, 액커만, 알스토트 등이 주장하는 기본소득은 자산 조사나 근로 조건 부과(work requirement) 없이 모든 구성원이 개인 단위로 국가로부터 지급받는 소득이다. '기본소득'이 종래의 사회 복지 제도들과 근본적으로 다른 점은 재산, 건강, 취업 여부 혹은 장차 일할 의사가 있는지 없는지 등의 자격 심사를 일절 하지

---

13 최근의 기본소득 논의는 기본소득한국네트워크와 그 단체의 상임 이사인 진보신당의 안효상 등에 의해 주도되고 있다. 안효상, "토머스 스펜스의 원형적 기본소득", 「시대」 51(2017/9), 98-115; 안효상·서정희, "코로나19 이후 불확실성 시대의 새로운 소득보장", 「산업노동연구」 26/3(2020/10), 63-118; 필리페 판 파레이스 엮음/안효상 옮김, 『기본소득과 좌파: 유럽에서 벌어진 논쟁』(서울: 박종철출판사, 2020); 토리 말콤/이영래 옮김/안효상 감수, 『왜 우리에겐 기본소득이 필요할까』(서울: 생각이음, 2020).

않고 일률적으로 모든 사회 성원에게 일정한 돈을 주기적으로 평생 지급한다는 데 있다.

액커만과 판 파레이스 등이 쓴 『분배의 재구성』[14]에 의하면 기본소득 사상의 맹아 단계는 16세기까지 거슬러 올라가 추적할 수 있지만 유럽 역사에서 기본소득론이 진지한 주목을 받으며 등장한 것은 200년이 되었다고 본다. '지역 수당'(territorial dividend), '국가 보너스'(state bonus), '데모그란트'(demogrant), '시민 급여'(citizen's wage), '보편 수당'(universal benefit), '기본소득'(basic income) 등 다양한 이름으로 불려온 이 기본소득에 대한 사상은 1960년대 후반과 1970년대 초반 미국에서 인기를 누리며 대선 후보들이 주장하기도 하였으나 곧 잊혀갔다. 그러다가 지난 20년 동안 신자유주의가 득세하면서, 이 사상이 전례 없이 빠른 속도로 유럽연합 회원국 전역에 걸쳐 대중적으로 논의되고 있다는 것이다. 지금 우리나라 사람들의 눈에 기본소득 제도는 매우 급진적인 보편 복지의 전형인 셈이다. 하지만 알고 보면 우리나라도 기초 노령 연금, 65세 이상 지하철 무임 승차제, 장애 수당, 무상 보육, 무상 급식 등을 이미 시행하고 있는 보편 복지의 시대에 돌입했다. 그런데도 우리나라는 빈부 양극화를 해결할 어떤 법적·사상적·제도적 안전장치도 없어 사회 중심 구성원들이 공화국적 충성 유대에서 이탈할 조짐을 보이고 있다. 국민 기본소득은 주권 의식을 가지고 주권을 행사할 수 있는 국민들이 주인이 되는 공화국의 이상을 유지하기 위해, 국민 중 누구도 생계형 노예 노동에 내몰리거나 대한민국의 국부 생산에 전혀 기여하지 못하는 열외자

---

14 브루스 액커만·필리페 판 파레이스 외/너른복지연구모임 옮김, 『분배의 재구성』(서울: 나눔의집, 2010).

취급을 받는 무산자로 전락하지 않게 하고 국민 됨을 누리게 하려는 목적으로 분배하는 주식 배당금형 소득이다.

이 논의에 대한 가장 큰 반대론으로는 재원 마련 문제 등으로 표현되는 실현 불가능성, 국민 기본소득 제공 시 노동 윤리의 와해, 기업의 노동자 고용상의 난점에서 비롯된 인건비 급증으로 인한 기업 도산과 경제 엔진 작동 중지 등이 있다. 강남훈과 곽노완의 사상을 이어받은 사회당 최광은의 『모두에게 기본소득을』과 판 파레이스 등의 『분배의 재구성』은 이 반대론에 대한 답변을 비교적 자세히 제시한다. 최광은은 나미비아의 기본소득 실험이 노동 윤리의 와해가 아닌 노동 의욕의 증가와 생산성 증가를 가져왔다는 점을 강조한다. 최광은에 따르면 알래스카의 석유 기금 이익금 배당은 전형적인 국민 기본소득의 사례다. 알래스카주는 주 소유의 유전 개발에서 얻는 이익이 알래스카 주민 모두에게 귀속된다는 전제 아래 1년에 알래스카 주민에게 1인당 1,000-2,000달러를 제공한다.[15] 강남훈과 곽노완 등 우리나라의 기본소득 주창자들은 모든 복지를 국민 기본소득으로 총집결시킨다면 1인당 월 30만 원 정도의 국민 기본소득 제공도 가능하다고 본다. 국민 기본소득은 노후에 받을 국민연금 등을 대신하여 생애 내내 앞당겨 받는 국민 기본소득이기 때문에 미래에 받기 위해 저축할 필요가 없다. 이 국민 기본소득을 실시하면 현재 400조가 넘는 국민연금 기금 등의 운영 부실이나 전용 등의 위험 부담을 영구적으로 없애준다. 이명박 정부 시절의 자원 외교 추진 과정은 국민연기금의 일탈적 운용 가능성이 현실임을 경각시켜주었다. 지난 정부 당국자들이 캐나다의 정유 회사 하베스트 인수 시 국민

---

15 최광은, 『모두에게 기본소득을』(2011), 42-68.

연금을 전용할 가능성을 고려했다는 신문 보도에서도 알 수 있듯이 400조의 국민연금도 악한 정부가 들어서 분탕질한다면 순식간에 탕진될 가능성이 얼마든지 있는 위험한 저축 자산이다.

국민 기본소득에 대한 가장 원시적 반대는 무노동 무임금의 원칙일 것이다. 일반적으로 무노동 무임금 원칙에 입각한 사람들은 기본소득을 노동하지 않는 자에게도 임금을 지불하는 반이성적 무원칙 정책이자 정의 배반적 과잉 복지라고 생각할 수 있다. 그러나 이것은 단견이다. 노동을 임노동(임금을 받기로 한 고용 조건 하의 노동)으로만 한정하기 때문이다. 일찍이 이반 일리치가 『그림자 노동』에서 갈파했듯이[16] 주부 노동은 임노동은 아니나 식당의 주방장 노동보다 덜 중요하지 않다. 주부가 자녀를 낳고 키워 사회의 시민으로 진출시키는 것은 어떤 임노동보다 귀하고 소중하지만 임노동이 아니기에 임금이 지불되지 않는다. 따라서 주부 노동은 그림자 노동으로 취급되어 경제 성장의 생산량 계측에 전혀 고려되지 않는다. 이는 아주 협소한 관점이 아닐 수 없다. 자동차 수출이 가져온 외화 생산성보다 자녀를 출산하는 주부의 출산 및 육아 노동이 한국 경제 성장의 인적 인프라를 구축한다는 측면에서 경제적 가치가 훨씬 더 큰 업적으로 평가될 수도 있다. 이처럼 오늘날의 임노동자 중심적 노동관에 따르면 사회가 존속되기 위해 가장 결정적인 노동도 경제 성장이나 경제 가치 창출에 기여하지 않는 활동으로 배제된다. 하지만 기본소득 사상은 이런 편견에 도전한다. 기본소득은 모든 국민이 기본적으로 저마다 공화국 유지를 위해 노동한다는 것을 대전제로 한다. 아마도 국민 기본소득으로 발생할 가장 충격적인 변화는 노동자 친화적인 기업만 살아남고 잔혹한 이윤 추구 집착형

---

16 이반 일리치/노승영 옮김, 『그림자 노동』(서울: 사월의책, 2015), 200-202.

기업은 노동자를 고용하지 못해 어려워지는 부분일 것이다. 예를 들어 주유소에서 아르바이트만 해도 생계가 보장된다면 사람들은 가혹한 조건의 노동이나 비윤리적 생산품을 생산하는 회사 등에 취업하기를 꺼리게 될 것이며 기업과 노동자의 갑을 관계가 갑자기 역전되는 사태가 벌어질 가능성이 크다. 따라서 기본소득 정책이 일부 기업인들에게는 재앙과 같은 소식이겠으나 장기적으로 보면 인간의 윤리와 도덕감을 거스르는 기업이 퇴출되어 기업 환경과 생태계가 건강해지고 윤리적 수준도 격상되면서 모든 기업인이 사회적으로 존경받는 분위기가 조성될 수도 있을 것이다.

그렇다면 이 기본소득을 주창하는 사상적 토대나 근거는 무엇일까? 자연권 사상과 그것을 뒷받침하는 성서의 무상 공여 토지 소출 향유 사상이다.

4) 기본소득의 사상적 배경: 자연권 사상

앞서 말했듯이 한국에서 기본소득을 지속적으로 진지하게 외쳤던 사상가는 고(故) 김종철이었다. 녹색 사상에 입각한 문명 비평가인 김종철은 기본소득의 연원을 자연권 사상에서 찾는다. 그는 미국 독립 전쟁의 사상적 원동력이었던 소책자 「상식」(*Common Sense*, 1776)을 쓴 18세기 영국의 정치사상가 토머스 페인이 만년에 쓴 「농경지 정의」(*Agrarian Justice*, 1795)에서 기본소득의 핵심 논리를 찾는다.[17] 15쪽짜리 소책자 「농경지

17 김종철, " '기본소득'이라는 희망", 「경향신문」 칼럼(2014. 3. 5).

정의」는 구조적 가난을 종식시키기 위한 최초의 실제적 제안이었다.[18] 페인의 해결책은 오늘날 유럽 선진 국가에서 부분적으로 시행되고 있는 보편적 사회 보험 체제를 통해 그 위력을 드러냈다. 그는 노령자에 대한 연금, 장애인에 대한 수당, 21세가 된 모든 사회 구성원에게 일시 지불금으로 제공되는 성인 기금 등으로 시민들을 국가에 결속시키는 사회 보장형 연금안이 구체화될 수 있다고 주장했다. 페인은 한 세기 전의 존 로크 같은 사회 계약설 사상가들처럼 자연법에 근거한 토지 향유권에서 자신의 사상을 도출했다. 즉, 페인은 당시의 많은 자유주의 사회 계약 사상들의 전제와 유사한 전제들을 가지고 논리를 전개했다. '자연 상태 혹은 무정부 상황, 즉 실정법이 제정되기 이전 상황에서는, 각 사람이 자유롭고 평등했으며 어느 누구도 다른 사람의 권위에 굴복하지 않았다. 지구는 만민에게 공통으로 소유되어 있었다. 각각의 개별 사람들은 자연 상태보다 그들의 이익들을 더 잘 촉진한다는 전제 아래서 법적 공권력을 가진 정부를 구성하는 데 합의한다'는 것이 로크형 사회 계약설이다. 존 로크처럼 페인도 자연 상태에서는 모든 사람이 각자 자신의 노동을 투입함으로써 자연에서 취하는 것에 대해 재산 소유권을 가진다고 주장했다. 이 노동 투하 행위는 노동 투하자를 노동 대상이 된 자연의 소유자로 확정해줄 뿐만 아니라, 그 노동이 투하된 자연 자원의 사용에 있어 타인을 배제할 권리를 내포한다는 것이다. 로크나 페인은 둘 다 다음과 같이 주장했다. 우선 토지 재산이나 사유 재산은 노동 투하자의 노동 투하로 발생한다. 단, 조건이 붙는다. 어떤 개인이 어떤 자연/자원에 노동을

---

18 Thomas Paine, *Common sense [with] Agrarian Justice* (London: Penguin, 2004) 혹은 Thomas Paine, *Agrarian Justice* (Digital edition 1999 by www.grundskyld.dk).

투하해 그것을 자신의 사유재로 삼더라도, 자연에는 다른 사람들이 노동으로 취할 수 있는 '여전히 충분히 좋은 것'이 남겨져 있어야 하며 남아 있는 것 중 어떤 것도 부패하거나 쓸모없게 되지 않았어야 한다. 그들은 이런 조건 아래서만 노동 투하 방식으로 사유 재산(사유화된 토지 재산)이 획득될 수 있다고 주장했다.

그런데 페인은 사유 재산이 개별적인 모든 사람에게 그것을 향유하기 이전보다 더 좋은 생활 수준을 가져다주었다는 로크의 주장을 비판함으로써 로크와 갈라선다. 존 로크는 『통치론 제2논고』 5장에서 경작되지 않은 100에이커의 땅과 개발되어 비옥해진 10에이커의 땅을 비교하면서, 경작되지 않은 100에어커의 공유지 땅에서나 생산될 수 있는 식량을 경작된 땅 10에이커에서 얻었다고 결론짓는다.[19] 이 단순화된 로크의 이론에는 현실에 존재하는 빈곤 문제를 해결하는 출구가 없다는 것이 페인의 비판이다. 그는 원래 자연 상태에서는 아무도 가난하지 않았음을 강조하고, 두 개의 불평등 계급(땅을 소유한 부유층과 땅 없는 빈곤층)을 만들어내는 토지 사유제 때문에 빈곤이 발생한다고 주장한다. 그래서 자연 상태에서보다 더 악화된 가난을 경험하는 빈곤층은 토지 사유 제도와 더 나아가 사유 재산제에 대해 불만을 품을 수밖에 없다는 것이다. 그래도 페인은 사유 재산 제도 자체를 반대하거나 토지 사유 자체를 반대하지는 않았다. 그가 보기에 문제는 사유 재산 제도에 있는 것이 아니라 확정된 기득권이 된 사유 재산 제도가 자연 상태에서 인간이 누렸던 합법적 재화 향유권을 박탈하는 데 있었다. 그는 '땅을 경작한 사람은

---

19 John Locke, *The Second Treatise of Government* (1690; Indianapolis, IN: Hackett Pub. Com., 1980), Chapter 5 "Property," 19-26.

그의 노동에 의해 추가된 잉여 가치(재산 가치)만 누려야지 땅 자체를 독점할 권리를 가져서는 안 된다'고 주장했다. 하지만 토지 사유제를 주류 이데올로기로 채택한 근대 자유주의적 자본주의 아래서는 결과적으로 만민 공유재였던 땅이 만민으로부터 탈취되고 그것을 소수가 집중적으로 소유하는 현상이 나타났다. 따라서 토지 향유권에서 배제된 이들은 아무리 노동으로 가난을 이겨보려 해도 근본적인 가난의 불평등 굴레에서 쉽게 벗어나지 못하게 되었다. 이 문제에 대해 페인이 구상한 해결책은 공산주의도 아니고 땅을 원래의 자연 상태로 되돌려놓는 것도 아니었다. 그의 주장은 토지 소유 및 토지 소출 향유 기회를 빼앗긴 사람들에게 '보상'을 하자는 것이었다.

페인은 땅 소유자들이 토지 값의 10%를 토지보유세로 사회에 내고 이것을 '국민 기금'(national fund)으로 발전시킨다면 이 기금이 가난을 종식하는 결정적 선봉이 될 수 있다고 봤다. 땅이 없는 가난한 자들도 국민기금의 수혜자가 되어 토지 향유권의 일부를 누리며 자연 상태에서의 가난한 삶보다는 더 유여한 삶을 영위할 수 있다는 것이다. 말하자면 일종의 선별 복지 정책인 셈이다. 그러나 토지의 만민 귀속과 토지의 만민 향유권이라는 이 자연법에는 '만민'에게 지급되는 기본소득 사상이 싹틀 여지가 남아 있다. 페인은 원래 '미경작 상태의 토지는 인류의 공유재산'이라는 '논란의 여지가 없는 사실'에서 기본소득론의 토대가 될 만한 자연법적 토지 사상을 주창하고 있다. 존 로크처럼 페인도 특정 개인의 토지 소유권은 토지 그 자체가 아니라 그가 토지를 경작하거나 개량한 부분에만 한정된다고 보았다. 따라서 토지 소유자는 토지의 절대적 순수 사유자로서 재산권 행사를 주장하기 이전에 무엇보다도 먼저 '기초 지대'(ground-rent)를 사회에 지불해야 하고 그 지대는 장애인과 노인들을 돕는 데 사용되어야 한다고 보았으며, 이것은 19세기 중반 헨리 조지의 토지 단일세론에서 일부 계승되기도 했다. 페인은 토지 경작자들이 지불한 지대를 모아 '국민 기금'을 만들어, 토지의 사적 경작 제도로 인해 '토지에 대한 자연적 상속권'을 잃은 것에 대한 보상으로 21세가 되는 청년에게는 정액의 일시금을 주고 50세 이상의 장년에게는 남은 생애 동안 매년 얼마간의 돈을 지급해야 한다고 주장했다.

확실히 이것은 보편 복지의 대표격인 기본소득 제도와 약간 다르지만 보편적 기본소득론으로 얼마든지 발전될 수 있는 맹아를 그 안에 잉태하고 있다. 토지의 만민 귀속과 토지의 만민 향유권에서도 얼마든지 기본소득론을 창발시킬 수 있다. 특히 페인이 주창한 '국민 기금'은 보편적 기본소득의 재원을 마련해주는 안으로도 볼 수 있다. 국민 기금의 재원을 땅을 가진 사람들이 사회에 내는 10%의 상속세(토지보유세)에서 찾는 이 방안은 언뜻 보면 비현실적이고 공상적인 것 같지만, 페인은 인구 조사, 생활비 계상, 재산 보유 현황 등의 통계를 확보해 이 사회적 보험 계획이 실현 가능하다고 봤다. '가난은 막을 수 있다'는 확고한 신념이 자연법적 토지 사상에 착안한 페인의 정부 지급형 사회 보험의 토대다. 페인은 자연이 베푼 토지라는 천혜(natural bounty)로 인해 개인들은 가난으로부터 구제받을 권리뿐 아니라 가난에 빠지지 않을 권리까지 누려야 한다고 주장했다. 결국 페인은 사유 재산제를 옹호하면서도 사유 재산제가 야기한 불평등으로 발생하는 가난을 제한하기 위하여 보편적인 부의 향유 권리 또한 옹호한 셈이다.

김종철이 잘 지적했듯이, 페인의 이러한 '국민 기금' 구상은 단지 가난한 사람을 돕기 위한 공적 부조나 자선 프로그램이 아니다. 그것은 근대적 토지 사유제가 확립된 사회일지라도 그 토지 사유 제도가 토지의 원천적 가치의 절대 소유를 정당화하는 것이 아니며, 토지의 가치는 만민에게 귀속된다는 점을 주창하려는 구상이었다. 원래 토지란 만인의 공동 재산인 만큼 그 토지로 인한 이익의 상당 부분은 사회 구성원 전체가 나눠가져야 하며 따라서 그것은 유력자가 열등자에게, 혹은 국가가 인민에게 시혜적으로 베푸는 인위적 공여물이 아니라 땅에 태어난 모든 사람이 공평하게 누려야 할 자연적 권리라는 것이다. 그러므로 '국민 기금'을 통해 지급되는 돈은 국가에 의한 생활 지원금이 아니라 어디까지나 국민 각자가 응당 자신의 몫으로 지급받아야 할 '배당금'인 셈이다. 김종철은 토지가 공기, 물, 숲, 바다와 같은 공유지(혹은 공유재)이며 근대적 토지 사유 제도도 토지 공유지 사상을 도말할 수 없다고 주장한다. 김종철에게 기본소득은 생태계 회복 문명을 창조하기 위한 아주 초보적이고 토대적인 정책이다. 이런 논리의 연장에서 김종철은 기본소득의 형태로 원천 공유인 토지를 민중에게 돌려주는 방법 중 하나가 기본소득이라고 본다.[20]

한편 이러한 자연권 사상의 원형이라고 할 수 있는 사상이 구약성서 모세 오경의 땅 선물 신학이다.[21]

---

20 토머스 페인과 거의 동시대에 토지의 공유재적 본질을 회복하자고 외친 토머스 스펜스도 기본소득의 자연법적 토대를 강력하게 지지한다. 그는 페인보다 토지의 만민 향유권을 더 급진적으로 주장한다. Thomas Spence, "Property in Land. Every One's Right," in Alastair Bonnett & Keith Armstrong (eds.), *Thomas Spence: The Poor Man's Revolutionary* (London: Breviary Stuff Publications, 2014). 스펜스의 사상을 소개한 글로는 안효상, "토머스 스펜스의 원형적 기본소득"(2017), 98-115이 있다. 자연법적 토대 위에 기본소득을 주창한 서구학자들의 사상을 일별하려면, 안효상, "서양의 기본소득 논의 궤적과 국내 전망", 「역사비평」(2017/8), 220-249을 참고하라.

21 김회권, 『모세오경』(서울: 복있는사람, 2017), 신명기의 땅 신학 논의(1169-1176쪽)를 보라. 또한 레위기 25장 주석(805-815쪽)을 참고하라.

5) 기본소득의 성서적 토대: 모세 오경의 땅 신학

우리나라도 헌법 119조 2항에 따라 국민연금, 기초 노령 수당, 무상 보육, 무상 급식 등 각종 보편 복지 제도를 실시하며 보통 시민들의 생활 안전망 구축에 힘쓰고 있다. 그러나 2013년 경남도지사 홍준표의 경남의료원 폐쇄나 일방적 무상 급식 중단(2015년) 등으로 볼 때 보편 복지에 대한 평균 시민들의 저항 역시 예상 외로 크다. 왜 이건희 회장 손자에게까지 무료 급식을 줘야 하는가? 부자들에게 돌아갈 몫을 가난한 자들에게 몰아줘야 하지 않는가? 많은 기독교인도 무상 급식을 반대하며 보편적 복지 때문에 재정이 파탄 난다는 보편 복지 반대론자들의 선전을 쉽게 믿는다. 우리나라 헌법은 국가를 구성하는 국민들의 행복추구권을 인정하고 있으며 국가에 소득 분배를 공정하게 관장할 의무를 지우고 있다. 노동을 통해 소득을 얻는 데 한계가 있는 장애인에게는 장애 수당을 주고, 인구 감소를 막기 위해 다자녀 가구에 보육 혜택을 주고, 더 이상 생업이 없는 노인들에게 지하철 무임 승차권을 공여하는 것 등은 이미 공화국적 국가 이념의 부분 실현이다. 공화국은 시민들의 상호 의존적 부조, 결속, 유대가 없으면 무너진다. 공화국적인 건전 사회 질서가 무너진 곳에서는 경제 활동을 통한 이윤 추구가 불가능하다. 민주공화국을 유지하기 위한 장치 중 하나인 보편 복지를 좀 더 근원적으로 집행하자는 것이 국민 기본소득론이다.

그런데 토머스 페인보다 훨씬 더 오래전인 모세 시대, 즉 이스라엘의 국가 형성 시초부터 하나님의 백성 이스라엘은 가나안 땅을 하나님의 선물로 공여받았으며 땅의 사적 소유를 금하고 공적으로 사용할 것을 하나님의 법으로 명령받았다. 이스라엘 백성은 왕이나 제후, 국가적 체제에 소속되기 이전에 대지주 하나님의 소작인으로서 하나님의 땅을 경작할 토지 경작권을 향유하며 경작된 땅의 소출을 통하여 하나님 예배와 이웃과의 계약적 결속을 유지했다. 이런 이스라엘 백성은 자유농민이었고 저마다 자기의 포도나무와 무화과나무를 재배하여 하나님께 자신을 언약적 결속으로 묶었다(왕상 4:25; 미 4:4). 왕이나 전제 군주가 함부로 압제해서도 강제로 징집해서도 안 되는 이 자유로운 농민들, 즉 오로지 하나님께 가장 우선적으로 결속되어 있는 백성을 구약성서는 야웨의 백성 혹은 거룩한 백성이라고 부른다. 이 거룩한 백성, 야웨의 백성은 공평과 정의의 열매를 수확하여 하나님께 바쳐야 하는 소작인으로서 경작을 통해 십계명과 부대 조항을 지키는 데 투신하게 되었다(사 5:1-7). 이것이 모세 오경에 나타나는 땅 신학이다.[22] 창세기, 레위기, 신명기 등이 주장하는 이땅 신학은 네 가지 명제로 구성된다.

첫째, 모든 땅은 하나님의 소유다. 둘째, 모든 이스라엘 자유농민은 땅의 소작인이며(레 25:23), 그 소작인이 지주에게 바칠 소작료는 공평과 정의(사 5:1-7), 십일조를 통한 사회 부조, 하나님의 율법이 명하는 하나님 예배 및 이웃 사랑의 실천이다. 셋째, 이스라엘 자유농민이 하나님께 기업(基業, 나할라 혹은 아후자)으로 받은 땅은 친척이 아닌 타인에게 영구 매매되거나 탈취당해서는 안 된다. 이스라엘 자유농민이 임의로 자

22 구약성서 전체가 '땅의 올바른 처분 규정'이라고 볼 수 있을 정도로 구약성서는 '땅' 문제에 몰입해 있다. Walter Brueggemann, *The Land* (Philadelphia, PA.: Fortress, 1977), 3-14. 월터 브루그만, 『성경이 말하는 땅』(서울: CLC, 2005); Norman C. Habel, *The Land is Mine* (Minneapolis, IN: Fortress, 1955), 1-16, 134-148. 전체적으로 브루그만은 희년 사상이나 구약 토지법을 현대에 직접 적용하는 데 다소 부정적이며, 하벨은 여전히 구약성서의 토지법이 기독교인들에게 윤리적 규범력을 행사할 수 있다고 본다.

기 가문에 부여된 땅을 타인에게 영구 처분하면 그것은 하나님의 저주를 초래하는 일이 된다. 나봇은 이런 이유 때문에 아합 왕에게 디르사에 있는 자신의 포도원을 왕의 채소밭과 대토하지 않았다(왕상 21:3). 마지막으로 이스라엘 땅의 소출은 경작에 참여하지 못한 객, 고아, 과부, 레위인(무산자인 성직자)도 향유해야 한다. 성서는 야웨 하나님을 믿는 모든 사람이 토지 소출의 향유권을 보편적으로 누리도록 규정한다. 레위기 25:23(땅은 하나님의 것!)과 신명기 15:11(어느 누구도 토지 소출의 향유에서 배제되면 안 된다)은 성서에 나오는 기본소득 사상의 대헌장과 같다. 신약 시대 성도들과 초기 교회는 구약성서 39권을 그대로 정경으로 수용함으로써 이런 하나님의 땅 신학을 진리로 받아들였다. 구약성서는 토지의 절대적 사적 소유를 바알 제도라고 비판하며 희년 사상과 토지 소출 보편 향유 사상을 하나님의 법으로 선포한다. 모세오경의 토지 제도보다 토지의 근대적 사적 소유 제도를 절대화하여 토지 소출의 배타적 향유를 정당화하는 것은 모세 오경에 나타나는 '하나님의 땅 신학'과 충돌한다.

많은 기독교인은 구약성서의 율법이 그리스도의 십자가로 폐기되었기 때문에 구약의 율법에 따라 정치, 경제 등을 논하는 것 자체를 신학적 오류라고 생각한다. 이들은 신약성서만이 성서이고 구약의 최고 사명은 그리스도의 도래를 예언하는 것이라고 판단한다. 하지만 이런 구약 폐기론적 입장은 정통 기독교의 입장과 거리가 먼 마르키온적 이단이다. 신약의 기독교인들은 유대교로부터 구약성서 39권을 정경으로 받았고, 기원후 4세기 말에 신약 정경 결정과 더불어 구약성서 39권을 총망라해 66권의 기독교 성서를 확정 지었다. 구약성서의 성전 중심적 제사법과 의식법 대부분은 예수 그리스도의 십자가 안에서 창조적으로 폐기되었지만 구약성서의 십계명, 시민법, 특히 십일조법, 토지법 등의 주요 공동체 규약법은 신약 성도들과 교회에 고스란히(한편으로는 더 급진적으로 재해석되어) 이월되었다. 산상수훈에서 십계명은 훨씬 더 급진적으로 수정·증보되어 신약 성도와 교회로 이월되었고 희년법이나 십일조 부조법 등은 동시에 고스란히 이월되었다.[23] 그래서 313년 콘스탄티누

---

23 희년 사상 자체를 거부하는 기독교인들도 있다. 2008년 1월 10-11일 자 「뉴스앤조이」에는 기독교인 학자 김승욱(중앙대 경제학 교수)의 희년 폐기론과 이를 반박하는 고영근(토지정의시민연대 간사)의 반론이 실렸다. 김승욱 교수는 다섯 가지 이유를 들어 희년법을 기독교인의 토지법으로 받아들일 수 없다고 주장한다. 당시 기독교학문연구회 회장을 맡고 있던 김승욱 교수는 또한 2008년 1월 5일 CGNTV의 "CGN 칼럼"을 통해 다음과 같은 핵심 주장을 피력했다. "하나님께서 '토지를 영영히 팔지 말 것은 토지는 다 내 것임이라'(레 25:23)라고 했기 때문에 토지 공유를 주장하는 토지공개념이 성경적이라는 주장은 틀렸다." 그는 "'토지를 영영히 팔지 말 것은 토지는 다 내 것임이라. 너희는 나그네요, 우거하는 자로서 나와 함께 있느니라'(레 25:23)라는 말씀과 '무릇 땅의 이익은 뭇사람을 위하여 있나니'(전 5:9)라는 말씀을 근거로 들어 토지는 하나님의 것이고 모든 사람을 위해서 있는 것이므로 토지는 공유해야 한다고 주장"하는 것을 반대했다. 김승욱이 희년법을 반대하는 다섯 가지 이유를 간추리면 다음과 같다.

(1) 그는 "성경에서는 토지만을 하나님의 것이라 하지 않고 모든 것이 다 하나님의 것이라고" 말하는데(시 24:1; 50:10; 학 2:8) "왜 유독 토지만이 하나님의 것이므로 개인이 소유해서는 안 되고 다른 것은 사유재산제를 허용해도 된다고 하는지 모르겠다"라고 말했다.

(2) 그는 인간의 노동의 성과물은 사유해도 된다고 하면서 노동의 결과 번 돈으로 매입한 땅을 사유하는 것을 반대하는 것은 이치에 맞지 않는다고 말했다. "우리는 돈만이 아니라 시간도 하나님의 것이라 고백한다. 따라서 내가 만든 것은 내 것이고 하나님께서 만든 것은 하나님 것이라는 말은 성경적 관점이 아니다."

(3) 그는 "'토지는 다 내 것임이라'(레 25:23)라는 말씀은 공유의 근거가 될 수 없다"라고 말했다. 또한 토지 사유를 부정한다고 해서 공유나 국유를 주장해서는 안 된다고 말한다. 즉, 레 25:23은 토지에 대한 청지기 사상을 말하지 공유를 말하지 않는다는 것이다. 그는 전 5:9의 "땅의 이익은 뭇사람을 위하여 있나니"라는 말씀도 공유의 근거가 되지 못한다고 본다. 오히려 "소유권자가 누구이든지 간에 땅으로 많은 사람을 위해 사용"하는 것이 더 중요하다고 본다. 그는 "구약의 어느 한 부분을 문자 그대로 오늘날에 적용하면, 많은 문제가 따른다. 만약 그런 식으로 해석하면 우리는 돼지고기를 먹지 말아야 할 것이다"라고 덧붙인다.

(4) '성경은 공유를 지지하지 않는다'라는 주장을 강화하기 위해 김승욱은 제10계

스의 기독교 공인 이전까지 모든 교부들은 구약성서의 경제 율법을 특별히 강조하였고 교회 공동체는 급진적 사랑, 이웃에 대한 봉사, 사회봉사 등을 실천했다. 구약성서의 토지법이란 토지의 절대 사유 금지와 토지 공유제를 말한다. 하나님의 선물인 가나안 땅이 모든 공동체 구성원에게 속했듯이, 하나님의 선물인 구원을 받은 성도들은 사도행전 2:43-47과 4:32-37에서 희년적 부조 사회를 이루었다. 모든 공동체 구성원은 가난한 자들을 돕기 위해 본인의 재산을 기꺼이 공여하고 희사했다. 산 위에 있는 동네 같은 교회가 사방에 착한 삶이라는 빛을 비추어 외인들로 하여금 하나님께 영광 돌리게 했다.

성서는 아무리 가난한 자라도 토지 소출의 향유에서 조금도 소외되어서는 안 된다고 말한다(신 15:11).[24] 신명기 15:11은 개역개정에 "땅에

명에 의거해 하나님이 토지 사유를 인정한 것을 봐야 한다고 주장했다. 집과 땅은 함부로 침탈해서는 안 되는 사유재산이라는 것이다. 그에 따르면, "도둑질하지 말라"는 제8계명도 "사유재산제를 전제로 한 것이다."

(5) 김승욱은 여호수아서의 토착 족속 땅 추방 전쟁을 사례로 들어 어떤 이들은 토지를 누릴 자격이 없다고 말하면서 토지에 대한 만민 평등의 권리 개념에 반대한다. "하나님께서는 여호수아에게 가나안 땅에서 모든 주민을 쫓아내라고 하셨다. 이것은 헷 족속이라든지 이러한 가나안 땅의 원주민들의 토지권은 인정하지 않는 것이다. 그래서 토지는 만민에게 평등하게 주어지는 것이 아니다."

김승욱도 토지공개념 자체를 원천 부정하지는 않는다. "결론적으로 토지가 다른 재화와 구별되는 이유는 토지만 하나님의 것이어서가 아니다. 토지는 동산과는 달리 움직일 수 없다는 부동성을 가지고 있다. 그래서 사유재산 제도 하에서도 정부가 공익을 위해서 토지에 대해서는 지목(地目)과 같이 목적도 제한하고, 활용할 수 있는 용적률과 건폐율 이런 것을 제한한다. 이것이 바로 토지의 공개념이다. 현행 사유재산 제도 하에서도 이미 토지에 대한 공개념이 포함되어 있다." 그는 성서의 어느 일부분을 떼어서 특정 사상이나 교설을 주장하게 되면 "이단과 같이 큰 잘못을 범할 수 있다"고 경고한다.

24 신 15:11이 원의(原意)와는 달리 마 26:11("가난한 자들은 항상 너희와 함께 있거니와…")과 막 14:7("가난한 자들은 항상 너희와 함께 있으니 아무 때라도 원하는 대로 도울 수 있거니와…")의 '가난한 자 항상 존재론'으로 바뀌는 과정을 잘 설명한 글로는 패트릭 밀러의 주석 『신명기』에 나오는 5장 강해가 있다. Patrick D. Miller, *Deuteronomy*

는 언제든지 가난한 자가 그치지 아니하겠으므로, 내가 네게 명령하여 이르노니 너는 반드시 네 땅 안에 네 형제 중 곤란한 자와 궁핍한 자에게 네 손을 펼지니라"로 되어 있다. 이는 마치 가난한 자와 궁핍한 자는 나라님도 구제할 수 없다는 등의 비관론을 정당화하는 말처럼 들린다. 그러나 사실 이 구절은 언약 공동체 구성원을 향한 보편 복지를 강조한 말씀이다. 이 말씀의 히브리어 원문은 아래와 같다.

כִּי לֹא־יֶחְדַּל אֶבְיוֹן מִקֶּרֶב הָאָרֶץ עַל־כֵּן אָנֹכִי מְצַוְּךָ לֵאמֹר
פָּתֹחַ תִּפְתַּח אֶת־יָדְךָ לְאָחִיךָ לַעֲנִיֶּךָ וּלְאֶבְיֹנְךָ בְּאַרְצֶךָ׃

이것을 정확히 번역하면 다음과 같다.

> 왜냐하면(정녕) 어떤 가난한 자(에브욘)도 땅의 심장(중심, 소출)으로부터 끊어서는 안 될지어다. 따라서 나는 네게 명령한다. "정녕 네 손을 네 땅 안에 있는 네 비천한 자들과 네 가난한 자들에게, 네 형제에게 활짝 펴라."

구약을 그리스어로 번역한 70인역 성서는 대체로 직역에 가깝게 번역되어 있다.

> οὐ γὰρ μὴ ἐκλίπῃ ἐνδεὴς ἀπὸ τῆς γῆς· διὰ τοῦτο ἐγώ σοι ἐντέλλομαι ποιεῖν τὸ ῥῆμα τοῦτο λέγων ἀνοίγων ἀνοίξεις τὰς χεῖράς σου τῷ ἀδελφῷ

(Louisville, KY: John Knox Press, 1988), 137. 패트릭 밀러, 『신명기』(서울: 한국장로교출판사, 2000).

σου τῷ πένητι καὶ τῷ ἐπιδεομένῳ τῷ ἐπὶ τῆς γῆς σου(신 15:11, LXX).

왜냐하면 어떤 가난한 자도 땅으로부터 끊어져서는 안 될지어다. 이로 인해 나는 너희들에게 명령한다. 이 말을 행하라. 말하기를, "정녕 네 형제에게, 네 땅 안에 있는 비천하고 가난한 자에게 네 손들을 펴고 펴라."

여기서 야웨는 네 땅 안에 있는 형제, 곧 가난하고 비천해진 형제에게 손을 펼쳐 돕고 도우라고 명한다. 히브리어 원어 구문에는 '펴다' 동사의 절대형 부정사가 정동사 앞에 배치되어 '정녕, 확실히, 반드시'라는 부사어로 사용되고 있다(파토아흐 티프타흐). 이스라엘 언약 공동체, 즉 형제자매 공동체의 구성원 중에서 어떤 가난한 자도 토지 소출 향유권으로부터 배제되어 잃어버린 자로 전락해서는 안 된다는 것이다. 출애굽기 21장의 면제년 제도, 레위기 25장의 희년 제도, 가난한 자들을 위해 수확물을 일부 남겨두라고 명하는 레위기 19:9-10, 객과 고아와 과부 등을 위한 십일조 비축을 명하는 신명기 26장 등은 한결같이 언약 공동체 구성원 중 가장 비참하고 연약한 자들을 공동체의 복지망으로 감싸 안으라는 하나님의 포괄적인 뜻을 나타낸다.

이처럼 구약성서는 이스라엘 자유농민의 생존을 경제의 최우선적 과제로 설정한다. 그것은 이스라엘 자유농민이 하나님의 율법에 순종함으로써 가나안 땅을 영속적으로 차지할 수 있는 조건을 충족하게 하는 경제다. 성서가 말하는 경제학의 대전제는 모든 토지가 하나님께 속해 있고 공동체 구성원에게 경작권이 분여(分與)되어 있다는 사상이다(레 25:23). 여기에는 땅에서 발생한 소출이 모든 사람에게 나눠져야 한다는 함의가 있다. 모세 오경의 율법은 물론 예언서, 시편, 잠언서 등 모든 구약성서가 그리는 이상 사회는 하나님의 선행적(先行的) 은총 위에 세워진 계약 공동체다. 그것은 하나님의 은혜에 감동된 자들이 실천하는 이웃 사랑과 공생의 모듬살이다. 이 계약 공동체주의의 대전제는 생산 수단인 토지가 하나님께서 이스라엘 백성 모두에게 하사하신 선물(基業)이라는 사상이다. 땅이 하나님의 선물이므로 하나님과 언약을 맺은 계약 공동체 구성원들은 모두 땅의 소출을 누릴 권리가 있다는 것이다. 이스라엘은 공동체적 돌봄(헤세드=인애)이 중심적 경제 활동이 되는 사회였다. 성서가 말하는 경제는 바로 공동체의 존속과 번영을 위해 자원을 배분하고 활용하여 공동체 구성원 전체를 위하는 살림살이다. '경제'란 의미의 영어 이코노미(economy)는 그리스어 오이코노모스(οἰκονόμος), 즉 집안의 살림살이를 책임지는 청지기를 가리키는 말(οἶκος[집]+νέμω[분배하다, 경영하다])에서 유래했다. 동근어인 오이코노미아(οἰκονομία)는 가정의 살림살이(household management)를 의미한다. 대가족 전체의 결속을 위한 살림살이 말이다. 이러한 정의에 따르면 특정 기업이나 경제 주체의 경제 활동 결과로 양극화가 심화되고 빈부 격차가 생긴다면 그것은 반(反)경제다. 성서적인 경제는 공동체의 안녕과 평화를 해치는 특정 집단의 무한정한 이윤 추구를 경계하기 때문이다.

이런 이유 때문에 성서의 주요 관심사는 불의한 사회 구조, 법, 관습, 그리고 강한 자들의 탐욕 때문에 가난해진 자들에 대한 하나님의 보호와 돌봄이었다. 메시아에게 임한 거룩한 성령이 하시는 첫째 과업은 가난한 자에게 복음을 전하는 일이며 그 구체적 내용은 채무자들에게 빚 탕감을 선언하고 갇힌 자들을 해방시켜주는 일이었다(눅 4:18-20). 가난한 자들을 우선적으로 배려하는 경제 활동은 이스라엘 계약 공동체의 사활이 걸린 중요한 문제였다. 엘리야, 엘리사, 아모스, 호세아, 이사야,

예레미야 등 모든 예언자는 가난한 자들이 이스라엘 공동체에서 소멸되지 않도록 각별히 하나님의 공의와 정의를 대변했다. 오늘날로 말하면 사회 구성원들에게 삶의 토대가 될 일거리를 나눠주고 일거리를 얻지 못한 이에게는 실업 수당, 복지·장애 수당을 지급함으로써 사회에 소속되어 있다는 자긍심을 고취해주는 일에 앞장섰다는 말이다. 모든 이스라엘 백성이 자기 몫의 경작지를 확보하도록 도와주고 보살펴주는 것이야말로 예언 활동의 중심축이었다. 이처럼 가난한 자들의 공동체 잔존이 하나님의 지대한 관심사였기 때문에 가난한 자들에 대한 하나님의 우선적 배려를 강조하는 구절이 구약성서에서 빈번히 발견된다.

성서는 대부분 공동체의 유지와 존속에 목적을 두는 생존 경제(subsistence economy)를 상정한다. 그것은 하나님의 율법을 지키는 토라 준수 공동체의 존속이라는 대의명분에 종속된 경제였다. 그래서 성서에서 경제는 하나님의 율법을 순종하는 시험의 영역이었으며 하나님의 은총과 구원, 심판과 저주를 동시에 경험하는 신앙적 진실성의 시금석이었다(신 28:1-19, 20-68). 신명기 28장은 하나님과 이스라엘 백성 사이에 체결된 언약과 그 조항인 토라의 준수 여부에 따라 경제적 번영과 몰락을 천명한다. 우선 신명기 28:1-14은 하나님의 토라와 언약에 순종했을 때 누리게 되는 경제적 번영을 열거한다. 하나님은 당신의 토라에 순종하는 경우 경제적 번영과 땅에서의 영속적 정착을 보증하신다. 이 단락이 예시한 경제적 번영은 인구 증가, 가축의 다산, 농작물의 풍년, 호의적인 기후 조건, 금융상의 우위성 확보 등이다. 신명기 28:15-68은 하나님의 토라 준수에 실패했을 때 받게 될 저주와 심판을 다룬다. 이 단락이 상정하는 저주와 심판은 가나안 땅을 빼앗기고 출애굽 구원 이전의 노예 상태로 되돌아가는 것이다. 신명기 28장은 결론적으로 십계명의 준수 실패에 대한 하나님의 심판이 가나안 땅의 상실과 열국 가운데 흩어지는 이산과 유랑이라고 선언한다. 그렇다면 왜 하나님의 계명 준수 실패가 가나안 땅의 상실을 초래하는 것일까? 이스라엘 백성 모두를 하나님 앞의 책임적인 자유농민으로 규정하는 그 계명을 배척한다는 말은 토지 경작권을 가진 자유농민의 권리 박탈을 의미하기 때문이다. 왕과 지배층의 신민이 아니라 하나님의 멍에를 메고 하나님께만 배타적으로 소속된 자유민이 왕과 지주들의 노예가 되는 순간, 그 땅을 지키고 관리할 언약 보존의 주체가 사라지기 때문에 나라 전체가 멸망당한다는 것이다.

6) 코로나 팬데믹 기간 동안 떠오른 한국 정치의 화두, 기본소득의 현실성

이처럼 국민 기본소득은 자연법과 성서 모두에서 그 정당성을 찾을 수 있다. 선천적으로 노동 능력이 충분하지 못하게 태어나는 사회 구성원들에게 주는 장애 수당, 아예 일하지 못하지만 미래의 대한민국 핵심 구성원인 아이와 청소년에게 실시하는 공교육 혜택, 실업자에게 주는 실업 수당 등 보편 복지 제도는 구약성서의 땅 신학이나 자연법적 땅 이해에서 나오는 토지 소출 향유 사상을 어느 정도 반영하고 있다. 기본소득론은 낯선 개념이 아니라 이미 시행 중인 보편 혹은 선별 복지 제도를 급진적으로 격상해 온 국민이 민주공화국의 발전과 융성에 이바지하도록 그들을 활성화하자는 제도다. 이는 파라오적 압제자에게 착취당하는 이들이 비국민이나 노예, 식민지 백성으로 전락하는 것을 막아주는 최소한의 장치로서 하나님이 주신 땅에서 파생된 선물을 향유하는 데 참여시키자는 제도다.

구약성서가 보여주는 하나님 나라는 개인이나 기업의 이윤 추구 자유를 극한으로 존중하는 자기 조정적 시장보다는 하나님의 주기적 개입과 간섭을 통하여 가난한 자를 배려하고 돌보는 데 치중하는 경제를 보여준다. 성서적 경제 활동의 중심에는 가난한 자들의 생존권 보호와 하나님의 통치에 대한 신뢰 유지를 돕고자 하는 신적 의지가 작동하고 있다. 그래서 성서는 애덤 스미스(1723-1790)가 『국부론』(1776)에서 상정하는 '보이지 않는 손에 의해 작동되는 자기 조정적인 시장'을 믿지 않는다. 고전주의 경제학자들부터 프리드리히 하이에크, 밀턴 프리드먼 등의 신자유주의 경제학자들까지 소위 주류 경제학자들이 생각하는 자기 조정적 시장 사상은 성서에 나타나지 않는다.[25] 시장주의자들은 개인의 이기적인 활동이 공공선이 되는 그런 시장을 상정하고 하위 단위 경제주체들의 이기적인 활동이 더 넓은 공공선을 창출한다는 이념을 신봉하면서 국가(또는 사회/공동체)의 역할을 감축하는 데 전력투구해왔다. 그러나 성서의 경제학은 하나님의 백성들이 그분의 다스림 안에 머무는 것을 도와주는 재화와 용역의 공동 향유를 의미한다. 굳이 분류하자면 성서가 말하는 경제는 칼 마르크스보다 한 세대 앞선 19세기의 사회주의 사상가였던 앙리 생시몽(1760-1825), 로버트 오웬(1771-1858) 등의 소위

25 존 롤스의 자유주의 정의론을 비판하여 공동체적 자유주의자라고 지칭되는 마이클 샌델의 저서, 마이클 샌델/안기순 옮김, 『돈으로 살 수 없는 것들』(서울: 미래앤, 2012)은 시장주의적 지배 체제에 대한 설득력 넘치는 반론이다. 샌델은 공동체가 미리 설정한 선에 대한 합의가 시장만능주의나 공리주의적 쾌락극대화주의보다 더 중요하다고 본다. 따라서 그는 가치중립적 시장체제론을 반박한다.

공상적 사회주의부터 시작해서 칼 마르크스의 평등주의적 정치경제학, 그리고 20세기 칼 폴라니의 시장을 통제하는 '사회' 우선의 '사회보호형 경제학'에 이르는 사회적 지향이 강한 경제학 전통에 가깝다.[26] 성서의 경제는 하나님 앞에 사는 "거룩한 백성"(출 19:6, 고이 카도쉬)의 번영과 유지에 초점을 두고 있기 때문이다. 성서의 거룩한 백성은 열방의 백성들과는 거룩하게 구별된 백성이라는 말이다. 왕이나 제후의 신민(臣民)이 아니라 야웨 하나님께 직접 책임지되, 어떤 인간 제왕이나 지배 체제 아래서도 노예화될 수 없는 자경·자영·자작 농민을 가리킨다(왕상 4:25; 참조. 삼상 8:11-18). 그들은 야웨 하나님께 언약 준수의 책임을 지는 조건으로 땅을 경작하고 그 소출을 먹을 자유를 천부불가양(天賦不可讓)의 선물로 받았다. 따라서 구약에서는 자기 땅을 경작하는 사람만이 자유민이었다. 하나님의 선물인 땅을 소유한 목적 자체도 생물학적 존속이 아니라 하나님의 토라를 구현하고 실천하기 위함이었다(시 105:44-45). 언약 백성의 땅 소유는 하나님 나라를 이루기 위한 전제 조건이었다. 그런데 이러한 땅 소유는 존 로크식 땅 소유가 아니라 하나님 나라의 대의를 사회적·정치적·경제적으로 구현하기 위한 공공 목적의 땅 소유였다. 이는 타인의 토지 소출 향유를 근원적으로 차단하는 '사유'가 아니었다.

그러므로 성서의 경제는 이스라엘 자유농민들의 인권과 자유 옹호학이었다. 성서에서 경제는 하나님의 통치 아래 유지되는 이스라엘 언약 공동체 안에서 규제되고 조절되는 사회 내적 활동이며, 야웨 하나님 앞에서 직접 책임을 지고 이스라엘의 정체성을 수호하도록 위임받은 자

---

26 '사회보호형 경제학'의 태동 과정을 그린 저서 칼 폴라니/홍기빈 옮김, 『거대한 전환』(서울: 길, 2009)에서 사회의 자기 보호(375-538쪽) 부분을 보라. 조지프 스티글리츠의 발문은 '사회 보호형 경제'의 적확한 정의를 제공한다(17-30쪽).

경·자작·자영 농민의 공동체 보호 활동이었다. 경제에 대한 성서의 압도적 관심은 가난한 자들의 산업이 여러 이유로 거덜 나 이스라엘의 언약 공동체로부터 이탈되지 않게 막는 것이었다. 즉, 언약 공동체를 유지하고 존속시켜 가나안 땅을 영구적으로 경작하도록 하는 데 있었다. 현재 이스라엘의 애국가이기도 한 시편 133:1("형제가 연합하며 동거하는 것이 어찌 그리 선하고 아름다운고!")은 구약성서의 이상 사회를 노래한다. 그것은 위로부터 내리는 하나님의 은총과 혜택이 가장 밑바닥에 있는 구성원에게까지 확산되는 과정을 노래한다. 이러한 사회에서는 자기 스스로 가치를 소유하고 인간의 욕망을 충족시키는 재화와 용역을 마음대로 사고파는 데 사용되는 신격화된 화폐, 즉 맘몬(마 6:24)을 숭배하는 일이 불가능하다.

요컨대 하나님 나라의 경제학은 공동체에 소속될 자유와 그 터전을 잃어버린 가난한 사람들을 공동체 안에 묶어놓는 데 투신된 경제학이다. 이것이 모세 오경, 예언서, 시편과 잠언서, 복음서, 바울 서신에 나타나는 공동체 경제학이다. 성서 경제학의 대전제는 공동체에 태어난 모든 사람에게 하나님의 선물인 토지로부터 오는 소출을 누릴 권리가 있다는 것이다. 성서는 공동체 구성원 모두 다 자기 포도나무와 무화과나무 아래서 안연히 사는 사회를 궁극적으로 지향했다(왕상 4:25). 아무리 가난한 사람이라도 땅의 소출로부터 영구적으로 배제되어서는 안 된다는 명제(신 15:7-11)가 경제와 반경제의 경계를 나타냈다. 특히 신명기 15:11의 "땅에서는 언제든지 가난한 자가 그치지 아니하겠고"라는 구절의 의미는 가난한 자가 땅으로부터 끊어짐을 받아서는 안 된다는 말이다. 즉, 땅의 소출을 향유하는 데서 배제되어서는 안 된다는 의미다. 이처럼 성서 경제학은 무한 성장 경제학이 아니라 공동체의 존속과 공동

번영을 위한 경제학으로 사회에서 가장 연약한 이들의 생존권을 보장하는 데 가장 큰 관심을 둔다. 경제 활동이 '인류 문명사회' 기관의 존속과 번영을 위한 윤리적·정치적 고려를 완전히 일탈해서는 안 된다. 경제는 사회, 즉 인간이 서로서로 의존하는 포용력 있고 연대심 넘치는 통일체를 위한 부분 활동이기 때문이다.

경제 활동 자체를 인간의 삶을 위한 대의명분에 종속시키지 않는 한, 즉 경제가 그 자체의 자율적 원리로 움직이는 자율 왕국 영역이 될 때 인류 공동체라는 '사회'는 치명상을 입는데도 기업들은 공동체 붕괴를 보고서도 태연자약하다. 그런 치명상을 피하려면 기업의 경제 활동은 공동체 전체의 생존과 평화로운 모듬살이에 기여해야 한다. 경제(이코노미, 오이코노미아)는 집, 즉 생존 공동체 전체를 위한 살림살이기 때문에, 그 말 안에는 인류가 생존을 위해 취하는 긴밀한 상호적 계약 상태가 전제되어 있다. 그래서 공동체적 삶이 무너지는 것은 '경제'가 무너지는 것이다. 공동체 구성원 간의 우애와 협동, 운명 공동체적 유대를 강화하는 것이 경제 활동의 본질이 되어야 한다는 말이다. 예컨대 특정 기업이 순이익 수조 원을 남겼다면 그 혜택이 공동체 구성원에게 골고루 분여되는 것이야말로 참된 생산성이다. 따라서 성서적인 경제민주화는 헌법에 명시된 의무를 수행하는 헌법적 결속 공동체 구성원 모두에게 이 땅에서 발생한 부와 자본 등의 혜택 향유가 보장되는 제도를 안출할 것을 요구한다. 국민 기본소득은 신명기 15:11의 원칙을 가장 포괄적으로 적용한 장치다. 모든 국민은 대한민국의 땅의 소출로부터 소외되거나 배제되어서는 안 된다.

7) 결론

우리는 이상에서 기본소득을 지지하는 입법적 토대가 토지의 만민 귀속과 토지의 만민 향유권이 자명한 진리라고 보는 자연법사상과 그것의 이스라엘적 확장·수정판인 구약의 토지법임을 확인했다. 우리가 토지의 만민 귀속과 토지에 대한 만민 향유권을 받아들이지 않고 토지의 절대 사유권을 받아들이면 존 로크의 자본주의적 토지 사유 제도를 너무 교조적으로 받아들이는 셈이 될 것이다.[27] 로크는 빈 땅에 노동을 투입하여 공익을 위한 생산물을 내는 순간부터 땅의 소유권이 생긴다고 봤다. 사유 재산 취득과 소유를 정당화하는 로크의 자연법적 정당화론은 17세기와 18세기 초에 유포된 다른 담론들과 명확하게 달랐다.[28] 토머스 홉스는 사유 재산을 보호하는 법률들이 정치적 권위에 의한 기획이어야 한다고 주장했다. 사유 재산제는 '정치적 권위'가 추후에 승인해준 법률적 장치일 뿐이라는 것이다. 또 다른 의견으로는 로크보다 약간 늦은 시대의 영국 철학자 데이비드 흄이 제기한 사유 재산제 이론인 '인민들의 상호 인정론'이 있다. '사유재산을 정당화는 법률들은 법률 이전의 관습들로서 인민들의 상호 인정에 의해 정당성을 획득하는 관습들의 진화물'이라는 것이다. 로크는 정부나 다른 사람들의 승인이나 인정 없이 몸을 가진 개인이 자연 재화와 재부를 취득 및 향유하는 것은 '거룩한 섭

---

27 John Locke, *The Second Treatise of Government* (1980), 19-26.

28 사유재산 제도에 대한 기독교의 다양한 입장을 다룬 연구서로서는 Robert F. Cochran, Jr. & Michael P. Moreland (eds.), *Christianity and Private Law* (Oxfordshire, UK: Routledge, 2020)가 있다.

리'(divine providence)가 인간에게 준 천혜라고 보았다. 이처럼 로크의 토지 사상은 초기 자본주의의 발달을 위해 필요했던 토지 집중을 무한히 정당화하는 반면, 토지의 만민 귀속성과 공공성, 공익성을 충분히 고려하지 못한 사상이다. 그래서 사유 재산제를 자연법적 원천 권리라고 신봉하는 극단 자유주의자들은 토지공개념이나 사회주의 사상을 극단적으로 배척한다. 하지만 로크도 '어떤 사람이 자연적 재부와 땅을 자기 것으로 사유하더라도 자신보다 뒤에 온 사람들에게 충분하고 좋은 땅을 남겨준다'라는 단서 조항이 있을 때를 상정해 개인의 천혜 자원 사취(私取)를 정당화했다.[29] 이 단서 조항은 이사야 5:8이 말하듯이, 땅을 홀로 독점하여 타인의 땅 사용권을 침해한다면 그런 사유는 정당하지 않다는 의미를 담고 있다. "가옥에 가옥을 이으며 전토에 전토를 더하여 빈 틈이 없도록 하고, 이 땅 가운데에서 홀로 거주하려 하는 자들은 화 있을진저." 2,700여 년 전의 이사야 시대처럼 오늘날의 대한민국에는 하나님이 주신 땅을 선물로 누리지 못하고 토지 소출 향유에서 원천적으로 배제된 가난한 이들이 너무 많다. 기본소득은 하나님이 주신(로크식으로 말하면 '거룩한 섭리'에 의한) 땅에 대한 만민의 권리(경작권과 소출 향유권)를 일

29 David Schmidtz, "The Institution of Property," *Social Philosophy and Policy* 11/2 (1994), 42-62. 데이비드 슈미츠는 로크의 사적 소유와 관련된 이 잠정 조항을 해석하는 어떤 방식들은 수용/전유를 아무런 좋은 이유 없이 제로섬 게임으로 취급한다고 주장한다. "공통의 사용을 위해 마련된 것으로부터 천혜 자원을 개인들이 사취(私取)하는 것은 다른 사람들이 사용할 자원들을 감소시킬 것으로 예상된다. 이것은 외견상 논리적으로 필연적인 것처럼 보인다. 하지만 실제로 많은 경우에 공통 자원으로부터 자원을 수용/사취하는 것은 그 자원이 파괴되는 것을 의미하기보다는 보존되는 것을 의미한다"는 것이다. 이런점에서 슈미츠는 개럿 하딘이 말하는 "공유지의 과도 사용으로 인한 비극"(tragedy of the commons)을 막을 수 있다는 것이다. 슈미츠는 로크를 비판적으로 수용한다(11, 42-62쪽).

괄적으로 보상하자는 제안이자 극단적 가난을 막는 사상이다. 미국 독립 선언문, 프랑스 혁명 인권 선언, 그리고 대한민국 헌법은 인간의 행복추구권을 거의 자명한 자연법적 권리로 간주한다. 대한민국 공화국이 들어서기 전 이 한반도에 살던 사람들이 천혜의 땅과 그 재부로부터 누렸을 행복추구권을 되돌려주자는 취지다.

우리나라 헌법은 국민의 행복추구권을 보장한다. 또한 헌법재판소의 해석에 따르면(34조)[30] 국민 행복추구권을 충족시키기 위해 국가는 국민이 최소한 인간다운 생활을 할 만큼의 물질적 급부를 그들에게 제공해야 한다. 많은 기독교인이 성서의 하나님을 믿으면서도 성서의 토지법은 고대 사회의 원시적 관습이라고 배척하는 경향을 보인다. 토지정의법은 십계명 제1계명의 준수 혹은 배척 여부에 따라 수호되기도 하고 파기되기도 한다. 바알과 아세라 숭배를 도입한 오므리-아합 가문은 구약성서의 토지정의법을 파괴한 선봉이었다. 그들은 야웨와 전혀 다른 신인 바알과 아세라 숭배를 도입함으로써 이스라엘에 국가적 멸망의 기초를 놓았다(미 6:16).[31] 하나님이 주신 언약 선물인 땅을 독점해 이웃의 생존권을 무너뜨릴 정도의 토지 소유를 추구하는 자는 이웃에게 돌아가야 할 하나님의 선물을 중간에서 강탈하는 강도 같은 자가 된다. 예언자들은 하나님에 대한 일편단심의 충성이 토지 정의의 실천에 있고 토지

30 헌법 제34조 제1항은 "모든 국민은 인간다운 생활을 할 권리를 가진다"라고 규정하고 있다. "전·공상자 등은 상이 등으로 인하여 신체적 장애를 입고 있기 때문에 인간다운 생활에 필요한 최소한의 수요를 충족함에 있어서도 정상인에 비하여 국가의 부조를 필요로 하는 경우가 많다고 할 것이다…"(헌재 1995. 7. 21. 93헌가14, 판례집 7-2, 1, 30-31; 헌재 2000. 6. 1. 98헌마216, 판례집 12-1, 622, 646-647).

31 대천덕/전강수·홍종락 옮김, 『토지와 경제정의』(서울: 홍성사, 2019), 191-197 또한 41-51.

정의의 실천은 하나님이 창조하신 이웃과 평화롭게 공존하는 데서 시작된다고 가르쳤다. 결국 십계명의 제1계명은 하나님의 율례를 버리고 '다른 신들'의 율례를 따르지 말라는 금지 계명이다. 그것은 타인과 이웃의 생존권 및 행복추구권을 파괴할 수 있는 토지 독점, 공공 재산 강탈 등을 엄금하는 하나님 나라의 헌법적 대요강(大要綱)이다.

참고문헌

김종철. "'기본소득'이라는 희망." 「경향신문」 칼럼(2014. 3. 5).

김종철 외. 「녹색평론」 131(2013/7-8), 2-51.

김회권. "경제민주화에 대한 성경의 지침." 「복음과상황」 262(2012/7), 36-46.

______. 『모세오경』. 서울: 복있는사람, 2017.

대천덕/전강수·홍종락 옮김. 『토지와 경제정의』. 서울: 홍성사, 2019.

말콤, 토리/이영래 옮김/안효상 감수. 『왜 우리에겐 기본소득이 필요할까』. 서울: 생각이음, 2020.

아렌트, 한나/김선욱 옮김. 『공화국의 위기』. 서울: 한길사, 2014.

성 아우구스티누스/조호연·김종흡 옮김. 『하나님의 도성』. 서울: 크리스천다이제스트, 2011.

안효상. "서양의 기본소득 논의 궤적과 국내 전망." 「역사비평」(2017/8), 220-249.

______. "토머스 스펜스의 원형적 기본소득." 「시대」 51(2017/9), 98-115.

안효상·서정희. "코로나19 이후 불확실성 시대의 새로운 소득보장." 「산업노동연구」 26/3(2020/10), 63-118.

액커만, 브루스·판 파레이스, 필리페 외/너른복지연구모임 옮김. 『분배의 재구성』. 서울: 나눔의집, 2010.

일리치, 이반/노승영 옮김. 『그림자 노동』. 서울: 사월의책, 2015.

판 파레이스, 필리페 엮음/안효상 옮김. 『기본소득과 좌파: 유럽에서 벌어진 논쟁』.

서울: 박종철출판사, 2020.
폴라니, 칼/홍기빈 옮김. 『거대한 전환』. 서울: 길, 2009.
피케티, 토마/장경덕 외 옮김. 『21세기 자본』. 서울: 글항아리, 2014.
최광은. 『모두에게 기본소득을』. 서울: 박종철출판사, 2011.

Brueggemann, Walter. *The Land*. Philadelphia, PA: Fortress, 1977.
Cochran, Jr. Robert F. & Moreland, Michael P. (eds.). *Christianity and Private Law*. Oxfordshire, UK: Routledge, 2020.
Habel, Norman C. *The Land is Mine*. Minneapolis, IN: Fortress, 1955.
Locke, John. *The Second Treatise of Government*. 1690; Indianapolis, IN: Hackett Pub. Com., 1980.
Miller, Patrick D. *Deuteronomy*. Louisville, KY: John Knox Press, 1988.
Paine, Thomas. *Common Sense [with] Agrarian Justice*. London: Penguin, 2004.
Rawls, John. *A Theory of Justice*. rev. ed.; Cambridge, MA: Harvard Univ. Press, 1999.
Schmidtz, David. "The Institution of Property." *Social Philosophy and Policy* 11/2 (1994), 42-62.
Spence, Thomas. "Property in Land. Every One's Right." In Alastair Bonnett & Keith Armstrong (eds.). *Thomas Spence: The Poor Man's Revolutionary*. London: Breviary Stuff Publications, 2014.

2. 기본소득의 관점에서 바라본 "일하기를 싫어하는 사람"(살후 3:10)을 위한 성찰

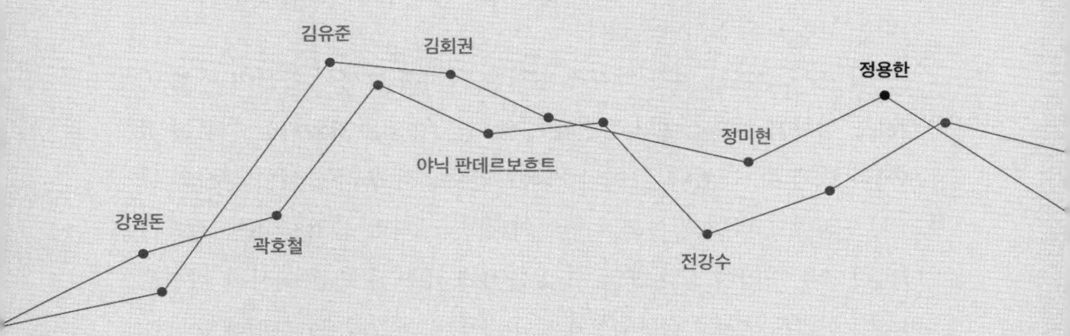

정용한

연세대학교 연합신학대학원 부교수

연세대학교 신학과 학부와 예일 대학교에서 목회학 석사 및 신학 석사 과정을 마치고, 버클리 연합신학대학원(GTU at Berkeley)에서 신약학 박사 학위를 받았다. 『골로새서』, 『바울서신 대조연구』 등의 저서와 다수의 논문이 있다.

1) 들어가는 말

본 연구는 "기독교인의 기본소득 인식 설문조사"에서 확인된 결과에 대한 성서학적 논의를 제공하고자 한다.[1] 설문조사는 기본소득에 대한 기독교인들의 찬반 의견이 모두 성서의 구체적인 본문을 근거로 삼고 있으며, 특히 반대 의견은 게으름에 대한 성서의 경고를 중요한 이유로 삼는다는 사실을 확인시켜주었다.[2]

이 조사 결과는 일견 각각의 입장을 지지하는 성서 본문이 따로 존재하고 성서가 기본소득의 정신에 상충되는 입장을 보인다는 섣부른 결론에 이르게 할 수 있다. 그러나 기독교인으로서 우리는 이미 성서의 본문을 구절별로 나열해 사회적 현안의 찬반 근거로 삼고자 하는 시도가 얼마나 주관적이며 상대적일 수 있는지에 대한 충분한 역사적 경험을 가지고 있다(노예 제도, 여성 참정권 및 안수, 성소수자 문제 등). 그럼에도 계속해서 특정 성서 구절의 문자적 의미를 중심으로 찬반 의견을 개진하려 한다면 이는 또 다른 과오의 반복이 될 것이다. 본 연구는 기본소득의 반대 입장에서 중요한 근거 본문으로 삼는 데살로니가후서 3:10("일하기를 싫어하는 사람은 먹지도 말라")이 기독교인들의 논의에 있어 어떤 의미를 가

---

1 "기독교인의 기본소득 인식 설문조사" 결과는 2020년 대한민국 교육부와 한국연구재단의 일반 공동 연구 지원 사업의 지원을 받아 수행된 "기본소득에 관한 신학과 사회과학의 학제간 연구"의 일환으로 공동 연구팀에서 (주)한국리서치에 의뢰하여 2021년 6월 15일부터 6월 30일까지 전국 성인 남녀 기독교인(개신교, 천주교, 정교회) 1,000명을 대상으로 CAWI(Computer-Assisted Web Interview) 방식으로 실시한 것이다.

2 이 책 부록에 수록된 "기독교인의 기본소득 인식 설문조사"의 19-1번과 19-2번 문항을 확인하라(396-397쪽).

져야 하는지를 밝히는 데 목적이 있다. 본 연구는 필자가 진행한 공관복음서의 기본소득 논의에 이어 바울 서신의 기본소득에 대한 입장을 논의하는 후속 연구의 성격을 지닌다.[3]

본 연구는 성서 본문을 근거로 사회 문제에 접근하려는 기독교인에게 필요한 성서 이해의 방법론적 전제를 먼저 소개한다. 즉 폴 리쾨르가 제안한 본문과 관련한 세 가지 세계(본문 뒤의 세계, 본문 안의 세계, 본문 앞의 세계)에 대한 통찰이 성서학계에서 어떻게 논의되어왔는지 살피고, 데살로니가후서 3:10의 가르침을 둘러싼 세 가지 세계의 특징을 살펴볼 것이다.[4] 1세기와 전혀 다른 21세기 경제 상황과 노동 환경 속에서도 "일하기를 싫어하는 사람"을 게으른 사람과 동일시하고 이를 개인의 윤리적 문제로 해석하던 전통을 재고하고 이 구절을 새롭게 해석할 여지가 있는지 살펴보려고 한다. 이 여지가 기독교인이 고민해야 할 기본소득의 가치를 새롭게 조명할 수 있길 기대한다.

---

3 정용한, "기본소득 논의를 위한 성서적 제안: 공관복음서의 희년과 하나님 나라 운동을 중심으로", 「신학논단」 91(2019), 251-279.

4 유사한 방법론으로 다문화 사회에 대한 통찰을 성서학적으로 시도한 연구는 다음을 참고하라. 정용한, "다문화 사회를 위한 골로새서의 통전적 읽기와 신학적 주제", 「신학논단」 77(2014), 269-296.

2) 성찰을 위한 방법론적 전제

폴 리쾨르(1913-2005)의 본문과 관련한 서로 다른 세 가지 세계(본문 뒤의 세계, 본문 안의 세계, 본문 앞의 세계)에 대한 통찰은 성서학계에 지금까지의 방법론적 발전을 이해하는 중요한 틀을 제공했다.[5] 성서학자들은 지금까지 연대기적으로 발전해온 성서학의 방법론을 좀 더 객관적이고 분석적으로 이해할 수 있는 기회를 얻게 되었다.[6] 20세기 초까지 성서를 이해할 때 가장 중요한 관심은 본문 뒤의 세계(the world behind the text)였다. 성서학계에는 본문을 통해 역사적으로 객관적인 사실(*bruta facta*)에 도달할 수 있다는 기대감이 팽배해 있었다. 육하원칙에 따른 본문의 역사적 기원과 배경에 대한 연구를 통해 본문의 객관적 의미를 추구하려는 연구가 대세를 이루었다. 본문의 의미는 실제 저자에 의해 규정되었기 때문에 그 저자의 의도를 역사적으로 재구성하는 데 연구력을 집중한 것이다. 본문 뒤의 세계에 집중한 연구는 본문의 저자를 중심으로 한 다양한 방법론(양식비평, 전승비평, 편집비평 등)을 발전시켰다. 그러나 한국의 개신교 선교는 역사비평적 성서 해석에 대하여 부정적인 입장을 견지한 선교사들에 의해 시작된 만큼, 지금까지도 본문 뒤의 세계에 대한 연구가 그 중요성을 충분히 인정받지 못하고 있다. 국내에서 고등 비평 이전의

---

5 Paul Ricoeur, *Interpretation Theory: Discourse and the Surplus of Meaning* (Fort Worth, TX: Texas Christian University, 1976), 80-95.

6 성서의 본문과 관련한 세 가지 세계에 대한 분석은 다음을 참고하라. W. Randolph Tate, *Biblical Interpretation: An Integrated Approach* (Peabody, MA: Hendrickson Publishers, 1991).

문자적·근본주의적 성서 이해가 대세를 이루는 것도 이 때문이다.

한편 인류는 20세기 들어 두 번에 걸친 세계대전을 경험하면서 역사 발전에 대한 장밋빛 확신을 의심하기 시작했다. 성서학자들은 소위 과학적이고 합리적인 방법론에 의한 객관적·가치중립적 의미의 재구성을 더 이상 확신할 수 없게 되었다. 따라서 더 이상 다가가려 해도 도달할 수 없는 저자의 정체성과 그의 의도에 대한 탐구보다, 손에 쥐어진 본문 자체의 세계(the world within the text)에 관심을 기울이기 시작했다. 20세기 중반에 발전한 프랑스의 구조주의와 러시아의 형식주의가 성서 연구에 도입되면서 성서 본문 자체의 구조와 내용에 대한 연구가 각광받게 되었다. 본문 안의 세계에 대한 관심은 신문학비평, 서사비평, 수사비평 등을 통해 본문 중심의 다양한 방법론으로 발전해왔다. 알 수 없는 저자의 정체 뒤에 숨어 본문의 의미를 결정하려 하는 대신, 누구에게나 주어진 본문을 중심으로 의미를 파악하겠다는 목적의식이 본문 중심의 방법론들을 관통하고 있다. 이런 가운데 한국교회는 매일 일정량의 성서 본문을 읽는 신앙 운동(Quiet Time)을 잘 유지해가고 있다. 하지만 그 운동이 본문을 주관적이고 문자적으로만 해석하는 수준에 머물러 있어 큰 우려를 낳고 있다.

20세기 중반에는 본문 안의 세계에 대한 관심과 함께 본문 앞의 세계(the world in front of the text)에 대한 인식도 함께 이루어졌다. 본문의 의미가 저자에 의해 주어졌다고 해도 그 저자의 의도를 객관적으로는 파악할 수 없기 때문에 본문 자체에 대한 관심은 정당해 보였다. 하지만 학자들은 본문 안의 세계와 그 의미를 결정하는 주체가 실은 본문 자체가 아닌 그 본문을 해석하는 독자라는 인식에 이르게 되었다. 본문 안의 세계에 관심을 기울인 해석이 여전히 다양할 수밖에 없는 것은 본문을 해석하는 독자의 정체성과 그가 경험하는 세계가 다양하기 때문에 생기는 현상임을 깨달은 것이다. 20세기 후반부터 본격적으로 본문 앞에 놓인 세계에 대한 연구가 이루어졌다. 본문을 해석하는 독자의 성별과 정치적·사회적·문화적 경험이 본문 해석과 함께 중요한 주제로 논의되기 시작하였다. 독자반응비평 외에도 다양한 이데올로기 비평과 문화 비평이 성서 해석의 방법론으로 대두되었다. 그러면서 성서학자들은 더 이상 본문이 가졌던 바로 그 하나의 의미(the very meaning)를 찾기보다, 지금 이곳에 가장 적합한 의미(one of many meanings)를 재구성하기 위해 노력하게 되었다.

21세기에 들어서 성서학계는 본격적으로 본문과 관련한 세 가지의 세계를 인식하며 이 시대에 필요한 더 나은 본문 해석의 방법론을 고민하고 있다.[7] 어떤 본문이든 이 세 가지 세계를 벗어나서 해석될 수 없는 만큼, 진지한 독자라면 본문과 관련한 세 가지의 세계를 모두 합당하게 고려하려는 노력을 아껴서는 안 된다. 비록 그 세계들이 알려주는 본문의 의미들이 상충한다고 해도 본문의 의미를 유추하기 위해 본문의 세계들이 지니는 특징을 파악하고 새로운 의미의 가능성을 끊임없이 제안해나가야 한다.[8] 1세기 바울의 가르침을 이해하기 위한 본 연구는 데살로니가후서와 관련된 세 가지 세계를 고려할 것이다. 이 세계에 대한 고

---

7 Sandra M. Schneiders, *The Revelatory Text: Interpreting the New Testament as Sacred Scripture* (Collegeville, MN: Liturgical Press, 1999), 97-179.

8 윤철호와 같은 국내 조직신학자도 세 가지 세계를 고려하는 통전적 성서 해석학의 수립을 강조하고 있다. 단, 그가 제안하는 지향점은 '신학적-영적 해석학'이라는 점에서 '사회참여적 해석학'을 지향하는 본 연구와는 결을 달리한다. 윤철호, "리쾨르 이후의 탈근대적 성서해석학에 대한 통전적 접근: 산드라 M. 슈나이더스를 중심으로", 「장신논단」 21(2004/6), 210-211.

려가 바울의 "일하기를 싫어하는 사람"(살후 3:10)에 대한 권면을 더욱 잘 이해하는 과정이 될 것이다.

3) 데살로니가후서 3:10 뒤의 세계

(1) "일하기를 싫어하는 사람"(살후 3:10)이 속한 경제적 상황

바울 공동체의 경제적 상황에 대한 이해는 20세기 중반까지 다이스만의 주장이 대세로 여겨졌다. 그는 바울 공동체가 대부분 가난한 계층에 속한 사람들로 이루어졌다고 보았다.[9] 하지만 20세기 후반에 이르러 타이센, 믹스, 맬허비, 맬리나를 필두로 바울 공동체에 대한 사회경제학적·문화인류학적 연구가 본격적으로 이루어지기 시작했다.[10] 그들은 바울 공동체가 로마 제국의 최고위층과 하층민이 공존했던 도시 사회의 특징

---

9 Adolf Deissmann, *Light from the Ancient East; the New Testament Illustrated by Recently Discovered Texts of the Graeco-Roman World* (New and completely rev. ed.; New York: George H. Doran Company, 1927). 다이스만의 주장을 새롭게 지지한 저스틴 메기트의 논의는 로마 사회를 부자와 빈자로 단순화시켜 설명했다는 약점이 있지만, 바울 공동체가 직면했던 가난에 대해 심도 있는 논의를 시작했다는 점에서 의의가 있다. Justin J. Meggitt, *Paul, Poverty and Survival: Studies of the New Testament and Its World* (Edinburgh, UK: T&T Clark, 1998).

10 Gerd Theissen, *The Social Setting of Pauline Christianity: Essays on Corinth* (Philadelphia, PA: Fortress Press, 1982); Wayne A. Meeks, *The First Urban Christians: The Social World of the Apostle Paul* (New Haven, CT: Yale University Press, 1983); Abraham J. Malherbe, *Social Aspects of Early Christianity* (2nd ed.; Philadelphia, PA: Fortress Press, 1983); Bruce J. Malina, *The New Testament World: Insights from Cultural Anthropology* (Atlanta, GA: John Knox Press, 1981).

을 반영한다고 주장하였으며 이러한 주장은 "부상하는 합의"(emerging consensus) 혹은 "새로운 합의"(new consensus)로 불리고 있다.[11]

이후 초기 교회의 경제적 상황에 대한 괄목할 만한 연구는 프리센에 의해 이루어졌다. 그는 바울이 개척한 도시 교회의 경제적 수준(단계)을 가늠하기 위해 그리스-로마의 도시 구성원을 총 일곱 등급으로 나누어 소위 "경제(가난) 등급"을 제시한 바 있다.[12] 그의 사회경제학적 연구 결과는 5년 후 로마 경제사가와의 공동 연구를 거치면서 수정되었다.[13] 2세기 중반까지의 로마 경제를 바탕으로 PS 1-3 그룹은 3%로 구성되었다는 의견을 견지하면서도 PS 4 그룹은 10%로 수정하였고 나머지 최저 생계의 경계선상에 87%의 구성원이 속해 있었다는 결론을 도출하였다. 이는 중간 계층의 수치가 높아진 것 외에, 절대다수가 최저 생계의 경계선상에 놓여 있었다는 사실을 확인해주었다.

Scale	유형	구성	%
PS 1	제국 엘리트	제국 왕족, 로마 원로원 가문, 가신, 지역 귀족, 소수의 자유 시민	0.04
PS 2	지역 혹은 속주 엘리트	기사(騎士) 계층 가문, 지방 관료, 일부 가신, 일부 십인대(decury) 가문, 일부 자유 시민, 일부 퇴직 군장교	1

11 사도행전의 보고를 보면 에티오피아의 고관 내시, 로마군 백부장 고넬료, 분봉왕 헤롯의 젖동생 마나엔, 자색 옷감 장사 루디아, 아레오바고 관리 디오누시오 등이 초기 교회에서 복음을 받아들인 정치·경제적 고위층으로 나타난다.

12 Steven J. Friesen, "Poverty in Pauline Studies: Beyond the So-Called New Consensus," *Journal for the Study of the New Testament* 26/3 (2004), 341.

13 Walter Scheidel & Steven J. Friesen, "The Size of the Economy and the Distribution of Income in the Roman Empire," *Journal of Roman Studies* 99 (2009), 61-91.

PS 3	도시 엘리트 (Municipal Elites)	대부분의 십인대 가문, 공직이 없는 부유한 남녀, 일부 자유 시민, 일부 가신, 일부 참전 군인, 일부 상인	1.76
PS 4	중간 계층 (Moderate Surplus)	일부 상인, 일부 소상인, 일부 자유 시민, (특히 고용주인) 일부 수공업자, 참전 군인	7
PS 5	안정적 최저 생계 계층 (최저 생계 수준은 넘어설 것이라는 합리적 기대를 가진)	많은 상인과 소상인, 정기적 임금 노동자, 수공업자, 큰 상점 주인, 자유 시민, 일부 농가	22
PS 6	최저 생계 계층 (종종 최저 생계 수준 이하로 떨어지는)	영세 농가, (숙련 및 미숙련) 노동자, (특히 고용된) 수공업자, 임금 노동자, 대부분의 상인 및 소상인, 작은 상점/여관 주인	40
PS 7	최저 생계 이하 계층	일부 농가, 과부, 고아, 거지, 장애인, 미숙련 일용직 노동자, 죄수	28

고대 로마 사회의 경제적 측면을 이해하기 위한 연구는 롱네커에 의해서도 진행되었다.[14] 그는 이전의 연구와 달리 PS 4에 속한 사람들이 많았다는 사실을 보여주었다. 롱네커는 PS 4에 속하는 그룹을 15%로, PS 5에 속하는 그룹을 27%로 보았다. 결과적으로 PS 6과 7에 속한 그룹을 55%로 보았기에 프리센이 주장한 68%와는 의미 있는 차이를 보였다. 그럼에도 PS 5-7에 절대다수인 82%가 속한다고 본 것은 이전 연구들과 큰 차이를 보인다고 할 수는 없다. 샌더스의 연구 또한 엘리트가 2%, 중간 계층이 20%, 최저 생계선상에 놓인 계층이 65%, 최저 생계선상 아래 있는 계층이 13% 내외를 구성했다는 결론을 도출하였다.[15] 샌더스 역시

14 Bruce W. Longenecker, *Remember the Poor: Paul, Poverty, and the Greco-Roman World* (Grand Rapids, MI: W. B. Eerdmans Pub., 2010).

15 Guy D. R. Sanders, "Landlords and Tenants: Sharecroppers and Subsistence Farming

78%에 달하는 인구가 생계를 걱정해야 하는 삶을 살고 있었음을 증명한 것이다. 결론적으로 지금까지의 사회경제학적 연구들은 1세기 로마 제국의 구성원 중 절대다수(70-90%)가 최저 생계의 경계선 주위에 놓여 있었음을 지속적으로 확인시켜주고 있다.

여전히 바울의 다양한 공동체가 어떤 구성원으로, 어느 시기에, 어느 정도의 경제적 어려움을 겪고 있었는지를 특정하기는 사실상 불가능하다. 그럼에도 로마 사회의 구성원들이 경험했던 경제적 상황이 바울 공동체들 가운데 반영되어 있었다고 가정하는 것은 합리적이다. 바울이 개척한 여러 교회와 그 구성원들이 최저 생계의 경계선상에서 경제적 어려움을 겪고 있었다는 사실을 바탕으로 "일하기를 싫어하는 사람"의 상황과 바울의 가르침을 이해해야 하는 이유가 여기에 있다.

(2) "일하기를 싫어하는 사람"(살후 3:10)이 경험한 경제적 약자에 대한 관심

로마 제국은 활발한 정복 전쟁을 통해 대제국을 형성하고 막대한 부를 쌓아갔다. 하지만 그 부가 대부분 제국의 엘리트 그룹(PS 1-3)에게로 흘러들어 갔기 때문에 극단적인 경제적 불균형이 사회 문제로 대두되었다. 자연재해와 전쟁, 폭압적 조세 제도가 이러한 상황을 더욱 악화시켰다. 로마의 식민지 도시에 사는 초기 교회 교인들 또한 경제적으로 많은 어려움을 겪고 있었으며, 부유하다고 해도 자신의 경제적 풍요가 언제

---

in Corinthians Historical Context," in Steven J. Friesen, Sarah A. James & Daniel N. Schowalter (eds.), *Corinth in Contrast: Studies in Inequality* (Leiden, Nederland: Brill, 2014), 121-124. 최근 미국 학자들의 중산층에 대한 관심과 그들의 사회적 경험이 1세기 상황에 투영된 것은 아닌가 하는 의구심이 든다.

까지 유지될 수 있을지 확신할 수 없는 상황이었다. 그래서 가난은 일하기 싫어하는 사람을 포함해 모든 사람의 관심사일 수밖에 없었다. 피터 브라운의 연구 이후 서구 학계는 로마 제국의 경제 문제, 특히 가난의 문제에 많은 관심을 기울이고 있다.[16] 그는 "가난한 자에 대한 사랑"을 그리스-로마 사회와 비교해 초기 교회가 보인 가장 큰 특징으로 꼽으며 기독교의 빈민 구제 확산이 사회경제학적 측면에서 고대 사회에서 중세 사회로 넘어가는 중요한 변곡점이 되었다고 평가하였다.[17]

로마 제국 빈민 정책에 관한 지금까지의 연구에 나타나는 가장 큰 특징은 제국에 가난한 자들을 위한 구체적·조직적 지원 정책이 없었다는 점이다.[18] 물론 로마 제국에도 공적 부조의 개념과 제도가 있었다. 하지만 이러한 제도는 제국의 명예와 영광을 드러내고 확인시켜주기 위해 시민(자유인)을 대상으로 지원하는 구호 제도였으며, 혜택을 주는 제국의 엘리트와 혜택을 입는 시민 간의 연대를 형성하고 확인하는 방편으로 사용하는 데 국한되었다. 로마 제국의 엘리트들이 베푼 기부는 로마 제국의 도시들을 발전시키는 원동력이 되었다. 하지만 이러한 기부도 시민들에게 찬사와 존경을 받기 위한 건축물과 기반 시설, 동상과 조각 같은 예술품을 제공하는 데 치우쳤다. 서원모가 요약했듯이 로마 제국의 공공선을 위한 기부는 노예, 외국인, 빈민이 아닌 '시민' 공동체를

---

16 피터 브라운/서원모·이은혜 옮김, 『고대 후기 로마 제국의 가난과 리더십』(파주: 태학사, 2012).

17 브라운의 연구에 대한 평가는 다음을 참고하라. 서원모, "고대 교부들의 경제사상", 공적신학과 교회 연구소 엮음, 『하나님의 경제 I』(성남: 북코리아, 2013), 91-92.

18 최재덕은 고대 그리스에도 시민이 아닌 빈자들을 위한 구제 제도가 없었다는 결론을 소개한다. 최재덕, "신약의 경제사상 - 주후 1세기 팔레스틴의 구제제도와 원시기독교 구제활동", 공적신학과 교회 연구소 엮음, 『하나님의 경제 I』(성남: 북코리아, 2013), 62-63.

염두에 둔 것이었다.[19] 그렇다고 로마 사회에 빈자를 돕는 선행과 배려가 없었던 것은 아니다. 오히려 소위 중산층과 하류층에 속한 사람들이 자신도 경제적 약자가 될 수 있다는 생각에 부유층보다 빈민 구제에 앞장섰던 기록이 남아 있다.[20]

하지만 초기 교회는 정반대의 상황을 경험했다. 빈민에 대한 교회의 관심이 1차적으로는 교인들에게 집중되었으나 차츰 교회에 속하지 않은 빈민을 향해 확장되었다. 2세기 초 디다케서는 초기 교회가 보인 가난한 자에 대한 관심과 공동체 윤리를 반영한다.[21]

> 궁한 자에게 너의 등을 돌리지 말라. 대신 모든 것을 너의 형제와 나누고, 아무것도 너의 것이라 부르지 말라. 네가 영원한 것도 공동으로 가지고 있거든, 하물며 덧없는 것들은 얼마나 더 그렇겠느냐!(4:8)[22]

'배교자'라는 별명의 율리아누스 황제(재위 361-363)가 남긴 편지는 이교 대사제인 아르사키오스에게 보내져 유대인과 기독교인의 빈민 구제

---

19 기부를 했던 부자들은 "빈자를 사랑한 자"가 아니라 "도시를 사랑한 자"로 칭송받았다. 서원모, "고대 교부들의 경제사상"(2013), 97.

20 Anneliese Parkin, "'You Do Him No Service': an Exploration of Pagan Almsgiving," in M. Atkins & R. Osborne (eds.), *Poverty in the Roman World* (Cambridge, UK: Cambridge University Press, 2009), 60-82. 김경진에 따르면, 1세기 로마 제국은 시민들에게만 나눠주던 무료 곡물의 양마저도 줄이려는 정책을 펴고 있었다. 무료 급식이 간절했을 극빈층의 필요가 고려 대상이 되지 못한 것이다. 김경진, 『누가신학의 제자도와 청지기도』(서울: 솔로몬, 2007), 361-362.

21 마르틴 헹엘/이영욱 옮김, 『초기 기독교의 사회경제사상』(서울: 감은사, 2020), 88-96.

22 본문의 번역은 다음에서 발췌하였다. 시릴 리처드슨 외/김선영 옮김, 『초기 기독교 교부들』(서울: 두란노아카데미, 2011). 디다케에는 가난한 자를 위한 배려와 나눔이 계속해서 나타난다(5:2; 13:3-4; 15:4).

에 상응하는 제도를 마련하라는 뜻을 전했다.

> 상설 구빈원을 세우라.…왜냐하면 유대인들은 구걸할 필요가 없고, 저 불경한 갈릴리 사람들[기독교인]이 자신들의 가난한 자뿐만 아니라 우리의 가난한 자까지 지원하지만, 백성이 우리로부터[즉 이교 사제단으로부터] 전혀 도움을 받지 못한다는 것을 모든 사람이 깨닫는 것은 수치스러운 일이기 때문이다.[23]

위의 증거는 초기 교회가 가난한 자라면 기독교인과 비기독교인을 나누지 않고 도왔다는 사실을 말해준다. 황제는 이런 상황을 통해 사람들이 제국으로부터 마음이 멀어지고 있다고 판단하였다. 이때 데살로니가에 살던 일하기를 싫어하는 사람도 가난한 자에 대해 체계적인 관심을 갖지 않는 로마 제국과 가난한 자를 구제하는 교회의 차이를 경험하고 있었을 것이다.

(3) "일하기를 싫어하는 사람"(살후 3:10)이 경험한 제국주의적 분위기

데살로니가는 기원전 316년경 알렉산드로스 대왕의 장군인 카산드로스가 자기 부인이자 알렉산드로스의 이복 누이인 테살로니케의 이름을 따 건설한 도시다. 데살로니가는 마케도니아 지역이 로마 제국의 속주로 편입되던 기원전 146년경 마케도니아의 수도가 되었고, 바울이 방문한

---

23 Julian, *Letter* 22, in W. C. Wright (ed.), *The Works of the Emperor Julian*, Loeb Classical Library (Lodon: Heinemann; New York: Putnam, 1953), I:58-70. 피터 브라운/서원모·이은혜 옮김, 『고대 후기 로마 제국의 가난과 리더십』(2012), 17-18에서 재인용.

기원후 1세기에는 로마의 후원에 따른 경제적 부흥과 제국 의례(황제 숭배)가 본격화되고 있었다. 당시 데살로니가인들은 그리스와 이집트 신들을 숭배하면서도 도시의 번영을 위해 황제들을 숭배의 대상으로 간주하기 시작했다.[24]

데살로니가인들은 로마 여신(the goddess Roma)을 섬기는 제의를 마련했으며 제국의 황제들을 위한 성전을 건축하였다. 특히 카이사르를 신으로 선언하고 아우구스투스에게 카이사르(신)의 아들이라는 의미의 특별한 칭호(*divi filius*)를 부여하였다.[25] 그리스인들에게는 왕을 신적 존재로 여기는 전통이 있었기 때문에 그들 사이에서는 로마 황제에 대한 숭배가 큰 무리 없이 받아들였다.[26]

데살로니가의 친로마적 분위기는 바울의 선교를 대하는 그들의 태도에도 반영되어 나타났다. 바울이 데살로니가의 유대인 회당을 중심으로 사역을 시작했을 때 유대인들이 그를 시기하여 바울 일행(야손과 신도 몇 사람)을 끌어다가 시청 관원들(πολιτάρχης) 앞에 세우는 소요가 있었다(행 17:1-6). 바울 사역의 결과로 그리스인들과 적지 않은 귀부인들이 그의 가르침을 따르게 되었기 때문이다. 이때 끌려간 신도들의 죄목은 '예수라는 또 다른 왕이 있다고 말하면서 황제의 명령을 거슬러 행동했다'는 것이었다(행 17:7). 바울의 가르침에 있는 반로마적 요소가 데살로니가인들에게 가장 큰 위험 요소로 여겨진 것이다. 데살로니가전서와 후

---

24 Karl P. Donfried, "The Imperial Cults of Thessalonica and Political Conflict in 1 Thessalonians," in Richard A. Horsley (ed.), *Paul and Empire* (Harrisburg, PA: Trinity Press International, 1997), 217-218.

25 Ibid., 218-219. 돈프리드는 아우구스투스의 칭호(*divi filius*)가 '신의 아들'(a son of god)을 직접적으로 의미하는 것으로 보지는 않는다.

26 1세기부터 데살로니가에서도 황제들을 기념했던 동전이 다수 출토되었다.

서는 모두 속주 수도인 데살로니가의 친로마적 분위기 속에서 공동체를 유지하기 위한 바울의 관심과 우려를 반영한다.

4) 데살로니가후서 3:10 안의 세계

(1) 바울 서신과 사도행전 안의 경제적 주체성

바울이 경제적 상황과 관련해 견지한 기본적 입장은 '어떠한 상황 속에서도 스스로 만족하는 법을 배웠다'는 것이다. 바울은 그에게 능력 주시는 분 안에서 비천하게도 풍족하게도 살 줄 알며, 배부르거나 굶주리거나 풍족하거나 궁핍하거나 그 어떤 경우에도 적응할 수 있는 비결을 배웠다고 고백한다(빌 4:11-13; 고후 6:10). 그러면서 필요에 따라 자비량과 후원의 방식을 선택해 사역을 주체적으로 이어갔다.

바울은 1차적으로 생계를 위하여 천막을 짓는 가죽 가공업에 종사하였다. 그렇기 때문에 고린도에서 브리스길라와 아굴라를 만나 그들과 함께 살며 생계를 책임졌다(행 18:3; 20:33-34; 고전 4:12). 그는 교인들에게 일할 것을 가르치기 전에 먼저 솔선수범하는 지도자의 모습을 보였고(살전 4:11), 밤낮으로 일하면서 하나님의 복음을 전하였다(살전 2:9; 고후 11:7). 바울의 사역은 안식일에 집중되어 있었지만 실라와 디모데가 마케도니아에서 고린도에 도착했을 때는 말씀을 전하는 일에만 전념할 수 있었다(행 18:4-5). 생업으로 인해 안식일에 집중되던 사역이 실라와 디모데의 후원으로 자유롭게 되었다. 그들이 마케도니아 교회들(데살로니가 교회와 빌립보 교회 등)의 후원금을 바울에게 전달해주었기 때문이다(고후 11:8-9; 빌 4:16).[27]

바울은 교회가 사역자들에게 잠자리와 음식을 제공해야 한다는 사실을 가르쳤다(롬 15:27; 고전 9:11). 바울은 자신이 속한 공동체에서 후원을 받을 정당한 권리(신 18:1-5; 고전 9:14)가 있음을 알고 있었다. 그는 주님께서도 같은 내용을 가르치셨다고 강변한다.[28] 당시 사역자가 공동체의 지원을 받지 않는 것은 자신의 사역이 갖는 의미를 스스로 약화시키는 일이었다(고전 9:3-18). 그럼에도 바울은 관행을 따르지 않고 교인들에게 부담을 지우지 않기 위해 스스로 일했다. 바울이 고린도에서 선택한 자비량 선교(고전 4:12)는 고린도 교회에 뒤늦게 도착해 문제를 일으켰던 소위 '큰 사도들'과 자신을 차별화하는 방법이 되었다(고후 11:5; 12:11). 사역의 효율성을 고려할 때 바울 여기도 외부의 도움이 간절했지만, 자비량과 후원을 선택적으로 사용하며 자신의 경제적 주체성을 자신이 아니라 교회를 위해 능동적으로 사용하였다.

(2) 바울 서신과 사도행전 안의 경제적 공동체성

1세기 중반 예루살렘 교회는 팔레스타인 지역에 미친 기근으로 큰 경제적 어려움을 겪고 있었다.[29] 이때 안디옥 교회는 예루살렘에 있는 교인들

---

27 바울의 보고(고후 11:8-9)는 "일하기를 싫어하는 사람"에게 자신의 교회(데살로니가 교회)에서 이루어진 후원 모금에 대해 잘못된 인상을 주었을 가능성이 있다.

28 고전 9:14에 반영된 예수 전승은 마 10:10과 눅 10:7-8과 관련이 있다.

29 Josephus, *Jewish Antiquities*, 20, 51, 101. Suetonius, *Life of Claudius*, 18.2. Tacitus, *Annals*, 12.43.

을 위해 바울과 바나바를 통해 구제금(διακονία)을 보내주었다(행 11:27-30; 12:25). 이러한 경험이 바울 서신을 통해 드러나는 다양한 모금 운동(롬 15:25-31; 고전 16:1-4; 고후 8-9장; 갈 2:10)의 배경이 된다. 바울이 주도한 아가야와 마케도니아 지역 교회들의 모금은 예루살렘 교회의 수장인 야고보와 장로들에게 전달되었다(행 21:18).

바울이 모금을 결단한 것은 예루살렘 공의회(사도 회의) 때로 보인다. 갈라디아서 2:9-10은 공의회의 결과로 두 가지를 보고하는데, 첫째는 야고보, 게바, 요한이 할례받은 사람들(유대인)에게, 바울과 바나바가 이방 사람들에게 가기로 한 것이고, 둘째는 바울과 바나바가 예루살렘 교회의 가난한 교인들을 기억하기로 한 것이다. 바울은 이방인(기독교인)들이 유대인(기독교인)들로부터 복음이라는 영적 선물을 받은 만큼 유대인(기독교인)들이 어려울 때 이방인(기독교인)들이 돕는 것은 자연스러운 일이라고 생각했으며, 이후 그의 사역 기간 내내 예루살렘 교회를 위한 모금 사역을 진행하였다.

바울은 고린도 교회를 향해 구체적인 모금 방법을 제안한다. 자신이 방문할 때 갑자기 헌금을 모으려 하지 말고, 모임이 있는 매주 첫날에 각자의 수입에 따른 일정액을 모아두었다가 자신에게 전달해달라는 것이었다(고전 16:2). 고린도 교회는 이미 1년 전에 모금을 시작하였는데(고후 8:6, 10; 9:2), 바울은 그곳에 디도와 몇몇을 보내 상황을 확인하기도 하였다(고후 8:18, 22). 예루살렘 교회를 위한 모금이 잘 진행되는지 지속적으로 관심을 기울인 것이다(고후 9:3-5). 바울은 모금을 "은혜"(χάρις)라고 부르며 그것이 하나님의 은혜를 입은 자들이 나누는 자연스러운 후원과 연대임을 드러낸다(고전 16:3; 고후 8:4, 6, 7, 19).

바울에게 모금은 부족한 자들의 필요를 채워 균형을 맞추는 방안이었다. 한쪽에 대해서만 일방적인 호의를 강요한 것이 아니라 영적 필요와 물질적인 필요의 균형을 이루는 상호 보완적 방식을 권면한 것이다(고후 9:11; 롬 15:27).[30] 초기 교회는 지역과 자신이 속한 공동체(민족, 부족, 가족 등)의 정체성을 넘어, 모금이라는 경제적 지원을 통해 신앙인으로서의 연대 의식과 공동체성을 확인하였다.

(3) 바울 서신과 사도행전의 경제적 대안성(대체성)

바울 서신의 초기 교회 간 모금 운동에서 나타나는 공동체성은 사도행전이 보고하는 유무상통의 공동체성에서 유래한다. 초기 교회에 속한 빈자들은 날마다 상시적으로 도움을 받을 수 있었으며 그 도움은 일용할 양식뿐 아니라 생활에 필요한 물품까지 포함한 것으로 보인다(행 2:45; 4:35). 물론 이러한 초기 교회의 생활 방식이 언제까지 유지되었는지는 특정하기 어렵다. 사도행전에서조차 자신의 소유를 모두 판 아나니아와 삽비라의 경우와(행 5:1-11) 집과 다락방을 소유한 마가의 경우가(행 12:12) 동시에 보고되고 있기 때문이다. 따라서 교인 간의 유무상통에 의지하는 방법 외에 교회의 경제적 어려움을 해소할 새로운 대안과 조직이 필요했다.

사도행전은 초기 교회가 경험한 경제적 갈등과 그 해소 방안을 소개하고 있다(행 6:1-7). 그리스어를 하는 유대계 기독교인들(디아스포라)

30 이스라엘의 광야 시절에 주어진 만나를 연상시키며 모두가 균등하게 넉넉해질 것이라고 보는 논리다(고후 8:13-15). 조광호, 『초대교회의 경제윤리와 이후의 발전』(서울: 한들, 2019), 59-64. 조광호는 모금을 통해 바울이 강조한 내용으로 자발성, 상호 교환의 원칙, 보상의 원칙, 교회 간 선의의 경쟁 심리를 꼽고 있다.

과 히브리어를 하는 유대계 기독교인들 사이에 불공평한 분배의 문제가 있었다.[31] 이에 대한 해결은 두 그룹의 필요를 공정하게 채울 수 있는 일곱 명의 리더(집사)를 세우는 일로 시작되었다. 집사 중에는 안디옥 출신으로서 이방인이었으나 유대교로 개종했던 니골라 집사가 포함되었다. 이는 후원금의 큰 부분이 안디옥 교회에서 들어왔다는 사실을 반영한다. 또한 이방인과 디아스포라 출신의 기독교인들을 통해 예루살렘 교회에 유입된 후원금이나 물품을 필요에 따라 공정하게 나누는 일이 시급했으며, 초기 교회가 예루살렘의 빈민 구제를 위한 조직을 갖추고 있었다는 사실을 보여준다.

사도행전은 경제적 돌봄이 체계화되었을 때 예루살렘 교회가 부흥했다고 보고한다(행 6:7). 성서는 임박한 종말에 대한 기대 속에서도 지금 배고파하는 이웃을 외면하지 않던 초기 교회의 공동체성을 보여준다. 조광호는 경제 문제와 관련한 바울의 가르침에 반영된 가장 중요한 주제가 임박한 종말에 대한 기대감이었다고 분석한다(고전 7:24, 26, 30; 고후 6:9).[32] 그것이 경제와 관련해 바울이 보이는 초연함을 설명할 수 있는 신학적 바탕이라는 것이다. 그럼에도 바울의 경제적 관심은 당시의 묵시적 종말론에 담긴 임박한 종말에 대한 기대감을 수정하는 특징을 띤다.

바울은 교회들이 임박한 종말론에 사로잡혀 로마 제국의 억압과 수탈에 수긍하며 살도록 내버려 두지 않는다. 그의 모금 사역은 예루살렘 초기 교회의 빈민 구제 사역을 보여주며, 의도했든 의도하지 않았든 빈

---

31 임성욱·정용한, "사도행전의 경제정의: 다문화 속의 여성들을 중심으로", 「신학논단」 99(2020), 39-70.

32 조광호, 『초대교회의 경제윤리와 이후의 발전』(2019), 66.

민 구호에 대한 로마 제국의 무관심을 폭로한다. 기독교인들 사이의 유무상통과 모금 운동을 통한 경제적 공감 및 연대는 탈인종적·탈지역(도시)적 경제 원조를 가능하게 했으며 결과적으로 로마 제국의 경제 구조가 지닌 한계를 드러내는 결과를 초래하였다.[33]

(4) "일하기를 싫어하는 사람"(살후 3:10)이 속한 본문의 세계

데살로니가전서와 데살로니가후서의 관계성에 대한 다양한 논의에도 불구하고 두 서신의 문학적 관계성을 부정하기는 어렵다. 데살로니가후서는 전서에 나타나는 문장과 표현의 삼 분의 일을 사용하고 있고 유사한 문제의식을 공유하고 있다.[34] 따라서 데살로니가전서의 역사적 상황과 문맥을 후서의 해석에 반영하는 것은 합리적인 주석 방법이다. 데살로니가후서는 전서와 마찬가지로, 신자들이 제국의 대표적 식민 도시인 데살로니가에서 로마의 정치, 경제, 사회 질서에 대응 혹은 적응하며 신앙을 지켜나가도록 권면하기 위해 쓰인 서신이다.

두 서신에 담긴 공통점 중 하나는 반로마제국적인 내용이다. 데살로니가 교인들의 환난(살전 1:6; 3:3, 4, 7)과 바울(과 동역자들)이 경험한 어

---

33 김판임은 바울의 모금 사역을 경제적으로는 성도들의 부족을 보충하는 경제적 의미, 모금의 기부자나 수여자 모두 하나님께 감사하며 영광을 돌리게 되는 종교적 의미, 기부자와 수여자 사이의 연대감을 형성하는 사회적 의미로 설명한다. 김판임, "바울의 자비량 선교와 모금 운동에 나타난 경제원칙", 한국신약학회 엮음, 『신약성서의 경제 윤리』 (서울: 한들, 1998), 258.

34 데살로니가후서가 바울이 다른 서신들에서는 사용하지 않는 단어들과 사용한 단어라도 다른 의미로 사용한 예들을 다수 포함하고 있는 만큼 바울의 친서로 보기는 어렵다. Helmut Koester, *Introduction to the New Testament: History and Literature of Early Christianity* (2nd ed.; New York: Walter de Gruyter, 2000), 248.

려움(살후 3:2)은 바울이 전한 복음에 담긴 반제국적 함의에서 기인한 것으로 보이며, 데살로니가에 만연한 제국 제의(황제 숭배)에 의해 야기되었을 가능성이 크다.[35] 예컨대 주님의 재림과 죽은 사람의 부활(살전 4:13-18)에 대한 관심은 데살로니가에서 자행된 박해로 먼저 예수 안에서 잠든 사람들(살전 4:14)을 염두에 둔 것으로 보인다.[36]

바울은 교인들이 데살로니가에서 신앙인으로 겪는 환난을 상대화시키는 목회적 권면으로 종말론을 제시한다(살전 4:13-5:11; 살후 1:6-2:12). 바울은 데살로니가전서(살전 4:15)와 다른 바울 서신(롬 13:11; 고전 7:29; 빌 4:5)에서 임박한 종말에 대한 기대감을 견지하지만, 이미 그날이 이루어졌다는 주장에는 동의하지 않는다.[37] 바울은 데살로니가전후서를 통해 내적으로는 종말에 대한 신자들의 믿음을 조정해주고 외적으로는 로마 제국의 질서와 기준을 능가하는 윤리적 삶을 권면한다. 그것은 하나님의 복음을 전하기 위해 자신이 솔선수범하며 이 땅에서 여전히 밤낮으로 일하는 이유가 된다(살전 2:8-9). 마찬가지로 바울은 신자들도 조용하게 살며 자기 일에 전념하고 직접 일을 하여 아무에게도 신세를 져서는 안 된다고 가르친다(살전 4:11-12). 그는 로마 제국의 경제 체제가 지닌 한계 속에서 데살로니가 교인들이 서로 돌보아야 하는 상황을 전제하고 다음과 같이 가르친다.

---

35 Helmut Koester, "Imperial Ideology and Paul's Eschatology in I Thessalonians," in Richard A. Horsley (ed.), *Paul and Empire* (Harrisburg, PA: Trinity Press International, 1997), 161-163.

36 Karl P. Donfried, "The Imperial Cults of Thessalonica and Political Conflict in 1 Thessalonians" (1997), 222-223.

37 데살로니가후서는 '주의 날이 이미 이르렀다'(ἐνέστηκεν)는 주장에 대해 현혹되어서는 안 된다고 경고한다(살후 2:2).

> [6]형제자매 여러분, 우리는 주 예수 그리스도의 이름으로 여러분에게 명령합니다. 무절제하게 살고(ἀτάκτως) 우리에게서 받은 전통을 따르지 않는 모든 신도를 멀리하십시오. [7]우리를 어떻게 본받아야 하는지는 여러분이 잘 알고 있습니다. 우리는 여러분 가운데서 무절제한 생활을 한 일이 없습니다. [8]우리는 아무에게서도 양식을 거저 얻어먹은 일이 없고, 도리어 여러분 가운데서 어느 누구에게도 짐이 되지 않으려고, 수고하고 고생하면서 밤낮으로 일하였습니다. [9]그것은, 우리에게 권리가 없어서가 아니라, 우리가 여러분에게 본을 보여서, 여러분으로 하여금 우리를 본받게 하려는 것입니다. [10]우리가 여러분과 함께 있을 때에 **"일하기를 싫어하는 사람은 먹지도 말라"**(εἴ τις οὐ θέλει ἐργάζεσθαι μηδὲ ἐσθιέτω) 하고 거듭 명하였습니다. [11]그런데 우리가 들으니, 여러분 가운데는 무절제하게 살면서(ἀτάκτως), 일은 하지 않고, 일을 만들기만 하는 사람이 더러 있다고 합니다. [12]이런 사람들에게, 우리는 주 예수 그리스도 안에서 명하며, 또 권면합니다. 조용히 일해서, 자기가 먹을 것을 자기가 벌어서 먹으십시오(살후 3:6-12, 새번역).

본 단락은 데살로니가 교회 안에 무절제하게 살며 교회의 전통을 따르지 않는 사람들이 있다는 것을 전제한다. 그 무절제함은 공동체에 경제적인 부담을 주는 행위였다(살후 3:6, 11). 바울은 교회가 데살로니가의 사회·정치적 분위기에 위화감을 주는 무절제한(살전 5:14; 살후 3:6, 11) 방식이 아니라 공동체 속에서 서로를 배려하고 아무에게도 신세를 지지 않는 방식으로 드러나야 한다고 가르친다(살전 4:9-12). 이것이 바울 자신이 제국적 삶의 방식이 끝나는 마지막 날을 고대하면서도, 동시에 밤낮으로 일하며 공동체에 재정적인 부담을 주지 않으며 산 이유다.

본 단락에 포함된 "일하기를 싫어하는 사람"(살후 3:10)이 일하기 싫어하게 된 이유는 본문 뒤의 세계와 본문 안의 세계를 통해 유추해볼 수 있다. 로마 사회에서는 절대다수가 최저 생계의 경계선에 놓여 있었다. 부유층을 제외하면 노예는 물론이고 심지어 자유인이라 해도 노동은 선택이 아닌 필수였다. 하지만 교회 안에 일하기를 싫어하는 사람이 있었고 그에 대해 공동체적이고 공개적인 교훈이 주어졌다. 이는 일하기 싫어하는 사람의 선택과 결정이 교회 안에서 갖게 된 오해와 경제적 후원에서 기인했음을 보여준다.[38] 교인 중에는 종말에 대한 잘못된 이해로 이 땅에서의 삶과 노동을 의도적으로 소홀히 하는 사람들이 생겼으며, 교인들의 경제적 어려움을 돌보는 교회의 후원이 그러한 잘못된 선택을 가능케 하는 배경이 된 것이다.[39]

바울의 명령은 노동을 싫어하게 된 당사자뿐 아니라 그가 속한 교회의 신자 모두를 향한다. 일하기를 싫어하는 사람이 노동을 거부하는 문제를 공동체가 함께 풀고 해결하도록 권면한 것이다. 일하기를 싫어하는 사람의 태도는 데살로니가 교회의 경제적 상황에 부담이 될 뿐 아니라 교회 밖 데살로니가인들에게 교회에 대한 그릇된 인상을 주기에 충분했다. 데살로니가 교회는 다른 마케도니아 교회(빌립보 교회)들과 함께 바울과 예루살렘 교회를 후원하고 있었기 때문에(고후 8-9장) 이미 재

38 살후 3:10의 "에스티에토"(ἐσθιέτω)는 3인칭 명령형으로 "일하기 싫어하는 사람"뿐 아니라 모든 교인에게 주어진 것으로 볼 수 있다.

39 일하기 싫어하게 된 이유에 대한 논의가 다양하게 제안 되었다. 가벤타는 육체노동이 그리스도 안에서 자유를 얻은 사람에게 적합하지 않다고 생각했기 때문이라고 했으며, 베스트는 자유인에게는 지적인 노동만이 적합하다고 생각했기 때문이라고 주장했다. Beverly R. Gaventa, *First and Second Thessalonians* (Louisville, KY: John Knox, 1998), 59; Ernest Best, *The First and Second Letter to the Thessalonians* (London: A&C Black, 1972), 338.

정적인 부담을 느끼고 있었다. 노동을 싫어하는 자를 두고 공동체를 향해 주어진 권면은 그 사람의 생존권을 위협하거나 그의 게으른 윤리적 태도를 교회가 교정해주어야 한다는 의도에서 비롯한 것이 아니다. 오히려 교인의 무노동이 교회에 미칠 경제적 부담과 사회적 오해를 걱정하고 교회의 공동체성과 제국 안에서의 안정성을 유지하기 위하여 주어진 것이다.

5) 데살로니가후서 3:10 앞의 세계

지금까지 일하기를 싫어하는 자에 대한 권면은 데살로니가 교회에 속한 개인들의 게으른 태도를 향한 바울의 윤리적 교훈으로 해석되어온 경향이 강하다. 이는 데살로니가후서 3:10의 세계에만 갇혀 본문과 관련된 다양한 세계에 관심을 두지 못한 데서 기인한 해석이다. 하지만 우리가 경험하는 본문 '앞의' 세계는 일하기 싫어하는 사람을 게으른 사람 혹은 일하고 싶어도 일할 수 없는 사람과 동일시할 수 있는지를 진지하게 성찰하게 한다. 우리의 세계는 삼포 세대를 넘어 N포 세대로 일컬어지는 2030 세대가 '자발적'으로 취업을 포기한다고 알려진 세계다. 하지만 그들의 취업 포기는 노동 시장(현장)의 사회 구조적 문제에서 야기된 것이지 개인적·자율적 선택에 의한 것이 아니다. 그렇기 때문에 '자발적'이라는 수식어는 대단히 역설적이다. 게다가 이처럼 일하고 싶지만 일할 수 없는 자들의 문제를 특정 세대에 국한된 현상인 것처럼 설명한다면, 한국 사회의 총체적 모순과 문제를 외면하는 것에 불과하다. 아무리 일해도 경제적 자유를 장담할 수 없는 노동 현장에서 대부분의 노동자는 프레카리아트로 전락하고 자아실현은커녕 노동 자체뿐 아니라 자신을 포함한 인간으로부터의 소외를 경험하고 있다.[40]

이 모든 사회적 문제의 연원은 자본주의적 삶의 방식을 선택한 때로 거슬러 올라간다. 인간의 노동이 자본주의 경제 체제 속에서 금전적으로 교환 가능한 상품으로 치부되기 시작하면서 노동이 가져야 할 고유의 가치들이 사라지고 말았다. 4차 산업혁명이 가속화되는 상황 속에서 고도로 발달한 기술력은 고용 없는 성장을 가능하게 하고 노동 문제는 노동 문제에 국한되지 않고 사회 문제 전체로 비화되고 있다. 무엇보다 전통적 의미의 노동이 기계(로봇)로 대체되고 사라질 수 있다는 위기감이 팽배하고 있다.[41] 이미 21세기 한국 사회는 신자유주의를 바탕으로 한 시장경제 체제의 모순에 빠져 있다. 금융 자본의 세계화, 노동자의 노마드화, 정보 통신과 미디어의 발전 등을 통해 노동 환경이 개선되기는커녕, 일자리 부족, 비정규직 상시화, 저임금 정책, 소상공인의 폐업이라는 노동의 배신이 지속적으로 경험되고 있다. 취업을 한다고 해도 저임금과 불안정한 고용으로 인해 노동자의 경제적 상황이 나아질 것이라는 기대감은 사라진 지 오래다.

이제 다시 노동은 노동자의 가치와 기대에 맞는 자유로운 선택에 따른 활동일 수 있어야 한다. 인간은 역사적으로 사회 체제와 관계없이 다양한 노동을 통해 공동체를 변화시키며 자아를 실현해왔다. 그런 노동을 회복시키기 위한 구체적인 대안이 필요하다. 바로 그 대안 중 하나

---

40 고임금 노동자의 삶이 다른 것은 아니다. 그들 또한 여가와 가족과의 관계를 포기한 채 고강도의 노동과 그에 따른 피로로 인해 또 다른 차원의 갈등과 소외를 경험하고 있다.

41 제레미 리프킨/이영호 옮김, 『노동의 종말』(서울: 민음사, 2009), 20-22.

로서 기본소득의 시행 여부가 큰 사회적 관심을 불러일으키고 있는 것이다. 기본소득을 반대하는 기독교적 입장에서는 기본소득이 게으름을 조장해 노동 의욕을 감소시킬 것이라는 우려가 있으며, 빈둥거리며 살아가는 이들에게 소득을 지급하는 것은 낭비라는 시각이 있다.[42] 지금 시급한 문제는 이러한 근거들의 유효성을 검증하고 논의할 기회와 토론의 장이 절대적으로 부족하다는 것이다.[43] 노동하지 않는 자는 게으른 자이며 게으른 자에게는 어떠한 보상도 주어져서는 안 된다는 것이 과연 데살로니가후서 3:10의 진의일까? 이 본문을 기본소득에 반대하는 근거로 삼을 수 있을까? 이에 대한 논의가 교회에서 시작되어야 한다.

물론 데살로니가후서 3:10을 포함한 성서의 가르침들이 기본소득의 원칙(무조건성, 무차별성, 개별성 등)에 얼마나 부합하는지에 대한 추가적인 논의가 필요하다.[44] 그럼에도 사도행전과 바울 서신의 세계가 보여준 "일하기를 싫어하는 사람"에게 필요한 경제적 주체성, 경제적 연대를 통한 공동체성, 현 체제의 한계를 극복하는 대체성이 이 시대의 노동자들에게도 필요한 것만은 분명하다. 기본소득이 사회 구성원들의 경제적 주체성을 확보함으로써 자아실현의 가능성을 높이고, 소득 재분배를 통한 경제적 연대를 통해 사회 구성원 간의 공동체성을 회복시키며, 신자유주의 경제 체제에 반기를 드는 대체성을 가진 것이 사실이라면, 그

42 기본소득에 반대하는 이유를 복수로 선택하도록 했던 "기독교인의 기본소득 인식 설문조사"의 문항에서 게으름 조장과 재정 낭비는 각각 62.4%, 57.2%로 나타났다. '성서는 사회적 약자만을 돕도록 가르친다'는 이유와 '일하기 싫어하는 자는 먹지도 말라고 가르친다'는 이유는 각각 46.1%와 43.9%를 차지했다.

43 "기독교인의 기본소득 인식 설문조사"에 따르면 교회에서 기본소득에 관한 설교, 설명 또는 토론 경험이 없다는 응답이 86.2%에 달했다(전혀 없음 50.6%, 별로 없음 35.6%).

44 그 밖의 원칙으로는 현금 지급, 정기적 지급, 개인별 지급, 소득과 무관한 지급, 노동 여부와 관계없이 지급도 있다.

것이 성서의 가르침들과 어떻게 다르고 유사한지 논의해볼 만한 충분한 가치가 있다.

6) 나가는 말

본 연구는 바울이 "일하기를 싫어하는 사람"(살후 3:10)을 위해 공동체에 준 권면을 본문과 관련한 세 가지의 세계(본문 뒤의 세계, 본문 안의 세계, 본문 앞의 세계)를 고려하며 살펴보았다. 또한 21세기 신자유주의 경제 체제로 노동의 소외와 배신을 경험하는 현실 속에서 일하기 싫어하는 사람을 위한 새로운 성찰을 제안하였다. 우리는 일하기 싫어하는 사람이 경험했던 1세기 데살로니가의 상황 이상으로 경제적 주체성과 공동체성, 나아가 기존 체제를 극복하려는 대안성이 요구되는 시대를 살고 있다. 그래서 우리는 1세기 일하기를 싫어할 수 있었던 사람의 선택권에 주의를 기울일 필요가 있다. 초기 교회는 로마 제국 안에 있으면서도 성도들이 행사할 수 있는 경제적 주체성과 함께 공동체성과 대안성을 보여주고 있다. 일하기를 싫어하는 교인의 선택은 분명 바울이 보기에 데살로니가 교회에 큰 부담이었다. 그러나 이 부담이 교회에 속한 다른 교인들과 다른 교회의 후원까지 멈출 명분이 되지는 않았다. 하나님께서 주신 소명과 그 소명을 이루기 위한 신앙인의 노동은 멈출 수 없다. 하지만 여전히 그 소명을 찾지 못하고 노동을 멈출 수밖에 없는 현실에 노출되어 있는 한국 사회의 구성원들을 기억한다면, 데살로니가후서 3:10의 가르침은 기본소득에 반대하는 근거 본문으로 여겨지기보다 한국 사회의 경제적 주체성, 공동체성, 대체성을 한 번 더 고민하게 하는 본문으로 여겨져야 할 것이다.

참고문헌

김경진. 『누가신학의 제자도와 청지기도』. 서울: 솔로몬, 2007.

김판임. "바울의 자비량 선교와 모금 운동에 나타난 경제원칙." 한국신약학회 엮음. 『신약성서의 경제윤리』. 서울: 한들, 1998, 237-267.

리처드슨, 시릴 외/김선영 옮김. 『초기 기독교 교부들』. 서울: 두란노아카데미, 2011.

리프킨, 제레미/이영호 옮김. 『노동의 종말』. 서울: 민음사, 2009.

브라운, 피터/서원모·이은혜 옮김. 『고대 후기 로마 제국의 가난과 리더십』. 파주: 태학사, 2012.

서원모. "고대 교부들의 경제사상." 공적신학과 교회 연구소 엮음. 『하나님의 경제 I』. 성남: 북코리아, 2013, 89-146.

윤철호. "리쾨르 이후의 탈근대적 성서해석학에 대한 통전적 접근: 산드라 M. 슈나이더를 중심으로." 「장신논단」 21(2004/6), 185-211.

임성욱·정용한. "사도행전의 경제정의: 다문화 속의 여성들을 중심으로." 「신학논단」 99(2020), 39-70.

정용한. "다문화 사회를 위한 골로새서의 통전적 읽기와 신학적 주제." 「신학논단」 77(2014), 269-296.

______. "기본소득 논의를 위한 성서적 제안: 공관복음서의 희년과 하나님 나라 운동을 중심으로." 「신학논단」 91(2019), 251-279.

조광호. 『초대교회의 경제윤리와 이후의 발전』. 서울: 한들, 2019.

최재덕. "신약의 경제사상 - 주후 1세기 팔레스틴의 구제제도와 원시기독교 구제활동." 공적신학과 교회 연구소 엮음. 『하나님의 경제 I』. 성남: 북코리아, 2013, 61-88.

헹엘, 마르틴/이영욱 옮김. 『초기 기독교의 사회경제사상』. 서울: 감은사, 2020.

Best, Ernest. *The First and Second Letter to the Thessalonians.* London: A&C Black, 1972.

Deissmann, Adolf. *Light from the Ancient East; the New Testament Illustrated by Recently Discovered Texts of the Graeco-Roman World.* New and completely rev. ed.; New York: George H. Doran Company, 1927.

Donfried, Karl P. "The Imperial Cults of Thessalonica and Political Conflict in 1 Thessalonians." In Richard A. Horsley (ed.) *Paul and Empire*. Harrisburg, PA: Trinity Press International, 1997, 215-223.

Friesen, Steven J. "Poverty in Pauline Studies: Beyond the So-Called New Consensus." *Journal for the Study of the New Testament* 26/3 (2004), 323-361.

Gaventa, Beverly R. *First and Second Thessalonians.* Louisville, KY: John Knox, 1998.

Helmut, Koester. *Introduction to the New Testament: History and Literature of Early Christianity.* 2nd ed.; New York: Walter de Gruyter, 2000.

______. "Imperial Ideology and Paul's Eschatology in I Thessalonians." In Richard A. Horsley (ed.). *Paul and Empire*. Harrisburg, PA: Trinity Press International, 1997, 158-166.

Longenecker, Bruce W. *Remember the Poor: Paul, Poverty, and the Greco-Roman World.* Grand Rapids, MI: W. B. Eerdmans Pub., 2010.

Malherbe, Abraham J. *Social Aspects of Early Christianity*. 2nd ed.; Philadelphia, PA: Fortress Press, 1983.

Malina, Bruce J. *The New Testament World: Insights from Cultural Anthropology.* Atlanta, GA: John Knox Press, 1981.

Meeks, Wayne A. *The First Urban Christians: The Social World of the Apostle Paul.* New Haven, CT: Yale University Press, 1983.

Meggitt, Justin J. *Paul, Poverty and Survival, Studies of the New Testament and Its World.* Edinburgh, UK: T&T Clark, 1998.

Parkin, Anneliese. "'You Do Him No Service': an Exploration of Pagan Almsgiving." In M. Atkins & R. Osborne (eds.). *Poverty in the Roman World.* Cambridge, UK: Cambridge University Press, 2009, 60-82.

Ricoeur, Paul. *Interpretation Theory: Discourse and the Surplus of Meaning*. Fort Worth,

TX: Texas Christian University, 1976.

Sanders, Guy D. R. "Landlords and Tenants: Sharecroppers and Subsistence Farming in Corinthians Historical Context." In Steven J. Friesen, Sarah A. James, & Daniel N. Schowalter (eds.). *Corinth in Contrast: Studies in Inequality.* Leiden, Nederland: Brill, 2014, 101-125.

Scheidel, Walter & Friesen, Steven J. "The Size of the Economy and the Distribution of Income in the Roman Empire." *The Journal of Roman Studies* 99 (2009), 61-91.

Schneiders, Sandra M. *The Revelatory Text: Interpreting the New Testament as Sacred Scripture.* Collegeville, MN: Liturgical Press, 1999.

Tate, W. Randolph. *Biblical Interpretation: An Integrated Approach.* Peabody, MA: Hendrickson Publishers, 1991.

Theissen, Gerd. *The Social Setting of Pauline Christianity: Essays on Corinth.* Philadelphia, PA: Fortress Press, 1982.

III.

기본소득에 관한 역사적·윤리적·여성신학적 고찰

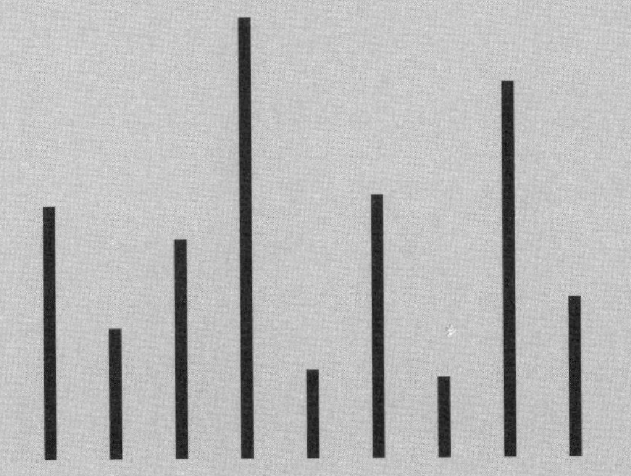

1. 루터와 칼뱅의 경제사상으로 보는 기본소득

희년 사상을 중심으로

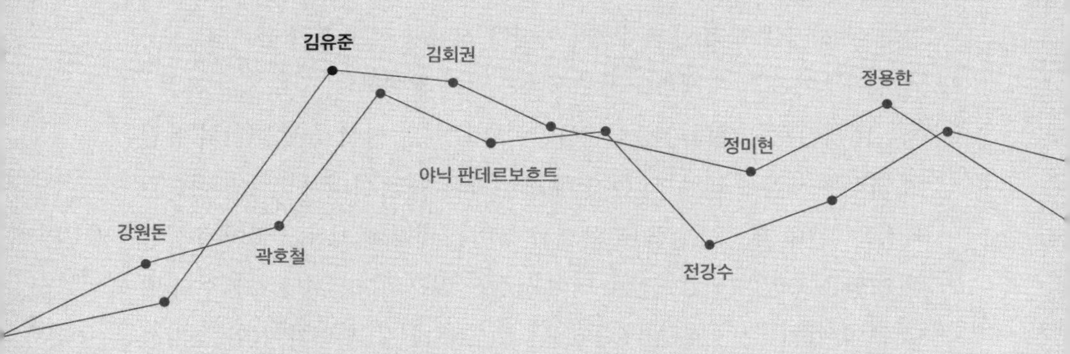

김유준

은진교회 목사, 연세대학교 강사, 한신대학교 겸임교수

연세대학교 학부와 대학원에서 신학을 공부하며 교회사 전공으로 박사 학위(Ph.D)를 받고 연세대학교와 한신대학교에서 강의하고 있다. 은진교회 담임 목회와 캠퍼스 선교를 병행하며 하나님 나라를 향한 희년 실천과 연구에 힘쓰고 있다. 『조나단 에드워즈의 삼위일체론』, 『희년』, 『아우구스티누스의 경제사상 연구』, 『소유권』, 『츠빙글리와 불링거』 등 15권의 저·역서를 출간했고, "암브로시우스의 경제사상" 등 40여 편의 논문을 집필했다.

1) 들어가는 말

지난 2017년 10월 한국교회는 마르틴 루터의 종교개혁 500주년을 기념했다. 500년 전 로마 가톨릭교회의 타락과 부패에 맞서서 올바른 신학과 신앙을 부르짖었던 개혁의 외침이 이제는 부메랑처럼 돌아와 우리의 자화상을 비추는 거울이 되었다. 루터의 신학과 사상이 집중적으로 조명받는 이 시기에 교회 안에서만이 아니라 정치와 경제 영역 등 사회 곳곳에서 이루어진 그의 개혁을 재조명하는 것이 절실하다.[1]

16세기 종교개혁의 중심인물인[2] 루터는 "그 당시 중세 교회와 유럽의 역사를 새롭게 하는 데 큰 영향을 끼쳤을 뿐만 아니라"[3] 그의 신학과 사상은 "현대 개신교는 물론, 유럽과 북미를 비롯한 기독교 국가에 상당한 영향을 주었다."[4] 그동안 루터의 사상은 전근대적이거나 자본주의 발달에 역행하는 것으로 평가되었다.[5] 막스 베버는 "루터가 직업 소명설을 형성하는 데 공헌했으나 경제적 가능성을 발전시키지 못하고 오히려

---

1 이러한 개혁의 외침은 초기 교부들의 경제사상에서도 분명히 확인할 수 있다. 김유준, "암브로시우스의 경제사상", 「한국교회사학회지」 44(2016), 37-65; "카이사레이아의 감독 바실레이오스의 경제사상에 관한 연구", 「한국교회사학회지」 30(2011), 7-34.

2 Rupert Eric Davies, *The Problem of Authority in the Continental Reformers: A Study in Luther, Zwingli, and Calvin* (Westport, CT: Greenwood Press, 1978).

3 "루터의 사역은 단순히 종교적인 차원을 넘어서서 종교, 사회, 문화, 정치, 경제, 사상 등 총체적인 변화를 가져왔고 개혁을 이루었다." 조병하, 『마르틴 루터와 개혁 사상의 발전』(서울: 한들, 2000), 54.

4 쿠르트 알란트는 "16세기의 거장들이 오늘날 개신교 가르침과 생활에 영향을 끼치는 사상을 전개했다고 보았고 루터가 없이는 우리 시대의 지적 생활과 하나님의 은총에 관한 복음의 강조가 이루어지기 어려웠을 것"이라고 말했다. Kurt Aland, *Four Reformers: Luther, Melanchthon, Calvin, Zwingli* (Minneapolis, MN: Augsburg Pub. House, 1979).

5 이양호, 『루터의 생애와 사상』(서울: 대한기독교서회, 2002), 224ff.

경제적 전통주의로 복귀했다"고 보았고[6] 에른스트 트뢸치도 "루터는 윤리의 이원성으로 사회 구조와 제도에 대해 무관심하게 만들었다"고 보았다.[7] 맥스 스택하우스도 "루터는 영적이고 좁은 의미의 교회적 혁명에 몰두해 정치적이고 사회적인 운동들에 대해 전혀 공감하지 않았다"고 평가했다.[8]

장 칼뱅 연구가들은 '근대적인 칼뱅과 전근대적인 루터'라는 도식으로 비교해왔다. 프레드 그레이엄의 경우, "칼뱅은 중세 신학자들이나 루터와 다르게 상업을 인정했다"고 보면서[9] "칼뱅은 물품의 교환이 사회를 통해 하나님의 은사를 보급하는 데 필수적이라고 보았지만, 루터는 상업에 대해 지속적인 혐오감을 가지고 있었다"고 구별했다.[10] 로널드 월레스도 루터가 보기에 "모든 상인은 불가피하게 사기꾼이었으며, 무역에 무슨 선한 것이 있을 수 있느냐"는 것이 루터의 생각이었지만[11] 칼뱅은 "무역이 사회 구성원의 영적 교제의 표시이며, 개인과 사회 다른 부분들 사이의 건전한 상업 거래에 속하는 상호 교환은 좋은 공동체 생

---

6 Max Weber, *The Protestant Ethic and the Spirit of Capitalism*, tr. by Talcott Parsons (London: George Allen & Unwin, 1978), 81.

7 에른스트 트뢸치는 루터가 기독교인의 윤리에 있어서 근본적으로 기독교적 기준에 따라 세상에서 살아갈 것을 요구했지만, 루터 신학 역시 가톨릭 신학처럼 윤리의 이원성을 극복하지 못해 세상적 윤리와 은총의 윤리 사이에서의 타협이 불가피했다고 평가했다. Ernst Troeltsch, *The Social Teaching of the Christian Churches*, tr. by Olive Wyon, 2 vols. (London: George Allen & Unwin, 1931), 2:506-511.

8 Max Stackhouse, *Creeds, Society, and Human Rights: A Study in Three Cultures* (Grand Rapids, MI: Eerdmans, 1984), 54-55.

9 W. Fred Graham, *The Constructive Revolutionary: John Calvin and His Socio-Economic Impact* (Atlanta, GA: John Knox Press, 1978), 78-79.

10 Ibid.

11 Ronald S. Wallace, *Calvin, Geneva and the Reformation* (Grand Rapids, MI: Baker Book House, 1988), 85-86.

활을 창조하는 데 있어서 귀중한 역할을 할 수 있다"고 봤다고 했다.[12] 리처드 토니는 루터가 "사회적으로 보수적이고 기성 정치 권력을 존중하며 개인적인 제창자였던 데 비해서, 칼뱅주의는 적극적이고 급진적인 세력이었다"고 했다.[13] 트뢸치는 루터의 경제사상과 칼뱅주의의 경제사상이 초기 단계에 연관성을 가지고 견해를 공유했다고 봤다.[14] 즉, 둘 다 노동을 보편적 의무로 옹호하였으며 수도원의 은둔주의와 탁발 생활을 거부했다. 루터의 경제사상은 반배금주의, 겸허와 절제에 대한 열정적인 추구, 신분적 구별의 준수, 사치에 대한 반대 등에 있어서도 칼뱅주의와 공통점을 가지고 있었으나, 칼뱅주의 사상이 제네바의 실제적인 상황이 형성한 조건에 의해 결정되며 전환점에 놓이면서, 루터 사상이 칼뱅주의에 비해 사회에 무관심해졌다고 평가된다.[15]

그러나 카터 린드버그는 트뢸치나 스택하우스의 루터 해석이 "루터의 신학과 실천에 대한 왜곡"이라고 보면서[16] "루터는 사회에 대한 신앙의 신학적 적용에 있어서 결정적 역할을 위한 분명한 모형을 제공할 뿐만 아니라 성서에서 그 신학의 위치를 정하는 분명한 모형을 제공한다"고 했다.[17]

---

12 Ibid.

13 Richard H. Tawney, *Religion and the Rise of Capitalism* (London; New York: Verso, 1926, 2015), 89-139.

14 Ernest Troeltsch, *The Social Teaching of the Christian Churches,* tr. by Olive Wyon (1950), 2:641-650.

15 로버트 그린/이동하 옮김, 『프로테스탄티즘과 자본주의: 베버 명제와 그 비판』(서울: 종로서적, 1981), 51.

16 Carter Lindberg, *Beyond Charity: Reformation Initiatives for the Poor* (Minneapolis, MN: Fortress Press, 1993), 162.

17 Ibid.

이러한 연구를 토대로 필자는 루터와 칼뱅의 경제사상에 나타난 기본소득의 개념을 희년 사상에 기초하여 밝히고자 한다. 루터와 칼뱅이 살던 16세기에는 '기본소득'이라는 단어나 개념이 존재하지 않았기 때문에 이에 대한 사상적 토대를 추적할 수밖에 없는 연구의 한계를 인정하면서 이들의 경제사상을 고찰하고자 한다.

루터가 처음으로 경제에 대한 의견을 공식적으로 표명한 것은 1519년 11월에 출판된 『고리대금에 관한 짧은 설교』(*[Kleiner] Sermon von dem Wucher*)에서였다. 그는 이것을 1520년 초에 『고리대금에 관한 긴 설교』(*[Großer] Sermon von dem Wucher*)로 상당히 확장해서 출판했다. 고리대금에 대해서는 이미 13세기 이래로 교회와 정부, 그리고 대중이 죄악시하고 있었기 때문에 그의 초점은 당시 교황주의 신학자들이 상당히 정당화하고 옹호한 상업 자본적 실제에 대한 것이었다. 루터는 이후 1524년 6월 말에 『고리대금에 관한 긴 설교』에 덧붙여 상업에 관한 논문으로 『상업과 고리대금』(*Von Kauffshandlung und Wucher*)을 출간했다. 이 논문에서 루터는 모세 율법의 십일조와 희년에 대한 설명을 결론 부분에 새롭게 첨가하며 강조했다.[18] 특히 이 논문의 마지막 부분에서 "왕과 제후들의 토지와 고리대금에 대해 의회에서 가장 시급히 다루어야 한다"고 강조하면서 결론을 맺었다. 이를 통해 루터가 토지 문제와 관련한 희년 사상과 십일조, 그리고 상업에서 발생하는 극단적 폐단과 고리대금의 죄악을 얼마나 강력히 비판했는지를 알 수 있다.

16세기 프랑스에서 신앙적 박해를 피해 제네바로 망명해 종교개혁

---

18 Martin Luther, *Trade and Usury*, in Jaroslav Pelikan & Helmut Lehmann (eds.), *Luther's Works*, American Edition, 55 vols. (Philadelphia, St. Louis: Fortress Press, Concordia Pub. House, 1955ff), vol. 45, 233-243(이하 LW 45:233-243으로 표기함).

을 펼쳤던 칼뱅은 당시 사회와 대중들의 비참하고도 불의한 현실을 바라보며 탁상공론이 아닌 삶의 현장에서의 구체적인 개혁을 부르짖었다. 따라서 칼뱅의 종교개혁은 개인이나 교회 안에서의 구제 차원에 머물지 않고 시의회를 통한 복지 정책은 물론 사회 전반에 걸친 개혁으로 이어졌다.[19] 칼뱅의 이러한 개혁 사상은 그 당시 유럽과 북미는 물론 지금에 이르기까지 상당한 영향력을 끼치고 있다.[20] 한국교회의 주요 교단으로 자리매김하고 있는 장로교가 바로 칼뱅의 신학과 사상을 토대로 세워졌다고 해도 과언이 아니기 때문에, 칼뱅과 칼뱅주의의 경제사상을 고찰하는 것은 한국교회에 있어서 매우 중요한 일이다.

칼뱅과 칼뱅주의 경제사상에 대한 연구는 그동안 크게 세 부류로 진행되어왔다.[21] 첫째, 막스 베버는 『프로테스탄트 윤리와 자본주의의 정신』(1920; 현대지성 역간, 2018)에서 프로테스탄트 윤리, 특히 칼뱅주의적 윤리가 자본주의의 발전에 큰 공헌을 했다고 주장했다.[22] 베버는 프로테스탄트의 직업 소명설과 칼뱅주의의 예정론이 자본주의 발달에 공헌했다고 보았고[23] 칼뱅이 루터의 직업 관념을 계승하는 한편 전통주의적인 면을 극복하여 근대적 직업 관념을 발전시켰다고 보았다.[24]

---

19 김주한, "칼빈과 가난의 문제: 칼빈의 기독교 사회복지정책", 「한국교회사학회지」 24(2009), 123-124.

20 Kurt Aland, *Four Reformers: Luther, Melanchthon, Calvin, Zwingli* (1979), 1-174.

21 칼뱅의 경제사상 속에는 자본주의적 요소가 강하다는 주장, 사회주의적 요소가 강하다는 주장, 그리고 자본주의적인 요소와 사회주의적인 요소가 함께 공존한다는 주장 등이다.

22 물론 베버는 합리성의 제도화로 인해 자본주의의 틀에 갇힐 수 있는 위험성을 경고했음을 기억해야 한다. Max Weber, *The Protestant ethic and the Spirit of Capitalism*, tr. by Talcott Parsons (1952, 1978), 79ff.

23 Ibid, 79ff, 98ff.

24 Ibid, 79ff.

둘째, 트뢸치는 "칼뱅주의는 노동과 이익이 순전히 개인적 유익을 위한 것이 되어서는 안 된다고 가르쳤으며 자본가는 하나님의 청지기로서 자본을 증가시켜 자기를 위해서는 최소한의 액수만 쓰고 나머지는 사회 전체의 유익을 위해 써야 한다고 가르침으로써 기독교 사회주의적 요소를 품고 있으며, 그것은 후기 기독교 사회주의로 발전했다"고 주장했다.[25] 앙드레 비엘레는 칼뱅의 경제사상이 "각자로부터 그의 능력에 따라, 각자에게 그의 필요에 따라"로 요약할 수 있다고 보면서 이런 칼뱅의 사상을 "인격주의적 사회주의"로 부를 수 있다고 했다.[26] 칼뱅은 개인의 경제적 책임과 국가의 통제가 균형을 이루어야 사회 질서가 유지된다는 주장을 하였는데 비엘레는 이를 "사회적 개인주의"로 보았다.[27] 그레이엄은 칼뱅의 사상이 "16세기 중부 유럽에 하나의 조그마한 복지국가를 탄생시키는 데 공헌했는데, 그것은 바로 기독교 사회주의였다"고 했다.[28] 스탠퍼드 리드는 "칼뱅이 자본주의의 아버지일 수 없다"고 주장했고,[29] 로널드 월레스도 "칼뱅의 정신과 자본주의의 정신은 다르다"고 주장했다.[30]

셋째, 칼뱅의 경제사상이 자본주의적인가 아니면 기독교 사회주의적인가 하는 문제에 대해 윌리엄 부스마는 하나의 칼뱅이 아니라 두 개

---

25 Ernst Troeltsch, *The Social Teaching of the Christian Churches*, tr. Olive Wyon, 2 vols. (1931), 2:647ff.

26 André Biéler, *The Social Humanism of Calvin*, tr. by Paul T. Fuhrmann (Richmond, CA: John Knox Press, 1964), 62.

27 Ibid.

28 W. Fred Graham, *The Constructive Revolutionary: John Calvin and His Socio-Economic Impact* (1978), 196.

29 W. Stanford Reid, "John Calvin: the father of capitalism," *Themelios* 8/2 (1983), 19ff.

30 Ronald S. Wallace, *Calvin, Geneva and the Reformation* (1988), 94.

의 칼뱅을 상정함으로써 칼뱅 안에 두 면이 공존해 있다고 주장했다.[31] 이에 대해 이양호는 동심원적 해석을 내놨다. 즉, 칼뱅의 경제사상에는 개인의 자유성을 강조하는 인문주의적 요소와 복음에 근거하여 사랑의 사회성을 강조하는 복음주의적 요소가 주변적인 것과 중심적인 것의 관계로 공존해 있다고 평가했다.[32]

최근 신자유주의로 인한 경제적 양극화에 대한 대안을 모색하는 국내 학자들 가운데 칼뱅의 경제사상에 대한 관심이 커지면서 칼뱅과 자본주의의 관계를 다룬 저서들이 출간되었고[33] 관련 논문도 신학 영역만이 아닌 다양한 전공에 걸쳐 나오면서 연구가 다각도로 진행되고 있다.[34]

---

31 William J. Bouwsma, *John Calvin: A Sixteenth-Century Portrait* (New York: Oxford University Press, 1988), 191ff.

32 이양호, 『칼빈 생애와 사상』(1997), 259.

33 이오갑, 『칼뱅, 자본주의의 고삐를 잡다: 그의 경제사상과 자본주의』(시흥: 한동네, 2019); 송용원, 『칼뱅과 공동선: 프로테스탄트 사회 윤리의 신학적 토대』(서울: IVP, 2017).

34 김유준, "칼빈의 경제사상에 관한 지공주의적(地公主義的) 고찰", 「한국기독교신학논총」 67(2010), 149-168; 박경수, "칼뱅의 경제사상에 대한 고찰", 「한국기독교신학논총」 68(2010), 57-79; 김주한, "종교개혁과 자본주의 정신: 막스 베버의 관점과 기독교적 의미", 「신학연구」 55/2(2018), 313-339; 정미현, "칼빈의 경제윤리와 젠더", 「기독교사회윤리」 19(2010), 181-203; 이오갑, "종교개혁자들의 경제관", 「사회이론」 52(2017), 55-81; 김동춘, "사회적 칼빈주의와 한국교회의 사회적 공공성", 「기독교사회윤리」 32(2015), 147-185; 황의서, "루터, 칼빈, 웨슬리의 경제윤리", 「신앙과 학문」 16/2(2011), 285-312; 윤용선, "종교적 경제윤리와 자본주의의 비판적 성찰", 「서양역사와 문화연구」 30(2014), 183-216; 양승준, "신자유주의 시대 회중의 '경제적 성화 교육'을 위한 연구", 「기독교교육논총」 60(2019), 73-98; 조영호, "신자유주의에 대한 개혁 신학적 이해", 「한국개혁신학」 51(2016), 129-173; 김주한, "종교 개혁과 사회개혁", 「신학연구」 69(2016), 137-164; 이동호, "칼빈의 경제윤리와 디아코니아", 「기독교사회윤리」 43(2019), 189-217; 최용준, "칼빈주의가 제네바의 변혁에 미친 영향에 관한 고찰", 「신앙과 학문」 23/3(2018), 323-351; 이오갑, "칼뱅에 따른 돈과 재화", 「한국조직신학논총」 40(2014), 7-45; 김충환, "막스 베버의 '자본주의 정신'에서 바라본 한국 개신교의 기복신앙", 「현상과 인식」 38/3(2014), 129-147. 이양호, "칼빈의 정

신자유주의 경제 체제에 대한 대안으로서 희년 사상에 근거한 정의를 위한 기독교 교육으로 사회 변혁과 책임 있는 공적 역할을 수행할 것을 강조한 연구도 주목할 만하다.[35]

필자는 이러한 선행 연구를 토대로 칼뱅의 경제사상에 나타나는 자본주의적 요소와 사회주의적 요소의 장점을 최대한 살린 제3의 경제 체제, 즉 희년 사상에 기초한 지공주의적 요소에 주목하고 그것을 기본소득과 연결하여 본 연구를 수행하고자 한다.[36] 루터와 칼뱅의 경제사상에 관한 이 연구를 통해서는 코로나19와 함께 K자 형태로 심화하는 경제 양극화로 인해 고통받고 있는 한국 사회를 향하여 역사적 교훈과 함께 현실적 대안을 제시하는 사상적 통찰력을 모색하고자 한다.

치·경제 사상", 「신학과 교회」 6(2016), 123-169.

35 유은주, "주빌리 정의를 위한 주빌리 교육의 내용", 「기독교교육논총」 62(2020), 291-294.

36 지공주의(地公主義, Geoism)는 토지로 말미암아 생기는 불로소득인 지대(地代)를 공유(公有)함으로 만인이 지권을 공유하여 진정한 토지공개념을 실현하는 경제사상을 의미한다. 지공주의는 모든 사람이 토지에 대한 권리를 평등하게 가지고 있다는 사상으로서 생산 요소 중 토지와 자본의 사유를 허용하는 자본주의와 양자의 공유를 기반으로 하는 사회주의를 지양하고 토지 공유, 자본 사유를 주장한다. 이에 대한 국내외 주요 연구서는 다음과 같다. Henry George, *Progress and Poverty* (New York: Robert Schalkenbach Foundation, 1981); Fred Harrison, *The Power in the Land: An Inquiry into Unemployment, the Profits Crisis and Land Speculation* (New York: Universe Books, 1983); 김윤상, 『알기 쉬운 토지 공개념: 지공주의 해설』(대구: 경북대학교출판부, 2006); 남기업, 『지공주의: 새로운 대안경제체제』(서울: 한국학술정보, 2007).

2) 루터 당시 16세기의 역사적 배경

유안 캐머런은 종교개혁을 향한 결정적 요청이 길드 조합원, 도시의 과두제 지지자, 지주 귀족과 같은 사회 각계각층으로부터 나왔다며, 다양한 종교개혁 지지자들의 동기를 세 가지로 설명하였다.

> 첫째, 정치·경제적 설명으로 종교개혁은 지배 계급들이 기성 교회의 특권으로부터 막대한 부와 권력을 빼앗아가는 것을 정당화시켜주었다. 둘째, 계급적·사회 구조적 설명으로 종교개혁의 가르침은 어떤 계급, 질서 또는 조직에 대해서든 아주 적합해서 그것을 받아들이는 계급과 신분의 세계관에 부합했다. 셋째, 영적·심리적 설명으로 종교개혁의 본질적인 영적 메시지는 특정 집단이 아닌 모든 사람 안에 존재하는 영적·심리적 필요를 채워주었다.[37]

이러한 다양한 지지자들의 동기 속에서 루터의 종교개혁은 "로마의 정치 체제와 가톨릭 종교 체제의 종합으로 생겨난 제반 모순의 구조들을 해체함으로써 성서에 나타난 기독교의 본래 정신으로 돌아가는 것"이었다.[38] 로마 제국의 기독교 공인 이후 종교개혁에 이르기까지 교회는 초기의 "박해받던 교회가 특권을 누리는 교회로, 대중의 메시아적 희망을 심어준 공동체가 특권층의 기득권을 누리는 제도적 교회로, 종말론적 시

---

37 Euan Cameron, *The European Reformation* (Oxford, UK: Clarendon Press, 1991), 293-313.

38 손규태, 『마르틴 루터의 신학사상과 윤리』(서울: 대한기독교서회, 2004), 245.

간의 공동체가 현실에 안주하는 공간의 공동체로 변화됨으로써 그 본래의 기원과 목표, 그리고 과제와 기능을 상실하기 시작했다."[39]

신대륙의 발견으로 무역로에 위치한 유럽의 북부 도시들은 큰 번영을 누렸다. 무역의 확대로 보석에 대한 수요가 많아졌는데, 그 수요가 처음에는 광산의 적극적 개발로 이어졌다. 무역과 개발로 인해 부를 축적하게 된 이들을 중심으로 16세기 초 독일에서는 50%나 상승할 정도였고 이것이 필연적으로 가난한 사람들에게 더욱 심한 경제적 빈곤을 초래했다. 대규모의 무역에는 막대한 자본이 필요했으며 무역에서 축적된 자본은 더욱 안전하게 이윤을 낼 투자 대상을 찾았다. 그리고 그러한 투자를 방해하는 고리대금 규제법은 무시될 수밖에 없었다. 이자에 대한 윤리적 문제가 공적으로 논의되기도 했는데, 1514년 가톨릭교회의 요한 에크는 5%의 이자율을 정당화했다.

경제 문제에 대한 루터의 관심은 단순히 일반 경제 이론을 제시하려는 목적이 아니었고 당시 가톨릭 신학의 경제사상에 대한 반제에서 출발했다. 그것은 스콜라주의자들의 중세 봉건 체제 지향적인 경제사상에 대한 비판이었으며 또한 수도원 운동에 대한 비판이었다.[40] 루터는 경제란 사람들의 삶의 기본적 욕구를 충족시키는 것으로 이해했으며 성서

---

39 위의 책, 245-246.

40 가톨릭 신학자 요한 에크는 1515년 볼로냐에서 공개 토론을 통해 자신의 견해를 고수하며 항변했다. 에크의 주장은 채권자가 만약 고리대금 행위를 할 의향이 없다면 자유의지의 선물을 받아들이는 것이고, 그렇지 않다면 자신에게 손해를 끼친 적대자로부터 정당하게 이자를 강요할 수도 있다는 것이다. 이러한 주장은 스콜라주의자들의 궤변에 불과했다. Martin Luther, *Trade and Usury*, LW 45:233-234. 자세한 논의는 다음을 참고하라. J. Schneid, "Dr. Johann Eck und das kirchliche Zinsverbot," *Historisch-politische Blätter für das katholische Deutschland* CVIII (1891), 241-259, 321-335, 473-496, 570-589, 659-681, 789-810.

의 가르침, 특히 산상수훈과 황금률을 고려하여 대안을 제시하고자 했다.[41] 루터 당시 경제 이론의 틀은 아리스토텔레스의 이론을 물려받은 오랜 스콜라주의 전통 위에 서 있어 돈이 돈을 생산할 수 없다는 입장이었다.[42] 루터에게 있어서 기독교인의 경제 생활에 관한 기본 원리는 '인간의 경제 활동은 오직 기본 욕구의 충족에 목적을 두어야 한다'는 아리스토텔레스 전통 이론과 함께 예수의 산상수훈 가르침이었다.[43] 따라서 루터는 경제 문제를 경제 이론 일반의 문제가 아닌 기독교인의 삶의 자세 문제로 보고 그렇게 다루었다.

루터가 지적한 거대한 도적들은 고리대금을 일삼는 무역 회사의 소유자들이었다. "이들은 막대한 이익을 위해 평민들의 토지와 재산을 강탈하고 있었다."[44] 루터는 이자를 통해 자본 증식을 꾀하는 것이 악덕, 죄악, 수치가 되지 않고 오히려 고상한 덕목이자 영예로운 것으로 알려져 있다고 개탄했다. 따라서 루터는 교회 공동체를 새롭게 등장하는 자본주의적 질서와 대칭되는 집단으로 이해했으며 만일 교회가 고리대금업을 한다면 교회 문을 닫아야 한다고 했다. 또한 세속 정부도 고리대금을

---

41 손규태, 『마르틴 루터의 신학사상과 윤리』(2004), 251-253.

42 초기 교회와 중세 시대 초창기에는 성직자에게만 이자 수취를 금지하였으나 9세기 이후에는 이를 일반인에게까지 확대했다. 당시까지 이자와 고리에 대한 구분은 없었고 대부받은 원금 이외에 모든 이자를 받는 것을 금지하였다. 이은선, "칼빈과 청교도의 경제윤리", 「한국개혁신학회 논문집」 6(1999), 159.

43 그는 상품을 공정하고 바르게 거래할 때 세 가지의 각기 다른 등급과 방법이 존재한다고 했다. 예를 들어 어떤 사람이 우리 재산을 강제로 빼앗으면 우리는 그것을 허락하고 양도해야 할 뿐만 아니라 더 원하면 더 취하게 할 것을 각오하고 있어야 한다. 마 5:40의 "너를 고발하여 속옷을 가지고자 하는 자에게 겉옷까지도 가지게 하라"는 말씀대로 사는 것이 세상 물질을 다루는 가장 높은 단계다.

44 Martin Luther, *Trade and Usury*, LW 45:250-251.

금지하는 조치를 시행해야 한다고 역설했다.[45]

> 그들도 이자를 갈취하는 고리대금업자들이며 날강도들이다. 그들은 의자에 앉아 귀공자와 경건한 시민을 자처하며 그럴듯하게 강도질을 하고 도적질을 한다. 지배자들과 영주들로 단체를 만든 거대한 최고의 도적은 도시나 마을뿐만 아니라 독일 전역에서 매일같이 도적질한다.[46]

루터는 경제 문제를 다룰 때 인간 삶의 필수적 조건으로서 상품이 가지는 성격을 신학적으로 규명하는 데 초점을 두었다. 그래서 소수의 독점과 사치에 문제를 제기하며 공평에 입각한 경제사상을 펼쳤다. 루터는 이러한 관점에서 당시의 초기 자본주의적 요소를 염두에 두고, 개인적 차원뿐 아니라 사회 공동체 모두를 위한 윤리적 차원에서 경제를 다루었다.[47]

---

45 Ibid.

46 Ibid., 248-250.

47 막스 베버는 루터의 직업 소명설이 자기 신분에 충실하라는 전통주의적 관념에 머물러 있었다고 했으나, 알트하우스는 루터가 사회의 전반적 기존 질서에 대한 비판 없이 보수적 태도를 취한 것은 아니라고 했다. 필자 역시 루터의 견해는 츠빙글리나 칼뱅, 재세례파보다는 매우 점진적이고 전통적이라고 평가될 수 있지만, 중세 로마 가톨릭교회의 큰 틀에서 볼 때는 상당히 개혁적이며 '급진적인' 사상이었기에 전통주의적 관념에 머물렀다거나 보수적인 태도라고 보기엔 무리가 있다고 본다.

3) 이웃 사랑을 위한 소유 및 제도적 차원의 빈곤 문제 해결

루터는 모든 사람이 이웃을 섬기는 데 필요한 전제 조건이라는 점에 사유 재산의 근거를 뒀다. 즉, 그가 말하는 개인의 재산은 사랑의 규범에 기초한 것이었다.[48] 자신과 가족의 생명을 보존하는 데 재물을 사용하고 남는 것은 자신의 것이 아닌 이웃에게 속한 것이다. 그렇게 사용되지 않으면 그것은 "불의한 재물"이다.[49]

> 그리스도인이 그의 이웃을 도울 필요가 있을 때 그는 재산 관계에 있어서 하나님을 위하여 자유롭다. 그의 소유로 이웃을 섬기고 또 그의 이웃이 어려울 때 그를 도울 수 있도록 하나님께서 그에게 소유를 주셨다. 이것이 소유의 [진정한] 의미다. 소유는 단순히 쌓아둘 때는 좋은 '재물'이 될 수 없다. 그러므로 우리는 무엇보다 먼저 자신의 생명과 가족의 생명을 보존하는 데 소유물을 사용해야 하며 남는 것은 우리의 이웃에게 속한 것이다. 그렇지 않으면 그것은 "불의의 재물"(Mammon)이다.[50]

자신과 가족의 의식주 문제를 해결하고 남는 소유는 자신이 아닌 이웃에

---

48 루터는 예수님께서 "네게 있는 것을 팔라"고 권고하신 것이 사유재산을 전제하고 하신 말씀이라고 보았다. 부당하게 소유하고 있는 물건을 그냥 주거나 돌려주라고 하지 않고 팔라고 말씀하신 것은 그 말을 듣고 있는 사람이 해당 재산을 합법적으로 소유하고 있음을 암시하고 있기 때문이다. 루터는 같은 논리로 도둑질을 금하는 계명도 사유재산을 인정하고 있다고 보았다.

49 Martin Luther, *D. Martin Luthers Werke: Kritische Gesamtausgabe* (Weimar, Deutschland: Hermann Boehlau, 1883f), band. 39, 39-40(이하 WA 39:39-40으로 표기함).

50 Ibid.

게 속한 것임을 밝힌 루터의 경제사상은 사유 재산의 소유권을 절대화하는 현대의 자본주의 경제 체제에 중요한 경종이 된다. 하나님 사랑과 이웃 사랑이 분리될 수 없듯, 우리에게 선물로 주신 재산과 소유는 자신과 가족뿐 아니라 이 땅의 나그네로 살아가는 인류 공동체의 선물로서 모두가 공유해야 한다. 이러한 루터의 소유에 대한 공유 개념에서 현대적 기본소득의 근거를 엿볼 수 있다. 이는 토지나 천연자원 등 어떤 재산에 대해서도 개인의 소유권을 배타적으로 절대화하는 현대 자본주의 경제 체제의 논리와는 큰 간극이 있다. 하나님의 형상으로 이 땅에서 함께 살아가는 인류 공동체로서의 천부 인권과 기본 생존권에 근거한 경제사상은 모두에게 실질적 자유를 보장하는 기본소득의 개념과 일맥상통한다.

"일하기 싫어하거든 먹지도 말게 하라"는 데살로니가후서 3:10 말씀의 논리로 보편적 기본소득을 반대하는 이들이 있다. 그러나 코로나 19로 인한 사회적 거리 두기와 4차 산업혁명 시대의 경제적 양극화로 인해 일하고 싶어도 '일할 수 없는' 이들의 고통스러운 현실을 직시해야 한다.

루터는 가난한 자들을 사회적 제도로써 보살펴야 한다고 했다.[51] 개인적 차원을 넘어서 국가 차원의 지원으로 가난한 자들이 인간다운 삶을 살 권리가 보장되도록 하기 위함이다. 루터는 곤궁한 사람들을 돕고 섬기는 기독교적 사랑보다 하나님에 대한 더 큰 섬김은 없다고 했다. 그는 수도사나 걸인의 구걸 행위를 금지했으며 가난한 사람을 당국에서 보살펴주도록 했다. 따라서 루터는 도움이 필요한 사람을 위해 시 당국이나 교회 공동체가 공동 기금을 마련하여 체계적으로 도와주어야 한다

51 Martin Luther, WA 12:14, 7f.

고 강력히 주장했다.[52] 또한 가난한 아동도 당국에서 교육시키도록 했다. 귀족만 교육을 받던 그 시대에 루터는 가난한 아동에게까지 무상 교육을 시행한 선구적 공교육자였다.

루터의 주장에 따르면 모든 사람은 하나님의 은총으로 구원받기 때문에 그에 대한 보답으로 하나님의 영광을 위해 이웃에 대한 봉사를 해야 했으며 일할 수 없는 사람은 국가가 부양해야 했다. 단순히 '일하지 않는' 사람이 아닌 '일할 수 없는' 사람에 대한 국가의 책임을 강조한 것이다. 이것은 극빈층과 저소득층만을 위한 선별 복지와 같은 시혜적 정책이라기보다는 대다수가 가난으로 고통 받고 있던 종교개혁 시대에 모든 사람에게 인간다운 삶을 살아갈 권리를 보장하기 위한 국가의 책임을 강조한 것이다. 따라서 이는 모든 이에게 실질적 자유를 보장하는 기본소득의 정신과 연결된다.

중세의 로마 가톨릭교회는 사유 재산을 인간의 고유한 권한으로 인정하는 태도를 보였다.[53] 하지만 루터는 당시의 폭력 사태로 빚어진 재산 공유에 대해서 비판적이었기 때문에 사유 재산을 옹호한 것이지, 중세적 입장으로 사유 재산권을 소유에 대한 개개인의 침해하지 못할 권한으로만 본 것이 아니다. 오히려 공동의 필요를 위해 자신의 것을 나누지 않는 것 자체를 불의한 일로 보고 그 심연에 있는 탐심의 죄를 지적하면서, 적극적으로 개인의 재산을 하나님의 사랑과 영광을 위해 사용해야

52 Ibid.

53 로마 가톨릭에 의하면 사유재산의 올바른 질서란 하나님 사랑의 계명의 완성에 있다. 손규태, "기독교 역사에 나타난 경제사상", 채수일 엮음, 『기독교 신앙과 경제문제』(서울: 한국신학연구소, 1993), 69-70.

한다고 강조했다.[54]

루터는 시편 127-128편을 해석하면서 일에 관해 언급했다. 하나님께서 일하도록 명령하셨기 때문에, 사람들이 일한다는 사실은 창조하고 보존하시려는 하나님의 뜻에 기초한 것이다. 일한다는 것은 자연법에 속하며, 죄의 결과만이 아니라 타락 이전에도 하나님의 창조된 질서의 일부였다. 인간의 노동은 그 뒤에서 모든 일을 하시며 사람이 사는 데 필요한 것을 주시는 하나님의 가면이다. 즉, 하나님의 축복 수단이며 신성한 것이다.[55]

일은 사람이 다른 사람으로부터 독립할 수 있게 만들고 그가 가난한 사람을 도울 수 있게 만든다. 일하지 않는 사람은 남의 피와 땀으로 살아가며 이웃에게 마땅히 줘야 할 것을 주지 않기 때문에 도둑이다. 수고로서의 일은 육의 욕망을 다스리며 인내심을 연단하게 하는 등 인간을 훈련하며 하나님을 기쁘시게 하는 수단이다.[56] 하나님께서는 일하라고 명령하셨을 뿐 아니라 안식하라고도 명령하셨으므로 일에 지쳐 하나님께 드리는 예배를 소홀히 해서는 안 된다.

루터는 멜란히톤에게 보낸 편지에서 "우리가 안식할 때에도 하나님을 예배한다. 참으로 이것보다 더 위대한 예배는 없다"고 하면서, 안식함으로써 하나님을 더욱 온전히 예배할 수 있다고 했다.[57] 안식은 일의

---

54 알트하우스는 루터가 소유 자체를 도둑질로 보지는 않았지만 개인적 필요를 채우고 남는 것이 이웃에게 도움이 되지 못하면 그런 소유는 도둑질이라고 했음에 주목했다. Paul Althaus, *Die Ethik Martin Luthers* (Gütersloh, Deutschland: Gütersloher Verlagshaus, 1965), 71f.

55 파울 알트하우스/이희숙 옮김, 『말틴 루터의 윤리』(서울: 컨콜디아사, 1989), 147.

56 위의 책, 148-149.

57 위의 책, 150-151.

우상화를 피하도록 지켜준다. 루터는 십계명의 제4계명을 "하나님께서 당신 속에서 역사할 수 있도록 당신의 일로부터 자유롭게 되지 않으면 안 된다"고 해석했다.[58] 그래서 루터는 모든 선행 가운데 가장 높고 귀중한 것은 그리스도에 대한 신앙이며, 행위들은 그 자체로가 아니라 신앙 때문에 받아들일 만하게 된다고 보았다.

4) 공정과 형평에 기초한 공의로운 경제사상

루터가 상업보다 농업을 중시한 것은 사실이나 상업을 전적으로 배격한 것은 아니었다. 루터는 『상업과 고리대금』에서 상업을 필요악으로 보지 않고 필수적인 것으로 보았다.[59] 그뿐만 아니라 명예로운 목적에 기여하는 매매가 기독교적인 방식으로 이루어질 수 있다고 보았다. 루터의 주요 관심사는 상업 자체를 비판하는 것이 아니라 당시의 상업 활동에서 드러난 잘못된 관행들을 바로잡는 것이었는데, 유독 해외 무역에 대해서 비판적이었다.[60] 하지만 그가 해외 무역을 비판한 것 역시 독일 안에 있는 자국민의 궁핍과 가난 등 절박한 상황을 우선적으로 돌아봐야 함을 강조한 것이다. 루터는 콜카타 등지에서 값비싼 비단, 금, 후추, 향료처럼 유용하지 않은 물품과 음식을 단지 과시 목적으로 들여오는 해외 무역을 불필요한 것으로 강하게 비판했다. 루터가 이러한 과시와 사치

---

58 위의 책.

59 Martin Luther, *Trade and Usury*, LW 45:246-247.

60 Ibid.

를 위한 해외 무역을 비판한 이유는 "먼저 궁핍과 가난으로 절박한 상황에 있는 이들을 생각해야" 했기 때문이다.[61] 그래서 루터는 "양심이 허락하는 한 무역의 폐단과 죄악에 대해 말하는 것이 우리의 목적"이라고 했다.[62]

이처럼 루터가 해외 무역과 고리대금 등의 폐단을 언급했다고 해서 무역 자체나 이자를 부정한 것이 아니었다. 당시는 새롭게 대두되는 중상주의 속에서 발생하는 수많은 폐단과 죄악에 대해 법적·경제적 제어 장치가 마련되어 있지 않은 상황이었기 때문에, 루터는 기독교적 신앙과 양심에 비추어 무역에 대한 긍정적인 의견을 내기보다는 기존 무역 활동의 폐단에 대해서 통렬히 비판한 것이다. 루터는 경제적 양극화와 불로소득의 소수 편중으로 나타나는 경제난, 그리고 사유 재산을 절대화함으로써 남은 재물을 불필요한 곳에 허비하면서 가난한 사람의 고통과 아픔을 외면하는 극단적 이기주의에 대해서 경고한 것이다. 결국 츠빙글리나 칼뱅은 상업 활동의 긍정적인 면을, 루터는 부정적인 면을 강조함으로써 기독교인의 올바른 경제관을 세우는 데 공헌했다고 평가할 수 있다.[63]

루터는 상품 가격에 대해서 로마법의 개념에 따라 경비와 상인의 수고, 노력, 위험성을 계상한 비용을 합친 공정한 가격을 주장했다.[64] 즉, "일꾼이 그 삯을 받는 것이 마땅하니라"(눅 10:7)라는 말씀대로 루터는

61 Ibid.

62 Ibid.

63 이러한 루터의 경제사상은 하나님의 절대적인 의를 향한 인간의 상대적인 의가 항상 수정 가능하다는 전제 속에 발전된 츠빙글리의 경제사상과 다르지 않으며, 일정한 범위 안에서의 이자 증식을 긍정적으로 평가한 칼뱅의 경제사상과도 일맥상통한다.

64 Martin Luther, *Trade and Usury*, LW 45:246-247.

상인이 상품의 비용에 첨가하는 이윤의 폭을 결정할 때 그 상품에 투입한 시간과 노동의 양을 계산하고 다른 작업에서 일하는 날품 근로자의 노력과 비교하고 그들이 받는 일당을 계산하여 결정하는 것이 최선의 방법이라고 했다.[65] 루터는 상품 가격을 결정할 때 세속 당국자들이 현명하고 정직한 사람들을 임명하여 모든 상품의 비용을 계산하되 상인이 적절한 생활 형편을 유지할 수 있는 가격으로 정하게 해야 한다고 했다. 또한 통치자가 가격 정하는 일을 하지 않을 경우, 차선책은 시장에서 상품이 사고 팔리는 가격에 따라 가치가 결정되게 하는 것이라고 하면서 시장에서 결정되는 가격이 정직하고 적절하다고 보았다. 상인이 직접 가격을 결정할 경우에는 탐욕에 차서 폭리를 취하려 해서는 안 되고 평범하게 생활할 만큼 이윤을 붙여야 한다고 했다.[66] 이처럼 루터는 가격 결정에 대해 정부의 개입과 함께 시장의 자유로운 결정도 인정했다. 다만 폭리와 부당한 행위에 대해서는 경계했다.

루터는 독점이 가증스러운 일이며 제국과 세속의 법이 이것을 금한다고 하면서 그런 일을 하는 자는 인간이라 불리거나 인간 중에 살 가치가 없다고도 말했다.[67] 그는 과점과 품귀 현상 시 비싸게 파는 행위도 비판했으며 그런 일을 하는 사람들은 절도요 강도요 고리대금업자라고 했다.[68] 루터는 당시에 흔히 이루어지던 상업상의 불공정한 가격 결정과 거래를 비판했으나 상업 그 자체를 비판한 것은 아니었다. 기독교인도 상

---

65 Ibid.

66 또한 상인은 가격을 공정하게 결정해야 한다는 강박관념에 사로잡힐 필요가 없다고 했다.

67 Martin Luther, *Trade and Usury*, LW 45:233-235.

68 Ibid.

업에 종사할 수 있다고 보았으며 물품의 원가에 상인의 노력과 위험성을 계상한 이윤을 붙이는 것을 공정하다고 보았다.[69]

또한 루터는 영적 왕국에 속한 기독교인은 성서의 말씀에 따라 이자를 받아서는 안 된다고 주장했다. 루터는『상업과 고리대금』에서 세상 물질을 공정하고 이롭게 다루는 세 가지 등급이 있다고 했다.

> 첫째 등급은 누군가가 폭력으로 탈취할 때 그 소유를 포기할 뿐만 아니라 더 많이 가져가도록 하는 것이고, 둘째 등급은 우리의 물질을 필요로 하는 사람에게 거저 주어 돌려받지 않고 주는 것이며, 셋째 등급은 이자를 받지 않고 즐겁게 빌려주는 것이다. 빌려준 것보다 더 많은 것이나 더 좋은 것을 돌려받기를 기대하며 빌려주는 자는 고리대금업자에 불과하다.[70]

루터는 이 세 등급 아래 세상 물질을 거래하는 다른 등급과 방법들이 있다고 말함으로써 세상 왕국에서는 이자를 받는 것이 가능함을 말하고 있다. 그는 모든 사람이 이자율 10%를 부과한다 하더라도 교회 제도들은 여전히 엄격하게 그 법을 지켜서 4-5%를 지켜야 한다고 했다.[71] 루터는 요셉 이야기를 통하여 세상이 악하기 때문에 세속 정부 아래서는 복음과 기독교인의 사랑이 아닌 엄격한 법에 따라 통치되어야 한다고 했

---

69 Ibid.

70 Ibid., LW 45:247-273.

71 당시 유대인들이 부과하던 고리대금 이율은 터무니없이 높았는데 피렌체에서는 1430년에 20%, 1488년에는 32.5%를 부과했다. 북유럽은 훨씬 더 심각해서 43.3%, 80%, 100%까지 부과했다. Philip Schaff, *History of Christian Church,* 8 vols. (Grand Rapids, MI: Wm. B. Eerdmans Publishing Company, 1950), vol. 6; 필립 샤프/이길상 옮김,『교회사전집 6: 보니파키우스 8세부터 루터까지』(고양: 크리스천다이제스트, 2004), 703; 최종태, "개혁주의 경제윤리",「한국개혁신학회 논문집」6(1999), 77.

다. 단지 사랑에 따라서만 통치하면 모든 사람은 남의 비용으로 먹고 마시면서 쉽게 살 것이고 아무도 일하지 않을 것이라고 했다. 루터는 기독교인이 이자를 받지 않는 것은 옳지만 자기가 빌린 것에 대해서는 이자를 줘야 한다고 보았다.[72] 또 기독교인은 빌려준 것을 돌려달라고 요구하지 않으나 당국자들은 도둑과 강도질을 방지하기 위해서 돌려주라고 요구해야 함을 강조했다.

한편 루터는 사람들의 잘못된 경제 생활 형태를 세 가지로 지적했다.

> 첫째, 사람들은 친한 사람들이나 부유한 사람들에게는 우정이나 호의를 얻기 위해 물건을 나누면서도 우정이나 보상을 줄 수 없는 가난한 사람들은 고려하지 않는다. 둘째, 사람들은 원수나 반대자와는 물질을 나누려 하지 않는다. 셋째, 사람들 특히 기독교인들은 자기에게 영예와 이익이 돌아오는 대상에게만 물건을 나눈다.[73]

루터는 가혹한 이자를 물리는 계약을 우회적으로 비난하면서도 그것이 교회법에 위반되는 것이 아니라면 4-6%의 이자 부과는 용인된다고 보는 매우 현실적 태도를 보였다. 그러면서 채무자와 그의 재산이 '공정한' 계약을 통해 채권자의 요구에 전적으로 종속되지 않게 하려고 일정한 담보물의 현존하는 실제적이고 세분된 기초를 요구했다. 즉, 채권자도 손실을 같이 부담하여 모든 손실을 채무자에게만 떠넘기지 않게 하는 것이다. 그는 채권자와 채무자 쌍방이 계약 관계를 현금으로 상환하

72 이양호, 『루터의 생애와 사상』(1997), 236-237.

73 Martin Luther, *Trade and Usury*, LW 45:282-284.

는 계약에 반대했고, 원금을 미리 갚을지는 채권자가 아니라 채무자가 선택해야 한다고 주장했다. 루터의 견해에 의하면 채무자는 일정한 한계 안에서 채권자에게 보상할 의무가 있다고 보았다. 루터는 또한 채권자에게도 형평의 원칙이 적용되어야 한다면서 채권자의 손실과 손해를 막아주기 위해 이자가 필요하다고 보았다.

이처럼 이자에 대한 루터의 입장은 기독교적 사랑에 기초한 것이었다. 루터는 무이자 대출의 개념과 함께 공정 거래를 위한 당국자의 의무와 책임을 동시에 강조함으로써 공의로운 경제 활동을 주장했다.

5) 지대 수익과 불로소득 환수

루터는 『고리대금에 관한 긴 설교』에서[74] 토지를 통한 지대(zinß)[75] 수익을 노리는 상업 활동에 대해 강한 비판을 했다.[76] 그런 수익은 위험 부담

74 Martin Luther, *(Großer) Sermon von dem Wucher*, WA 6:51-60.

75 루터는 이 글을 독일어로 썼다. 원문에서 루터는 "zinß"(*zinss*, 지대)와 "intereffe"(*interesse*, 이자)를 라틴어로 구분하여 사용했다. *zinss*는 14세기에는 지대(소작료)의 의미로 사용되었고 현재 독일에서는 세금(tax) 혹은 이자(interest)로 번역되고 있다. 필자는 이 용어를 본문에서 "지대"로 번역했다. 이 지대(*zinss*)의 거래를 원문에서는 "zinßkauff"로 사용하고 있는데, 오늘날의 용어로는 지대 수익을 노리는 불로소득 추구 행위로 '땅 투기'에 해당한다. 루터는 이것에 대해 아주 강력하게 반대하였다. 반면 *interesse*는 손실을 끼친 편의 잘못 때문에 거래에서 생긴 피해자 편의 손실에 근거해서 허용된 이자로 설명하고 있다.

76 루터의 지대 수익(zinßkauff)에 대한 자세한 논의는 Sean Doherty, *Theology and Economic Ethics: Martin Luther and Arthur Rich in Dialogue* (Oxford, UK: Oxford University Press, 2014), 55-59을 참고하라.

없이 얻는 불로소득이므로 금지되어야 한다는 것이다.

> 지대(zinß) 수익을 노리는 자들이 타인들보다 빨리 부자가 되는 것은 당연하다. 다른 사람들은 돈을 사업에 묶어두어서 두 가지 종류의 이자(intereffe)에 속박되어 있으나 지대(zinß) 수익을 노리는 자는 조금만 재주를 부리면 손실의 이자(intereffe)로부터 벗어나고 첫 이익의 이자(intereffe)를 얻게 되므로, 거기서 위험은 크게 줄고 안전은 늘어난다. 그러므로 그 기초가 되는 토지에 대한 특별한 조치나 정의 없이 오직 돈을 주고 지대(zinß)를 받는 것은 금지되어야 한다.[77]

루터는 토지를 매매하는 것이 돈의 본성에 속하지 않는다면서 토지를 담보로 지대 수익을 노리는 행위를 하는 당대의 거상들을 고리대금업자, 강도들, 도둑들이라고 표현했다. 지대는 그 특성상 본인이 땀 흘려 수고한 결과가 아닌 함께 살아가는 공동체를 통해 발생하는 수익이기 때문에 특정한 사람에게만 혜택이 돌아가서는 안 되고, 공동체 모두가 지대 수익을 나누어야 한다고 강조했다. 루터는 토지 불로소득을 금지해야 한다는 레위기의 희년 사상과 일맥상통하는 개념을 상당히 설득력 있게 논증했다. 루터는 토지 매매를 금하는 희년 사상의 원리를 밝히면서 토지를 담보로 지대 수익을 누리는 것은 참된 소득이 아님을 강조하고[78] 그러한 일을 하는 자들을 고리대금업자, 도적, 강도로 취급했다. "왜냐하면 그들은 자기들의 것도 아니고 자기들의 능력 안에 있는 것도 아

---

77 Martin Luther, *(Großer) Sermon von dem Wucher*, WA 6:51.
78 Ibid., WA 6:51–52.

닌 돈의 이익을 팔고 있기 때문이다."[79] 루터는 지대를 통한 불로소득을 챙기기 위해 타인에게는 위험을 전가하면서 자신은 "게으르고 빈둥대면서 부유하게 지내는 자들을 향해, 하나님을 거역하는 것이며 이웃의 복리에 대해 무관심한 고리대금업자와 같다"고 경고했다.[80]

루터는 지대 수익을 통해 벌어들인 불로소득에 대한 환수 대책으로 모세 율법인 레위기에 나타난 십일조를 강조했다. 루터는 1525년 8월 설교 『기독교인은 모세를 어떻게 이해할 것인가』에서 십일조를 통한 단일세를 강조했다.

> 만약 [오늘날의] 군주들이 모세의 본을 따라 통치한다면 나는 아주 기쁠 것이다. 내가 만약 황제라면 나는 [나의] 헌법의 표본을 모세의 율법에서 찾으려 할 것이다. 모세가 나를 속박하기 때문이 아니라 그가 통치했던 것처럼 나도 그러한 통치로써 그를 따라 자유롭게 되기 때문이다. 예를 들어 말하자면 십일조는 아주 훌륭한 법규다. 십 분의 일을 냄으로써 다른 모든 세금은 없앨 수 있기 때문이다.[81]

루터는 그 당시 십일조 폐지를 주장하는 급진적 종교개혁자들과 달리 십일조를 아주 훌륭한 법규로 보았고, 특히 십일조를 통해 다른 모든 세금을 없앨 수 있다고 보았다.[82] 루터는 모세의 율법이 희년 사상에 따라

---

79 Ibid.

80 Ibid., WA 6:57-60.

81 Martin Luther, *How Christians Should Regard Moses*, LW 35:166-167.

82 이러한 생각은 눈부신 사회의 진보에도 불구하고 빈곤이 사라지지 않는 문제의 원인을 밝히고자 한 미국의 헨리 조지(1839-1897)의 사상에서도 강조되었다. 조지는 토지에서 나오는 불로소득인 지대를 세금으로 거두어들이고 다른 모든 세금을 철폐하는 단일

토지를 영원히 소유하지 못한다고 명문화시켜놓았음을 언급하면서, 토지와 재산을 돌려받을 수 있는 모세 율법이야말로 누구나 인정하는 효과적이며 훌륭한 법규라고 평가했다.[83] 그래서 황제가 희년법을 기초로 삼는다면 선한 정부를 세울 수 있다고 했다.[84] 루터는 고리대금과 불의한 지대 수익을 노리는 사람들에게 모세의 율법과 그 모범으로 돌아가야 한다고 충고했다.[85] 또한 이것이 단순히 양심이나 도덕적 의무 조항에 그칠 것이 아니라, 희년 사상을 실제로 구현할 수 있도록 불로소득에 대해서는 1/10에서 1/9, 1/8, 1/6까지 거둬들이는 법령을 두어 적극적으로 공의를 실행하도록 촉구했다.[86]

루터는 십일조를 1/10로 고정하지 않고 유동적으로 봄으로써 채권자와 채무자 모두 토지에 대한 위험 부담을 같이 감당해야 한다고 언급했다. 이를 통해 일방적 손해나 손실을 감수하는 것이 아닌 상황에 따른 상호 간의 경제적 형평성을 꾀하는 탁월한 통찰력을 보여주었다. 루터는 십일조를 "창조 이래로 하나님의 법과 자연법에 상응하는 모든 협정 가운데 가장 공평한 법"이라고 했다.[87] 그래서 그는 십일조를 최상의 지대(zinß)로 보면서 1/10로 한정하지 않고 창세기에 언급된 요셉의 예를 통해 1/5까지도 가능하다고 보면서 만사가 형통하면 지대의 1/5이 적당한 액수라고 했다.

세 혹은 지대세로도 경제 정의가 실현된다고 주장했다. 헨리 조지/김윤상·전강수 옮김, 『헨리 조지의 세계관: 명연설과 어록』(서울: 진리와자유, 2003).

83 Martin Luther, *How Christians Should Regard Moses*, LW 35:167.

84 Ibid.

85 Martin Luther, *(Großer) Sermon von dem Wucher*, WA 6:57-60.

86 Ibid.

87 Ibid.

이것은 루터가 토지를 통한 지대(zinß) 수익을 최소 10%에서 최대 20%까지 거두어들여야 함을 주장한 것이다. 그중에도 적당한 액수로 지대 수익의 20%를 조세로 거두어들일 것을 제안함으로써 경제적으로 양극화된 오늘날의 현실에 경제 정의를 실현할 수 있는 중요한 대안을 제시했다. 루터는 지대 수익에 대해 유연하게 대처하며 그것이 "채권자와 채무자 모두가 위험 부담을 걸머지고 함께 하나님을 의지하는 가장 공평한 법"임을 강조했다.[88] 이처럼 루터는 경제 활동에 있어서 가진 자의 일방적 횡포나 가지지 못한 자의 비참한 현실을 모두 고려하고 상호 간에 그 위험 부담을 나누는 공평의 원리를 강조했다.

루터는 1520년의 『고리대금에 관한 긴 설교』에 덧붙여 1524년에 상업에 관한 논문 『상업과 고리대금』을 새롭게 출간하면서 모세 율법에 기록된 십일조와 희년에 대한 설명을 결론 부분에 첨가하여 강조했다. 이는 루터가 토지와 관련된 희년 사상을 얼마나 중요하게 생각했는지를 보여준다.[89] 특히 그는 지대 수익(zinßkauff)이 시작됨으로써 모든 공국과 땅이 저당 잡히고 황폐해진 것이 당연하다고 하면서 그에 대한 대안으로 희년의 실천을 제시했다.

> 그러한 경우에 희년을 실천함으로, 또한 토지를 영원히 팔지 않으면서 모세의 율법에 따라 지대 취득을 또다시 할 수 있다. 이러한 사업이 그렇게 무질서한 국가 속에 있기 때문에 하나님께서 그분의 백성을 위해 제정해 주셨고 거기에 따라 그들을 통치하셨던 율법보다 더 나은 관례나 법을 가

88 Ibid.

89 Martin Luther, *Trade and Usury*, LW 45:307-310.

질 수 없다고 나는 생각한다[레 25:10 이하]. 그분은 확실히 인간 이성이 가능한 만큼 지혜로우시다. 그래서 우리는 이 문제에 있어서 유대인의 율법을 지키고 따르는 데 부끄러워할 필요가 없다. 그것이 유용하고 선하기 때문이다.[90]

그뿐만 아니라 루터는 결론에서 "황제와 왕, 그리고 영주 등 위정자들과 의회가 토지와 고리대금에 관한 문제를 가장 중대한 문제로 다루어야 할 것"을 강조했다.[91] 그는 당시 교황의 폭정을 언급하면서 그렇게 하지 않는다면 "그들은 반드시 파멸을 자초할 것이며 땅도 그들을 더 이상 견딜 수 없어서 그들을 토해낼 것"이라고 경고했다.[92]

루터의 이러한 희년 사상은 기본소득의 재원 마련에 대한 최근 학자들의 여러 논의 가운데 토지세에 대한 근거를 제시한다. 정치권과 국내외 학자들 가운데서 기본소득의 재원으로 토지세, 탄소세, 소득세 등 다양한 방안이 논의되고 있는데 불로소득에 대한 세금에 해당하는 토지세와 일맥상통하는 지대세에 의한 재원 마련의 근거를 루터의 희년 사상에서 확보할 수 있다.

---

90 Ibid., LW 45:309-310.

91 Ibid.

92 Ibid.

6) 칼뱅의 경제사상에 나타나는 희년 사상

칼뱅은 16세기 제네바에서 사회의 구조적 모순을 접했다. 중세 봉건 사회로부터 근대 시민 사회와 초기 산업 사회에 이르기까지 많은 변화와 갈등이 있던 시대를 살았던 그는 제네바에서 교회와 사회를 위한 다양한 개혁을 시도했다. 칼뱅의 경제사상이 지닌 자본주의적 요소와 사회주의적 요소를 분석해보면 그는 이 두 경제 체제를 포함하면서도 두 체제의 한계를 극복하는 이상적인 요소를 부각하여 지공주의적 요소가 나타난다. 칼뱅의 경제사상에 나타난 이 지공주의적 요소는 구약성서의 희년법에 기초한 하나님의 공평과 정의를 제시했다.

칼뱅의 경제사상을 보면 분명 자본주의 요소와 기독교 사회주의 요소가 공존하면서도 현재의 자본주의나 사회주의와는 다른 독자적 사상체계로 되어 있는데, 이것을 지공주의적 경제사상이라고 칭할 수 있다.[93]

---

93 지공주의는 토지 사용의 대가는 사회가 공유하고 노동과 자본 사용의 대가는 개인이 사유하는 경제체제를 의미한다. 지공주의는 자본주의가 안고 있는 근본적인 문제, 즉 지대 차액을 통한 불로소득으로 사유함으로써 빚어지는 부동산 투기와 빈부 양극화를 극복하게 할 뿐만 아니라 사회주의가 역사적 경험을 통해 보여준 실패, 즉 집단화에 따른 생산 인센티브의 소멸과 생산력 침체 문제를 극복하는 대안적 경제체제를 의미한다. 지공주의는 토지 불로소득 환수와 노력 소득 최대 보장을 통하여 성장과 분배 모두를 달성할 수 있는 경제 체제로서 레 25장을 중심으로 한 희년법에 기초한 사상이다. 레위기와 신명기에 나타나는 희년법 사상은 빚 탕감, 노예 해방, 토지 반환을 주요 내용으로 하며 그 근간에는 창조주 하나님의 절대 주권에 대한 인정과 인간관계 속에서 하나님의 공평과 정의가 실현될 것에 대한 강조가 동시에 자리 잡고 있다. 그중에서도 토지 반환은 희년법 사상의 핵심 요소라 할 수 있다. 토지에서 나오는 지대는 불로소득이기 때문에 개인이 독점할 것이 아니라 사회 공동체가 함께 공유해야 함을 강조한 것이다. 레위기에서는 이를 위해 50년째 되는 희년마다 땅을 원주인에게 돌려주는 토지 반환의 제도를 정해놓았다. 그것은 결국 노동 생산물의 사유화는 정당하지만 토지에서 나오는 지

칼뱅은 성서의 원리를 바탕으로 당시 사회 전반에 걸친 문제에 대해 대안을 제시하고자 했다. 그러므로 그의 경제사상을 희년 사상에 기초한 성서적 원리 및 초기 교부 문헌들과의 연관성 속에서 고찰할 수 있다.

칼뱅은 십계명의 해석 원리로서 양심과 공평, 사랑의 규범을 강조했는데[94] 이는 그의 경제사상 전반에 나타나는 공평과 정의의 사상을 뒷받침해준다. 특히 칼뱅은 성서에 제시된 무조건적 사랑을 베풀 것을 강조하면서도 동시에 일하지 않고는 먹을 수 없다는 경제적 정의를 분명히 인식하고 있었다.[95] 그래서 칼뱅은 신명기 설교를 통해 가난한 자를 적극적으로 돕는 이웃 사랑이 안식의 진정한 의미라고 보았다.[96] 그는 가난한 자들을 위한 규례를 사회의 정책으로 체계화해야 한다고 주장함으로써 공평에 기초한 경제 정의를 단순히 개인 간의 자비와 구제 차원만이 아닌 국가적 공평과 정의로 제도화해야 함을 보여주었다. 이러한 칼뱅의 사상은 기본소득의 근거가 된다.

칼뱅은 초기 교부들의 문헌을 통해 교회의 재산 분배 문제를 다루었다. 즉, 교회가 소유한 토지나 돈은 전부 빈민을 위한 재산임을 교회회의와 고대 저술을 통해 확인할 수 있다고 말했다.[97] 칼뱅은 교회의 수입을 구체적으로 넷으로 구분하고 성직자들, 빈민들, 교회 건물의 수리, 그리고 해당 지역과 타 지역의 불쌍한 사람들을 위해 사용해야 한다고

대를 독점하는 것은 부당하므로 공동체가 만들어내는 불로소득에 대한 독식을 차단하는 것이 목적이다. 희년법과 지공주의는 분명 사회주의와 확연히 구분되는 것으로 노력소득에 대해서는 분명한 사유를 강조한다.

94 Calvin, *Comm.* Deut. 24:6, 14-15.

95 Herbert D. Foster, "Calvin's Programme for a Puritan State in Geneva, 1536-1541," 426-429.

96 Calvin, *Serm.* Deut. 15:1-15.

97 Calvin, *Inst.* IV. iv. 6.

했다.[98] 칼뱅은 암브로시우스의 말을 인용해서 본래 교회의 소유는 모두 가난한 자를 돕기 위한 것이었다고 말했다.[99] 그는 교회 수입의 분배에 관해 당시의 중세 교회를 비판하면서 교회 수입의 최소 50%는 가난한 자를 돕기 위해 써야 함을 강조했다.[100] 칼뱅의 이러한 경제사상은 가난한 자들을 위하여 체계적이고 제도적인 재원 마련과 지원이 필요하다는 생각을 뒷받침해준다.

칼뱅의 경제사상에 깊은 영향을 끼친 초기 교회의 교부들은 토지에서 발생하는 지대를 독점적으로 사유한 자들을 강력히 비판하면서 그들을 향해 매일 새롭고도 끊임없는 약탈을 행한다고 비판했다.[101] 즉 자연의 혜택으로 발생한 지대에는 소유자들이 기여한 바가 전혀 없어 소유될 수 없기 때문에, 자연의 혜택을 빼앗는 토지 소유자들의 도둑질은 쟁기나 소를 훔치는 것처럼 그 행동이 일단락되는 것과는 다르며, 그것은 노동자들이 과거와 현재에 생산한 것들을 강도질하는 매일매일 일어나는 새롭고도 끊임없는 약탈이라고 본 것이다. 그래서 대바실레이오스, 암브로시우스, 크리소스토모스, 아우구스티누스와 같은 초기 교부들은 하나님께서 공동으로 주신 땅과 물 같은 천연 자연물을 독점하는 것을 강력하게 비난했고[102] 부(富) 자체는 선하게 보면서도 공유해야 할 토지

---

98 Calvin, *Inst.* IV. iv. 7.

99 Calvin, *Inst.* IV. iv. 8.

100 Calvin, *Inst.* IV. v. 16.

101 찰스 아빌라/김유준 옮김, 『소유권: 초대교부들의 경제사상』(서울: 기독교문서선교회, 2008), 46.

102 "하나님께서는 탐욕스런 손으로 경작하는 땅 위에도 비를 내려주신다. 그분은 씨앗이 따스해져 풍성한 열매를 맺도록 태양을 내려주신다. 이런 것들은 하나님께로부터 온 것이다. 비옥한 땅, 적절한 바람, 풍성한 씨앗, 공기의 작용, 그리고 풍성한 열매를 맺게 하는 농장에서의 다른 모든 것들…. 그러나 탐욕스러운 자는 우리에게 공동으로 주신 자

를 사유하여 부를 얻은 부자들에 대해서는 신랄하게 비판했다. 하나님께서 창조하신 절대적 부 자체는 선하지만 부자와 가난한 자를 구분 짓는 독점적 부, 상대적 부의 현상에 대해서는 비판한 것이다. 착취자와 착취당하는 자 사이의 관계에서 부와 가난이라는 분열이 생기기 때문이다. 크리소스토모스도 부자들에게 "그러면 자네가 어떻게 부유해졌는지 말해보게"라고 물으면서 대토지 사유의 악을 책망했다.[103]

칼뱅은 부유한 자를 "가난한 자들의 공복"이라고 했으며 하나님 입장에서 가난한 자는 부유한 자의 신앙과 사랑을 시험하기 위해 보냄 받은 자라고 설명했다.[104] 칼뱅은 가난한 자를 그리스도의 대리자로 보았기 때문에 도둑질은 다른 사람의 소유를 갈취하는 행위뿐만 아니라 소유자가 사랑하는 마음으로 이웃에게 주는 것을 가로막는 행위까지 포함한다고 주장했다.[105]

칼뱅은 빈부가 모두 하나님의 은혜의 수단임을 가르치면서 부와 빈 모두 우리의 신앙을 입증하는 기회가 되어야 한다고 가르쳤다.[106] 물질적 번영은 하나님의 축복임에 틀림이 없으나 그것은 가난한 자, 못 가진 자

연을 기억하지도 않고, 분배에 대해 생각하지도 않는다." Basilius, *Homilia in Divites* 8, *Greek Patrologiae Cursus Completus,* 31:281.

103 "너는 누구로부터 대토지를 받았으며, 너에게 그것을 물려준 사람은 누구로부터 받은 것인가?…그것의 근원과 기원은 분명 불의한 것임이 틀림없다. 왜냐하면 태초에 하나님께서 어떤 사람은 부유하게 만들고 다른 사람은 가난하게 만들지 않으셨기 때문이다.…그분은 모두에게 동일하게 자유로운 땅을 주셨다. 그런데 왜, 그것이 공동의 것이라면 너는 그렇게 많은 토지를 소유하고 있고 네 이웃들은 적게 소유하고 있는가?…공동으로 즐겨야 할 것을 너 혼자 즐기고 있다면 그것이야말로 악하지 않은가?" John Chrysostom, *In Epistolam ad Timotheum* 12, 4, *Greek Patrologiae Cursus Completus,* 62:562-563.

104 앙드레 비엘레/홍치모 옮김, 『칼빈의 경제윤리』(서울: 성광문화사, 1985), 60-61.

105 위의 책.

106 Calvin, *Comm.* Ps. 41:1.

들과 나누기 위한 것이지 자신만을 위한 것이 아니다.[107] 이처럼 칼뱅의 경제사상은 하나님께서 주신 복이 공동체를 위해 공유되어야 함을 강조한 사상이었다.[108] 그리스도 공동체는 서로에 대한 사랑으로 연합되어 하나의 몸과 같이 하나로 결속되어 있으므로, 그런 공동체 속에서는 물질도 균등하게 분배되어야 한다는 것이다. 이처럼 균등한 분배를 주장한 칼뱅의 형평 사상은 모든 이의 실질적 자유를 위한 기본소득의 근거가 된다.

칼뱅의 경제사상에 영향을 준 교부들은 소유권에 대해서 단순히 법률적으로 접근하지 않고 도덕적·철학적으로 접근함으로써 초기 교회 당시 소수의 사람만이 많은 부를 축적하여 많은 빈곤을 초래한 불의한 현실에 변화를 촉구했다. 그래서 아우구스티누스는 법적으로 획득한 이익일지라도 부정한 소유는 반환해야 한다고 주장했다.[109] 칼뱅과 마찬가지로 초기 교회 당시 교부들도 부와 빈곤을 분리해서 보지 않고 인과 관계 속에서 동전의 양면처럼 하나로 보았다. 초기 교부들은 그동안 부와 빈곤을 '운명'의 현실로 믿게 하며 소유권에 관한 로마법의 개념 속에서 합법화된 불의한 구조 속에서 단순한 합법을 거부하며 하나님의 공평과 정의에 맞는 삶을 살 것을 요구했다.[110] 초기 교부들처럼 칼뱅의 경제사상도 기존의 사회 질서나 체계에 그대로 순응하는 것이 아닌 하나님 말씀

---

107 Calvin, *Comm.* 2 Cor. 8:13.

108 Calvin, *Serm.* Deut. 15:11-15.

109 "우리는 법적으로 획득한 이익을 누가 즐길지에 대해서는 확인하지 않고, 실제로 타인의 재산을 착복한 그것들을 어떻게 사용하는지에 대해서도 알지 못한다.…자신의 부를 악하게 사용하는 사람은 그것을 부정하게 소유하며, 부정한 소유는 그것이 또 다른 사람의 재산임을 의미한다. 그러면 반환해야 할 다른 사람의 물건이 얼마나 많은지 보라." Augustinus, *Epistola CLIII* 26, *Latin Patrologiae Cursus Completus,* 23:665.

110 찰스 아빌라/김유준 옮김, 『소유권: 초대교부들의 경제사상』(2008), 191.

의 기준에 비추어 공의로운 개혁과 제도적 변화를 추구하는 것이었다.

부에 관한 국가적 의무에 대해서 칼뱅은 국가가 질서의 상실을 막기 위해 사유 재산을 보호해야 하나 일방이 희생되면서 다른 일방이 재산을 획득하는 일은 없도록 막아야 하며, 재산이 사회 전체의 공익을 위해 사용되도록 주의해야 한다고 했다.[111] 칼뱅은 교부들과 같이 어떤 상품의 소유권을 절대화하지 않았다. 상품의 소유권은 제한적이고 조건적인 것이라고 봤다. 칼뱅은 하나의 표준으로서 재산이 사회적 억압의 근거로 탈바꿈하지 않도록 일정한 연한이 되면 땅을 재분배하고 채무를 변제해주는 일을 제도화한 고대 유대의 법, 즉 희년법 사상을 인용하기를 주저하지 않았다.[112]

칼뱅은 유럽 사회가 중세 장원제 사회에서 근대 산업 사회로 변화되던 시기에, 루터처럼 제후 중심의 장원제 사회를 회복하려 하거나 공산주의적 재세례파처럼 농민 중심의 농민 공동체를 결성하려 하지 않고 제3의 길을 모색하였다. 칼뱅은 산업 사회를 적극적으로 인정하면서 기독교인의 바른 삶을 제시하였다. 1536년부터 제네바에서 개혁 운동을 한 칼뱅은 재세례파들의 폐단을 경험하면서 사유 재산을 옹호했으며 상업과 이자에 대해서는 루터의 경제사상보다 좀 더 개방적인 태도를 보였다. 특히 노동과 임금을 하나님의 은총으로 보고 근검절약을 강조하여 건전한 자본주의 발달에 도움을 주었다.

또한 칼뱅은 사치 금지법을 통해 자본주의적 요소의 폐단을 막았으며 무역에서 나타나는 불공정 거래 및 다른 폐단들에 대해서도 비판했

---

111 앙드레 비엘레/홍치모 옮김, 『칼빈의 경제윤리』(1985), 73-74.
112 위의 책.

다. 제네바 아카데미를 통해 가난한 자들의 무상 교육과 구빈원을 통한 구제 및 복지 등을 실천한 부분에서 기독교 사회주의적 요소도 발견된다. 칼뱅은 사유 재산을 신적 제도로 인정하여 자본주의적인 면에서 개인의 자유성을 강조하는 한편, 기금을 형성하여 재물을 가난한 자들을 위해 사용해야 할 것을 강조하는 사회주의적인 면으로 사랑의 사회성을 강조했다.

이처럼 칼뱅의 경제사상은 자본주의와 사회주의 각각의 독특한 요소를 모두 포함하고 있을 뿐만 아니라 이 두 요소를 뛰어넘는 이상적 대안을 제시하고 있다. 칼뱅의 이러한 이상적 경제 체제는 희년 사상에 근거한 지공주의적 경제사상으로 집약될 수 있다. 이는 사유 재산의 인정과 같은 자본주의 경제사상과 함께 공동체의 공익을 위한 사회주의 경제사상이 함께 내포되어 있지만, 근본적으로 이 둘의 한계를 극복하는 성서적 공평과 정의에 근거한 경제사상이다. 이처럼 희년의 원리에 기초한 칼뱅의 지공주의적 경제사상은 기본소득을 제도화하고 토지세를 비롯한 각종 불로소득 환수의 강화를 통하여 기본소득의 재원을 마련하는 데 중요한 사상적 근거를 제시한다.

7) 나가는 말

2019년 이후 코로나19로 인한 사회적 거리 두기가 장기화하면서 한국 사회는 물론 전 세계의 경제적 위기가 심각한 상황에 이르렀다. 이에 주목받지 못했던 기본소득에 대한 논의와 관심이 증대되었고, 2022년 대한민국 대통령 후보들까지 중요한 정책으로 반영할 정도로 한국 사회에서 큰 이슈로 부상했다. 이에 필자는 루터와 칼뱅의 경제사상이라는 관점에서 기본소득에 대해 희년 사상을 중심으로 살펴보았다.

루터의 경제사상에 나타난 희년 사상을 사유 재산, 신분, 직업, 일, 상업, 이자, 토지, 십일조 측면에서 살펴본 바와 같이 경제사상에서 루터의 가장 큰 관심사는 공평과 정의였다.[113] 루터는 급진주의자들이 주장하던 재산의 공유화를 비판하고 사유 재산 제도를 인정했으나, 가난한 이웃에 대한 기독교인의 자발적 사랑과 봉사를 강조했으며[114] 정부가 가난한 자들을 보살펴주고 가난한 아동을 교육해야 한다고 주장했다. 루터는 수도원주의의 금욕적 이상에 반대하여 사유 재산의 합법성과 가치를 기독교적 자선의 수단으로서 실증적으로 확정하였다. 루터는 신분을 통해 하나님과 인간을 섬길 의무가 있다고 보면서, 성직만이 아니라 신앙으로부터 유래한 세상의 모든 직업이 하나님의 소명에 의한 것이며 신앙에 근거한 모든 일이 선하다고 주장했다.

루터는 상업에 대해 공정한 가격과 거래를 주장했고 당시에 사치와 쾌락을 위해 이루어지고 있던 해외 무역을 비판했다. 그는 상인이 상품 원가에 수고와 노력과 위험성을 계상한 이윤을 붙이는 것을 인정했으며 상업도 기독교적 방식으로 행해질 수 있다고 보았다. 이자는 산상수훈에 따라 받지 말아야 한다고 주장했으나 세상 왕국에서는 5% 정도의 이

113 Martin Luther, *Trade and Usury*, LW 45:238f.

114 사무엘 토르벤드는 이처럼 루터가 가난한 이웃을 위해 기독교 공동체를 중심으로 사회 전반에 걸친 공동선을 추구하는 것이야말로 성례전적 축제의 일차적 기능이라고 했다. Samuel Torvend, *Luther and the Hungry Poor: Gathered Fragments* (Minneapolis, MN: Fortress Press, 2008), 91-100.

자를 받는 것을 인정했다. 루터는 기독교인에게 요구되는 경제 활동을 산상수훈에 기초하여 세 가지로 설명했는데, 그것은 원하는 사람에게 취하게 하는 것, 주는 것, 이자 없이 빌려주는 것이었다. 이는 오로지 하나님께만 온전히 의존한다는 것을 의미한다. 세상에서 기독교인은 항상 적은 수의 무리로서 예수의 말씀대로 살아야 한다는 것이다.

루터는 고리대금과 함께 토지를 담보로 지대 수익을 누리는 것을 금지하면서 그러한 자들을 고리대금업자로 취급하였다. 루터는 십일조를 통해 지대 수익으로 누리는 불로소득을 거두어 다른 세금을 대신할 것을 제안했다. 그 십일조 또한 고정하지 말고 경제적 형평성에 근거하여 상황에 따라 10-20%를 거두어들여야 한다고 주장하면서 위정자들에게 희년 사상이 실현되도록 그러한 제도를 입법화하는 것을 의회의 최우선 과제로 삼으라고 촉구했다.

오늘날 한국 사회의 경제 양극화의 주범이 상위 1%의 토지 불로소득에 의한 막대한 부의 축적 및 집중인 점을 고려한다면 토지를 비롯한 천연자원에서 발생하는 불로소득에 대한 루터의 목소리에 귀를 기울여야 할 것이다. 개인의 노동이나 노력에서 기인한 것이 아닌 사회 공동체를 통해 형성되는 토지에서 생성된 지대를 비롯한 불로소득은 특정 소수가 독점해서는 안 된다. 특히 토지공개념에 입각한 토지보유세와 종합부동산세, 그리고 양도소득세 등과 같은 지대 차액의 불로소득에 대한 세금을 점진적으로 늘려 사회 구성원 모두에게 실질적 분배 정의가 실현될 수 있도록 세금 환수가 강화되어야 할 것이다. 하지만 부익부 빈익빈이 심화되는 최근의 한국 사회는 이러한 공의로운 경제사상에 역행

하고 있으며 최상위층을 위한 부의 집중이 가속화되고 있다.[115]

현재 한국 사회에 고착화된 경제적 양극화 상황에서는 희년 사상에 근거하여 공평을 강조한 루터의 경제사상을 통하여 법과 제도를 초월하는 자발적 반환은 물론 지대 수익과 같은 각종 불로소득의 환수 강화를 위한 정책과 법적 장치, 그리고 이를 요청하는 공의로운 시민 의식이 절실히 요구된다. 그것은 루터 당시나 지금이나 동일하게 온종일 피땀 흘려 일하는 서민들의 노력에 정당한 대가가 주어지는 공의로운 사회를 만들어가는 정책이자 불로소득의 편중을 약화시키는 지름길이기 때문이다.

글로벌 경쟁 시대의 신자유주의 경제 체제는 한국과 세계 곳곳에서 빈부 격차 문제는 물론 인간으로서 기본적 생존권마저 박탈당한 소외된 자들의 탄식을 외면하는 심각한 문제를 드러냈다.[116] 프로테스탄트 신학의 출발이자 토대가 된 루터의 경제사상은 코로나19에서 비롯한 경제적 양극화로 신음하고 있는 우리에게 기본소득 실시를 위한 경제적 원리와 정치적 함의를 제시해주었다.

루터는 신학자요 목사로서 기독교인의 마음에 하나님의 명령을 제

115 2018년 국세청 자료에 근거한 귀속 통합소득 천 분위 자료를 보면 전체 개인 소득자 2천325만 명의 연간 통합소득 총액은 824조 원으로 1인당 평균 3천545만 원꼴이다. 통합소득은 근로 소득과 나머지 종합 소득(이자·배당·사업·연금·기타 소득)을 모두 반영한 개인 소득 합산액을 가리킨다. 우리 국민이 100명이라고 가정할 때 50번째에 해당하는 중위 소득은 2018년 기준으로 연간 2천411만 원으로 파악됐다. 최상위 0.1%에 해당하는 2만3천246명의 연간 통합소득은 총 34조2천억 원으로 1인당 14억7천132만 원이다. 최상위 0.1%에 속하는 개인 소득자는 중위 소득자의 61배, 평균 소득의 42배를 번 것이다. 하채림, "상위 0.1% 연소득 14억7천만 원…중간소득의 61배", 「연합뉴스」(2020. 9. 29). https://www.yna.co.kr/view/AKR20200928194200002(2021. 9. 17. 최종 접속).

116 김유준, "크리소스토무스의 경제사상 연구", 「신학사상」 173(2016), 193.

시하고 정치가와 상인들의 마음에 모든 사람의 평등 실현을 위한 실천적 필요성을 제시했다.[117] 루터의 가장 큰 관심사는 기독교인의 양심과 성서에 근거한 경제적 영역에서의 공평과 정의였다. 이것이 바로 루터에게서 나타나는 희년 사상의 근간이다. 루터는 희년 사상이 단지 개인 차원의 신앙적 도전이 아니며 그 목적을 달성할 책임은 세속 정부에 있다고 했다. 고리대금을 비롯하여 토지 불로소득과 같은 불의한 상업 활동은 세속 정부의 칼로 강하게 다스려야 한다고 권고했다. 루터는 기존의 교회 권위와 질서를 존중하는 동시에 교회 안에서의 개혁을 주장하여 점진적이고 온건한 교회 개혁을 주장했다. 중세 로마 가톨릭교회의 경제사상에서 나타나는 문제점들을 비판하는 한편, 초기 교회와 중세 교회를 통해 이어져 내려온 근본 사상에 대해서는 레위기에 나타난 희년 사상과 예수의 산상수훈을 근거로 삼아 존중했다. 그는 이렇게 점진적인 방법을 통해 성공적이면서도 효과적인 개혁을 가능하게 했다.

이러한 루터의 경제사상은 칼뱅을 비롯한 종교개혁자들의 경제사상의 근간이 되었을 뿐 아니라 근대 민주주의 발전에도 공헌했다. 이자와 사유 재산, 그리고 희년과 관련된 경제사상을 통하여 빈부 격차의 문제와 함께 사유 재산에 대한 극단적으로 이기적인 태도에서 기인한 인간 소외 및 빈곤 문제를 안고 있는 현대 자본주의 사회의 병폐와 원인을 되짚어볼 수 있는 사상을 제시해주었다. 특히 공평과 정의에 입각하여 루터가 제시한 모세 율법에 나타난 희년법 사상 및 예수의 산상수훈을 토대로 기독교인으로서 어떤 경제사상을 추구해야 하는지를 보여주었다. 그것은 오늘날 기본소득과 같은 정책을 통하여 모든 이들이 실질적

117 손규태, 『마르틴 루터의 신학사상과 윤리』(1993), 259-260.

자유를 누리며 인간다운 삶을 살 수 있는 최소한의 권리를 보장하는 제도로 구현될 수 있다.

하나님의 절대적 주권과 영광을 갈망하던 칼뱅은 제네바에서 하나님의 공의와 다스림을 실현하고자 성서와 교부 전통의 원리를 토대로 그 이상적인 경제사상을 실현하고자 했다. 그래서 칼뱅은 경제 정의와 가난한 자를 위한 대책을 개인이나 교회의 구제 차원으로만 접근하지 않고 시 당국을 통한 사회 전반의 구조와 제도 차원에서 접근했다. 칼뱅은 구약의 희년 사상과 교부들의 사상을 기초로 토지 및 공유물에 대한 절대적 소유권 거부, 땅의 재분배와 채무 변제, 그리고 재산이 사회적 억압이 되지 않도록 하는 제도적 장치 등을 요구하는 지공주의적 경제사상을 주장했다. 그러한 사상은 기본소득 도입과 재원 마련의 근거가 될 수 있다.

칼뱅은 시 당국에서도 구빈원을 세워 가난한 사람들을 도와줄 것과 실업자들에 대한 대책을 세울 것, 정당한 임금 지급 및 공정한 상거래 등을 위해 적극적으로 개입할 것을 주장했다. 특히 제네바에서는 사치 금지법을 부자와 가난한 사람, 주민과 시의원 모두에게 공평하게 적용하여 근검절약을 실천하게 하고 양극화 및 상대적 박탈감에 대비하기도 했다. 칼뱅은 재세례파의 문제점들을 경험하면서 제네바에서 교회와 시의회의 모범적 개혁과 신학의 체계화를 이루어내며 종합적인 종교개혁을 달성했다.

희년에 근거한 칼뱅의 이러한 경제사상은 사회주의가 무너진 후 마치 이상적인 경제 체제처럼 여겨지는 오늘날의 자본주의 극대화로 인한 문제점을 근본적으로 고찰하게 해준다. 최근 한국 사회에서 부동산 투기로 인한 토지 불로소득이 양극화의 주범으로 부각된다는 점을 감안한다면 지금은 이런 칼뱅의 사상이 더욱 절실히 요구되는 시점이다. 현재 대한민국은 1인당 국민 소득 4만 달러를 바라보는 상황에서도 행복의 첫 번째 조건으로 '돈'을 꼽을 정도로 황금만능주의 사상이 사회 전반에 팽배해 있는 실정이다. 수단과 방법을 가리지 않고 악착같이 돈을 벌려는 천박한 자본주의가 판을 치고 있어 사람들은 차라리 목숨을 걸고 "오징어 게임"을 하는 곳이 훨씬 공정하다고 느낄 정도다. 고삐 풀린 망아지처럼 끝없는 인간의 탐욕을 부추기는 신자유주의의 무한 경쟁 원리에 함몰되어 있는 현대 사회 속에서 우리에게는 희년법에 기초한 공평과 정의의 경제사상이 절실하다. 또한 이를 근거로 누구도 배제하지 않고 인간으로서의 최소한의 권리를 누릴 수 있는 사회로 가는 디딤돌이 될 기본소득 실시에 대한 국민적 합의가 절실하다. 공평과 정의를 향한 종교개혁자들의 외침이 오늘날에도 재현될 수 있도록 토지를 비롯한 공유물에 대한 모두의 권리를 모두에게 분배함으로써 모두가 실질적 자유를 누리는 세상을 만들어가는 새로운 길을 열어야 할 것이다.

참고문헌

그린, 로버트/이동하 옮김. 『프로테스탄티즘과 자본주의: 베버 명제와 그 비판』. 서울: 종로서적, 1981.

김유준. "Zwingli의 경제윤리에 관한 현대적 고찰." 「복음과 실천신학」 19(2009), 38-62.

______. "칼빈의 경제사상에 관한 지공주의적(地公主義的) 고찰." 「한국기독교신학논총」 67(2010), 149-168.

______. "카이사레이아의 감독 바실레이오스의 경제사상에 관한 연구." 「한국교회사학회지」 30(2011), 7-34.
______. "암브로시우스의 경제사상." 「한국교회사학회지」 44(2016), 37-65.
______. "크리소스토무스의 경제사상 연구." 「신학사상」 173(2016), 171-198.
______. "마르틴 루터의 경제사상." 「한국교회사학회지」 49(2018), 81-116.
______. 『토마스 뮌처의 경제사상』. 안산: 희망사업단, 2020.
김윤상. 『알기 쉬운 토지 공개념: 지공주의 해설』. 대구: 경북대학교출판부, 2006.
김주한. "칼빈과 가난의 문제: 칼빈의 기독교 사회복지정책." 「한국교회사학회지」 24(2009), 123-124.
______. "종교 개혁과 사회 개혁." 「신학연구」 69(2016), 137-164.
______. "종교개혁과 자본주의 정신: 막스 베버의 관점과 기독교적 의미." 「신학연구」 55/2(2018), 313-339.
남기업. 『지공주의: 새로운 대안경제체제』. 서울: 한국학술정보, 2007.
비엘레, 앙드레/홍치모 옮김. 『칼빈의 경제윤리』. 서울: 성광문화사, 1985.
샤프, 필립/이길상 옮김. 『교회사전집 6: 보니파키우스 8세부터 루터까지』. 고양: 크리스천다이제스트, 2004.
손규태. "기독교 역사에 나타난 경제 사상." 채수일 엮음. 『기독교 신앙과 경제문제』. 서울: 한국신학연구소, 1993.
______. 『마르틴 루터의 신학사상과 윤리』. 서울: 대한기독교서회, 2004.
송용원. 『칼뱅과 공동선: 프로테스탄트 사회 윤리의 신학적 토대』. 서울: IVP, 2017.
아빌라, 찰스/김유준 옮김. 『소유권: 초대교부들의 경제사상』. 서울: 기독교문서선교회, 2008.
알트하우스, 파울/이희숙 옮김. 『말틴 루터의 윤리』. 서울: 컨콜디아사, 1989.
유은주. "주빌리 정의를 위한 주빌리 교육의 내용." 「기독교교육논총」 62(2020), 285-311.
이양호. 『칼빈 생애와 사상』. 서울: 한국신학연구소, 1997.
______. 『루터의 생애와 사상』. 서울: 대한기독교서회, 2002.
이오갑. 『칼뱅, 자본주의의 고삐를 잡다: 그의 경제사상과 자본주의』. 시흥: 한동네, 2019.
이은선. "칼빈과 청교도의 경제윤리." 「한국개혁신학회 논문집」 6(1999).
정미현. "칼빈의 경제윤리와 젠더." 「기독교사회윤리」 19(2010), 181-203.

조병하. 『마르틴 루터와 개혁 사상의 발전』. 서울: 한들, 2000.
조지, 헨리/김윤상·전강수 옮김. 『헨리 조지의 세계관: 명연설과 어록』. 서울: 진리와 자유, 2003.
최용준. "칼빈주의가 제네바의 변혁에 미친 영향에 관한 고찰." 「신앙과학문」 23/3(2018), 323-351.
최종태. "개혁주의 경제윤리." 「한국개혁신학회논문집」 6(1999).
하채림. "상위 0.1% 연소득 14억7천만 원…중간소득의 61배." 「연합뉴스」 2020. 9. 29. https://www.yna.co.kr/view/AKR20200928194200002. 2021. 9. 17 최종 접속.

Aland, Kurt. *Four Reformers: Luther, Melanchthon, Calvin, Zwingli.* Minneapolis, MN: Augsburg Pub. House, 1979.
Althaus, Paul. *Die Ethik Martin Luthers*. Gütersloh, Deutschland: Gütersloher Verlagshaus, 1965.
Augustinus. *Epistola CLIII* 26. *Latin Patrologiae Cursus Completus.* Vol. 23.
Basilius. *Homilia in Divites* 8. *Greek Patrologiae Cursus Completus*. Vol. 31.
Biéler, André. *The Social Humanism of Calvin*. Tr. by Paul T. Fuhrmann. Richmond, CA: John Knox Press, 1964.
Bouwsma, William J. *John Calvin: A Sixteenth-Century Portrait*. London: Oxford University Press, 1988.
Calvin, John. *Calvin: Institutes of the Christian Religion.* The Library of Christian Classics. Vols. 20-21. Ichthus Edition. Tr. by Ford Lewis Battles. Edited by John T. McNeill. Philadelphia, PA: The Westminster Press, 1960.
______. *Calvin: Theological Treatises*. The Library of Christian Classics. Vol. 22. Tr. by J. K. S. Reid. London: SCM Press Ltd., 1954.
______. *Calvin: Commentaries.* The Library of Christian Classics. Vol. 23. Ichthus Edition. Newly Tr. and Ed. by Joseph Haroutunian. Philadelphia, PA: The Westminster Press, 1958.
______. *Calvin's Commentaries.* Tr. by A. W. Morrison. Ed. by D. W. Torrance & T. F. Torrance. 12 Vols. Edinburgh, UK: The Saint Andrew Press, 1972.
______. *Institutio Christianae Religionis 1559*. in *Opera Selecta*. Ed. by Petrus Barth &

Guilelmus Nisel. 5 Vols. Monachii, Aedibus: Chr. Kaiser, 1967-1974. Vol. 3-5.
Cameron, Euan. *The European Reformation*. Oxford, UK: Clarendon Press, 1991.
Chrysostom, John. *In Epistolam ad Timotheum* 12, 4. *Greek Patrologiae Cursus Completus*. Vol. 62.
Davies, Rupert Eric. *The Problem of Authority in the Continental Reformers: A Study in Luther, Zwingli, and Calvin*. Westport, CT: Greenwood Press, 1978.
Doherty, Sean. *Theology and Economic Ethics: Martin Luther and Arthur Rich in Dialogue*. Oxford, UK: Oxford University Press, 2014.
Foster, Herbert D. "Calvin's Programme for a Puritan State in Geneva, 1536-1541." *Harvard Theological Review* 1 (1908), 426-429.
George, Henry. *Progress and Poverty*. New York: Robert Schalkenbach Foundation, 1981.
Graham, W. Fred. *The Constructive Revolutionary: John Calvin and His Socio-Economic Impact*. Atlanta, GA: John Knox Press, 1978.
Green, Robert W. *Protestantism and Capitalism: The Weber Thesis and Its Critics*. Boston: Health, 1959.
Harrison, Fred. *The Power in the Land: An Inquiry into Unemployment, the Profits Crisis and Land Speculation*. New York: Universe Books, 1983.
Lindberg, Carter. *Beyond Charity: Reformation Initiatives for the Poor*. Minneapolis, MN: Fortress Press, 1993.
Luther, Martin. *D. Martin Luthers Werke*. Weimar, Deutschland: Hermann Böhlaus Nachfolger, 1883f.
______. *Trade and Usury*. In Jaroslav Pelikan & Helmut T. Lehmann (eds.). *Luther's Works*. American Edition. 55 vols. Philadelphia, St. Louis: Fortress Press, Concordia Pub. House. Vol. 45, 1955f.
Reid, W. Stanford. "John Calvin: the father of capitalism." *Themelios* 8/2 (1983).
Schaff, Philip. *History of Christian Church: The Middle Ages. A.D. 1294-1517*. 8 vols. Grand Rapids, MI: Wm. B. Eerdmans Publishing Company, 1960. Vol. 6.
Stackhouse, Max. *Creeds, Society, and Human Rights: A Study in Three Cultures*. Grand Rapids, MI: Eerdmans, 1984.
Tawney, Richard H. *Religion and the Rise of Capitalism*. London, New York: Verso,

1926, 2015.

Torvend, Samuel. *Luther and the Hungry Poor: Gathered Fragments.* Minneapolis, MN: Fortress Press, 2008.

Troeltsch, Ernst. *The Social Teaching of the Christian Churches*. Tr. by Olive Wyon. 2 vols. London: George Allen & Unwin, 1931.

Wallace, Ronald S. *Calvin, Geneva and the Reformation.* Grand Rapids, MI: Baker Book House, 1988.

Weber, Max. *The Protestant Ethic and the Spirit of Capitalism.* Tr. by Talcott Parsons. London: George Allen & Unwin, 1952, 1978.

2. 기독교윤리의 시각에서 본 기본소득의 필요성과 방향성

타자윤리학을 중심으로

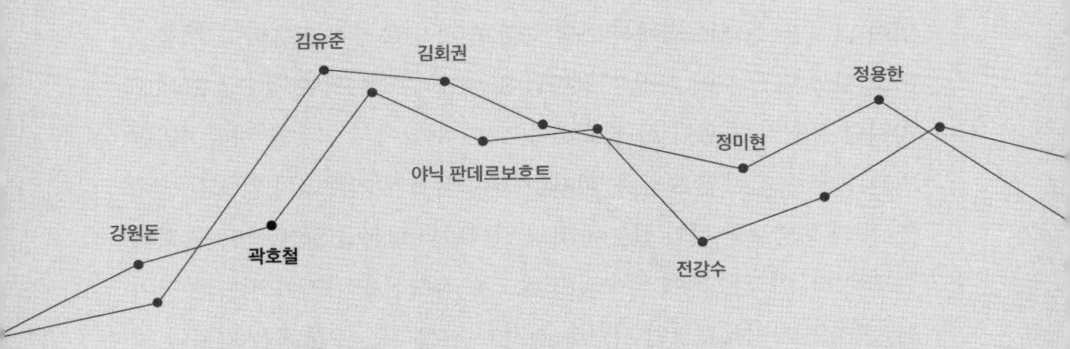

곽호철

연세대학교 연합신학대학원 조교수

연세대학교 신학과 학부와 대학원을 졸업하고 세인트폴 신학교에서 목회학 석사를, 클레어몬트 대학원에서 기독교윤리학 박사 학위를 받았다. 「실낙원에서 복낙원으로의 귀환: 인공지능과 노동, 그리고 기본소득」, 『한국 교회 건축과 공공성』, 『신앙과 인권』 등의 논문, 저서, 번역서가 있다.

1) 들어가는 말

기독교는 하나님을 사랑하고 이웃을 자기 몸처럼 사랑하라고 가르친다. 또한 지극히 작은 자에게 한 것이 곧 예수 그리스도께 한 것이라고 강조한다. 사회에서 소외되고 어려움에 부닥친 이들에게 사랑을 베푸는 것은 기독교의 자명한 가르침이다. 누군가에게 사랑을 베풀 때는 여러 방법이 있지만, 현대 사회에서 가장 중요한 것은 물질적 도움이다. 머물고 자고 입고 먹는 것이 가장 기초적인 일들이고 이를 위한 필수품을 제공하려면 물질적 자원이 꼭 필요하다. 그런 맥락에서 이웃을 사랑하려면 자원 혹은 물질이 필요하다. 이와는 결이 다르게 기독교의 가르침 중에 또 한 가지 중요한 것이 있는데 바로 하나님과 맘몬을 함께 섬길 수 없다는 것이다. 인간은 돈에 종속되지 않도록 경각심을 가져야 한다는 뜻이다. 그러므로 기독교적인 사랑을 전하기 위해서는 물질 혹은 자원이 필요하며 그 목적을 위해 물질을 활용하면서도 물질의 지배를 받지 않는 길을 찾는 것이 현시대 기독교의 중차대한 과제다. 이웃 사랑으로서 도움을 주는 데 유용하다는 차원에서 기본소득은 필요하지만, 동시에 경제 논리에 종속되지 말아야 한다는 차원에서 그 방향성에 대한 논의가 필수적이다. 또한 기본소득의 수혜자 범위와 기본소득 제공의 이유와 관련해서도 방향성 논의가 이뤄져야 한다.

모두에게 똑같은 금액을 아무런 차별 없이 지급하는 기본소득은 문명의 발달로 가능해진 타자 사랑의 기획이라고 할 수 있다. 문제는 사회에서 기본소득의 피리를 불고 있음에도 기독교인 대부분이 무관심하거나 기독교적인 것과 무관한 일로 간주하고 있다는 사실이다. 기본소득에 대한 기독교계의 적극적 지지는 아직 보이지 않는다. 그러나 기독교가 사회적 영향력을 상실하고 매력을 잃어가고 있는 이 시대에 기본소득에 대한 기독교의 적극적 지지는 임금 노동의 안전망 밖에서 불안정성 때문에 괴로워하는 다수의 가난한 이들을 사랑하라는 기독교의 본래적 가르침을 구현하는 일이 될 것이다.

이 글은 우선 한국 사회에서 기독교가 대사회적으로 어떤 상황에 있는지를 살펴본다. 또한 기독교가 현재 절대적 소유권에 기반을 둔 자본주의의 충실한 지지자이며 수혜자로 자리매김을 하고 있으나 기독교의 본래적 가르침은 절대적 소유권과 거리가 멀어서 '약자를 위해 제공된 것이 부와 재물임'을 강조하고 있으며, 이 시대의 기독교가 그러한 본래적 가르침으로 돌아가는 하나의 가능성으로 기본소득이 필요함을 논증한다. 그리고 이웃 사랑에 대한 근원적 요청을 담고 있는 타자윤리학을 통해 기독교적 기본소득의 방향성을 제시할 것이다.

2) 기독교의 사회적 기여에 대한 한국 사회의 비판적 평가

우선 한국 사회 안에서 교회의 위치를 파악할 필요가 있다. 지난 2021년 4월 갤럽리포트 「한국인의 종교 1984-2021」에서 인용한 자료인 표1에 따르면 종교가 사회에 도움을 주지 않는다는 견해가 2014년에는 38%였던 데 비해서 2021년에는 62%로 급격하게 증가했다. 2014년에는 3명 중 1명이 종교가 사회에 도움을 주지 않는다고 했던 반면, 2021년에는 거의 3명 중 2명 가까이가 사회에 대한 종교의 무익성을 주장한 것이다. 더 아이러니한 것은 종교인들, 특히 개신교인의 80%가 사회에 도움을 준다고 자찬한 반면, 비종교인의 82%는 종교의 사회적 기여가 없다고 평가했다. 기독교 내부가 자화자찬의 탑에 갇혀 사회로부터 유리된 형국이다. 기독교인의 자아 인식과 비종교인에 의한 평가의 간극은 심각한 상황이며 한국 사회에서 종교의 역할, 특히 기독교의 사회적 역할에 대한 심사숙고와 방향성 논의가 필요한 시점이다.

질문) 요즘 종교는 우리 사회에 얼마나 도움을 준다고 생각하십니까,
도움을 주지 않는다고 생각하십니까?(4점 척도)

		사례수 (명)	종교의 사회적 기여				사회에 도움을 준다 (계)	도움을 주지 않는다 (계)
			매우 도움을 준다	어느 정도 도움을 준다	별로 도움을 주지 않는다	전혀 도움을 주지 않는다		
2014년 4월 17일-5월 2일		1,500	6%	57%	32%	6%	63%	38%
2021년 3월 18일-4월 7일		1,500	3%	35%	49%	12%	38%	62%
종교별	불교인	244	2%	57%	32%	9%	59%	41%
	개신교인	261	10%	70%	20%	0%	80%	20%
	천주교인	87	4%	61%	28%	6%	65%	35%
	비종교인	902	1%	17%	65%	17%	18%	82%

표1. 종교의 사회적 기여[1]

1 갤럽리포트, 「한국인의 종교 1984-2021」(2021. 5. 20), (2) 종교에 대한 인식. https://www.gallup.co.kr/gallupdb/reportContent.asp?seqNo=1209(2021. 10. 17 접속).

기독교의 사회적 기여에 대한 비종교인들의 비판적 입장은 기본소득에 대한 기독교인들의 소극적 태도를 통해서도 유추할 수 있다. 우선 기본소득과 관련한 통계에서 기독교인은 일반 시민보다 기본소득 도입에 덜 적극적인 것으로 나타난다. 경기연구원에서 발표한 "사람들은 기본소득을 이렇게 생각한다: 2021 기본소득 일반의식 조사 결과(I)"에 따르면, 월 20만 원과 50만 원을 지급하는 경우에 대한 일반인의 찬성 비율은 매우 찬성과 대체로 찬성을 합쳐서 각각 71.6%와 59.4%에 이르고 지급 액수와 상관없이 기본소득 도입에 찬성하는 비율은 50.3%로 나타났다.[2] 이와 다르게 "2021년 기독교인의 기본소득 인식 설문조사"에 따르면 기독교인의 매우 찬성과 찬성 비율은 40.5%로 전체 시민을 대상으로 한 통계보다 9.8% 적은 것으로 나타난다.[3] 두 번째로 기본소득 도입과 지급을 위한 증세에 대해 일반인의 57.4%가 추가로 세금을 납부할 의향이 있다고 응답한 반면, 기독교인은 31%만 증세에 동의했다.[4] 기본소득을 위한 증세에 있어 기독교인의 찬성 비율이 일반인보다 26.4%나 낮은 것을 고려한다면, 결국 세금을 더 거두어서 기본소득으로 다른 이들에게 제공하는 것에 반대한다는 의미로 해석하는 것도 가능하다. 다시 말해 기독교인들은 사회적·구조적 기여에 소극적이고 부정적인 견해를 표출한 것이다.

기본소득의 바탕에 사회적 약자에 대한 배려가 담겨 있다고 전제한

---

2 유영성·최광은·유익진, "사람들은 기본소득을 이렇게 생각한다: 2021 기본소득 일반의식 조사 결과(I)", 「이슈&진단」 455(2021), 2.

3 정미현 외, "기독교인의 기본소득 인식 설문조사", 「기본소득에 관한 신학과 사회과학의 학제간 연구」(서울: 연세대학교 기본소득 공동연구팀, 2021), 문항 10번.

4 유영성·최광은·유익진, "사람들은 기본소득을 이렇게 생각한다"(2021), 12; 정미현 외, "기독교인의 기본소득 인식 설문조사"(2021), 문항 11번.

다면, 현실 기독교에 대한 일반인들의 부정적 인식과 기본소득에 대한 기독교인들의 소극적 태도는 현재 기독교가 성서와 기독교 전통의 가르침을 제대로 구현하지 못하고 있음을 여실히 드러낸다고 볼 수 있다. 성서와 기독교 전통의 가르침은 사랑의 대상으로 타자를 특정하고 있다. 특별히 과부, 고아, 나그네와 같이 현실에서 소외된 이들을 돌볼 것을 요청하기 때문이다. 다시 말해 성서와 기독교 전통은 내가 아닌 타자에 대한 관심을 넘어 타자를 보호하고 타자를 위해 자신의 부를 나누는 것을 당연한 것, 즉 그리스도의 명령으로 간주해왔다.

3) 성서와 교회 전통의 소유권에 드러난 타자중심성

성서뿐만이 아니라 교회 전통은 특별히 소유의 나눔에 대하여 오늘날 교회의 인식보다 더 근본적인 타자중심성을 요구한다. 다른 말로 하면 기독교는 약자에 대한 경제적 도움을 소유권을 제한하면서까지 요청해 왔다. 요안네스 크리소스토모스(344-438)는 그의 설교에서 '부'는 좋은 청지기를 위한 것이라고 못 박는다.

> 왜냐하면 우리의 돈은 주의 것이기 때문이다. 그러나 우리는 돈을 모아야 했을지 모른다. 우리가 빈궁한 사람들에게 공급할 수 있다면 더 많이 얻게 될 것이다. 이것이 하나님이 우리에게 더 많이 가지도록 허락한 이유다. 당신을 위해서 매춘, 음주, 화려한 음식, 값비싼 옷 그리고 여타 종류의 권태로움에다 소비하라는 것이 아니다. 빈궁한 사람들을 위해서 나누어주라는

것이다.

…부자는 가난한 사람에게 나누어야 하는 돈을 가지고 있는 일종의 청지기다. 그는 궁핍한 동료 고용인들에게 나누어주라는 명령을 받는다. 그래서 그는 자신이 필요로 하는 것 이상으로 자신에게 소비하면 추후에 가장 가혹한 벌을 대가로 치를 것이다. 왜냐하면 그 자신의 재화는 그 자신의 것이 아니라 그의 동료 고용인들에게 속하기 때문이다.…왜냐하면 당신은 다른 사람이 가지고 있는 것보다 더 많이 얻었고 더 많이 받은 것은 당신 자신에게 소비하라는 것이 아니라 역시 다른 사람을 위해서 좋은 청지기가 되라는 것이기 때문이다.[5]

크리소스토모스는 부와 소유가 개인의 절대적 권리라고 주장하지 않는다. 그는 우선 부가 하나님의 것인데 인간에게 맡겨졌고 인간은 그 돈을 하나님의 뜻에 따라 사용하도록 부름 받은 청지기이므로 개인이 소유한 재물도 동료들에게 속한 것이며 소유물은 이웃을 위해 사용해야 하는 것임을 분명히 밝힌다. 소유의 절대권이 강조되는 현시대의 가르침과는 양립하기 어려운 가르침이다. 대바실레이오스(330-379)도 같은 맥락에서 부를 가지고도 가난한 이들을 돕지 않는 자들을 책망하며 다음과 같이 말한다.

당신이 쥐고 있는 빵은 배고픈 사람을 위한 것이다. 당신이 치워둔 옷은 입을 옷이 없는 사람을 위한 것이다. 사용하지 않아 삭은 신발은 신발이 없는

5 John Chrysostom, *On Wealth and Poverty*, tr. by Catherine Roth (Crestwood, NY: St. Vladimir's Seminary Press, 1999), 49-50.

사람을 위한 것이다. 당신이 땅속에 묻어둔 은화는 곤궁한 사람을 위한 것이다. 따라서 당신은 도움을 줄 수 있는 더 많은 사람이 있었으나 도와주지 않았으므로 부정의를 저지른 사람이다.[6]

크리소스토모스와 같은 맥락에서 대바실레이오스도 소유 자체를 개인이 독점할 수 있는 절대적 권리로 간주하지 않는다. 부는 그 자체로 의미 있는 것이 아니며 그 목적성이 분명하다. 모든 소유는 도움을 줄 사람들을 위한 것이고 그런 도움을 주지 않을 경우에는 부정의를 행한 것으로 간주된다. 토마스 아퀴나스(1224-1274)는 더 나아가서 부를 기본적으로 부정의하며 불평등한 것으로 규정한다. "모든 부는 불의한 부, 즉 불평등의 부로 불린다. 왜냐하면 부가 모두에게 평등하게 분배되지 않는데, 어떤 이에게는 부족하게, 다른 이에게는 풍족하게 분배되기 때문이다."[7] 아퀴나스는 개인의 소유에 대해 그 공공성을 분명하게 그리고 급진적으로 이해한다.

어떤 사람이 큰 부를 가진 것은, 자연법에 의거해서 볼 때, 가난한 자들을 구조하는 목적 때문이다. 이러한 이유로 암브로시우스는 *Decretals* (Dist. xlvii, can. Sicut ii)에서 이렇게 말한다. "당신이 잡고 있는 것은 굶주린 사람의 빵이고, 당신이 감추어둔 것은 벌거벗은 이의 옷이며, 땅에 묻은 돈은 가난한 사람의 속전금과 자유의 대가이다."

---

6 Basil the Great, *On Social Justice,* tr. by C. Paul Schroeder (Crestwood, NY: St. Vladimir's Seminary Press, 2009), 70.

7 Thomas Aquinas, *Summa Theologiae* II-II (Green Bay, WI: Aquinas Institute, 2012), Q. 32, A. 7.

> 모두에게 같은 것을 공급하는 것은 불가능하지만 곤궁한 사람들이 많이 있기 때문에 각자는 자신의 소유를 청지기 정신으로 맡고 있으며, 그것을 가지고 도움이 필요한 이들에게 도움을 주어야 한다. 그럼에도 불구하고, 그 필요가 분명하고 긴급하면, 어떠한 수단을 통해서라도 그 긴급한 필요는 채워져야 하며(예를 들어, 한 사람이 긴급한 위험에 빠져 있고, 다른 해결 방법이 없다면), 그 사람은 다른 사람의 소유를 사용해서, 공개적으로 든지 비밀리에 하든지, 자신의 필요를 채우는 것이 적법하다. 이것은 엄밀히 말하면 절도나 강탈이 아니다.[8]

아퀴나스는 크리소스토모스나 대바실레이오스보다 타자의 필요에 더 민감하다. 아퀴나스는 긴급한 필요가 있는 경우에 누군가의 소유를 공개적으로 혹은 은밀히 가져가는 것이 아무런 문제가 되지 않는다고 분명하게 밝히고 있다. 다시 말해 재물에 대한 절대적 소유권을 전혀 인정하지 않았다. 교부들은 소유가 그 자체에 목적이 있는 것이 아니라 특정한 목적, 즉 가난한 자들을 돕기 위해서 허락된 것임을 강조한다. 성서의 가르침과 교회 전통은 절대적 소유권이 아닌 소유의 목적성을 분명히

---

8 Ibid., Q. 66, A. 7. 암브로시우스의 부자에 대한 신랄한 비판은 다음의 글에서도 확인된다. "오! 부자여, 너는 얼마나 오랫동안 너의 미친 욕심을 날뛰게 할 것인가? '너는 혼자서만 이 땅을 독차지하려는가?'(사 5:8) 왜 너는 자연을 공유하는 동료를 내어쫓고 그것이 모두 너 자신 것이라고 주장하는가? 이 땅은 만민이 공유하도록 만들어졌다.…너 부자여, 너는 왜 독점적으로 땅에 대한 권리를 침해하는가? 모든 가난한 자들도 품는 자연은 부자들을 따로 알아주지 않는다. 우리는 옷을 입은 채 태어나지도 금과 은을 가지고 출생하지도 않았기 때문이다. 사람들은 음식과 의복과 마실 것을 필요로 하면서, 빛 가운데 벌거벗은 상태로 태어난다. 자연이 만들어내는 것을 땅이 받아 벌거벗은 사람들에게 제공한다." 찰스 아빌라/김유준 옮김, 『소유권: 초대교부들의 경제사상』(서울: 기독교문서선교회, 2008), 106-107.

밝힌다.

이런 맥락에서 절대적 소유권에 바탕을 둔 이론들은 기독교 신앙과 양립 불가능하다. 기독교윤리학자 다니엘 M. 벨 주니어는 소유를 섬김을 위한 선물로 규정하면서 다음과 같이 주장한다.

> 우리 삶의 결과나 혹은 의미가 우리의 능력에만 의존하지 않기 때문에, 우리는 소유나 점유의 욕망에 지배당할 필요가 없다. 오히려 우리는 우리가 가지고 있는 모든 것과 우리 자신이 사랑과 섬김으로 타자에게 제공되기 위해 우리에게 주어진 선물이라고 보기 때문에, 또한 그리스도 안에서 우리의 욕망이 자선, 정의 그리고 관대함으로 타자를 향해 외부로 움직이기를 가장 기뻐하기 때문에, 우리는 소유물에 집착하지 않는 사람들이고, 요구하는 모든 사람에게 베푸는 사람들이며, 사기당하는 것조차도 두려워하지 않는 사람들이다(마 5:42; 고전 6:7).[9]

다니엘 M. 벨 주니어는 기독교경제학을 주창하면서 자본주의의 경제적 인간과는 다른 다음과 같은 인간관이 기독교경제학에서 중요한 요소라고 언급한다. 기독교인들은 "독립적·자율적 자수성가형 개인"이 아니라 "친교 속에 있는 사람들"로서 "그리스도의 몸이라 불리는 공동의 교회적 주체"다.[10] 개인은 무연고적 자아(unencumbered self)가 아니라 언제나 공동체의 일원으로서의 주체다. 이 공동체 속의 주체는 그리스도 안

9 Daniel M. Bell Jr., *The Economy of Desire: Christianity and Capitalism in a Postmodern World* (Grand Rapids, MI: Baker Academic, 2012), 163. 다니엘 M. 벨 주니어/류의근·김정현·배윤기 옮김, 『자본주의 경제의 구원』(서울: 기독교문서선교회, 2021), 217.

10 Ibid., 162. 위의 책, 216-217.

에서 자유함을 누리는 사람들이기 때문에 욕망하는 것을 선택하는 자유가 아닌 선 그 자체를 추구하는 능력으로서의 자유를 추구한다.[11] 기독교인들은 자유를 가지고 공동선을 추구하는데, 자신의 이익을 최대화하지 않고 공동선을 최대화하는 역할을 담당한다.[12] 인간은 예배하는 존재로서 무한 경쟁에서 안식을 발견하지 않고 하나님과의 친교에서 만족하기 때문에, 지금은 중립적 욕망으로 간주되는 "탐욕"이 교회가 전통적으로 간주해온 일곱 가지 치명적인 죄 중의 하나임을 확실히 한다.[13] 하나님의 친교 안에서 기독교인들은 경쟁과 갈등보다는 "공유와 연대"를 표상으로 하는 경제를 추구하며 그 경제 안에서 모든 사람은 "하나님으로부터 온 선물이고 서로를 위한 선물로서 그렇게 소중하게 여겨지며 효율성 산법과 시장 '가치'와는 무관하다."[14] 이런 맥락에서 소유권은 개인이 특정한 재물을 가질 수 있다는 허가증이 아니라 다른 사람들을 위해 주체에게 주어진 책임성이 된다.[15] 타자에 대한 배려를 중심으로 한 기독교의 정의는 공정으로서의 정의를 넘어서는 자비로서의 정의이고 하나님 안에서의 친교에 사람들을 동참시키는 일이 된다.[16]

다니엘 M. 벨 주니어는 기독교가 현재의 경제 체제를 비판적으로 사유하도록 초대한다. 그동안 교회는 자수성가한 개인의 성취를 신의 축복과 동일시하며 자유를 선택의 다양성 확보 능력으로 격하하고 공동선보다 개인의 이익 최대화에 집중하고 하나님보다는 다른 것에서 만족

11 Ibid., 164. 위의 책, 218-219.
12 Ibid., 165. 위의 책, 220-221.
13 Ibid., 169. 위의 책, 224-225.
14 Ibid., 170, 171. 위의 책, 228.
15 Ibid., 173. 위의 책, 229.
16 Ibid., 175. 위의 책, 232.

을 찾고 탐욕을 중립적인 개념으로 만들고 자비의 정의보다 공정으로서의 정의에 만족하는 것을 당연시했다. 다니엘 M. 벨 주니어가 제시하는 기독교적 경제인 "신성한 경제"는 공동선을 위해 재화를 사용하고 구성원들을 소외시키지 않으며 그들이 공동체의 구성원으로 가치를 인정받으며 살아갈 수 있게 하는 경제 체제다. 교부들이 주장했던 것처럼 공유와 연대, 공동체를 중시하고 소유권을 책임성의 차원에서 바라보는 벨의 기독교 경제관은 기본소득 논의를 그의 신성한 경제와 양립 가능하게 만든다.

기본소득이 교부들의 가르침과 그 현대적 해석인 다니엘 M. 벨 주니어의 신성한 경제에 들어맞는다고 할 때, 혹자는 성서에서 주로 등장하는 과부, 고아, 나그네를 생각하면 정치 공동체 전체를 대상으로 하는 기본소득보다는 선택적 복지가 성서의 가르침에 더 적합한 것이 아니냐는 질문을 던질 수 있다. 세 가지 점에서 선택적 복지보다 기본소득이 가난한 자들을 돕는 데 더 유익하고 따라서 성서의 가르침에 더 적합하다.

첫째, 기본소득은 선택적 복지보다 사회적 약자를 더 잘 보호할 수 있는 제도이기 때문에 수혜자에게 더 나은 복지 제도다. 선택적 복지의 경우 수혜자가 복지 기관으로부터 통지를 받고 복지 기관에서 적절한 행정 절차를 밟아야 혜택을 누릴 수 있다. 그러나 거주의 불안정성 혹은 행정 처리상 수혜자 누락의 가능성 때문에 수혜자가 배제될 가능성이 있다. 복지 기관이 모든 구성원을 조사해서 특정 조건에 맞는 수혜자를 찾아내고 수혜자 대상에서 제외하며 분별하기가 행정적으로 쉽지 않기 때문이다.[17] 반면 기본소득에서는 조건에 맞는 대상자 파악이 필요하지 않

17 이 부분은 마이너스 소득세의 경우에도 단점으로 제시된다. 매달 소득을 조사하게 되면

다. 누구든 국가에 적법한 시민으로 등록되어 있다면 수혜자가 된다. 이처럼 행정적 사각지대가 사라지기 때문에 기본소득은 선택적 복지보다 더 효과적인 방식으로 도움이 필요한 이에게 실제적 도움을 줄 수 있다.

둘째, 기본소득은 모두에게 수여되기 때문에 사회적 낙인이 동반되는 선택적 복지보다 덜 굴욕적이다.[18] 복지 수혜 대상자로 낙인찍히면 사회에 적응을 잘하지 못하는, 능력이 부족한, 심지어는 무가치한 존재라는 사회적 짐을 지고 살아야 한다. 한 사회에서 같은 구성원으로서 다른 이들에게 불필요한 존재 혹은 짐이 되는 존재로 평가받는 것은 인간다운 삶을 사는 데 큰 걸림돌이 된다. 기독교에서 강조하는 모두가 한 형제요 자매라는 공동체 의식을 고려할 때 낙인 효과가 없는 기본소득은 선택적 복지와 비교해 큰 장점이 있다.

셋째, 기본소득은 선택적 복지와 비교할 때 일할 의욕을 감소시키지 않는다. 예를 들어 실업자에게나 최저 생계비 이하의 임금을 받고 일하는 근로자에게 최저 생계비를 보장하는 복지 수당을 주는 경우, 최저 생계비를 넘어서는 일자리를 찾으려 하지 않게 된다. 이런 점이 선택적 복지의 한계다.[19] 기본소득은 선택적 복지의 그러한 한계를 극복한다. 최저 생계비를 넘어서는 일자리를 얻는다고 해도 기본소득이 제공되기 때

엄청난 행정 비용이 소요되기 때문이다. 권정임·곽노완·강남훈, 『분배정의와 기본소득』(과천: 진인진, 2020), 45.

18 말콤 토리는 이것을 사람들 간의 관계 왜곡이라고 표현한다. 말콤 토리/박기주 옮김, 『시민기본소득: 기독교적 사회정책』(서울: 해남, 2020), 158. 같은 맥락에서 홍세화는 "가난의 낙인을 거부하는 것은 기본소득의 특장점"이라고 강조한다. 홍기빈 외, 『기본소득 시대: 생존 이상의 가치를 꿈꾸다』(파주: 아르테, 2020), 11.

19 선택적 복지의 함정과 결함은 '빈곤의 덫', '실업의 덫', '복지의 덫'이라는 이름으로 인식되어 노동 유인을 약화하는 점으로 종종 언급된다. 야마모리 도루/은혜 옮김, 『기본소득이 알려주는 것들』(서울: 삼인, 2018), 178.

문이다. 선택적 복지와 비교해서 기본소득은 사회적 낙인을 제거하고 가난한 이들이 어려운 행정 절차 없이 혜택을 받을 수 있게 하며 더 나은 일자리를 찾는 데 걸림돌이 되지 않으므로 더 나은 복지 체계다. 이처럼 가난한 이들에게 더 효과적인 도움을 준다는 점에서 선택적 복지보다 기본소득이 성서의 정신에 더 부합한다.

위에서 살펴본 것처럼 성서의 요청과 교부들의 가르침, 그리고 신성한 경제의 시각에서 볼 때 기본소득은 필요하며 이웃을 사랑하는 중요한 틀이 될 수 있다. 보다 근원적으로 기독교적 시각에서 기본소득을 모두에게 제공해야 하는 이유는 기독교의 타자 사랑에 있다. 성서는 분명하게 지극히 보잘것없는 한 사람에게 한 것이 곧 예수 그리스도께 한 것이라고 말한다(마 25:40). 또한 빈부 격차가 지속적으로 확대되는 시대에 교회의 대사회적 방향성을 정립하는 데 있어서도, 기본소득에 대한 교회의 절대적 지지는 사회적 약자의 편에 서는 교회의 역할을 분명히 할 수 있을 것이다.

앞서 언급한 대로 기독교적 가르침에 비추어볼 때 기본소득은 필요하지만, 기본소득에 있어 더 중요한 문제가 있다. 그것을 질문으로 표현하면 '기독교적인 시각에서 기본소득은 어떤 방향성을 가져야 하는가?' 이다. 타자 사랑의 한 방편으로 기본소득을 제시할 때, 이 기본소득을 어떻게 제공해야 기독교 가르침에 적합한 것인가 하는 기본소득의 방향성에 관한 질문이다. 기본소득 액수는 다양한 수준으로 배분할 수 있다. 예를 들어 가능한 한 최고 금액을 주는 방향의 기본소득이 있다. 이것을 롤스식 기본소득 수준이라고 부르겠다. 존 롤스가 강조하는 '최소 수혜자가 최대의 이익을 얻는' 방식이다. 또 다른 방법으로는 구성원들에게 최대의 자유를 부여하는 방식으로 기본소득의 금액을 정할 수 있다. 이것은 마르크스식 기본소득 수준이라고 부를 수 있다. 하지만 '마르크스식' 보다는 '자유 최대화 수준'이 더 중립적인 표현으로 보인다. 이 분배 방식은 개인의 자유를 최대화하는 것을 그 준거로 삼기 때문이다. 세 번째로 생각해볼 수 있는 분배 방식은 사회적 생산물을 최대한으로 유지하면서 기본소득을 제공하는 것이다. 이것은 성장지향형 기본소득 수준이라고 부를 수 있다. 사회적 생산물을 최대한으로 유지하기 때문에 성장을 우선 목표로 하고 기본소득의 수준을 정한다. 표2는 기본소득의 수준을 앞서 설명한 분배 방식대로, 다시 말해 각각의 정치철학적 입장별로 표기한 그래프다.

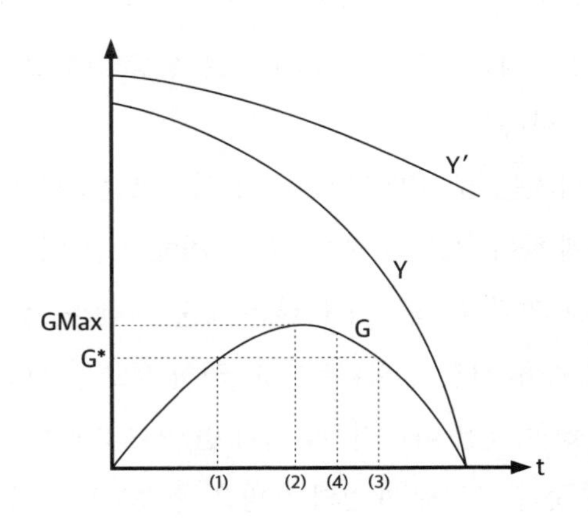

t 동일한 세율
Y 과세 가능 사회 생산량
Y′ 총사회 생산량
G 기본소득의 총량
G* 모두의 기본 요구를 충족하는 보편적 기본소득 수준
GMax 기본소득의 지속 가능한 최대치
(1) 성장지향형 기본소득 수준
(2) 롤스식 기본소득 수준
(3) 마르크스식 기본소득 수준
(4) 평등지향형 기본소득 수준

표2. 래퍼곡선과 고정식 기본소득 수준[20]

표2는 고정 소득 세율(t)과 기본소득(G), 그리고 과세 가능 사회 생산량

---

20 Robert J. van der Veen & Philippe Van Parijs, "A Capitalist Road to Communism," *Basic Income Studies* 1/1 (2006), 17.

(Y)의 관계를 보여준다. 세율이 0일 때 총사회 생산량은 최대치가 된다. 세율이 0이기 때문에 기본소득도 전혀 제공되지 않는다. 과세 가능 사회 생산량(Y)이 0이 되는 곳은 세율이 100%가 되는 곳이다. 모든 생산물에 100% 세율이 매겨지기 때문에 생산할 동인이 없는 상태다. G*는 모두의 기본 요구를 충족하는 기본소득의 수준으로 제공해야 하는 금액을 표기했다. (1)은 성장지향형 기본소득 수준이다. 성장지향형이라 함은 사회적 생산량을 최대한으로 유지하면서 기본소득을 제공하는 방안이다. (2)는 롤스식 기준으로 제공 가능한 기본소득의 최대치다. (3)은 마르크스식 기본소득 수준으로, 제공되는 기본소득의 양은 성장지향형 기본소득 수준과 같다. 그러나 총 사회 생산물의 감소량을 고려할 때 개인에게 더 적은 노동 시간이 부여되고 평균적으로 직업의 질은 향상되며 고된 직업이 축소되는 상태를 의미한다.[21]

비록 직접적으로 나타나지는 않지만 표2는 간접적으로는 자유의 확대에 대한 논의를 가능하게 한다. 자유의 확대라는 측면에서 볼 때 (1)은 기본소득의 선택지에서 제외된다. 개인에게 많은 노동 시간과 고된 직업이 유지되기 때문이다. 자유 시간이 확대된다고 해서 무조건 자유 시간의 양과 질이 모두 증가하는 것은 아니다. 판 데어 빈과 판 파레이스는 자유 시간에서 생산의 수준과 관련해 개인의 욕망을 충족시킬 수 있는 정도를 자유의 질로 규정한다.[22] 다시 말해 다양한 생산물을 선택할 수 있으면 자유의 질이 높아진다고 본다. 그들의 논의 구조에서 자유의

---

21 Ibid., 16.

22 Ibid., 20. 본고는 욕망 충족의 정도를 사회적 생산물의 선택 폭과 연동해 자유의 질로 규정한 것에 동의하지 않는다. 자유의 질은 생산물의 선택 폭보다 자기 삶의 목적을 위해 자유 시간을 사용하는지에 달려 있다고 본다.

양은 자유의 시간을 많이 확보해서 개인이 원하는 대로 자유 시간을 활용할 수 있는 것을 의미한다. 예를 들어 (2)의 경우 다량의 사회적 총생산을 위해 투여된 노동을 고려할 때 개인들의 자유 시간은 많지 않다. 적은 자유 시간이지만 생산품을 선택할 폭은 더 넓으므로 자유의 질이 높다고 할 수 있다. (3)의 경우 (2)와 비교할 때 사회적 총생산이 적다. 다만 총생산량의 감소가 총노동 시간의 감소와 연동되는 것을 고려할 때 개인이 누릴 수 있는 자유 시간은 많으므로 자유의 양이 많다고 할 수 있다. (2)의 경우 (3)과 비교할 때 기본소득과 질적 자유는 많은 반면 양적 자유는 적다. 반대로 (3)은 (2)와 비교할 때 기본소득과 질적 자유는 적지만 양적 자유는 많다.

판 데어 빈과 판 파레이스는 자유의 양을 단순히 시간으로, 자유의 질은 생산량을 통해 개인의 욕망을 충족하는 것으로 규정했다. 그러나 본고는 그 반대로 이해해야 할 것을 주장한다. 그들이 자유 시간을 "양적 자유"로 명명하기 때문에 단순히 여유 시간의 많고 적음에 한정된 것 같지만, 그 양적 자유를 통해 개인은 수량화할 수 없는 사회적 부를 개별 생산, 상호 협력, 자원봉사의 형태로 생산한다.[23] 자기실현을 위해 수량화되지 않는 영역에서 노동하고 협업할 자유라면 그것은 오히려 질적 자유라고 명명할 수 있으며 그 이유를 두 가지 정도로 살펴볼 수 있다. 우선 그 노동의 결과를 양으로 측정하기 어렵다. 예를 들어 자원봉사와 자발적 상호 협력은 양적으로 측정되기 어렵다. 그에 비해 욕구 충족을 위해 선택 가능한 사회적 생산물은 양적 측정이 가능하다. 둘째로 양

23 Ibid., 19. 기본소득이 제공하는 다양한 차원의 자유에 대한 세부 사항은 가이 스탠딩/안효상 옮김, 『기본소득: 일과 삶의 새로운 패러다임』(파주: 창비, 2018), 83-84을 보라.

과 질의 구분에서 양은 피상적 차원을 상징하는 반면 질은 본질적 차원을 의미하는 경우가 많다. 기본소득 논의에서 보다 본질적인 차원은 개인이 자아실현을 위해서 사용하는 자유에 있다. 이런 맥락에서 판 데어빈과 판 파레이스와 달리 본고는 기본소득으로 주어지는 자유의 시간을 자유의 질로 규정하고 기본소득에서 중점적으로 논의해야 할 부분으로 간주한다. 다시 말해 선택할 자유의 폭이나 양보다는 자아실현을 할 자유의 질이 중요하다는 것이다. 그렇다면 자아실현을 위한 자유의 질이 중요하다고 할 때, 즉 기독교적인 시각에서 (2)보다 (3)이 더 나은 기본소득의 배분 방식이라고 한다면 그 근거는 무엇인가? 여기서는 그 근거를 타자윤리학을 통해서 살펴보겠다.

4) 타자윤리학, 기본소득, 그리고 자유

기독교에서는 이웃 사랑을 하나님 사랑만큼이나 중요한 계명으로 제시한다. 이웃은 타자다. 이 타자에 대한 사랑을 근원적 차원에서 새롭게 조망하고 논리적으로 정립한 이론이 에마뉘엘 레비나스의 타자윤리학이다. 타자윤리학은 타자를 주체가 완전하게 이해하기 불가능한 존재로 규정한다. 그래서 레비나스는 타자를 "절대적 타자"라고 표현한다.[24] 절대적 타자라는 것은 타자가 절대적으로, 비교할 수 없게 주체와 다르다

24 Emmanuel Levinas, *Totality and Infinity* (Pittsburgh, PA: Duquesne University Press, 1969), 40.

는 의미다. 타자는 주체가 이해할 수도 동일시할 수도 혹은 자의적으로 평가할 수도 없는 존재다. 절대적 차이와 무한적 차이를 가지고 있으므로 타자는 무한성과 초월성을 지닌다. 이 타자는 얼굴로 다가오며 주체에게 책임적 자세를 요청한다. 과부, 고아, 나그네의 얼굴을 통해 타자는 주체가 책임을 지도록 요구한다. 궁핍한 얼굴로 다가오는 타자에게 주체는 책임을 지며, 이 타자의 무한성과 초월성을 고려할 때 주체는 그에 대해 무한 책임을 지는 존재다.

기본소득을 레비나스의 타자윤리학을 통해 평가하려는 이유는 레비나스의 타자윤리학이 성서의 이웃 사랑을 심도 있게 다루는 윤리학이기 때문이다. 기본소득과 직접 연결하여 논의하기에 앞서 타자윤리학의 기본적 논의를 먼저 다루겠다.

타자윤리학은 우선 주체의 존재 자체를 타자에게 폭력적인 혹은 타자의 곤궁함을 유발한 존재로 규정하고 그러한 자기 규정으로부터 윤리적 행동을 할 것을 요구한다.

> 세계에서의 나의 존재 또는 '태양 아래의 나의 자리', 나의 집, 이런 것들은 다른 사람에게 속하는 자리를, 즉 이미 나로 인해 제3세계에서 억압받거나 굶주리고 추방당한 다른 사람에게 속하는 자리를 부당하게 빼앗은 것이 아니었을까. 즉 그것은 배척이고 배제이고 추방이며 약탈이고 살해가 아니었을까.…이것은 나의 존재함이—그 의도나 의식의 무고함에도 불구하고—폭력과 살인으로 이룰 수 있는 모든 것에 대한 두려움이다. 그것은 나의 현존재(Dasein)의 바로 그 장소(Da)가 누군가의 자리를 차지하는 것이

아닐까 하는 두려움이다.[25]

기독교의 이웃 사랑에서 먼저 고려해야 할 것은 주체의 존재 자체가 타자에게는 폭력으로 다가간다는 점이다. 주체가 있기 때문에 타자가 있어야 할 자리에 있지 못하고 가져야 할 것을 갖지 못하고 타자라는 존재만으로 배척당하고 있는 현실을 마주해야 한다는 것이다. 그 현실에서 타자는 주체에게 얼굴로 호소한다. 얼굴로 주체에게 다가와서 주체에게 책임을 요청한다. 그래서 타자윤리학에서의 정의는 자유주의적인 정의 이론과 결이 다르다. 자유주의는 개인을 원자적 실체라는 관점에서 보는 반면, 타자윤리학은 개인을 관계성 속에서 바라본다. 자유주의 정의 이론이 주체의 권리를 바탕으로 다수의 주체의 권리를 공정하게 중재하는 데 반해 타자윤리학은 타인의 호소에서 정의를 규정한다.[26]

타자윤리학에 따른 정의 개념의 구체적인 내용은 다음과 같다.

> 첫째, 책임으로서의 정의는 대화 속에서의 얼굴의 응대이다. 이 정의는 타인을 맞아들이고 환대하는 것, 다른 말로 표현하자면 나와 마주하는 타인에게 제공되는 직접적인 응답과 관련된다. 타인의 얼굴은 자신의 벌거벗음을 통해 나에게 다가온다.[27]

---

25 Emmanuel Levinas, *Ethique comme philosophie premiere* (Paris: Rivages Poche, 1998), 93-94. 김도형, 『레비나스와 정치적인 것: 타자 윤리의 정치철학적 함의』(서울: 그린비, 2018), 54에서 재인용.

26 김도형, 『레비나스와 정치적인 것: 타자윤리의 정치철학적 함의』(2018), 61.

27 위의 책, 62.

둘째, 책임으로서의 "정의는 나의 자의적이고 부분적인 자유를 문제 삼는"다. 이 정의는 자유에 대한 책임의, 정의의 우위와 관련된다.…레비나스는 자유의 우위를 내세우고 자유를 존재의 척도로 여기는 전통에 동의하지 않는다.…이 두 번째 정의와 관련해 중요한 것은, 앞선 얼굴에 대한 논의에서 드러났듯 타인이 나의 자유를 문제 삼는 방식이다. 타인은 나의 소유와 권력에 저항한다. 하지만 그 저항은 나에게 폭력을 행하거나 나를 위협하지 않는다. 타인의 얼굴은 그 벌거벗음과 비참함 속에서 나의 능력들을 마비시킨다.[28]

셋째, 책임으로서의 정의는 "객관적 법에 의해 고정된 모든 한계 너머에서 책임을 지는 자로" 나를 서임한다. 이 정의는 책임의 대체 불가능성과 관련된다. 레비나스는 타인에 대한 책임의 문제를 국가의 차원으로 귀속시키는 것에, 또 그럼으로써 거기서 자신을 사면시키는 것에 반대한다. 왜냐하면 책임이란 애당초 "국가[의] 외적인 사명"에, 국가 외부의 "치외법권의 영역"에 해당하는 것이기 때문이다. 레비나스가 정의를 타자와의 대면적 관계로 규정하면서 강조한 것은 타자의 유일성이다.[29]

우리가 보통 논의하는 정의 개념은 보편적 인간을 상정한다. 그러나 타자윤리학은 보편성에서 시작하지 않고 유일성에서 출발한다. 레비나스는 타자의 독특성을 뭉뚱그려 희석하는 보편적 이론 앞에 '타인의 얼굴'을 끌어낸다. 타자는 보편적 인간이나 보편성 속에 포섭되지 않기 때문

---

28 위의 책, 63-64.
29 위의 책, 64.

이다. 주체는 타자에 대해 무한 책임을 지고 있고 그 바탕에서만 다른 타자들에 대한 정의를 논의할 수 있다.[30]

기본소득에 대한 논의도 마찬가지다. 보편성이나 객관성에서 출발해 타자를 배려하고 타자를 위한 정의를 실현하는 것이 아니라 타자의 얼굴로부터 보편적 정의와 객관적 이론이 도출되는 것이다. 그런 의미에서 타자에 대한 책임으로부터 유래된 정의와 법적 체계는 합법성 이상(以上)을 지향해야 한다.[31] 기본소득의 경우에도 타인의 부름에 깊이 귀를 기울이면서 출발했다면 그 방향과 분배 방식도 현실 그 이상을 지향해야 한다.

현실 이상을 지향해야 한다는 의미는 기본소득이 에고이즘(egoism)의 틀을 벗어나야 한다는 뜻이다. 기본소득을 근대 인권 담론의 하나로 볼 때 인권에 대한 레비나스의 비판은 기본소득의 지향점에 대해서도 시사하는 바가 있다.

> 근대 인권 담론이 전제하는 개인은 코나투스 에센디로서의 자아, 즉 '자신의 존재에 머물고자 집착하는 존재자'다. 인간의 인간성 밑바탕에는 에고이즘이 놓여 있고 그런 한에서 나는, 나의 자유와 나의 욕망은 그 자체로 존중된다. 끝없는 자기 긍정과 자기 확장, 이런 것들이야말로 근대 인권 담론이 추동하는 인간의 모습이다. 근대 인권 담론이 소유권을 중심으로 논의되었다는 점은 결코 우연이 아니다. 문제는 이런 방식의 논의가 가져오는 결과다. 근대 인권이 문제 삼은 것은 오로지 나의 권리며, 그것이 전제

30 위의 책, 83.
31 위의 책, 85.

하는 지평 역시 나의 자유와 재산으로 대변되는 존재론이다. 소유권을 중심으로 하는 인권 담론의 목표 역시 개인의 사적 영역의 독립성을 확보하고 이를 통해 자신의 자유를 구체화하는 것이었다.[32]

인권 담론에 대한 레비나스의 비판에서 "근대 인권 담론은 소유권을 중심으로 논의되었다"는 대목은 앞서 인용한 교부들의 재산 소유권에 대한 비판과도 맞닿아 있다. 소유가 이웃을 돕기 위해 주어진 것임을 기억한다면 기본소득도 타자의 얼굴을 통해 주체에 책임을 요청하는 데 응답하는 형식이 그 근본에 있어야 한다. 그렇지 않으면 기본소득도 인권 담론처럼 결국 에고이즘에 포박당하는 이론으로 남을 가능성이 크다.[33]

예를 들면 표2에서 자본가들과 기득권층은 (1)의 지점을 기본소득의 가장 적절한 형태로 간주하고 광고하고 압력을 행사할 것으로 보인다. 사회적 생산력은 최대한으로 유지하면서 기본소득을 제공함으로써 생산과 소비의 안전한 사이클은 확보하고 자신들의 부는 계속 축적해갈 수 있기 때문이다. 더군다나 (3)의 지점은 같은 양의 기본소득을 제공하면서도 사회적 생산은 축소되기 때문에 자유 시간을 확보해 자신의 일을 해나가는 것보다 선택의 폭이 더 넓은 양적 자유를 강조함으로써 (3)의 부적합성을 부각할 것으로 보인다. 이것은 에고이즘의 전형적인 형태이며 타자의 얼굴과 부름보다 자아의 부름에 더 귀를 기울이는 태도

---

32 위의 책, 93-94.

33 그 한 예가 하이에크의 최소 소득 보장의 차원에서 제공되는 신자유주의적 기본소득이 될 것이다. 하이에크는 최소한의 의식주를 보장하는 차원으로 제공하는 것을 제시한다. 필리페 판 파레이스·야닉 판데르보흐트/홍기빈 옮김, 『21세기 기본소득』(서울: 흐름, 2018), 205-206.

로서 레비나스가 끊임없이 경고한 부분이다.

이 에고이즘은 기본소득의 수혜자와 관련된 경계 설정에도 적용된다. 인권이 '국가'라는 틀 속에서만 실질적 의미를 지니는 것처럼, 기본소득도 정치 공동체 외부에 머무는 이들에게는 해당되기 어렵다. 그 정치 공동체는 지방자치단체일 수도 있고 국가일 수도 있으며 유럽연합 같은 보다 광범위한 정치 체제일 수도 있다.[34] 그러나 그 경계는 늘 분명하고 경계 밖에 있는 존재에 대한 반감과 적의와 적대심이 표출된다. 물론 정치 공동체 내부에서도 다차원적 적의는 여전하다.

"2021년 기독교인의 기본소득 인식 설문조사"에서 기독교인들은 기본소득을 위한 증세에 대해 부정적인 입장을 보인다. 기본소득을 위한 증세에 대해 41.2%는 반대하는 입장이며 31%만이 찬성을 한다.[35] 증세에 대한 기독교인들의 다소 부정적인 입장과 달리 전 국민을 대상으로 한 기본소득 설문에서 증세에 관한 입장을 묻자 응답자 중 57.4%는 찬성 의견을 밝혔다.[36] 일반 시민보다 기독교인들이 기본소득을 위한 증세에 더 부정적이라는 것이 뼈아프다. 기독교인들은 기본소득 재원 마련을 위한 탄소세 과세에 대해서는 반대 비율(27.5%)이 높지 않은 반면 토지세 과세(37.9%)나 소득세 과세(39.4%)에는 반대하는 의견이 높았다.[37] 기독교인들이 일반 시민보다 절대적 소유권에 대한 집착을 더 보이는 것으로 평가할 수 있다. 또한 기독교인들은 기본소득 도입을 반대하

---

34 Daniel Raventos, *Basic Income: The Material Conditions of Freedom* (London; Ann Arbor, MI: Pluto Press, 2007), 9.

35 정미현 외, "기독교인의 기본소득 인식 설문조사"(2021), 문항 11번.

36 유영성·최광은·유익진, "사람들은 기본소득을 이렇게 생각한다: 2021 기본소득 일반 의식 조사 결과(I)"(2021), 12.

37 정미현 외, "기독교인의 기본소득 인식 설문조사"(2021), 문항 12-14번.

면서 반대의 가장 주요한 이유로 도덕적 해이와 근로 의욕 저하를 꼽고 있다.[38] 내부에서도 여전히 타자에 대한 적의가 표출되고 있는 상황에서 외부자에 대한 경계 허물기, 포용적 수용은 너무도 멀어 보인다. 그래도 타자윤리학은 타자의 얼굴에서 기본소득을 세워갈 것을 요청하기 때문에 경계는 보다 포용적이어야 한다.

기본소득 수혜자의 범위에 대한 보다 직접적인 근거는 레비나스의 환대 개념에서 찾을 수 있다.[39] 이 환대는 데리다에 의해 더 확장되어 제시된다. 이 환대는 무조건적 환대다. 무조건적 환대는 칸트의 보편적 환대, 즉 거주의 권리가 배제되는 조건적 환대와는 다르다. 하지만 조건적 환대조차 어려운 상황에서 무조건적 환대를 주장한다는 것은 현실적이지 않다고 지적될 수도 있다. 데리다도 무조건적 환대를 요청하면서 그 불가능성 또한 언급한다.

> 민족-국가는 그 정체가 무엇이든, 그것이 민주주의라 해도, 또는 거기서 다수가 우파든 좌파든, 결코 무조건적 환대를 향해 또는 유보 없는 보호의 권리를 향해 스스로를 열 수 없을 것이다. 민족-국가로서의 민족-국가에게 그런 것을 기대하거나 요구하는 것은 결코 "현실적"이지 않을 것이다.[40]

데리다가 인정하는 것처럼 무조건적 환대는 현실적이지 않다. 그럼에도

38 정미현 외, "기독교인의 기본소득 인식 설문조사"(2021), 문항 10-2번.
39 에마뉘엘 레비나스/김도형·문성원·손영창 옮김, 『전체성과 무한』(서울: 그린비, 2018), 451-452.
40 Derrida, "Le mor dacceil," 159. 김도형, 『레비나스와 정치적인 것: 타자윤리의 정치철학적 함의』(2018), 180에서 재인용.

데리다는 무조건적 환대의 필요성을 주장한다. 데리다는 환대의 법과 환대의 법들을 구분한다. 환대의 법은 무조건적인 반면 환대의 법들은 조건적이다. 무조건적 환대의 법이 필요한 이유는 조건적인 환대의 법들이 무조건적 환대의 법 없이는 그 환대의 방향성도 정하지 못할 뿐 아니라, 그 구체적인 규정조차 정할 수 없을 것이기 때문이다. 이 무조건적 환대의 개념을 기본소득의 수혜자와 연결 짓는다면, 타자윤리학은 기본소득의 수혜자 범위가 축소되기보다는 확장되어야 하며 그 확장의 속도와 폭도 타자 환대의 정신에 따라 증진되어야 한다고 요청한다.[41]

타자에 대한 무한 책임을 요청하는 타자윤리학은 기본소득에서 수혜자의 범위와 더불어 수혜자의 자유에 대해서도 깊은 논의를 요청한다. 기본소득 논의에서 개인의 자유가 중요한 이유는 자유와 경제의 역설적 관계 때문이다. 레비나스는 유네스코 UN 인권 보고서를 언급하며 이렇게 말한다. "개인의 자유는 경제적 해방 없이는 상상할 수 없다. 반면 경제적 자유의 조직은 일시적이더라도 기한을 정할 수 없는 도덕적 인간의 노예화 없이는 가능하지 않을 것이다."[42] 레비나스가 지적하는 것처럼 개인의 자유를 확보하기 위해서는 경제적인 도움이 필요하지만, 경제적인 도움을 위해서 인간의 노예화, 경제가 자유의 내용을 결정하는 위험성을 극복하기 어렵다. 예를 들어 판 파레이스는 기본소득의 증진을 목적으로 경제적 연대를 도모하기 위해서는 다른 언어를 사용하는

41 판 파레이스와 판데르보흐트는 정의의 차원에서 지구적 차원의 기본소득에 대해 그 필요성과 현실적 가능성을 논의한다. 필리페 판 파레이스·야닉 판데르보흐트/홍기빈 옮김, 『21세기 기본소득』(2018), 501-523.

42 Emmanuel Levinas, "Existentialism and Anti-Semitism," tr. by D. Hollier & R. Krauss, *October* 87(1999), 29.

사람들의 지역 언어를 주류 언어로 바꾸어야 한다고 주장한다.[43] 그는 언어를 단순한 소통 수단으로 간주하며 다음과 같이 언어를 규정한다. "언어의 보존은 그 사용자들에게 조상들에 대한 충성이 요구한다거나, 그 언어의 사용이 진정한 삶을 가능케 한다거나, 혹은 언어의 다양성이 인류 유산의 귀중한 부분으로 사라져서는 안 된다는 근거로 강요되는 물신이어서는 안 된다."[44] 언어의 다양성을 물신으로 이해하는 그의 표현은 경제에 포섭된 인간 자유의 한 예다. 그의 이해와 달리 언어의 다양성은 인간 자유의 부차적 차원이 아니라 근본적 차원이다. 이 근본적 차원을 경제를 위해 무시한다면 자유 자체의 위기를 불러올 수 있다. 기본소득으로 경제적 도움을 주는 것은 중요하지만, 인간의 자유는 더 폭넓게 보장되어야 하고 그 자유의 증진과 확대를 위해 기본소득 논의가 심화되어야 한다.

자유의 증진과 확대에 대해서는 많은 학자가 논의해왔다. 기본소득과 연계된 자유에 대해서는 마사 누스바움의 역량 접근법이라는 개념을 통해 살펴보려고 한다. 마사 누스바움은 "사람은 무엇을 할 수 있고 무엇이 될 수 있는가?"라는 질문을 던지며 "사람의 기본적 품위나 정의를" 사회가 지켜주고 있는지를 검토하는 이론이 바로 역량 접근법이라고 말한다.[45]

역량 접근법은 사람을 목적으로 보면서 총체적 잘살기나 평균적 잘살기가

---

43 Philippe van Parijs, *Linguistic Justice for Europe and for the World* (New York: Oxford University Press, 2011), 206.

44 Ibid., 168.

45 마사 누스바움/한상연 옮김, 『역량의 창조』(파주: 돌베개, 2015), 33.

> 무엇인지 묻고 사람이 어떤 기회를 활용할 수 있는지 살핀다. 선택과 자유를 중요하게 생각하고, 기회와 실질적 자유를 증진하는 사회가 좋은 사회라고 주장한다. 이때 선택과 자유는 오롯이 사람 자신의 몫이다. 누구나 기회와 실질적 자유를 적극적으로 누릴 수도, 누리지 않을 수도 있기 때문이다.[46]

누스바움의 역량 접근에서는 사회가 제공하는 복지를 통해 개개인이 선택하여 실질적 자유를 누릴 수 있는 것이 중요한 기준이 된다. 이 맥락에서 누스바움은 자원의 평등한 분배를 지향하는 롤스의 이론을 비판한다. 기본소득도 자원의 평등한 분배라는 차원에서 누스바움이 롤스의 이론에 가하는 비판의 칼날을 피하기 어렵다. 누스바움은 "자원, 즉 소득과 부는 사람이 실제로 무엇을 할 수 있고 무엇이 될 수 있는가를 뜻하는 역량을 대신하지 못한다"는 점을 지적한다.[47] 자원의 제공은 중요하지만 그 자원이 실제로 개인의 자유와 역량 개발에 사용되지 않는다면 그 자원은 사회의 다양한 자유 억압 기제들을 감추는 도구가 될 수 있기 때문이다. 예를 들어 여성과 남성의 불평등이 상존하는 사회에서 설사 같은 금액의 기본소득이 제공된다고 하더라도 고등 교육 이수율의 성별 격차를 고려하면 여성들은 더 많은 자원을 동일 수준의 교육에 사용해야 하기 때문에 형식적으로는 평등하지만 실질적으로는 불평등한 구조 속에서 여성에 대한 차별이 기본소득이라는 형식에 감춰질 위험성이 있다. 장애가 있는 시민의 경우도 마찬가지이다. 비장애인과 달리 장애인들은

---

46 위의 책.
47 위의 책, 77.

교통 접근성과 건물 접근성이 떨어지며 같은 활동을 하더라도 더 많은 시간을 투여해야만 한다. 이런 점을 고려한다면 이면에 있는 불평등한 사회 구조와 더 많은 자원을 요구하는 구성원들에 대한 특별한 관심이 배제된 채 진행되는 기본소득 논의는 구성원들에게 외형상의 자유는 제공할 수 있지만 실질적 자유를 제공하기에는 부족한 점이 많다.

이 점은 앞서 언급된 기본소득의 수준 논의와 다시 연계된다. 기본소득은 분명 여타 사회 복지 제도와 비교할 때 진일보한 제도다. 그러나 현재 상태에서도 정치적 좌파와 우파 모두 기본소득을 언급하며 이슈를 선점하려고 하고 있다. 기득권 집단은 (1)의 기본소득 분배를 선호하겠지만 이 방식은 다수의 사람이 지금과 같은 무한 경쟁 구도에서 최저 생계비 이하의 삶을 살지 않을 정도의 기본소득만을 얻게 할 것으로 보인다. 개인의 역량 개발과 실질적 자유를 증진하려 할 때는 기본소득의 양을 최대화하는 (2)와 개인의 실질적 자유를 최대화하는 (3)의 사이에서 (3)을 지향하는 방향으로 기본소득이 분배될 수 있도록 해야 한다.

5) 나가는 말

"흙에서 왔으니 흙으로 돌아가리라"라는 창세기 3:19은 장례식 때 주로 듣는 구절이다. 그러나 장례식에서가 아니라 경제 이야기를 할 때, 분배를 논할 때, 또한 함께 일하는 사람들과 함께 읽어야 할 구절이다. 흙으로 돌아간다는 사실은 모두 다 알고 강조하지 않아도 받아들인다. 초점은 "흙에서 왔으니"다. 우리는 모두 흙에서 왔다. 흙수저다. 은수저나 금수저는 하나님이 우리에게 주신 출발점이 아니다. 우리의 출발점은 아무것도 아닌 흙에서다. 다시 말해 격차가 나는 출발점은 하나님의 기획이 아니라 우연한 것이며 불의할 위험성이 내재되어 있고 부정의할 가능성이 크다. 예외 없이 흙에서 온 인간들은 우연적 불평등을 해소할 방법을 모색해야 한다. 그러나 그 목표는 불평등 해소 그 자체가 아니라 불평등 해소를 통한 실질적 자유의 실현이다.

기본소득은 이 우연적 불평등을 해소할 수 있는 한 대안이다. 모두에게 아무런 전제 조건 없이 기본적 생활이 가능할 수 있도록 제공하는 기본소득은 과부, 고아, 나그네들이 인류 역사의 어느 지점에서나 겪어왔던 수모와 고통을 선제적으로 해결할 수 있는 좋은 방안이다. 다만 여러 가지 형태의 기본소득 중에 기독교의 가르침과 양립 가능한 방식과 양립 불가능한 방식이 있음을 이 글은 밝혔다. 이전처럼 노동이 착취되는 방식을 유지하면서 주어지는 기본소득은 기독교적 가르침과 양립할 수 없다. 현재의 기득권 체제를 유지하는 차원으로 주어지는 기본소득은 타자의 요청을 거부하는 방식으로서, 기독교적 경제 체제가 될 수 없기 때문이다. 기본소득은 개인들이 자신의 실질적 자유를 증진할 수 있는 방식으로 제공되어 더 많은 자유 시간이 주어지고 자신의 역량을 개발할 수 있어야 한다. 또 다양한 난관이 있을 것이 예상되지만, 수혜자는 늘 경계 밖에 있는 이들도 포함될 수 있도록 그 포용성이 확보되어야 한다.

참고문헌

권정임·곽노완·강남훈. 『분배정의와 기본소득』. 과천: 진인진, 2020.
김도형. 『레비나스와 정치적인 것: 타자 윤리의 정치철학적 함의』. 서울: 그린비, 2018.
누스바움, 마사/한상연 옮김. 『역량의 창조』. 파주: 돌베개, 2015.
레비나스, 에마뉘엘/김도형·문성원·손영창 옮김. 『전체성과 무한』. 서울: 그린비, 2018.
벨, 다니엘 M. 주니어/류의근·김정현·배윤기 옮김. 『자본주의 경제의 구원』. 서울: 기독교문서선교회, 2021.
스탠딩, 가이/안효상 옮김. 『기본소득: 일과 삶의 새로운 패러다임』. 파주: 창비, 2018.
아빌라, 찰스/김유준 옮김. 『소유권: 초대교부들의 경제사상』. 서울: 기독교문서선교회, 2008.
야마모리 도루/은혜 옮김. 『기본소득이 알려주는 것들』. 서울: 삼인, 2018.
유영성·최광은·유익진. "사람들은 기본소득을 이렇게 생각한다: 2021 기본소득 일반의식 조사 결과(I)." 「이슈&진단」 455(2021).
정미현 외. "기독교인의 기본소득 인식 설문조사." 「기본소득에 관한 신학과 사회과학의 학제간 연구」. 서울: 연세대학교 기본소득 공동연구팀, 2021.
토리, 말콤/박기주 옮김. 『시민기본소득: 기독교적 사회정책』. 서울: 해남, 2020.
판 파레이스, 필리페·판데르보흐트, 야닉/홍기빈 옮김. 『21세기 기본소득』. 서울: 흐름, 2018.
홍기빈 외. 『기본소득 시대: 생존 이상의 가치를 꿈꾸다』. 파주: 아르테, 2020.

Aquinas, Thomas. *Summa Theologiae* II-II. Green Bay, WI: Aquinas Institute, 2012.
Basil the Great. *On Social Justice*. Tr. by C. Paul Schroeder. Crestwood, NY: St. Vladimir's Seminary Press, 2009.
Bell, Daniel M. Jr. *The Economy of Desire: Christianity and Capitalism in a Postmodern World*. Grand Rapids, MI: Baker Academic, 2012.
Chrysostom, John. *On Wealth and Poverty*. Tr. by Catherine Roth. Crestwood, NY: St.

Vladimir's Seminary Press, 1999.
Levinas, Emmanuel. *Totality and Infinity*. Pittsburgh, PA: Duquesne University Press, 1969.
______. *Ethique comme philosophie premiere*. Paris: Rivages Poche, 1998.
______. "Existentialism and Anti-Semitism." Tr. by D. Hollier & R. Krauss. *October* 87(1999).
Raventos, Daniel. *Basic Income: The Material Conditions of Freedom*. London; Ann Arbor, MI: Pluto Press, 2007.
Van der Veen, Robert J. & Van Parijs, Philippe. "A Capitalist Road to Communism." *Basic Income Studies* 1/1 (2006).
Van Parijs, Philippe. *Linguistic Justice for Europe and for the World*. New York: Oxford University Press, 2011.

통계 자료

갤럽리포트, 「한국인의 종교 1984-2021」. 2021. 5. 20. https://www.gallup.co.kr/gallupdb/reportContent.asp?seqNo=1209. 2021. 10. 17 접속.

3. 기본소득 논의에 대한 여성신학적 성찰

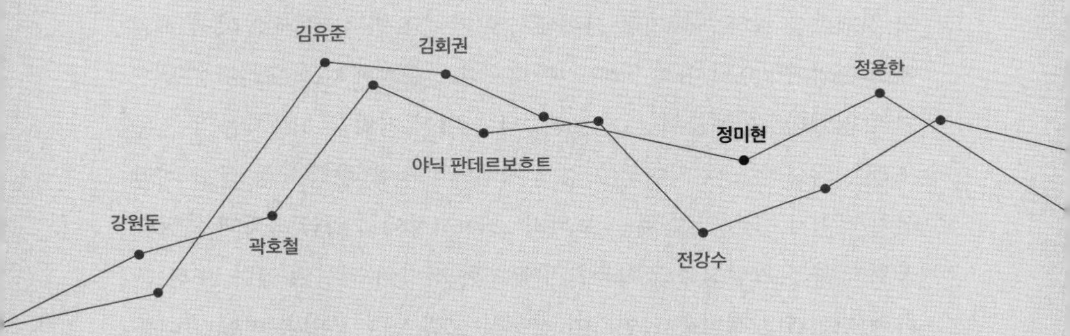

정미현

연세대학교 연합신학대학원 교수

이화여자대학교 독문학과와 동대학원 기독교학과(조직신학 석사)를 졸업하고 스위스 바젤 대학교에서 신학 박사 학위를 받았다. 『또 하나의 여성 신학 이야기』, 『체코 신학의 지형도』, 『릴리어스 호튼 언더우드』, *Liberation and Reconciliation* 등 다수의 저서와 논문을 집필했으며, 『츠빙글리의 종교개혁, 얼마나 알고 계셨나요?』, 『기본소득, 새로운 삶의 형태를 위한 제안』 등을 번역·출간하였다.

1) 들어가는 말

4차 산업혁명과 노동 시장의 변화로 인한 불가피한 상황에서건, 16세기 이후 유토피아적 비전을 품었던 수많은 사상가의 제안을 구체화할 수 있는 시대가 도래해서건, 오늘날 기본소득 논의는 전 세계 곳곳에서 실험되고 있다. 기본소득 담론은 여성주의적 정치철학자와 사회학자, 생명의 경제학을 말하는 학자들 사이에서 이미 중요한 한 주제로 여러 차원에서 논의되었으나 아직 국내 기독교계와 신학계에서는 제대로 다루어지지 않았다.[1] 현재로서는 기본소득의 도입이 저임금 노동자들의 노동 조건을 개선하는 데 기여하고 경제 체제와 평등을 향한 노동 문화 재편성의 기회가 될 것인지, 혹은 오히려 노동 시장에서 임금 폭락과 차별을 공고히 하는 위험성으로 작용할지에 대한 전망이 뒤섞여 있다. 또한 문화적으로 젠더 정의를 실현하여 전통적 성별 노동 분업과 역할 기대를 해체하고 보다 유연한 노동과 선택적 자유를 강화하는 데 도움을 줄지, 아니면 전통적 역할과 성별 분업적 노동의 벽을 강화할 것인지에 대한 기대와 우려도 공존하고 있다.[2]

본 논문에서 필자는 전자의 입장에서 기본소득이 노동 문화 재편성

---

1 여성주의와 기본소득에 대해서는 다음의 선행 논문을 참고하면 도움이 될 만하다. 권정임, "기본소득과 젠더 정의", 「마르크스주의 연구」 10/4(2013), 105-141; 박이은실, "성체제와 기본소득", 「마르크스주의 연구」 10/2(2013), 43-65; 박이은실, "기본소득, 성해방으로 가는 기본 열쇠", 「여/성이론」 31(2014), 28-76; 박이은실, "페미니스트 기본소득 논의의 지평확장을 위하여", 「페미니즘 연구」 14/1(2014), 3-34; 안숙영, "젠더의 렌즈로 본 기본소득: 가능성과 한계", 「한국여성학」 36/2(2020), 41-74.

2 안숙영, "독일에서의 젠더와 기본소득 논의", 「EU 연구」 55(2020), 260-261; 권정임, "기본소득과 젠더 정의"(2013), 106-107.

과 능동적 선택에 기여할 것이고, 기본소득 담론이 개혁주의적 기독교 사상과 맞닿아 있으며, 여성신학적으로도 기본소득이 가져올 순기능을 지지할 수 있음을 논술하고자 한다.

비정규직으로 통칭되는 임시직과 일용직, 용역과 같은 간접 노동으로의 전환을 포함하여 불안정하고 불평등한 고용 형태가 고착화되고 실업률이 증가하는 전 세계적 사회·경제 침체에 덧붙여 코로나19로 생겨난 추가적 위기로 인해 고용 전망을 확보하지 못하는 프레카리아트의 숫자는 더욱 기하급수적으로 늘어나게 되었다. 각 개인은 안정적으로 미래를 설계할 수도 정체성을 찾을 여유도 없기 때문에 일의 효율성을 극대화하기도 어려우며 노동의 서열화·양극화 상황 속에 사회적 갈등은 더욱 심화하고 있다. 경제 상황과 노동 조건의 악화는 곧 노동에서의 성차별 문제를 비롯해 성 불평등의 문제를 더욱 가중할 수 있다.

이 논문의 목적은 이렇게 불평등한 노동 문화와 구조를 극복하기 위해 "모두의 것을 모두에게"[3] 되돌리자는 기본소득의 근본 취지를 이해하고 지금까지 우리가 인지하지 못한 노동과 사회 체계의 문제성과 문화적 한계 및 그 대안을 아울러 생각하자는 것이다. 이는 기존의 복지 정책을 뒤엎는 단순한 해법을 제시하려는 것이 아니라 기존의 체계를 보완하되 일과 평등의 가치, 분배 정의, 인정 논리에 대한 포괄적 요소들을 다면적 시각에서 성찰하고자 하는 것이다.

3 금민, 『모두의 몫을 모두에게』(서울: 동아시아, 2020).

2) 개혁주의 원리와 여성신학적 시각에서의 기본소득

이 논문에서는 구체적으로 스위스 개혁주의 전통과 여성신학적 요소를 결합하여 기본소득 논의에 기여하고자 한다. 한국 개신교의 69%를 차지하는 장로교의 뿌리는 장 칼뱅(1509-1564) 이전 스위스의 종교개혁자 훌드리히 츠빙글리(1484-1531)와 잇대어 있다. 그의 개혁 정신과 경제 이론을 되돌아보며 스위스의 종교개혁을 살펴보아야 하는 이유는, 우리에게 훨씬 익숙한 독일의 종교개혁가 마르틴 루터는 장로 교단과 직접적 관계가 없는 인물일 뿐 아니라 공동체와 사회에 대한 관심보다 개인적 신앙에 대한 관심에서 종교개혁을 이끌었던 인물이었기 때문이다. 그에 비해 용병제를 둘러싼 사회와 민족의 문제를 개혁하고자 등장한 스위스의 종교개혁은 공공성을 중요시해야 하는 우리의 인식에 더욱 도움이 되는 개혁신학적 기독교윤리의 근본 원리를 제공해준다.

개혁 교회의 원리는 선행과 고행을 통한 인간의 업적주의로부터의 해방이며 그것은 곧 인간과 그 인간의 행위를 절대화하는 것이 아니라 하나님의 은혜에 더 비중을 두는 것이다. 시장과 화폐 유통의 원리는 반대급부가 있어서 작용할 수 있다. 그러나 개혁주의 원칙은 특수한 반대급부 없이 작용하는 하나님의 사랑의 원리와 은혜의 우선성을 강조한다. 그리고 여성신학 담론은 하나님 형상으로 창조된 모든 인간이 하나님 앞에서 평등하다는 가치에 입각해 남성 중심의 가부장화된 이념으로부터 벗어나게 하고 결과적 차별을 야기하는 구조적 모순에 도전하여 불평등을 최소화하는 데 기여한다.

개혁주의의 원리와 여성신학적 담론을 결합하여 기본소득 논의를 살펴본다고 할 때 우선 개신교 노동윤리와 관련하여 고찰할 수 있고 또한 하나님, 인간, 자연의 관계성과 관련하여 생태 여성주의적 차원에서 논의를 전개할 수도 있다.[4] 이 논문은 주로 전자에 비중을 두고 논의를 전개하고자 한다.

(1) 스위스 종교개혁과 그 원리

A) 용병제와 관련한 종교개혁의 배경

스위스의 종교개혁자 츠빙글리는 1519년 1월 1일부터 취리히 그로스뮌스터의 당회장을 맡아 스위스 종교개혁을 구체적으로 추진하였는데, 그 배경은 신학과 교회의 개혁뿐 아니라 노동 개혁을 통한 경제·사회의 구조 변화 및 공공선을 추구하고자 한 것이다. 츠빙글리는 스위스의 젊은 이들이 용병으로 출정한 1515년 이탈리아 북부 마리냐노 전투에 군종 사제로 참여하여 현실 경제·정치적 상황의 비참함을 직시하고 전쟁 산업으로 이익을 챙기는 지도자들의 위선과 모순을 지적하며 종교개혁의 계기로 삼았다.[5] 츠빙글리가 취리히를 중심으로 종교개혁을 수행할 때 그는 중소 상공업자와 시의회의 도움을 받았을 뿐 아니라 결정적으로

4 기본소득의 재원 확충과 생태계를 위한 생활 방식의 전적인 변화를 가져오게 하는 인식의 차원에서 공유부 이론이 등장한다. 비인위적인 형태로 주어진 공유부 가운데 기본소득 연계형 탄소세와 관련하여 생태 여성신학과 연결 지은 내용에 대한 것으로는 다음의 논문을 참고하라. 정미현, "기본소득 담론에 대한 생태여성신학적 접근", 「생명연구」 61(2021), 1-26.

5 이 논문에서 용병 제도를 둘러싼 츠빙글리의 종교개혁 관련 내용은 다음의 논문을 참고하여 수정·보완된 것임을 밝힌다. 정미현, "용병제도를 통해 본 츠빙글리 종교개혁의 사회 경제적 배경", 「유럽사회문화」 15(2015), 241-270.

카타리나 폰 짐머른(1478-1547)이라는 수녀원장의 도움을 받았다.[6] 거대한 자산을 지닌 프라우뮌스터 수녀원을 성공적으로 운영하던 카타리나 폰 짐머른은 경제적·정치적으로 당시 취리히에서 상당한 영향력을 지니고 있던 인물이었는데 1524년 12월 7일 프라우뮌스터 수녀원을 취리히시에 공식 기증함으로써 취리히에서 평화적으로 다른 수도원과 수녀원들이 잇달아 종교개혁에 동참하게 하였고 츠빙글리의 개혁 사상이 민중에게 잘 전달될 수 있는 기틀과 공적 자금을 마련하였다.

지형적으로 농지가 부족했던 스위스는 식량 생산을 위시하여 경제적으로 매우 궁핍했고 가톨릭교회 수장인 교황과 주변 강대국들의 지속적 위협 속에 놓여 있었다.[7] 스위스 젊은이들은 생계형 노동으로 용병제에 자발적으로 참여했지만 다른 한편으로는 정치외교적 관계성 속에 수동적으로 도구화되기도 하였다. 군종 사제의 경험을 계기로 상황의 심각성을 인식했던 츠빙글리는 취리히 주정부가 프랑스나 교황을 도와 용병으로 젊은이들을 파병하지 못하게 했다. 마침내 취리히 평의회는 츠빙글리의 권고로 1522년 1월 11일 용병 금지령을 내렸고 이것이 1522

---

6 카타리나 폰 짐머른은 베네딕트회에 속했던 프라우뮌스터의 수녀원장으로서 츠빙글리를 도와 취리히시 안에서 종교개혁을 가능하게 하였다. 이는 취리히가 평화적이며 민주적인 방법으로 시의회와 교회의 협업을 통하여 종교개혁을 수행하게 된 이면에는 카타리나의 능동적 역할이 굉장히 중요했으며 종교개혁을 위한 여성들의 공헌이 있었음을 기억하게 한다. 스위스 취리히 대학교 교회사 교수이자 츠빙글리 전문가인 페터 오피츠는 이렇게 말했다. "수많은 사람들의 생각과 의지, 행동에 의해 세계는 형성되고 변화합니다. 그리고 그 절반은 종교개혁 시대에도 여성이었습니다." 페터 오피츠/정미현 옮김, 『츠빙글리의 종교개혁, 얼마나 알고 계셨나요?』(서울: 연세대학교 출판문화원, 2020), 16.

7 마르틴 하아스/정미현 옮김, 『훌드리히 츠빙글리』(서울: 한국기독교장로회 신학연구소, 1999), 109.

년 11월 15일 금지법으로 강화되었다.[8] 이러한 금지법이 다른 곳으로까지 파급되어가자 경제적으로 용병 의존도가 높던 지역에서 강한 반발에 부딪히게 된다. 이처럼 용병을 포함한 노동 및 경제 구조의 문제와 직접 연관되어 있었던 츠빙글리의 종교개혁으로 인해 용병을 둘러싼 찬반 세력이 재편성되고 이는 구교와 새로 탄생한 신교 간의 카펠 전투로 이어졌다.

츠빙글리는 젊은이들이 그들의 신체와 정신을 망가트리는 용병제에 참여할 것이 아니라 농업과 수공업에 종사하고 국경을 수비하는 등의 육체노동을 하는 체제 전환과 노동 문화 변화를 도모해야 한다고 역설했다.[9] 용병제의 중개로 전쟁을 부추기고 부당한 이익을 취하며 불로

---

8 위의 책, 110-112.

9 1400-1800년 사이에 스위스 연방에서는 130만에서 150만 정도의 남자들이 용병에 참여했던 것으로 추정된다. 용병제가 절정에 이르렀던 1500년 무렵에는 전체 인구 가운데 10-12%가 용병에 참여한 것으로 알려져 있으며 그 이외의 시기에는 평균 3-4% 정도가 참여한 것으로 전해진다. 용병제를 극렬히 반대하고 문제시했던 츠빙글리의 종교개혁을 통하여 이러한 상황은 차츰 변하기 시작했다. 종교개혁 이후 용병 참여율은 차츰 감소해갔고, 18세기 이후에는 스위스 중부 칸톤에서도 그 참여율이 2% 이하로 줄어들었다. Hans Conrad Peyer, "Die wirtschaftliche Bedeutung der fremden Dienste für die Schweiz vom 15. bis zum 18. Jahrhundert," *Könige, Stadt und Kapital. Aufsätze zur Wirtschafts- und Sozialgeschichte des Mittelalters* (Zürich, Switzerland: Neue Zürcher Zeitung, 1982), 219-231; Historischer Verein des Kantons Schwyz (hg.), *Herren und Bauern 1550-1712. Geschichte des Kantons Schwyz,* Band 3 (Zürich, Switzerland: Chronos, 2012), 71; Hans Rudolf Fuhrer & Robert-Peter Eyer, *Schweizer in Fremden Diensten* (Zürich, Switzerland: Neue Zürcher Zeitung, 2006), 9. 한편 수입 면에서 용병은 그렇게 효율적이지 못했는데, 젊은이들은 해외 문물을 접하면서 사치와 낭비를 했으며 또한 신체적 상해로 인하여 노동 가능성과 유용성이 떨어졌기 때문이다. 15세기와 18세기 사이에 프랑스 왕을 위하여 싸웠던 스위스 젊은이는 매해 약 2만2천 명에 이르렀고 이들의 평균 복무 연한은 6년 정도 되었는데, 용병에 참여했던 젊은이 가운데 약 44%만 귀향했고 15%는 부상한 상태로 돌아왔으며 29% 정도만 실제로 다시 일상적 삶에 정상적으로 복귀할 수 있었다. Hans Conrad Peyer, op.cit., 219-220.

소득으로 부를 축적하던 교회와 사회 지도층을 신랄하게 비판했던 그의 사상은 개신교 경제윤리로 자리매김되었는데, 노동과 경제 구조가 바뀐 21세기에도 그가 말하려 했던 기본적인 윤리적 문법과 정신은 되살려볼 필요가 있다.

B) 츠빙글리 사상과의 연관성에서 본 공유부와 노동

츠빙글리의 사상을 이 논문의 주제인 기본소득과의 연관성에서 유추한다면, 하나님의 은혜의 보편성 차원에서 모든 피조물에게 선물로 주어진 공유부와 노동이라는 두 가지 차원에서 그것을 살펴볼 수 있겠다. 개혁주의 원칙에서 가장 중요한 요소 가운데 하나는 인간의 업적주의가 아니라 하나님의 은혜로 우리가 살아갈 수 있다는 것이다. 우리의 선행, 공로, 자선이나 특별한 업적 덕분에 하나님의 은혜를 받을 수 있는 것이 아니라, 하나님의 사랑과 은혜는 조건과 전제 없이 모두에게 제공된다는 점에서 무조건성, 보편성, 개별성의 원칙이 성립된다. 이 세 가지 요소는 기본소득의 문법이기도 하다. 즉 기본소득이 일에 대한 보상으로서의 임금 형태가 아니라 무조건적 지급 원칙을 따른다는 점에서, 인간에 의한 성취를 능가하며 은혜의 우선성을 부각하는 개혁주의 정신은 이러한 논의 가운데 새롭게 조명될 수 있다.[10]

공유부는 인간의 노력이 들어가지 않은 자연적 공유부와 인간의 기술적 노력이 들어간 인위적 공유부로 나눌 수 있다. 토지, 물, 공기, 빛 등은 하나님이 모든 인간에게 나누어주신 천연자원이다. 스위스의 종교

---

10 J. Philip Wogaman, *Economics and Ethics: A Christian Enquiry* (London: SCM Press, 1986), 35.

개혁자 츠빙글리에게서는 후에 헨리 조지의 지공주의로 발전된 공유부로서의 토지에 대한 사상을 유추할 수 있다. "모든 사람의 어머니가 되는 땅은 그들의 자녀들이 서로서로 잘난 척하거나 싸우지 못하게 하려는 것입니다."[11] 또한 츠빙글리는 21세기 한국 사회에서도 여전히 문제가 되는 노동 수익보다 자본 수익으로 부를 축적하는 문제를 비판하면서 노동의 중요성을 역설하였다. "우리 땅은 아직도 비옥합니다. 또한 다른 나라 사람들처럼 우리 땅에는 능력 있고 성실하며 용감한 사람이 많이 있습니다. 이 땅에 그러한 사람들이 많이 있다면 이 땅은 아직도 사람들을 먹이기에 충분히 비옥한 땅입니다."[12]

츠빙글리는 공유되어야 할 땅을 사유화하고 그 땅을 이용하여 건강한 생산과 소비 구조를 창출하지 못하며, 젊은이들은 농사를 간과하고 용병에 참여했다가 죽거나 다치게 되어 실제 노동할 수 있는 인력이 줄어드는 경제적 악순환을 고발하면서, 노동과 경제 구조를 체질적으로 개선하고자 하였다. 그는 자본 소득이 노동 소득을 능가하는 경제적 불균형의 구조에서 노동에 대한 개신교 경제윤리의 기본적 문법을 마련한 것이었다. 용병 제도는 젊은이들의 육체를 망가트릴 뿐 아니라 사치스럽고 외향 지상주의적인 해외 문물의 무분별한 도입으로 정신을 피폐하게 하며, 뇌물을 주고 더 좋은 용병을 차지하려는 과정에서 발생하는 체제 유지와 그것을 둘러싼 총체적 부패의 온상과도 같은 것이었다. 그는 사회 안에서 사적 이익만을 추구하는 태도를 줄이고 공동체에 유익이 되는 공동선을 추구하길 원하며 이념이 아닌 실질적 평화 체제를 지

11 훌트라이히 츠빙글리/임걸 옮김, "슈비츠 사람들에 대한 하나님의 경고", 『츠빙글리 저작 선집 I』(서울: 연세대학교 대학출판문화원, 2014), 114.

12 위의 책 126-127.

지하였기 때문에, 인간적 관계를 파괴하는 불신을 줄여나가고 부정부패의 형태로 나타나는 사회악을 개선하고자 하였다.[13] 또한 츠빙글리는 용병제의 대안으로 육체노동의 가치를 부각하고 농업의 중요성도 강조하였다.

> 현재는 아무도 열심히 일해서 먹고살려고 하지 않습니다. 사람들은 여기저기 널려 있는 자기 밭들을 풀만 무성하게 자라도록 내버려 두고 있습니다. 아무도 더 이상 농사를 지으려고 하지 않습니다. 그러나 열심히 농사짓는 사람들이 많이 있으면 좋겠습니다. 그리고 또한 여러 사람을 먹여살릴 수 있는 땅이 잘 경작되었으면 좋겠습니다.[14]

공유부의 중요한 한 축을 이루는 땅의 경작을 위해서는 땀 흘리는 노동의 가치가 인정되어야 하며 그 생산물은 합리적 분배와 효율적 유통과도 연결되어야 한다. 그는 될 수 있는 대로 자국의 농산물을 보호하면서 그 지역의 특성화를 장려하고 다른 나라와의 교역을 증진해 모두에게 효율적이면서도 풍요로운 경제 체제를 구축할 것을 희구했다.

> 비록 우리 땅에서 계피, 생강, 말바지아 포도, 포도주, 향신료, 오렌지, 비단 등 특별하거나 사치스러운 농작물들이 생산되는 것은 아닙니다. 그러나 우리 땅은 버터와 마이스터 양념, 그리고 우유를 우리에게 제공하며 그 위에서 말과 양 그리고 갈색 소를 기를 수 있도록 만들어주며, 그리고 튼튼한

---

13 위의 책, 131.

14 훌트라이히 츠빙글리/임걸 옮김, "스위스 연방에 대한 간곡한 경고", 『츠빙글리 저작 선집 I』(2014), 373.

> 면직물과 포도주와 곡식을 우리에게 풍성하게 가져다주는 비옥한 토지입니다. 그러한 농산물을 통해서 건강하고 부지런한 사람들이 자라게 되는 것입니다. 여러분들은 스스로 가꾼 생산물을 여러분에게 부족한 생산물들과 교환할 수 있습니다.[15]

츠빙글리는 경제의 선순환 구조를 막아버리는 인간의 이기적 죄성을 직시하게 하며 "죄 없는 사람의 핏값으로 먹고사는 것에 대한 두려움 없이, 그리고 양심에 더러운 오점을 남기는 것에 대한 두려움"[16] 없이, 건강한 노동을 하는 것을 통해 생산과 소비 구조를 개선하고자 하였다.

> 육체노동은 우리 몸을 건강하고 강하게 만들며 게으름 때문에 생기는 병들을 낫게 해줍니다. 가장 아름다운 모습은 하나님의 손에서 모든 창조물이 생겨난 것처럼 노동자의 손에서 과일과 작물들이 나타나는 것입니다. 따라서 노동하는 사람들은 세상의 그 어떤 존재보다 겉으로 볼 때 가장 하나님과 비슷한 사람들입니다.[17]

하나님의 창조성과 인간 노동의 연관성을 생각하는 츠빙글리는 경제 순환 구조의 활성화를 통해 많은 사람이 더욱 풍요롭게 살 수 있도록 노력하고자 했다. 따라서 젊은이들을 죽임과 죽음의 장소로 내몰고 인간에 의한 인간 살육의 구조 속에서 사적 이익을 챙기며 공동체를 위한 경제를 병들게 하는 권력의 정점에 있던 지도자들에 대한 비판을 멈추지 않

15 위의 책, 373.
16 위의 책, 373.
17 위의 책, 373-374.

은 것이었다. 그는 또한 용병에 참여하는 당사자인 젊은이들과 그 가족을 포함한 연방의 구성원들에게 이 구조적 문제성을 짚어주고 정의가 실현된 진정한 평화를 일구어내는 일에 동참하도록 호소하였다.[18]

C) 자선에서 공공 부조와 보편 복지로

경제적 불평등과 지역 간, 계층 간 격차가 심화되던 중세 말기에 농민 봉기와 관련하여 츠빙글리는 봉건 영주들과 이들을 비호하던 가톨릭 지도부의 문제성을 비판하고, 자선이 아니라 공정의 가치를 회복하며 공공의 이익을 위한 복지 체제를 세워나가고자 하였다. 그 한 예로서 츠빙글리는 취리히 그로스뮌스터 교회에서 본격적인 종교개혁 시도를 해나가면서 곧바로 1520년부터 빈민 구제법을 도입하고 걸인들에게 거리에서 걸식 행위를 중단하게 하였으며 시에서 제공하는 일일 급식소인 무스하펜(Mushafen)[19]을 설치하여 사람들을 돌보게 하였다. 츠빙글리는 걸인들이 일상성을 유지하도록 불가피하게 무스하펜을 임시로 설치하였으나 그것이 궁극적 해법이라고 보지는 않았다. 일시적 자선 행위보다는 제도적 보완과 구조적 변화를 통한 보편 복지 대책이 더 중요하다고 보았기 때문이다.[20] 츠빙글리가 제안한 것은 토지와 이자 제도 개선, 수도원

18 츠빙글리는 용병에 참여한 결과라고는 굶주림, 질병, 신체장애, 죽음뿐이었기 때문에 결과적으로 농사를 지어 먹고살며 일정 액수를 저축하는 것이 더 효율적임을 강조하였다. 위의 책, 374.

19 무스하펜은 사적인 자선의 차원이 아니라 도시 정부에 의한 공공 부조의 기틀을 마련한 효시라고 볼 수 있다. 츠빙글리는 기독교윤리적 차원에서나 신앙적 확신에서 모두가 경제적·사회적 실존을 보장받을 수 있어야 한다고 보았고 이러한 역할을 감당해야 할 정부의 책임을 강조하였다. Hans Hüssy, "Aus der Finanzgeschichte Zürichs in der Reformationszeit," *Zwingliana* 8/6 (2010), 346-347.

20 영국의 기본소득 운동가 말콤 토리는 영국 그리니치에서 목회자로 사역하는 동안 그리

철폐와 조세 제도의 개혁을 통한 기금 마련과 더불어 사회적 약자를 제도적으로 보호할 수 있는 사회적 장치와 체계를 세워나가는 것이었다.[21]

결론적으로 츠빙글리는 하나님에 대한 진정한 신앙심과 경외(*pietas*)를 회복하고 인간의 관습이나 규정이 아니라 하나님의 말씀에 다시 주목함으로써 인간을 억압의 굴레에서 자유롭게 할 뿐 아니라 인간의 사회적 책임을 강조하려 했다. 탐욕과 자만심, 위선, 이기주의를 경계하고 공공의 선을 추구하는 것이 중요했기 때문에 그는 개인적 신앙의 차원에서뿐 아니라 구조적 차원의 개혁으로 사회의 부조리함을 개선하며 사회경제적 개혁까지 추구하였다.[22] 그리고 그 결과는 이후 스위스 사회와 문화의 변화에 용해되어 나타났다.

니치 교회들의 협력으로 푸드뱅크를 마련하였다. 그러나 츠빙글리와 같은 이유로 그것은 궁극적 해결책이 될 수 없다고 보았으며 단순히 일시적 필요를 채우기 위해 불가피하게 마련했으나 궁극적으로는 푸드뱅크가 필요하지 않고 푸드뱅크가 사라지는 사회를 희망했다. 말콤 토리/박기주 옮김, 『시민기본소득: 기독교적 사회정책』(서울: 해남, 2020), 26-27.

21 농민들의 적극적 지지를 받았던 재세례파에 대한 츠빙글리의 대응 방식은 대체로 보수적이었으며, 재세례파와 서로 신학적·사회적 측면에서 견해를 달리하고 종교개혁 수행에 있어서도 방법론적 차이를 보였으나 그렇다고 그들을 사회를 어지럽히는 집단으로 정죄하지는 않았다. 1524년 발표된 츠빙글리의 사회경제윤리의 대표 문서 중 하나인 "누가 사회를 혼란스럽게 만들었는가"라는 글에서 그는 그 점을 분명히 하고 있다. 훌트라이히 츠빙글리/임걸 옮김, "누가 사회를 혼란스럽게 만들었는가", 『츠빙글리 저작 선집 I』(2014), 388-486.

22 종교개혁을 통하여 농민들이 조세 부담을 덜거나 착취로부터 자유로워진 것은 아니었다. 농촌 주민들은 지방 행정 당국에 '십 분의 일세'를 바쳐야 했다. 수도원, 수녀원의 소유가 취리히시로 귀속되었을 때 그 의무도 이전되었다. 동시에 이러한 재원 확보를 통하여 공공성이 증진되었다. 이 점에서 스위스 종교개혁이 국가적 교류, 경제의 국제화에도 기여하게 된 것이었다. Tobias Straumann, "Genfer Bankiers, hochqualifizierte Glaubensflüchtlinge und Seidenhändler: Wie sich die Reformation auf die Schweizer Wirtschaft auswirkte," *Neue Züricher Zeitung* (2017. 4. 27). https://www.google.com/amp/s/www.nzz.ch/amp/wirtschaft/reformation-zeit-der-wirtschaftlichen-aufbrueche-ld.1289019 (2021. 6. 20 접속).

스위스에서는 이미 2008년 탄소 배출 절감과 기본소득 재원 마련에 가장 효과적인 부분이 될 수 있는 탄소세를 도입해 시행했고 이를 더 심화하고 개선하려고 노력했다. 또한 지난 2016년에는 기본소득을 위한 국민투표가 이루어졌으며 (비록 2021년 선거에서 탄소세 개정안에 변화를 가져올 수는 없었으나) 이 주제에 대해 전 세계적으로 선도적 역할을 하고 있다고 볼 수 있다. 그런데 이러한 시민적 합의와 인식이 확산한 것은 이미 500여 년 전 사회 개혁을 이루었던 스위스 종교개혁 정신이 체화된 결과였음을 기억할 필요가 있다. 이러한 16세기의 개혁 정신은 불평등을 최소화하고자 하는 21세기적 여성주의 요소들과 씨줄과 날줄로 연결해 성찰될 수 있으며 기본소득 도입을 정당화하는 신학적 담론의 차원에 대입해서도 그 빛을 발할 수 있다.

(2) 여성신학적 시각에서 본 기본소득 담론

A) 노동과 성별 간 불평등의 상황

기본소득을 여성신학적으로 성찰할 때는 노동, 임금, 인정의 차원에서 접근해볼 수 있는데 무임금, 저임금 노동 등 여성과 노동의 관계는 다차원적 불평등과 연결되어 있기 때문이다. 전통적으로 여성 노동으로 분류되는 가사 노동, 돌봄 노동은 대부분의 경우 저평가되거나 금전적으로 환산되지 않기 때문에 비가시화되었다.

한나 아렌트(1906-1975)는 "인간의 조건"을 노동(labor), 작업(work), 행위(action)의 세 차원으로 분화해서 설명하였다. 우선 인간이 단순히 삶을 영위하기 위하여, 먹고살기 위하여 하는 생산과 소비에 관련된 일이 노동이라면 작업은 즉시 소비되거나 사라지는 것이 아니라 지속력을 지닌 인위적 작품을 만드는 일을 말한다. 다시 말해 작업은 인간에 의하여 만들어지는 창작물, 혹은 한 사람의 사후에도 남을 수 있는 것을 만드는 일을 뜻한다. 행위는 다양성을 지닌 인간 사이의 횡적 관계성 속에서 드러나는 정치적·사회적 활동을 의미한다. 행위 안에서 각 개인의 정체성과 사람 사이의 관계성이 드러나게 되는 것이다. 이 행위는 공동체성을 유지하는 데 가장 중요한 요소가 된다.[23]

아렌트가 말하는 노동이란 가장 단순한 단계에서 진행되는 기본적인 필수 노동인데 고대 사회에서는 주로 노예가 담당했고 미래 사회에서는 주로 AI와 로봇이 대체할 가능성이 크다. 전통적으로 여성들은 이 노동의 범주에 해당하는 일을 많이 도맡아 한 것이며, 아렌트의 개념 정의에 따른 작업과 행위에 참여할 시간적 여유는 부족했다. 아렌트가 정의한 의미에서의 노동은 생명 유지를 위해서는 필수적이지만 인간의 가치 범주에 속하거나 정체성을 자유롭게 드러내는 일, 혹은 영속적 결과물을 도출하는 일은 아니다. 기술 문명의 발달로 인간이 생산 및 소비 단계에만 치중하는 것이 아니라 진정으로 가치 있는 삶, 즉 창의성을 발휘할 수 있는 작업과 행위를 위한 시간을 더 많이 확보할 것이 기대되는데 그러한 과정에서 기본적인 삶을 지탱할 수 있는 기본소득은 필수적 대안이 될 수 있다.

미국 여성주의 정치철학자 낸시 프레이저(1947-)가 제시하는 젠더 공정성을 측정하는 규범적 요소는 반빈곤, 반착취, 평등(소득, 여가, 존중), 반주변화, 반남성주의의 차원이다.[24] 이 요소들은 각각 차이가 있지만 대

---

23 한나 아렌트/이진우 옮김, 『인간의 조건』(서울: 한길사, 2017), 155-345.

24 낸시 프레이저/임옥희 옮김, 『전진하는 페미니즘: 여성주의 상상력, 반란과 반전의 역사』(파주: 돌베개, 2018), 165-174.

부분 전통적으로 성별 분업화된 여성 노동에 대한 인정과 가치 평가와 관련되어 있다. 전 세계적으로 여성들은 여전히 무임금, 저임금 노동을 더 많이 감당하며 여성의 재산권은 법적 혹은 실제적으로 제대로 보장되어 있지 않은 경우가 많다.[25] 유아, 노인, 환자 등을 위한 돌봄 노동, 그리고 임금 노동으로 분류되지 않아 평가 절하되는 가사 노동을 포함하여 유사한 많은 노동이 여전히 여성들의 몫이다. 또한 2020년 조사에서 한국은 OECD 국가 중 여성 임금 불평등 수치가 가장 높은 국가로 보고되었다.[26] 여전히 성별 분업화된 여성 노동의 가치는 평가 절하되고 여성 인력 활용은 효율적으로 이루어지지 않고 있으며 여성 전문 인력에 대한 인정과 인식이 부족하고 여성의 많은 잠재 능력은 사장되어 있다는 것과 동일 노동에 대한 성별 간 임금 격차가 여러 직업군에서 골고루 드러난 것이다.

여성은 임금 격차뿐 아니라 여가 선용 및 분배에 있어서도 불평등을 경험하는 것으로 나타난다. "2020년 서울시 성인지 통계: 서울시민의 일·생활균형 실태"[27] 보고서에 따르면 서울에 사는 만 15세 이상 여성의 가사 노동 시간은 하루 2시간 26분으로 남성(41분)에 비해 세 배나 많

25 United Nations, "The World's Women 2015: Trends and Statistics," 194-199. https://unstats.un.org/unsd/gender/downloads/worldswomen2015_report.pdf (2021. 3. 20 접속).

26 https://www.oecd.org/gender/data/employment (2021. 3. 20 접속).

27 이 보고서는 서울시와 서울시여성가족재단이 2020년 5-12월 통계청 "생활시간조사", "사회조사", "서울서베이"와 같은 자료를 분석한 결과이며 일과 생활·제도·관계 등 4개 부문, 19개 영역, 142개 통계 지표를 수록하고 있다. 시간당 평균 노동 임금은 2019년 27.3%(여성 1만5천37원, 남성 2만682원), 2017년 29.3%(여성 1만3천16원, 남성 1만8천416원)와 2015년 29.4%(여성 1만2천59원, 남성 1만7천76원) 차이를 보였다. 박예슬·조윤주, 「2020년 서울시 성인지통계: 서울 여성과 남성의 일생활균형 실태」, 111. https://opengov.seoul.go.kr/analysis/view/?nid=22054904(2021. 3. 20 접속).

았으며, 전업주부뿐 아니라 맞벌이 부부일지라도 여성(2시간 1분)이 남성(38분)에 비해 1시간 23분이나 가사 노동 시간이 더 길었다. 성별 임금 격차는 다소 감소세를 보였으나 시간당 평균 임금에서는 여전히 격차가 있었고 2019년 여성이 1만5천37원을 받음으로써 남성(2만682원) 대비 27.3%의 차이를 보였다. 월평균 임금이 200만 원 미만인 여성은 44.2%로 남성(17.3%)의 2.5배였는데 이는 저임금 노동에 여성의 분포도가 높다는 뜻이다. 한편 여성의 경제 활동 참가율은 2015년부터 매해 소폭 증가하고 있고 경력 단절 여성의 규모도 감소세다. 그러나 이러한 경향은 안정적인 정규직 여성 취업이 확대되었다는 의미가 아니라 확률적으로 주 36시간 미만의 시간제, 비정규직 불안정 고용에 대한 여성 참여가 늘어났다는 의미다.[28] 경제 둔화와 침체로 인한 세계적 고용 불안이 가속화되는 오늘날의 전 세계 구조 속에서 기업은 더 값싼 노동력을 찾아 옮겨 다니고 여성들은 주로 노동의 하부 구조와 필수 노동 영역에서 그 역할을 감당하고 있다. 이에 더해 디지털 혁명으로 인한 노동 시장의 변화는 노동에 대한 보편적 패러다임을 전환했을 뿐 아니라 여성주의적 시각에서 볼 때 복합적 문제성을 내포하고 있다.

초기 기독교인들이 기독교적 정체성을 담아 세례 선언문(갈 3:28)으로 선택하였고 성, 인종, 계급의 불평등을 넘어서고자 했던 바울 서신의

---

28 여성의 경제 활동 참가율은 2015년 52.5%, 2017년 54.2%, 2019년 55.2%로 소폭 상승했다. 경력 단절 여성의 규모는 같은 기간 36만9천49명, 34만8천448명, 29만8천288명으로 감소했다. 반면 주 36시간 미만 일하는 여성 노동자 비중은 증가했다. 그 비중은 2019년 26.6%(남성 9.9%)로, 4년 전인 2015년 21.2%(남성 8.5%)에 비해 5.4% 포인트 늘었고 남성보다 3배가량 더 높았다. 연윤정, "서울 여성 하루 2시간 26분 가사노동, 남성의 3배", 「매일노동뉴스」(2020. 1. 20). http://www.labortoday.co.kr/news/articleView.html?idxno=200938 (2021. 3. 20 접속).

보편적 가치는 21세기에도 여전히 실현되지 못했고 그러한 현실은 코로나 상황에서 더욱 악화되었다. 우리나라뿐 아니라 전 세계 주류 교회 공동체는 사회 구조와 불평등의 문제에 크게 관심 두지 않았다. 21세기 경제 구조의 불평등성이 등장하게 된 배경과 다양한 양상을 설명하는 프랑스의 경제학자 토마 피케티가 그의 책 『자본과 이데올로기』[29]에서 경제 구조의 근원적 불평등을 야기한 삼원 사회에 관해 이야기했듯이, 기독교는 오히려 불평등 이데올로기와 구조를 뒷받침하는 디딤돌 역할을 해왔다.

물론 기본소득이 지향하는 개별성, 평등성, 직접성의 원리가 경제·사회 구조의 불평등 체제, 젠더 부정의, 노동 서열화 문제를 단번에 수정할 수 있는 것은 아니며 "그림자 노동"[30]과 복지 사각지대의 문제를 모두 보완할 수 있는 것도 아니다. 그럼에도 불구하고 기본소득의 도입은 공공선을 지향하면서 정책과 사회·문화의 변화를 유도하는 요인이 될 수 있다. 또한 기본소득은 생명지향적 경제 체제로의 전환을 촉구하는 틀 안에서 누구의 딸, 아내, 어머니로서가 아니라 개별적 주체로서의 여성에게 오롯이 집중하도록 도울 수 있다.

---

29 토마 피케티/안준범 옮김, 『자본과 이데올로기』(서울: 문학동네, 2020), 90-107.

30 이반 일리치, 『그림자 노동』(서울: 사월의책, 2015), 193.

B) 노동에 대한 개혁신학적 패러다임 전환

(ㄱ) 하나님 은혜의 보편성

인간의 성서 해석과 이념을 절대화·우상화하는 데 저항하던 개혁주의 정신은 성서 해석의 문자주의를 지양하며 해석학적 노력을 기울인 여성신학과의 조우를 통해 재구성될 때, 이 시대가 요구하는 교회와 사회 개혁의 촉매제 역할을 감당할 수 있을 것이다.[31] 또한 개혁주의 정신은 여성주의 관점과 이어질 때 16세기 유럽의 상황과 교의를 화석화하기보다 현대적 시간과 공간에 맞게 더욱 입체적으로 조명될 수 있을 것이다. 인간의 이념과 지배 수단을 합리화하기 위한 도구로 하나님 말씀을 오용하지 말라는 경고가 바로 종교개혁이었다. 그러한 점에서 하나님 앞에서 인간의 평등성 가치를 부각하는 여성신학 제1원리는 바로 종교개혁의 보편적 원칙과 맞물려 있다. 하나님의 정의와 인간의 정의를 말한 츠빙글리의 사상은 인간의 의가 아무리 의롭더라도 하나님의 의에 이를 수 없으며 결국 우리는 그리스도의 의에 의존하여 의롭게 될 수밖에 없

---

31 예를 들어 기본소득에 대한 반대의 근거로 제일 빈번하게 제시되는 본문은 살후 3:10b이다. 노동을 소득으로 연결 짓는 전통적 접근 방식은 일하려 해도 전혀 기회를 얻지 못하는 사람이 다수 생겨나는 21세기의 상황에 문자적으로 적용할 수 없다. 노동과 그 보상으로서 주어진 먹거리의 관계성에 대한 바울 서신의 본문을 당시 데살로니가의 상황을 살펴보지 않은 채 따로 떼어서 오늘날의 전혀 다른 상황에 그대로 적용한다면, 신노예주의적 경제 체제의 모순과 허점을 보완하는 것이 아니라 더욱 강화하는 일이 될 것이다. 당시 임박한 종말론의 맥락에서, 일할 수 있는 여건에 있음에도 노동을 기피하는 사람들에게 권면한 것을 상황의 틀에서 읽어내지 않고 노동 절대주의적 이념의 틀 안에서 본다면 문제일 것이다. J. Philip Wogaman, *Economics and Ethics: A Christian Enquiry* (1986), 33; Bruce C. Birch & Larry L. Rasmussen, *Bible and Ethics in the Christian Life* (Minneapolis, MN: Augsburg Pub. House, 1976). 살후 3:10b에 관해서는 이 책에 실린 정용한의 글을 참고하라. "기본소득의 관점에서 바라본 '일하기를 싫어하는 사람'(살후 3:10)을 위한 성찰"(이 책 77-106쪽).

다는 결론에 이른다. 우리에게 은혜로 주어진 그러한 선물에 대한 감사로 우리의 삶 속에는 하나님의 의를 따르고자 하는 제자직의 윤리가 세워질 수 있다. 인간의 업적이나 선행이 아니라 전적인 하나님의 은혜를 강조한다는 점에서 이러한 원리는 기본소득 담론과 연결될 수 있다. 우리는 하나님의 은혜로 모두에게 주어진 것을 향유하며 살아갈 수 있기 때문이다.

하나님의 무조건적·보편적 은혜와 사랑의 차원에서 여성신학 관점으로 기본소득을 지지할 수 있는 성서적 원리는 신약성서 마태복음 20:1-15의 포도원 주인이 묘사된 비유의 말씀에서 찾을 수 있다. 포도원 주인은 일할 의욕은 있으나 일할 수 없던 사람들까지 살피며 노동 시간과 상관없이 처음 온 사람에게나 나중에 온 사람에게나 같은 임금을 배분하여줌으로써 삶을 이어갈 수 있게 도왔다. 이 본문에서는 주인이 일에 대한 대가 형태의 임금을 지급한 것이 아니라 최소 생활을 가능하게 하는 액수를 지급함으로써 개별성, 보편성, 무조건성을 실현했다. 이 내용은 다름 아닌 하나님의 사랑의 속성과 긍휼을 여실히 드러내고 있다. 인간이 구원의 조건을 충족해서 구원의 사건이 우리에게 효력 있는 것이 아니라 창조주이고 구원자이시며 보존자 되시는 하나님이 구원의 은혜를 우리에게 무조건적으로 베푸셔서 우리가 살아갈 수 있다는 것이 개혁신학의 기본 문법이다. 우리의 노력과 의는 선행 조건이 아니며 하나님의 은혜의 보편성이 그 모든 것을 능가한다.

하나님의 은혜에 대한 강조가 하나님의 의로움을 추구하는 인간의 모든 행동을 무력화하는 것은 아니다. 하나님의 우선성을 인정하면서도 그 하나님의 의와 은혜의 빛 아래서 인간의 의를 추구하는 것이 중요하다. 이것이 "하나님의 의"와 "인간의 의"를 구별하여 말했던 츠빙글리의 개혁 정신에 따르면서도 또한 독일 신학자 디트리히 본회퍼가 강조했듯 모든 것을 은혜로만 귀결시키는 소위 "싸구려 은혜"(billige Gnade)를 지양하는 방법론이다. 이러한 개혁 정신의 맥락에서 여성신학적 원리를 기본소득 담론에 적용해보자 함은 하나님의 형상(창 1:27)으로 귀하게 태어난 인간이 인간답게 살 수 있도록 도움을 주는 장치를 마련하자는 것이다. 기본소득은 사회 구조 안에 내재하는 다양한 불평등을 감소시키고 인간에 의한 인간 억압의 구조와 문화를 파악하고 개선하는 데 도움줄 수 있을 것으로 기대된다. 아울러서 인간에 의한 인간 억압의 문제뿐 아니라 인간에 의한 자연 억압의 문제도 염두에 두자는 것이다. 힘의 논리가 인간 사이에만 작용하는 것은 아니기 때문이다. 기후 재난 시대에는 신학 담론을 인간 중심이 아니라 인간과 이웃 피조물(Mitgeschöpf)과의 관계성에서 생태 전반의 문제로 지평을 확대하여 생태·생명 중심의 시각으로 재구성하는 패러다임 전환을 도모하는 것이 너무나도 긴박한 과제다. 특히 기본소득 연계형 탄소세를 비롯해 공유재와 연관된 기본소득 담론은 보편적 인식 전환, 구체적인 사회적 합의와 법적 장치 마련에도 도움을 줄 수 있다.

그러나 기본소득과 노동 및 성 평등의 관계성에서 볼 때 기본소득이 성 불평등 완화에 도움이 될 수 있겠는가에 대해서는 이견이 있다는 점에도 주목해야 한다. 기본소득이 돌봄 역할에 한정되어 분담된 기존의 여성 노동에 큰 변화를 가져오지 못하고 성 불평등을 오히려 견고히 할 수 있다는 우려도 존재한다.[32] 산업 자본주의 시대로부터 물려받은 사

32 Anca Gheaus, "Basic Income, Gender Justice and the Costs of Gender-Symmetrical Lifestyles," *BASIC INCOME STUDIES. An International Journal of Basic Income Research* 3/3 (2008).

회 체계에서는 임금 노동을 하는 남성이 가장이 되어 살아가며 가족 수당 형태의 가족 임금을 지급받아 부양가족이 살 수 있었고, 아내와 어머니는 무임금 돌봄 노동과 가사 노동의 수행자로 편성되어 있었다.[33] 그러나 후기 산업 자본주의 사회에서는 노동 시장의 붕괴와 전통적 가족 구성 방식의 해체로 생계를 부양하는 남자와 가정 주부로서의 여자로 이원화되지 않으며 전통적 젠더 규범이 도전받게 되었다. 그럼에도 불구하고 현재까지는 무임금 노동에 참여하는 여성 비율이 여전히 높은 것이다.

"기본소득에 관한 신학과 사회과학의 학제간 연구"의 일환으로 이루어진 "기독교인의 기본소득 인식 설문조사"에서 기본소득과 성 평등 달성 효과에 대한 응답 결과는 다음과 같았다.[34] 우선 기본소득이 성별 간 노동 불평등을 해소하는 데 효과가 없다는 의견이 많았던 반면(38.3%), 가사 활동을 사회적으로 인정하는 데는 효과가 있다는 응답이 많았다(39.2%). 또한 기본소득이 정기적으로 지급되면 성별 간 노동의 불평등 해소와 가사 활동에 대한 사회적 인정에 효과가 있다는 의견에 대한 찬성률은 남자, 정치 성향 진보, 기본소득 개념 인지자, 기본소득 도입 찬성자 가운데서 높았고, 또한 주관적 견해에서 자신이 사회적으로 낮은 계층에 속한다고 인식한 사람일수록(소득, 직업, 건강 상태 등) 찬

---

33 낸시 프레이저/임옥희 옮김, 『전진하는 페미니즘: 여성주의 상상력, 반란과 반전의 역사』(2018), 157-158.

34 "기독교인의 기본소득 인식 설문조사"는 2020년 대한민국 교육부와 한국연구재단의 일반 공동 연구 지원 사업의 지원을 받아 수행된 "기본소득에 관한 신학과 사회과학의 학제간 연구"의 일환으로 공동 연구팀에서 (주)한국리서치에 의뢰하여 2021년 6월 15일부터 6월 30일까지 전국 성인 남녀 기독교인(개신교, 천주교, 정교회) 1,000명을 대상으로 CAWI(Computer-Assisted Web Interview) 방식으로 실시하였다(이 책 359-385쪽).

성률이 상대적으로 높은 편이었다. 기본소득이 성별 간 노동 불평등 해소와 가사 활동에 대한 사회적 인정 둘 다에 도움이 될 수 있다고 응답한 비율(매우 그렇다 + 그렇다)은 24.7%로 나타났다.

이 조사 결과에 의하면 기본소득에 대해 인지하고 있는 사람일수록 기본소득이 가져오게 될 성 평등 효과에 대하여도 긍정적인 반응을 보였다. 즉, 기본소득의 근본 원리를 이해하고 그 순기능에 대한 이해가 많을수록 평등을 향한 취지와 목적을 함께 이해하고 동의하는 것임을 알 수 있다. 이는 곧 기본소득 담론에 대한 이해가 젠더 정의로의 인식 전환에 도움을 줄 수 있음을 보여준다.

기본소득이 아직 구체적으로 사회에 적용된 것이 아니므로 지금까지는 연구와 가정을 전제로 그 파급 효과에 대해 말할 수 있을 뿐이다. 독일의 사회정치학자 수산 보르체크의 기본소득과 성 평등의 관계성에 대한 연구에 따르면, 정치적 성향과 선호도에 따라 기본소득과 성 평등 효과에 대한 긍정과 부정의 견해가 나누일 수 있다고 한다.[35] 이와 같은 현상은 앞서 언급한 설문조사 결과에도 반영되어 있는 것을 확인할 수 있다.

(ㄴ) 노동윤리의 기반: 소명에서 은사로

노동은 본래 하나님의 창조성을 모방하는 기초적 수단이었다. 인간은 노동으로부터 소외된 존재가 아니라 하나님이 본래적으로 수여한 근원적 축복의 담지자로 살아갈 권리가 있었다. 그러나 하나님, 인간, 자연

35 Susann Worschech, *Soziale Sicherheit neu denken. Bedingungsloses Grundeinkommen und bedarfsorientierte Grundsicherung aus feministischer Sicht* (Berlin: Heinrich-Böll-Stiftung, 2012), 46.

사이의 관계성이 망가진 이후의 노동은 인간에게 부과된 짐이자 형벌이 되어버렸다. 이집트 제국주의 억압의 굴레에서 벗어나던 출애굽 과정에서 주어진 십계명의 안식일 계명은 인간과 자연의 무분별한 억압을 방지하고 성별, 계급별, 인종별 착취의 구조를 경계하도록 하는 장치를 마련한 것이었다. 하나님은 이스라엘 백성을 일용할 양식인 만나로 먹여 살리셨고 자유와 해방의 여정을 지켜주셨다(출 16:4-35). 또한 하나님은 안식일 계명을 통해 인간의 삶을 위한 이정표를 제시하여 노동과 안식의 리듬을 지키도록 하셨다(출 20:8-11).[36]

노동의 가치가 하락하고 인간을 도구화하며 자본 수익은 지속적으로 증대하면서 노동 소외와 착취의 현실이 더 가시화된 오늘날의 상황에서 성서를 근거로 한 원론적 논의는 비현실적으로 들릴 수도 있다. 그러나 신학의 과제는 현실 상황을 있는 그대로 받아들이고 내버려 두는 것이 아니라 예수의 정신에 기초하여 예언자와 사도로 이어지는 제자직의 역할을 강조하며 끊임없는 개혁을 시도하도록 돕는 것이다. 예수께서는 모두를 위하여 일용할 양식의 기도를 가르쳐주시며(마 6:11) 매일의 삶을 감사로 표현하게 하셨다. 구약과 신약을 이어가는 이러한 기독교 전통 가운데 기본소득은 21세기적 삶을 지탱하기 위한 수단으로, 또한 이 시대의 맥락에서 오늘의 현존을 가능하게 하는 수단으로 성찰될 필요가 있는 것이다.

노동은 인간 존재의 본질을 구성하는 요소다. 개혁주의 신앙은 중세기 사상과 달리 노동을 소명으로 강조하였다. 그러나 산업화 이후 인

---

36 안식일 계명과 여성신학적 관점에 대해서는 다음의 논문을 참고하라. 정미현, "제4계명과 아시아 생태여성신학", 『또 하나의 여성신학 이야기』(서울: 한들, 2007), 445-458.

간의 일이 수단으로 전락하고 사회 구조적 문제가 대두되면서 인간 소외의 문제가 더욱 가시화되었던 것이다.[37] 종교개혁으로 시작된 개신교 노동윤리는 소명론에 치중하면서 인간의 노동을 소중하게 생각하고 근대 이후 자본주의 발전에 기여한 바 있다. 소명론에 입각한 노동윤리는 자본주의 사회 안에서 열심히 일했으나 그 혜택을 제대로 받을 수 없었던 구조 악의 문제를 교정하지 못했고 오히려 현 상태(*status quo*)와 그 체제를 그대로 유지하는 이념적 도구로 전락해버린 경우도 있었다.

근대 이후 형성된 자본가 계급이 절약과 금욕, 근면한 노동에 근거하여 형성된 것이라고만 본다면 그러한 관점은 경제적·정치적으로 유리한 입장에 있던 이들이 다른 이들의 재산과 노동력을 착취한 과정과 결과의 불평등을 초래하는 구조화된 모순을 읽어내지 못하거나 간과한 것이다. 이러한 점에서 직업 소명설로 축약된 개신교 노동윤리는 기존 사회 질서와 이념을 고착화한다는 점에서 개선의 여지가 있다. 아무리 열심히 일하고 노력해도 정당한 대가를 받을 수 없고 결과의 불평등을 초래하는 수많은 모순적 요소가 구조적으로 자리 잡고 있기 때문이다.

1987년 세계교회협의회의 "신앙과 경제에 관한 옥스퍼드 회의"(Oxford Conference on Christian Faith and Economics)에서 마련된 "기독교 신앙과 경제에 관한 옥스퍼드 선언"(Oxford Declaration on Christian Faith and Economics)에서는 일에 대한 신학적 근거를 소명에 두기보다 은사(카리스마)에 그 비중을 두는 전환을 시도했다.[38] 여기서 중요한 것은 은사를 "초자연적으로 축소"하지 않고 평범성 안에서 다양성을 인정하고 추구하

37 미로슬라브 볼프/백지윤 옮김, 『일과 성령』(서울: IVP, 2019), 103.
38 위의 책, 22-23.

며 적용하는 통찰이다.[39] 전통적으로 개신교 노동윤리에서 강조되었던 소명보다는 성령의 선물로 주어진 은사의 다양성(고전 12:4-11) 차원이 여성신학 관점에서 기본소득 논의의 신학적 근거를 뒷받침하는 데 더욱 적절히 사용될 수 있을 것이다. 소명을 강조하는 것은 관조적 삶(*vita contemplativa*)을 강조하고 세속성을 간과했던 중세로부터의 전환기와 종교개혁 시기에는 중요했으나, 그 이후로 능동적 삶(*vita activa*)의 차원만이 지나치게 부각되어온 현대 사회에서는 오히려 부작용을 야기한다. 또한 소명을 지나치게 강조하는 것은 노동의 계층화와 구조 악에서 기인한 부수적 문제점들을 개선하거나 해결하는 데 기여하기보다, 오히려 현 상황 그대로를 수동적으로 수용하게 하는 이념적 근거를 마련하고 뒷받침하는 일이 될 수 있다.[40]

산업화 시대 이후 인간의 일은 그 근본적 성격이 변하고 금전으로 환산되는 것에 따라 가치 기준이 달리 적용되면서 종교개혁자들이 강조했던 소명의 긍정적 함의도 약화되었으며, 모든 것이 재화적 가치로만 평가되는 임금 노동의 수준으로 전락했다.[41] 즉 돈으로 환산될 수 있는 임금 노동의 가치는 상승한 반면, 무임금 노동의 가치는 자연히 하락하게 되었다. 그런데 전통적으로 여성이 담당하던 노동의 영역은 가사 노동과 관련되어 있으며 그 가운데서도 돌봄 노동에 해당하는 자녀 양육, 환자 간호, 노인 돌봄 등은 많은 시간과 에너지가 필요하다. 그렇지만 그

39 미로슬라브 볼프는 그의 책 『일과 성령』에서 이 개념을 더욱 적극적으로 발전시켰다. 그는 종교개혁자들, 특히 마르틴 루터의 직업 소명론이 지닌 한계를 지적하고 은사에 대한 보편적 이해를 확대하고자 했다. 위의 책, 180-181.

40 위의 책, 172-174.

41 위의 책, 176.

러한 노동의 유형이 대부분 무형적이고 금전으로 보상되지 않는 경우가 많기 때문에, 노동 강도에 비해 그 가치는 평가 절하되어 있다. 이처럼 인간의 노동이 재화의 환산 가치로만 계산되고 평가됨으로 인해 무보수 혹은 저임금의 돌봄 노동과 가사 노동으로 분류되는 여성 노동의 중요성은 제대로 인정받지 못했다. 반면 여성에게는 소명과 헌신을 강조하면서 이러한 계층 구조적 노동의 모순을 수동적으로 받아들이게 했다.

여성신학자 가운데 노동과 경제적 불평등, 사회·정치적 측면에서의 구조적 불의 문제에 가장 많이 관여했던 도로테 죌레(1929-2003)는 노동과 개신교 원리의 상관관계에 대해 깊이 있는 성찰을 했으며 노동의 본래적 가치 회복을 위해 『사랑과 노동』(분도 역간, 2018)이라는 저서를 펴내고 여성신학적 함의를 담아냈다.[42] 도로테 죌레가 "좋은 노동"으로 분류했던 것은 자신의 인격을 성숙시키며 자신을 개발할 수 있는 노동이다. 아렌트의 개념 분류에 따르면 이것은 작업과 행위에 해당된다. 그에 비해 "나쁜 노동"이란 인간을 종속시키며 인간이 그 수단으로 전락하게 되는 노동이다. "좋은 노동"은 사회적 관계망에서 인간과 인간, 인간과 자연이 서로 연관됨을 인식하게 하는 것이며 그 관계성을 품기 때문에 개별적 인간이 책임적 자아로 살아갈 수 있게 한다. 내가 하는 일이 무엇에 기여하는지를 의식하고 그 일에 대한 선별적 선택권을 가질 수 있다면 그러한 노동은 생계 수단의 유지를 위한 노동과는 구별된다. 무엇보다 그러한 자율적 선택권을 뒷받침하기 위하여 기본소득 도입이 필요한 것이다.

---

42 이 부분은 다음의 논문을 기초로 수정·보완된 것임을 밝힌다. 정미현, "노동의 재분배에 대한 여성신학적 고찰: 기본소득 논의와 관련하여", 「기독교사회윤리」 42(2018), 254.

오늘날 전 세계적으로 인간을 종속시키며 관계성을 망가트리는 "나쁜 노동"이 보편화된 현실에서 노동의 긍정적 가치를 말하는 것은 지극히 낭만적인 이야기로 들릴 수 있다. 물론 기본소득이 한국 사회의 경제적 불평등 해소와 노동 문화 변화에 즉효약이나 만병통치약이 될 수는 없다 하더라도, 기본소득 논의가 진행되는 과정에서 사회적 불평등에 대한 인식이 높아질 수 있으며 그러한 과정이 사회적 합의의 중요성과 가치를 이해하고 더 좋은 해법을 찾는 데 긍정적 기여를 할 수 있다.

츠빙글리가 노동하는 사람들을 하나님과 가장 비슷한 창조적인 일을 하는 사람들이라고 비유한 것은 "좋은 노동"이 내포하는 창의성과 생산성을 회복하여야 함을 강조했던 것이다.[43] 그러한 강조는 도로테 죌레가 역설했던바 노동 소외 현상을 지양하며 노동을 통하여 하나님이 각 개별적 인간에게 부여한 재능, 곧 은사의 다양성을 발휘할 수 있는 일에 기쁘게 동참하도록 돕는 것이다. 각 개인의 선택할 자유의 폭을 넓히고 노동 영역에서 은사에 따른 다양성을 펼치도록 돕는 기본소득의 도입은 그러한 가능성을 현실화하는 데 도움이 될 수 있다.

개혁주의 원리의 가장 근본적인 문법은 하나님의 은혜를 강조하는 것이라는 점은 앞에서 언급하였다. 모든 사람에 대한 하나님의 보편 사랑의 원리에서 볼 때 각 사람이 지닌 본래적 은사는 더욱 부각될 수 있다. 따라서 '모두의 것을 모두에게'라는 은혜에 기반한 공유부의 원칙과 함께 노동을 소명의 관점이 아니라 각 사람에게 주어진 은사의 측면에서 고찰하고자 하는 관점의 전환이 중요하다. 각 개인의 은사를 강조하

43 훌트라이히 츠빙글리/임걸 옮김, "스위스 연방에 대한 간곡한 경고", 『츠빙글리 저작 선집 I』(2014), 374.

고 성령론적 일의 신학을 말한다는 것은 하나님의 은혜의 차원을 말하면서도 하나님의 몸의 많은 지체로서 각각의 은사(고전 12:12-27)를 인정하는 것을 전제로 하기 때문에 기본소득의 원리인 보편성, 개별성, 무조건성, 평등성에 부합한다고 본다.

(ㄷ) 생명과 살림의 신학과 경제학의 재구성

모든 것의 근원이신 하나님은 우리의 삶이 풍성하게 이어지기를 원하신다(요 10:10). 북미 여성신학자 캐트린 태너(1957-)는 모든 자원과 자본이 삼위일체 하나님의 사랑으로 우리에게 보편적으로 조건 없이 주어졌음을 강조하며 경제학적 원리를 경제학에만 맡겨두는 것이 아니라 신학적 과제로도 이해하고 은혜의 원리로 접근하고자 하였다.[44] 태너는 성서의 경제 원리를 미국식 자유시장경제 체제에 대비하여 부각시키며 신학적 의미를 지닌 경제 모델을 제시하고자 하여 하나님이 주신 것을 나누는 것에 방점을 두고 은혜의 경제학을 전개하였다. 무한 경쟁 체제에서 "보이지 않는 손"[45]의 법칙에 경제를 맡겨두는 것이 아니라 기존의 경제 구

44 정미현, "기본소득 담론에 대한 생태여성신학적 접근"(2021), 8-9.

45 근대 경제학의 초석을 놓았으며 국교회 제도를 반대하고 성직자들의 자유 경쟁 체제를 주장했던 계몽주의 사상가 애덤 스미스가 1789년 발간한 『국부론』에서 사용한 "보이지 않는 손"(an invisible hand)이라는 숨겨진 신학적 은유는 실제로 이 책에서 1회만 나오는 표현임에도 굉장히 큰 영향을 남겼다. 애덤 스미스/유인호 옮김, 『국부론』(서울: 동서문화사, 2008), 465. 스미스가 『국부론』뿐 아니라 『도덕 감정론』 등에서 말하고자 한 것은 자유주의 시장경제 체제에 모든 것을 방임적으로 맡기라는 것이 아니라 신의 섭리 안에서 서로가 공감 능력을 가지고 경제를 활성화하여 많은 사람이 그 열매를 함께 누리라는 것이었다. 그는 사회 구성원들이 애정과 애착의 유쾌한 유대로 연결되는 것과 상호 선행을 강조하려 했던 것이었다. 애덤 스미스/김광수 옮김, 『도덕 감정론』(파주: 한길사, 2016), 237. 그러한 점에서 스미스의 본래 의도가 많이 왜곡되어 확산하였음을 알리고 교정하는 내용을 담은 다음 책을 참고하라. 김근배, 『애덤 스미스의 따뜻한 손』(서울: 중앙북스, 2016).

조와 체제에 대한 대안으로서 신학적 경제학을 제시하자는 것이다. 그 핵심은 하나님 사랑과 이웃 사랑이라는 기독교적 원칙을 적용하여 조건 없는 기부, 비경쟁적 원리와 협력, 시장 자유 만능주의로부터의 탈피를 부각하는 것이다. 태너는 보편 복지 이론에 비중을 두어 선택적 복지를 교정하고 개인주의화된 부의 축적 방법과 현실 자본주의의 문제성을 지적하고 공유 개념을 부각하고자 하였다.[46]

한편 태너가 은혜의 차원에서 경제학적 원리를 설명한 것에는 동의하지만 그 내용이 추상적 차원에만 머물고 현실적으로 구체화하기는 어렵다고 보면서 말콤 토리는 기본소득 이론을 구체적 대안으로 제시하며 정당화한다.[47] 생산, 소비를 포함한 경제 전반에 순환 방식의 재구성이 필요한 상황에서 기본소득은 임금 노동뿐 아니라 노동에 대한 정의를 새롭게 할 뿐 아니라 각자의 은사와 관심사에 따라 노동의 내용과 질을 재규정할 수 있는 새로운 차원을 제시할 수 있는 방안이라고 보았던 것이다. 기본소득은 노동에 대한 보상이 아니지만 고용 유연성을 촉진하고 노동의 다변화, 상부상조하는 노동, 윤리적 가치를 높이는 노동에 도움을 줄 수 있을 것으로 기대된다.[48] 기본소득 담론을 이끌어가는 스위스

---

46 Kathryn Tanner, *Economy of Grace* (Minneapolis, MN: Fortress Press, 2005), 99-142.

47 태너가 경제학에 대한 이해가 부족하며 현실에 대한 접근 방식이 나이브하다는 지적은 토리 외의 학자에게서도 여러 형태로 나왔는데, 한 여류 경제학자의 비판적 평가도 참고할 만하다. Rowena Pecchenino, "On Tanner's 'Economy of Grace': An Economist Responds," *Irish Theological Quarterly* 72/1 (2007), 96-104.

48 말콤 토리는 여성이 금전적 가치로 환산되지 않는 돌봄 노동에 주로 관여할지라도 현금을 받게 되는 기본소득의 지급을 통하여 재무 상태가 전반적으로 좋아질 것으로 예상했다. 또한 자녀가 있는 기혼 여성일 경우 아동의 기본소득은 주로 어머니에게 지급될 것이므로 여성들에게 오히려 도움이 될 수 있다고 보았다. 말콤 토리/이영래 옮김, 『왜 우리에겐 기본소득이 필요할까』(서울: 생각이음, 2020), 97-98.

의 대표적 여성신학자 이나 프레토리우스의 표현대로 우리는 서로 돌봄에 빚진 자들이다. 이 세상은 자비와 연민으로 일하는 수많은 손들에 의하여 지탱된다. 따라서 자비와 연민으로 이 세상을 구성해야지, 보이지 않는 시장의 자유로운 법칙에만 모든 것을 내맡겨두어서는 안 될 것이다. 그런 선한 힘들의 가치가 더 가시화되어야 할 것이다.[49]

이윤 추구가 극대화되고 고삐 풀린 듯한 자본 만능주의가 지배하며 도덕과 가치의 문제가 경제학과 유리되는 현실은 비단 오늘날에만 찾아볼 수 있는 새삼스러운 상황이 아니다. 영국 케임브리지 대학교 최초의 여류 경제학 교수 조안 로빈슨(1903-1983)은 당시의 자유방임주의 학파 경제학자들의 위험성을 이렇게 지적한 바 있다.

> 자유방임주의 학파 경제학자들(the laissez-faire school)은 각 개인의 자기 이익 추구는 모두의 이익으로 환원된다는 점을 주장함으로써 도덕적인 문제들을 폐기시키고 있다. 그에 대해 반역적인 태도를 취하고 있는 현세대의 과제는 기술에 대한 도덕의 우위를 다시금 주장하는 것이다. 다시 말해서 사회과학자들의 임무는 그 과제가 얼마나 필요한 것이며 얼마나 어려운 것인가를 자유방임 경제학자들이 깨우치도록 도와주는 것이다.[50]

사회과학자들의 책임을 역설한 조안 로빈슨의 이러한 시각은 21세기 여성주의 정치철학자 낸시 프레이저에게도 이어지며 오늘날에도 여전

---

49 Ina Praetorius, *Erbarmen* (Gütersloh, Deutschland: Gütersloher Verlagshaus, 2014), 102.

50 필립 워가만/조연상 옮김, 『경제 이데올로기 대논쟁』(서울: 청사, 1981), 259. J. Philip Wogaman, *Christians and the Great Economic Debate* (London: SCM Press, 1977), 165-166.

히 유효함을 보여준다.[51] 자연, 노동, 돈이 모든 윤리적 의미를 박탈당한 채 내팽개쳐지지 않고 인간 사회의 근본적 토대인 시장이 윤리적·도덕적·정치적 규제의 그늘 안에 머무를 수 있도록 사회를 일깨우려는 노력이 필요하다는 뜻이다.[52]

기본소득 담론을 여성주의적 시각에서 긍정할 때 분배냐 인정이냐의 양자택일적 질문에서 벗어나서 두 축을 아우르며 이를 정치적 맥락에서 구축해나갈 수 있는 해법을 추구하는 것이 중요한데, 이를 위해서는 프레이저의 이론에 잇대어보는 것이 도움이 된다.[53] 프레이저가 내세운 주장의 골자는 경제적 분배, 문화적 인정, 정치적 대표성의 삼원적 구조와 프레임을 기초로 사회적 문제를 해결하자는 것이며, 시장화와 사회 보호를 넘어서는 제도적인 차원에서 해방의 돌파구를 추구하자는 것

---

51 프레이저는 보편적 생계 부양자 모델과 동등한 돌봄 제공자 모델의 두 유형을 비교하였다. 보편적 생계 부양의 틀에 맞추려면 여성 고용을 증진하여 젠더 정의를 강화할 수 있고 동등한 돌봄 제공자 모델은 비공식 돌봄 노동보다 적극적으로 금전적 지원을 함으로써 젠더 정의를 실현할 수 있겠으나 두 모델 모두 현실적 접근 가능성이 떨어지므로, 여성의 주변화를 줄이고 젠더 정의에 한 걸음 더 나아가는 현실적 방안으로 생계 부양과 돌봄 노동의 분배를 통하여 상호의존성을 강화하는 보편적 돌봄 제공자 모델을 제안한다. 즉, 기존의 성별 역할 분담과 노동 생활의 조직화에 대한 해체와 재구성이 불가피하다는 뜻이다. 여기에는 임금 노동, 돌봄 노동, 공동체 활동, 정치적 참여, 시민 사회 활동, 여가 선용 등 다차원적 시각의 사회 체계 변화가 필요하겠다. 위의 책, 157-192.

52 낸시 프레이저/임옥희 옮김, 『전진하는 페미니즘: 여성주의 상상력, 반란과 반전의 역사』(2018), 334.

53 프레이저는 서구 유럽의 복지 모델과 혜택이 신식민주의적 경영에 기초해 있다는 비판의식을 가지고 젠더, 종교, 문화, 계급 등 다차원적 현상을 고려하는 여성주의 이론을 전개해왔다. 그녀는 분배와 인정의 양가적 가치만 강조하는 이분법적 접근에서 벗어나서 경제적 측면에서의 분배, 문화적 차원에서의 인정, 정치적으로 표현되는 대표성이라는 삼원적 프레임을 추구한다. 또한 이에 덧붙여 시장 자유와 사회 보호의 양가성을 해소하고 넘어서는 여성주의적 정치적 해방 투쟁을 기획하는 것이다. 위의 책, 315-335.

이다.[54] 비록 프레이저가 기본소득을 문자적으로 언급하고 긍정한 것은 아니었지만 그 근본 원리를 유추하여 적용할 수 있다.

비슷한 맥락에서 이와 같은 시각의 변화를 추구하는 데 합류했던 대표적 생태 여성주의신학자 샐리 맥페이그(1933-2019)는 신학의 재구성을 통해 신학이 더욱 지속 가능하고 정의로운 사회와 정치로 변모해 가는 데 구체적으로 관여할 수 있어야 한다고 주장했다. 또한 신학이 경제를 재편성하게 하고 제도적 변화로 이어질 수 있어야 함을 역설하였다.[55] 맥페이그 또한 기본소득에 대한 구체적 언급을 한 것은 아니었으나, 특히 자연적 공유재의 보편 분배 차원을 강조한 그의 신학 재구성 원리와 이론들은 기본소득을 여성신학적으로 옹호하는 데 중요한 근거로 제시될 수 있다.

> 예수의 이야기는 우리에게 하느님의 나라, 곧 모두가 생명의 잔치에 참여하도록 초대받은 성만찬의 잔치인 하느님의 나라에서, 어떻게 이 집을 돌보아야 하는지에 대한 비전을 보여준다. 생태적 경제학, 곧 지구 혹성을 위한 집안 경제의 이야기는 그 비전을 향해 우리가 일해야 하는 방식을 보여준다. 즉 지구가 번창하도록 자원을 나누어야만 하는 방식(지속 가능성을 위한 분배 정의)이다.[56]

한국의 여성신학자 박순경은 한국적 상황신학으로서의 통일신학을 전

---

54 위의 책, 261-335.

55 샐리 맥페이그/김준우 옮김, 『기후변화와 신학의 재구성』(서울: 한국기독교연구소, 2008).

56 위의 책, 125.

개하면서, 기독교가 분단 이데올로기의 첨병 혹은 노예로 작동하는 것이 아니라 민족의 자주성과 주체적 의식을 감지하고 생명 공동체, 평등 공동체를 향한 관계 회복에 이바지할 것을 촉구한 바 있다. 박순경의 여성주의적 통일신학의 핵심은 6·25전쟁 이후 분단 체제를 유지하는 군산 복합체의 폐단과 그 기득권을 유지하려는 사회 구조의 문제성을 외면하는 기독교에 대한 자성적 비판이었다.[57] 이 점은 츠빙글리가 전쟁을 통하여 사회경제 체제를 유지하던 당시의 기독교를 비판하던 것과 맞물린다. 기독교 공동체는 분단을 합리화하고 유지하는 이익 집단으로 자리매김할 것이 아니라 하나님과 사람과 자연과의 진정한 평화 실현을 위한 촉매제의 역할을 해야 한다. 그러한 점에서 교회와 신학은 기본소득을 좌파 이데올로기의 산물로 매도할 것이 아니라 그 의미와 취지를 열린 마음으로 받아들이고 건설적으로 적용할 수 있도록 함께 노력해야 할 것이다.

노동 구조와 문화, 그리고 사회 정책의 방향성에 대한 대안 제시 이외에 기본소득이 지급될 때 기대할 수 있는 여성과 관련된 변화는 다음과 같다. 우선 무조건성, 보편성, 개별성의 원칙을 표방하는 기본소득은 일정 액수의 기본 금액으로도 여성을 포함한 프레카리아트가 불합리한 고용 조건을 수동적으로 수용하는 상황을 어느 정도 예방할 수 있다. 또한 기본소득의 도입으로 삶의 기본적 토대가 마련되고 일자리 재분배와 재편성이 가능해지면 성별 분업화를 넘어서는 돌봄 노동의 민주적 실천, 자율적 노동 선택권과 창의적 활동, 노동과 여가의 균형 등 노동에 대한 능동적 조율이 가능하게 된다. 또한 여유 시간이 생긴다면 사회적

---

57 박순경, 『통일신학의 미래』(서울: 사계절, 1997), 109-117.

관계망을 건강하게 발전시키는 자원봉사, 비영리 활동도 더욱 가능해질 수 있으므로 사회 전체에 긍정적 영향을 가져올 것이다.[58] 그리고 기본소득이 도입되고 노동 유연제가 지금보다 더 정착되면 여성들에게도 더욱 다양한 임금 노동의 기회가 주어질 수 있으며, 남성들도 돌봄 노동을 체험함으로써 남성들에게 익숙하지 않던 삶의 다른 차원을 이해하는 효과가 생길 수 있다.

요약하자면 보편적 기본소득을 통하여 어느 정도 기본적 삶을 영위할 수 있다면 일자리 문화에서 생겨나는 갑질과 종속 구조, 권력형 젠더 불평등 구조로부터 여성이 자신을 더욱 능동적으로 보호할 수 있을 것이다. 그와 같은 유기체적이며 상호 호혜적인 일과 여유를 통하여 우리 사회와 문화가 더 건설적인 방향으로 한 걸음 나아갈 수 있을 것이라고 기대한다. 이것은 여성주의 이론과 여성신학에서 꾸준히 제안해온 탈가부장주의적 모델 및 유기체적 생명 공동체 모델과 맞물리는 것이며, 이제는 이 논의를 기본소득과 연관 지어 더욱 구체화할 수 있어야 할 것이다. 기본소득이 현대 기술 문명 사회에서 건강한 삶의 방식을 위한 하나의 도구와 체계로 작동할 수 있으리라고는 기대하지만, 기초적 생계를 유지할 수 있는 자본 혹은 기본소득이 저절로 유토피아를 만들어주지는 않을 것이다.[59] 따라서 그러한 요소들이 하나님 나라를 향한 비전 가운데

---

58 Ronald Blaschke, "Die Notwendigkeit des Bezugs verschiedener emanzipatorischer Ansätze in der feministischen und postpatriarchalen Debatte zum Grundeinkommen," in Roland Blaschke & Ina Praetorius & Antje Schrupp (Hg.), *Das bedingungslose Grundeinkommen: feministische und postpatriarchale Perspektiven* (Sulzbach/Taunus, Deutschland: Ulrike Helmer Verlag, 2016), 100.

59 기본소득이 기술력에 의하여 일자리가 상실되고 기계와 인간이 경쟁하는 디스토피아에서 인간의 기본적 삶을 유지하게 해줌으로써 유토피아로 이끌어주는 동력이 될 것이라고 보기 때문에 기본소득을 주장하는 학자들도 있다. 이노우에 도모히로/김소운 옮

공동체성을 강화하고 인간과의 관계성을 더욱 돈독하게 하는 방향으로 가도록 제대로 이끌 필요가 있다.

3) 나가는 말

기본소득의 도입을 긍정적으로 검토하고자 한 이 논문에서는 개혁주의의 원리라는 토대와 여성주의적 시각에서, 경제 활동을 하는 모든 사회 구성원 사이의 유기체적 관계성의 확대라는 측면에서 기본소득이 가져올 순기능을 지지할 수 있음을 밝히고자 하였다. 기본소득이 젠더 정의 실현의 유일한 수단은 아니고 여러 가지 한계도 있지만[60] 결혼 여부를 떠나 여성이 능동적으로 삶을 설계할 수 있는 자유와 자립할 수 있는 힘을 실어주며 차별에 저항할 최소한의 기반을 마련하는 데 도움을 준다고 보기 때문이다. 정리하면 기본소득의 도입으로 기대되는 긍정적 효과는 다음과 같다. 첫째로 개별성, 무조건성, 보편성의 원칙으로 경제 불평등 해소에 기여하는 것이다. 둘째로 돌봄 노동, 가사 노동 등 무임금/저임금 노동의 가치를 인정하고 노동 문화를 개선하는 것이다. 셋째로 노동 시간의 유연화를 통하여 여성의 은사에 따른 선택적 사회 참여를 확대하고 효율성에 기여하는 것이다. 즉, 기본소득은 노동 폐지론 혹은 노동 무용론을 말하는 것이 아니다. 또한 돌봄 노동, 자원봉사, 가사 노동 등 주

김, 『모두를 위한 분배』(서울: 여문책, 2018), 269.

60 Susann Worschech, *Soziale Sicherheit neu denken. Bedingungsloses Grundeinkommen und bedarfsorientierte Grundsicherung aus feministischer Sicht* (2012), 46.

로 여성들이 부담해온 무급 노동을 단순히 유급화하자는 것도 아니다. 지금까지 평가 절하된 노동에 대한 사회적 인정 및 승인을 촉진하고 은사에 따른 능동적 노동을 유인하여 더 긍정적인 효과를 기대하자는 것이다. 이러한 장치는 자본주의와 사회주의의 이원화를 넘어 제3의 길을 가능하게 함으로써 사회경제 체제 전반의 변화를 도모할 것이다.[61]

기본소득의 논의를 발전시키는 과정은 소수에 의한 일방적 정책 결정이 아니라 다양한 사회 요소와 다원화된 인과 관계를 종합적으로 검토하며 단계적으로 접근하는 점진주의(incrementalism) 방식으로 이루어져야 한다. 보다 구체적이며 현실적인 접근 방안으로는 변동형 기본소득의 형태로[62] 여성, 육아, 청년, 농민 등에 대해 기본소득을 부분적·순차적으로 시행하는 것이 바람직할 것이다. 이것은 정책이나 법안 입안자들만의 과제가 아니다. 사회의 보편적 인식 및 사회문화적 변화를 도모하고 숙의의 과정을 거쳐 사회적 합의에 이르기 위하여 애쓰는 사회 구성원 전체의 다각적 노력이 어우러져야만 가능한 일이다.

참고문헌

권정임. "기본소득과 젠더 정의." 「마르크스주의 연구」 10/4(2013), 105-141.
금민. 『모두의 몫을 모두에게』. 서울: 동아시아, 2020.
김근배. 『애덤 스미스의 따뜻한 손』. 서울: 중앙북스, 2016.

---

61 권정임, "기본소득과 젠더 정의"(2013), 112-114.

62 변동형 기본소득제에 관해서는 이 책에 실린 전강수의 글을 참고하라. "좌우파 기본소득 모델과 변동형 기본소득제"(이 책 271-314쪽).

맥페이그, 샐리/김준우 옮김. 『기후변화와 신학의 재구성』. 서울: 한국기독교연구소, 2008.
박순경. 『통일신학의 여정』. 서울: 한울, 1992.
______. 『통일신학의 미래』. 서울: 사계절, 1997.
박이은실. "성체제와 기본소득." 「마르크스주의 연구」 10/2(2013), 43-65.
______. "기본소득, 성해방으로 가는 기본 열쇠." 「여/성이론」 31(2014), 28-76.
______. "페미니스트 기본소득 논의의 지평확장을 위하여." 「페미니즘 연구」 14/1(2014), 3-34.
볼프, 미로슬라브/백지윤 옮김. 『일과 성령』. 서울: IVP, 2019.
스미스, 애덤/김광수 옮김. 『도덕 감정론』. 파주: 한길사, 2016.
스미스, 애덤/유인호 옮김. 『국부론』. 서울: 동서문화사, 2008.
아렌트, 한나/이진우 옮김. 『인간의 조건』. 서울: 한길사, 2017.
안숙영. "젠더의 렌즈로 본 기본소득: 가능성과 한계." 「한국여성학」 36/2(2020), 41-74.
______. "독일에서의 젠더와 기본소득 논의." 「EU 연구」 55(2020), 260-261.
오피츠, 페터/정미현 옮김. 『츠빙글리의 종교개혁, 얼마나 알고 계셨나요?』. 서울 연세대학교 출판문화원, 2020.
워가만, 필립/조연상 옮김. 『경제 이데올로기 대논쟁』. 서울: 청사, 1981.
이노우에 도모히로/김소운 옮김. 『모두를 위한 분배』. 서울: 여문책, 2018.
일리치, 이반/노승영 옮김. 『그림자 노동』. 서울: 사월의책, 2015.
정미현. 『또 하나의 여성신학 이야기』. 서울: 한들, 2007.
______. "용병제도를 통해 본 츠빙글리 종교개혁의 사회 경제적 배경." 「유럽사회문화」 15(2015), 241-270.
______. "노동의 재분배에 대한 여성신학적 고찰: 기본소득 논의와 관련하여." 「기독교사회윤리」 42(2018), 241-264.
______. "기본소득 담론에 대한 생태여성신학적 접근." 「생명연구」 61(2021), 1-26.
츠빙글리, 훌트라이히/임걸 옮김. "누가 사회를 혼란스럽게 만들었는가." 『츠빙글리 저작 선집 I』. 서울: 연세대학교 대학출판문화원, 2014.
츠빙글리, 훌트라이히/임걸 옮김. "슈비츠 사람들에 대한 하나님의 경고." 『츠빙글리 저작 선집 I』. 서울: 연세대학교 대학출판문화원, 2014.
츠빙글리, 훌트라이히/임걸 옮김. "스위스 연방에 대한 간곡한 경고." 『츠빙글리 저작 선집 I』. 서울: 연세대학교 대학출판문화원, 2014.
츠빙글리, 훌트라이히/임걸 옮김. "자유로운 음식 규정에 대하여." 『츠빙글리 저작 선집 I』. 서울: 연세대학교 대학출판문화원, 2014.
토리, 말콤/박기주 옮김. 『시민기본소득: 기독교적 사회정책』. 서울: 해남, 2020.
토리, 말콤/이영래 옮김. 『왜 우리에겐 기본소득이 필요할까』. 서울: 생각이음, 2020.
프레이저, 낸시/임옥희 옮김. 『전진하는 페미니즘: 여성주의 상상력, 반란과 반전의 역사』. 파주: 돌베개, 2018.
피케티, 토마/안준범 옮김. 『자본과 이데올로기』. 서울: 문학동네, 2020.
하아스, 마르틴/정미현 옮김. 『훌드리히 츠빙글리』. 서울: 한국기독교장로회 신학연구소, 1999.

Birch, Bruce C. & Rasmussen, Larry L. *Bible and Ethics in the Christian Life*. Minneapolis, MN: Augsburg Pub. House, 1976.
Blaschke, Ronald. "Die Notwendigkeit des Bezugs verschiedener emanzipatorischer Ansätze in der feministischen und postpatriarchalen Debatte zum Grundeinkommen." In Roland Blaschke & Ina Praetorius & Antje Schrupp (Hg.). *Das bedingungslose Grundeinkommen: feministische und postpatriarchale Perspektiven*. Sulzbach/Taunus, Deutschland: Ulrike Helmer Verlag, 2016.
Fuhrer, Hans Rudolf & Eyer, Robert-Peter. *Schweizer in Fremden Diensten*. Zürich, Switzerland: Neue Zürcher Zeitung, 2006.
Historischer Verein des Kantons Schwyz (Hg.). *Herren und Bauern 1550-1712. Geschichte des Kantons Schwyz*. Band 3. Zürich, Switzerland: Chronos, 2012.
Hüssy, Hans. "Aus der Finanzgeschichte Zürichs in der Reformationszeit." *Zwingliana* 8/6 (2010), 341-365.
Gheaus, Anca. "Basic Income, Gender Justice and the Costs of Gender-Symmetrical Lifestyles." *Basic Income Studies. An International Journal of Basic Income Research*. 3/3 (2008).
Peyer, Hans Conrad. "Die wirtschaftliche Bedeutung der fremden Dienste für die Schweiz vom 15. bis zum 18. Jahrhundert." *Könige, Stadt und Kapital. Aufsätze zur Wirtschafts- und Sozialgeschichte des Mittelalters*. Zürich, Switzerland: Neue Zürcher Zeitung, 1982.

Praetorius, Ina. *Erbarmen.* Gütersloh, Deutschland: Gütersloher Verlagshaus, 2014.
Tanner, Kathryn. *Economy of Grace.* Minneapolis, MN: Fortress Press, 2005.
Wogaman, J. Philip. *Christians and the Great Economic Debate.* London: SCM Press, 1977.
______. *Economics and Ethics: A Christian Enquiry.* London: SCM Press, 1986.
Worschech, Susann. *Soziale Sicherheit neu denken. Bedingungsloses Grundeinkommen und bedarfsorientierte Grundsicherung aus feministischer Sicht.* Berlin: Heinrich-Böll-Stiftung, 2012.

온라인 자료

Straumann, Tobias. "Genfer Bankiers, hochqualifizierte Glaubensflüchtlinge und Seidenhändler: Wie sich die Reformation auf die Schweizer Wirtschaft auswirkte." *Neue Züricher Zeitung*. 2017. 4. 27. https://www.google.com/amp/s/www.nzz.ch/amp/wirtschaft/reformation-zeit-der-wirtschaftlichen-aufbrueche-ld.1289019. 2021. 6. 20 접속.
United Nations. "The World's Women 2015: Trends and Statistics," 194-199. https://unstats.un.org/unsd/gender/downloads/worldswomen2015_report.pdf. 2021. 3. 20 접속.
https://www.oecd.org/gender/data/employment. 2021. 3. 20 접속.
박예슬·조윤주. 「2020년 서울시 성인지통계: 서울 여성과 남성의 일생활균형 실태」. https://opengov.seoul.go.kr/analysis/view/?nid=22054904. 2021. 3. 20 접속.
연윤정. "서울 여성 하루 2시간 26분 가사노동, 남성의 3배." 「매일노동뉴스」. 2020. 1. 20. http://www.labortoday.co.kr/news/articleView.html?idxno=200938. 2021. 3. 20 접속.

IV.

기본소득 실현을 위한 사회윤리적 제안과 사회과학적 고찰

1. 생태학적 지향의 기본소득에 관한 사회윤리적 구상

국민 경제 수준의 소득 분배 계획에 바탕을 두고서

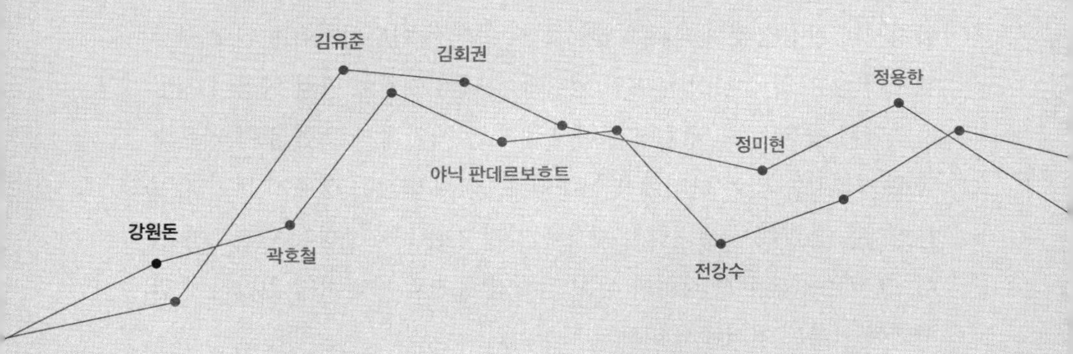

강원돈

한신대학교 신학부 은퇴교수·대우교수

한국신학대학교 신학과(Bachelor of Theology) 및 대학원 신학과를 졸업(Th. M.)하고 독일 루르 대학교 개신교신학부에서 신학 박사 학위(Dr. theol.)를 받았다. 박사 학위 논문은 "생태학적 노동 개념을 규명하여 경제윤리의 근거를 새롭게 설정함: 인간적이고 사회적이고 생태학적 친화성을 갖는 노동을 형성하는 데 고려할 규준들과 준칙들에 대한 해명"이다. 『물(物)의 신학: 실천과 유물론에 굳게 선 신학의 모색』, 『살림의 경제』, 『인간과 노동』, 『지구화 시대의 사회윤리』, 『사회적 개신교와 디아코니아』 등 20여 권의 저서와 공저가 있으며 "유물론적 역사관과 기독교 신학의 대화", "만민(萬民)에서 개인(individual)으로의 전환" 등 300여 편의 논문과 학술 에세이 등을 집필했다.

1) 들어가는 말

사회적이고 생태학적인 경제 민주주의의 관점에서 볼 때 생태계 보전과 기본소득은 함께 가야 한다. 지금까지 두 이슈는 별개로 논의되어왔고 둘을 통합해서 다루는 관점과 방법은 아직 본격적으로 제시되지 않았다.[1] 그동안 필자는 생태계 보전의 원칙에 따라 경제 활동은 생태계의 안정성과 건강성을 파괴하지 않는 한도 안에서 이루어져야 한다고 주장했으며[2] 인간의 존엄성 보장의 원칙과 정의의 원칙에 따라 국가나 지방자치단체 같은 정치 공동체가 나서서 모든 시민에게 조건 없이 기본소득을 지급하는 것이 마땅함을 논증했다.[3] 이제 필자는 생태계 보전과 기본소득을 통합해서 생태학적 지향을 가진 기본소득 구상을 펼치고자 한다. 그것은 생태학적 정의와 사회 정의가 동전의 양면처럼 긴밀하게 결합되어 있다는 인식에서 비롯된 구상이다.

생태계 보전을 염두에 두고 있는 학자들은 '녹색 기본소득'을 논의하고 있으나 단지 탄소세를 징수하여 기본소득으로 균분하자는 주장에 그치고 있다.[4] 우리 정부는 포스트 코로나 시대를 대비하기 위해 '한국

---

1 권정임은 사회적 생태론자인 앙드레 고르츠의 기본소득론을 비판적으로 검토하면서 생태계 보전과 기본소득의 연관을 시사한 바 있다. 이에 대해서는 권정임, "생태사회와 기본소득: 고르츠의 기본소득론에 대한 비판과 변형", 강남훈·곽노완 외, 『기본소득의 쟁점과 대안사회』(서울: 박종철출판사, 2014), 204을 보라.

2 강원돈, "사회적이고 생태학적인 경제민주주의를 향하여", 「신학사상」 105(1999), 65-92.

3 강원돈, "기본소득 구상의 기독교윤리적 평가", 「신학사상」 150(2010), 178-215.

4 금민은 탄소세 징수에 근거한 생태 배당을 중심으로 '녹색 기본소득'을 논의한 바 있고, 최근 조혜경은 탄소세를 시민 배당으로 나누는 방안에 대하여 본격적인 연구 성과를

판 뉴딜'의 틀에서 그린 뉴딜을 추진해왔지만, 그린 뉴딜을 본격적으로 추진하려면 우리나라의 소득 분배 방식과 경제 운영 방식을 전면적으로 변경하여야 한다는 인식에는 전혀 이르지 못했다. 생태학적 정의와 사회 정의의 요구에 따라 시장경제를 규율하려면, 한편으로는 전통적인 에너지 공급 체계와 산업 구조, 길게 늘어진 가치 생산 사슬을 뒷받침하는 물류 체계와 교통 체계를 해체하고, 다른 한편으로는 소득 분배의 규칙을 바꾸어서 생태계 보전을 위한 지출을 늘리고 돈벌이 노동과 생활 활동을 사회적으로 새롭게 조직하기 위하여 기본소득을 전면적으로 도입하여야 한다. 기본소득과 생태계 보전의 결합은 시장경제를 재구성하기 위한 기본 설계다.

생태학적 지향을 가진 기본소득 구상을 제시하기 위해 필자는 먼저 경제계와 생태계 사이의 에너지-물질 순환에 대한 인식에 바탕을 두고 생태학적 정의와 사회 정의의 관계를 밝히고자 한다. 그다음 '한국판 뉴딜'의 틀에서 추진되는 그린 뉴딜의 근본적인 문제점을 짚고, 마지막으로 국민 경제 차원의 소득 분배 계획의 틀에서 사회적이고 생태학적인 기본소득의 재원 마련 방안을 제시하겠다.

내고 있다. 이에 대해서는 금민, "녹색 기본소득은 가능한가", 『모두의 몫을 모두에게: 지금 바로 기본소득』(서울: 동아시아, 2020), 362f; 조혜경, "탄소배당 연계 탄소세 도입의 필요성 및 기본 방향", *Alternative issue Paper* 22 (2020). https://alternative.house/alternative-issue-paper-no22를 보라. 조혜경은 탄소세가 한시적 세원이라는 점을 들어 탄소세 도입과 기본소득을 연계하는 것에 대해서는 유보적 입장을 취한다.

2) 생태학적 정의와 사회 정의

생태계와 경제계의 에너지-물질 순환 관계에 대한 인식에 바탕을 두고 생각해볼 때 생태학적 정의와 사회 정의는 서로 불가분의 관계에 있으며 두 정의를 실현할 가능성 조건은 사회적이고 생태학적인 경제 민주주의의 확립이다.

(1) 생태계와 경제계 사이의 에너지-물질 순환 관계에서 본 사회 정의와 생태학적 정의의 관계

사회 정의와 생태학적 정의가 동전의 양면처럼 결합되어 있다는 인식은 우리나라에서도 그렇지만 세계 여러 나라의 많은 사람에게 여전히 낯설다. 사회 정의를 앞세우는 노동자들은 생태계의 안정성과 건강성을 유지해야 한다는 생태계 보전 운동에 큰 관심을 기울이지 않았고 그 반대도 마찬가지였다. 그러나 생태계와 경제계의 관계를 파악하고 경제계 안에서 생산과 소비의 관계를 인식한다면, 사회 정의 없이 생태학적 정의 없고 생태학적 정의 없이 사회 정의 없음을 깊이 통찰하게 될 것이다.

생태계와 경제계가 에너지-물질 순환 관계에 있다고 보는 관점은 칼 마르크스에게서 최초로 명확하게 나타났다.[5] 그러한 관점은 마르크

---

5 마르크스는 노동을 '자연과의 물질 교환'으로 규정했다. 이 규정이 나오는 맥락에서 마르크스가 염두에 두고 있는 것은 개인의 노동만이 아니라 사람들이 욕망을 충족하기 위해 자연을 대상으로 하는 활동 일반을 뜻한다. 마르크스의 노동 규정은 인간이 펼치는 산업이나 문화가 자연으로부터 물질을 끌어들여 변형시키고 그 부산물을 자

스 이론과는 전혀 무관한 개방계 이론에 의해 뒷받침되었다. 개방계 이론에 따르면 생태계로부터 경제계로 투입되는 에너지와 물질의 양은 경제계로부터 생태계로 방출되는 폐기 에너지와 폐기 물질의 양과 동일하다.[6] 만일 경제계에서 대량 생산과 대량 소비가 서로 맞물려 돌아간다면, 생태계에 부존하던 에너지와 물질은 경제계에 대량으로 투입되고 경제계에서 발생한 폐기 에너지와 폐기 물질은 생태계로 대량으로 방출될 것이다. 그것은 대량 생산과 대량 소비 시스템으로 인하여 생태계에 부존하던 에너지 자원과 물질 자원이 급속히 고갈되고 생태계에 엄청난 폐기 물질과 폐기 가스가 축적된다는 뜻이다. 폐기 물질과 폐기 가스는 생태계의 건강성과 안정성을 근본적으로 위협하고 생태계 위기를 촉진한다. 따라서 부존 자원의 고갈과 생태계 위기는 동전의 양면처럼 결합되어 있다.

그렇다면 부존 자원의 고갈과 생태계 위기를 불러오는 대량 생산과 대량 소비는 어떻게 해서 서로 맞물리게 되었는가? 자본주의 경제에서 대량 생산은 자본이 빠르게 큰 규모로 축적되어 생산 능력을 확대하기 때문에 발생하는 현상이고 대량 소비는 대량 생산에 뒤따르는 현상이

연에 내보내는 과정을 뜻한다. Karl Marx, *Das Kapital: Kritik der politischen Ökonomie* (Berlin: Dietz, 1975), 192. 이러한 마르크스의 인식은 생태 마르크스주의자들의 기본 프레임을 이룬다. 이에 대해서는 라이너 그룬트만/박만준·박준건 옮김, 『마르크스주의와 생태학』(서울: 동녘, 1995); John Bellamy Foster, *Marx's Ecology: Materialism and Nature* (New York: Monthly Review Press, 2000); E. Altvater, *Grenzen der Globalisierung: Ökonomie, Ökologie und Politik in der Weltgesellschaft*, 7. Aufl. (Münster, Deutschland: Verl. Westfälisches Dampfboot, 2007); 사이토 고헤이/추선영 옮김, 『마르크스의 생태사회주의: 자본, 자연, 미완의 정치경제학 비판』(서울: 두번째테제, 2020) 등을 보라.

6 E. P. Odum, *Prinzipien der Ökologie: Lebensräume, Stoffkreisläufe, Wachstumsgrenzen* (Heidelberg, Deutschland: Spektrum der Wissenschaft, 1991), 50ff.

다. 자본주의 경제에서 자본의 축적은 노동자들에게 돌아가는 몫을 제도적으로 착취하는 데서 비롯된다. 따라서 자본의 축적과 사회적 가난은 함께 간다. 이러한 구조적 모순은 생산과 소비가 서로 맞물려 돌아갈 수 없게 만들기 때문에 공황이나 식민지 쟁탈, 세계대전을 피할 수 없었다. 이러한 뼈아픈 경험을 한 나라들은 케인스주의에 바탕을 둔 국가 개입주의적 시장경제 체제를 구축했다. 국가 개입주의의 중요한 목표 가운데 하나는 유효 수요를 확대하여 생산과 소비의 거시 균형을 이루는 것이었고 그 목표를 달성하는 수단으로 채택된 것이 임금 상승과 소득 재분배였다. 국가 개입주의로 대량 생산과 대량 소비가 서로 맞물리면서 자본주의가 황금기를 구가하게 되었지만 그것은 어디까지나 자본 축적이 보장되는 한에서만 작동할 수 있는 체제였다. 1960년대 말부터 본격화한 자본 축적 위기와 스태그플레이션, 실업 증가, 사회 복지 지출 증가, 국가 부채 급증 등이 악순환을 이루며 국가 개입주의가 와해되자 신자유주의 체제가 들어섰고 강력한 자본 축적 드라이브가 걸렸다. 신자유주의 체제에서 국가는 긴축 정책을 폈고 자본 축적은 엄청나게 증가했으며 가계 소득은 줄어들었다. 대량 생산이 필요로 하는 대량 소비는 오직 가계 부채의 증가를 통해서만 가능했다. 실로 자본 축적을 동력으로 삼아 발전하는 자본주의 체제는 국가 부채나 가계 부채의 증가를 통해서만 생산과 소비를 서로 맞물리게 할 수 있는 특수한 체제다. 그 체제는 민중을 부채에 묶어 자유를 잃게 하고 부채의 팽창에 의해 지탱되는 오늘날의 대량 생산과 대량 소비를 위하여 미래 세대가 향유해야 할 생태계의 부를 미리 끌어다가 탕진함으로써 생존의 생태학적 기반을 무너뜨린다.

위에서 말한 바로부터 얻는 결론은 분명하다. 사회적 가난을 불러오는 바로 그것이 생태계 위기를 불러일으킨다. 사회적 가난과 생태계 위기는 별개의 사안이 아니라 동전의 양면처럼 결합해 있다. 사회적 가난과 생태계 위기를 동시에 불러일으키는 장본인은 자본 축적과 팽창의 기제다. 그렇다면 자본 축적과 팽창의 기제는 어떻게 제어되어야 할까?

(2) 사회 정의와 생태학적 정의를 실현하기 위한 제도적 기반으로서의 경제 민주주의

자본 축적과 팽창의 기제를 제어할 수 있는 가장 결정적인 제도적 장치는 노동과 자본의 권력 관계를 균형에 이르게 하는 것이다. 오직 그런 권력 균형의 제도적 조건 아래서만 과도한 자본 축적을 억제할 수 있고 사회적 가난과 생태계 위기를 동시에 해결할 전망을 세울 수 있다. 그 전망의 핵심은 축적된 자본의 상당 부분을 퍼내어 한편으로는 사회적 가난을 해소하고 다른 한편으로는 생태계 위기를 극복하는 데 투입하는 것이다. 생태계와 경제계의 에너지-물질 순환 과정에 대한 인식은 생태계의 안정성과 건강성을 유지하지 않고서는 그 어떤 경제 체제도 지속될 수 없다는 통찰로 이끈다. 지속 가능한 경제는 생태계의 안정성과 건강성을 유지하기 위해 경제적 성과의 상당 부분을 지출하는 경제다.

이런 점들을 고려할 때, 자본과 노동의 관계를 바르게 규율하는 사회 정의가 바로 세워지지 않으면 생태학적 정의가 실현될 수 없고, 생태계를 구성하는 생명체들과 무생물체들의 네트워크를 온전히 보존할 것을 요구하는 생태학적 정의 없이는 사회 정의를 제대로 논할 수 없다고 봐야 한다. 여기서 사회 정의와 생태학적 정의는 정의 개념의 가장 근본적 의미인 바른 관계의 두 형식이다. 자본의 노동 포섭에서 나타나는 대상화, 지배, 수탈, 차별 등이 바른 관계가 아니고 정의의 요구를 충족시키지 못한다고 말해야 하듯이, 생태계와 경제계의 에너지-물질 순환을 교란하여 생태계의 핵심을 이루는 관계들의 망상 구조를 무너뜨리는 것을 불의라고 지적해야 한다. 오늘날 세계에서 사회 정의가 오직 자본의 노동 포섭을 해체하여 자본과 노동의 대등한 사회적 파트너 관계를 형성할 때만 실현될 수 있다면, 생태학적 정의는 생태계를 구성하는 삼라만상이 제각기 자기가 거하는 자리에서 서로 바른 관계를 맺으며 생태계 전체의 안정성과 건강성을 구현하는 방식으로 실현될 것이다.

생태계 위기에 대응하여 경제 운영의 기본 틀을 새롭게 짜려면 그 틀은 사회적이고 생태학적인 경제 민주주의에 바탕을 두어야 한다. 노동의 권력과 자본의 권력을 제도적 균형에 올려놓을 때 비로소 노동과 자본의 기능을 수행하는 세력들은 경제의 여러 층위에서 이해관계의 대립 속에서도 서로 협력할 수밖에 없는 파트너로서 함께 논의하고 함께 결정하는 경제 운영의 민주적 주체들로 마주 설 것이다. 국민 경제 수준의 소득 분배 계획을 논의하고 결정하는 자리에서도 노동과 자본은 동등한 위상과 권력을 가진 주체로서 상대할 수 있어야 한다.

자본과 노동의 사회적이고 민주적인 파트너 관계는 생태계와 경제계의 관계에서 생태학적 정의를 수립하는 제도적 장치의 필수 불가결한 한 부분을 이룬다. 생태학적 정의를 구현하기 위한 제도적 장치의 또 다른 부분은 생명체와 무생물체들이 생태계의 복합적이고 중층적인 네트워크에서 차지하고 있는 자신의 자리에서 현존할 권리를 인정하고, 그와 같은 '자연의 권리'를 주장하는 주체를 법률적으로 구성하는 것이다.[7]

7 자연의 권리에 대해서는 강원돈, "헌법의 기본권 체계에서 자유권, 사회권, 자연권, 참

기본권과 사회권이 헌법에 규정되어 있듯이 생태계를 구성하는 생명체들과 무생물체들의 권리를 자연의 권리로 헌법에 규정하고 그 권리를 주장하는 주체의 구성 원리를 규범적으로 제정한다면 국가의 성격은 생태학적 법치 국가로 바뀔 것이고, 그 국가의 법률적 절차에 따라 생태계의 권익을 대변하는 주체가 구성되어 생태계와 경제계의 관계를 규율하기 위해 결정을 내리는 권위 있는 기구에 참여할 수 있을 것이다.[8]

이처럼 기본권과 사회권과 자연권에 바탕을 둔 사회적이고 생태학적인 경제 민주주의의 제도적 기반 위에서야 비로소 생태계의 안정성과 건강성을 보장하기 위한 경제적 지출을 전제하면서 노동의 몫과 자본의 몫을 정의롭게 배분하는 사회가 구현될 수 있을 것이다.

정권의 관계", 김용복박사팔순기념논문집 편집위원회 엮음, 『민중과 생명』(서울: 동연, 2018), 205-209; K. M. Michael-Abich, *Wege zum Frieden mit der Natur: praktische Naturphilosophie für die Umweltpolitik* (München/Wien, Deutschland: Hanser, 1984), 164f; Klaus Bosselmann, *Ökologische Grundrechte: zum Verhältnis zwischen individueller Freiheit und Natur* (Baden-Baden, Deutschland: Nomos-Verl.-Ges., 1998), 351ff를 보라.

8 이 논문에서 생태학적 법치 국가를 상세하게 논할 수 없지만 한 가지만큼은 반드시 언급할 필요가 있다. 생태학적 법치 국가에서 "법질서는 인간의 권리들과 자연의 권리들을 똑같이 구현하여야 한다. 여기서 도출되는 결론은 인간의 이익과 자연의 이익이 원칙적으로 똑같은 비중을 갖는다는 것이다." Klaus Bosselmann, *Ökologische Grundrechte: zum Verhältnis zwischen individueller Freiheit und Natur* (1998), 373.

3) 그린 뉴딜의 근본적인 문제

그린 뉴딜은 우리나라뿐만 아니라 유럽연합과 미국, 캐나다 등 세계 여러 나라에서 기후 위기에 대응하기 위한 국가 프로젝트로서 논의되고 추진되고 있다. 대부분의 나라는 2050년까지 탄소 중립이나 탄소 제로를 목표로 설정하고 그 목표를 달성하기 위한 방책으로서 그린 뉴딜을 채택하고 있다. 세계 각국이 추구하고 있는 그린 뉴딜은 경제의 생태학적 규율을 향해 첫걸음을 뗀 것이라는 긍정적 측면이 있으나, 그 추진 방식을 들여다보면 많은 문제가 도사리고 있다. 먼저 우리나라에서 추진하는 그린 뉴딜의 문제를 살펴보자.

(1) 한국 정부의 그린 뉴딜

그린 뉴딜은 2020년 코로나 팬데믹이 한국 경제와 사회에 큰 타격을 미치는 상황에서 포스트 코로나 사회를 형성하기 위해 정부가 기획한 '한국판 뉴딜'의 한 축으로 설정되었다. '한국판 뉴딜'은 1929년 대공황 이후 지속된 경제 침체와 실업 위기를 극복하기 위해 미국에서 루즈벨트가 추진한 사회·경제 정책을 벤치마킹한 것이 분명하다. 루즈벨트의 '뉴딜'은 흔히 정부 재원을 사회적 간접 자본에 투자하여 일자리를 창출하고 경제 침체와 실업을 타파하고자 한 사회경제 정책으로 알려져 있다. 그런데 이는 루즈벨트의 '뉴딜'이 보여준 한 측면에 지나지 않는다. 루즈벨트의 '뉴딜'이 지니는 더 큰 의의는 그것이 기존의 자유주의적 시장경제 프레임을 깨뜨리고 케인스주의적 국가 개입주의 프레임으로 경제 운영의 패러다임을 근본적으로 전환하고자 한 기획이었다는 데 있다. 또한 그 기획을 추진하기 위해 이해관계를 달리하는 사회 세력들의 대타협을 촉진하고 이를 제도화하여 경제 제도와 사회 제도를 근본적으로 혁신하고자 하는 프로그램이었다는 것이 뉴딜 정책의 의의다. 루즈벨트의 '뉴딜'은 자본의 권력에 대항할 수 있도록 노동자 권력을 제도적으로 강화하였고 사회적 안전망을 확충했으며 경제를 위기에 빠뜨린 장본인이었던 금융 자본과 은행 제도에 재갈을 물려 '관리된 금융 체제'를 구축함으로써 미국 경제와 기업이 금융 수탈로부터 자유롭게 발전할 수 있는 바탕을 마련했다.

그런데 한국 정부는 루즈벨트의 '뉴딜'을 벤치마킹하면서 정부 재원을 인프라 구축에 투입하여 대규모 일자리를 창출하는 측면에만 초점을 맞추어 '한국판 뉴딜'을 디자인하고자 했을 뿐, '뉴딜'의 더 본질적인 측면은 전혀 고려하지 않았다. '한국판 뉴딜'을 구상하는 사람들의 머리에는 경제 운영의 패러다임을 전환한다든지, 문자 그대로 사회 세력들 사이의 새로운 거래(new deal)에 바탕을 두고 사회 제도와 경제 제도를 새롭게 디자인한다든지 하는 문제 의식이 애초부터 없었다. 그렇기 때문에 '한국판 뉴딜'은 그 어떤 사회적 논의나 협약도 없이 정부가 일방적으로 불쑥 내어놓는 모양새를 연출했다. '한국판 뉴딜'을 기획한 기획재정부는 제4차 산업혁명에 대응하는 데 초점을 맞추어 디지털 뉴딜과 이에 연계된 사회경제적 인프라의 스마트화를 부각시켰고[9] 사회적 뉴딜과

---

9 그것은 2020년 5월 11일 취임 3주년 기념 연설에서 문재인 대통령이 제시한 정책 방향이었다. 그는 "세계를 선도하는 대한민국"의 형성을 위한 네 가지 국가 목표 가운데 하나로 "디지털 뉴딜과 이에 결합된 사회경제적 인프라의 스마트화를 중심으로 한 한국판 뉴딜"을 제시했고, "한국판 뉴딜"을 "디지털 인프라를 구축하는 미래 선점 투자"로

그린 뉴딜은 생각조차 하지 않았다.

'한국판 뉴딜'의 초안이 공개되자 이 초안에 대한 시민 사회와 정치권의 비판이 쏟아졌고 환경부, 산업자원부, 중소기업벤처부, 국토교통부 등 정부 안에서도 디지털 뉴딜에 기울어진 '한국판 뉴딜'에 대한 공개적인 비판이 이어졌다. 그리고 국무회의는 세계 6위의 탄소 배출국이라는 국제적 비판에 대응하고 사회경제적 인프라의 스마트화와 연계하여 일자리 창출에 이바지한다는 이유를 내세워 그린 뉴딜을 추진하기로 하였다. 그런 곡절을 거쳐서 그린 뉴딜은 '한국판 뉴딜'의 보조 축으로 설정되었다. 하지만 그린 뉴딜을 추구하겠다고 하면서도 탄소 감축 목표는 명시되지도 않았다.[10]

그린 뉴딜은 생태계 보전을 위해 사회 제도와 경제 제도 운영의 새 패러다임을 어떻게 짤 것인가, 사회적 재화를 어떻게 새롭게 배분할 것인가 등을 놓고 사회적 합의를 추구하여야 할 사안이고 따라서 사회적 뉴딜과 맞물려야 한다.

(2) 유럽연합과 미국 등지에서 추진되는 그린 뉴딜

그린 뉴딜의 기본 아이디어는 2007년 미국 뉴욕타임스의 국제 분야 칼럼니스트 토머스 프리드먼이 처음 사용한 용어인 "코드 그린"(Code

---

좁게 규정했다. 그러고 나서 디지털 인프라 구축과 사회 간접 자본의 확충을 결합하여 대규모의 일자리를 창출하겠다고 부연했다. 문재인의 "대통령 취임 3주년 기념 연설" 전문은 https://www1.president.go.kr/event/3rd/SpecialSpeech에 있다.

10 문재인 대통령이 "2050년 탄소 중립(넷제로) 목표"를 공식 선언한 것은 2020년 10월 28일 국회 시정 연설에서였다. 그것도 집권 여당이 국회 차원에서 탄소 제로 목표를 설정할 것을 정부에 촉구한 뒤의 일이었다.

Green)에 담겼다. 코드 그린은 청정에너지 개발, 에너지 효율 향상, 환경 보전 윤리의 정립 등 세 가지로 구성된다. 그는 미국이 기후 위기를 극복하는 데 주도권을 행사하고 전 세계에 미국 모델을 보여줘야 한다고 생각했고, 그 핵심은 정부가 주도해서 에너지 정책의 패러다임을 화석 연료 중심에서 청정에너지 중심으로 전환하는 것이라고 보았다. 그것은 시장에 대한 규제와 엄청난 투자, 그리고 사회적 혁신이 필요한 일이기 때문에 사회적 합의와 정치적 합의에 의해 뒷받침되어야 한다.[11]

거의 똑같은 시기에 영국에서는 콜린 하인즈가 '그린 뉴딜'의 기치를 높이 내걸고 여덟 명의 기후 활동가를 끌어들여 '그린 뉴딜 그룹'을 결성하였다. 이 그룹은 2008년 "그린 뉴딜: 신용 위기와 기후 변화, 고유가의 삼중고 해결을 위한 합동 정책"[12]이라는 제안서를 발표했다. 그 제안서에는 지구적 차원의 신용 위기를 초래한 금융 체제의 근본적인 개혁, 기후 변화에 대한 효과적인 대처, 저탄소 에너지 체제로의 전환 등 그린 뉴딜의 포괄적인 내용과 목표가 제시되어 있다. 제안서를 작성한 그룹은 기후 위기 문제를 제대로 해결하려면 1930년대의 '뉴딜'처럼 금융 제도, 사회 제도, 경제 제도 등의 포괄적인 변화가 필요하다는 것을 인식하였다. 그들은 그린 뉴딜의 포괄적 목표를 달성하기 위해 국가가 케인스주의적 재정 정책을 펼칠 것을 요구했다. 따라서 그들의 제안서는 녹색 케인스주의의 프레임 안에 갇혀 있다. 그들은 자본주의 경제의

11 토머스 L. 프리드먼/최정임·이영민 옮김, 『코드 그린: 뜨겁고 평평하고 붐비는 세계』 (서울: 21세기북스, 2008), 253, 288f.

12 Andrew Simms et al., "A Green New Deal: Joined-Up Policies to Solve the Triple Crunch of the Credit Crisis, Climate Change and High Oil Price-the first report of the Green New Deal Group" (London: New Economic Foundation, 2008). https://base.socioeco.org/docs/a_green_new_deal_1.pdf (2021. 3. 29 접속).

운영 방식을 건드리지 않은 채 저탄소 에너지 체제에 바탕을 두고 지속 가능한 발전을 추구하는 방식으로 그린 뉴딜을 디자인하고 있다. 그들의 '그린 뉴딜' 제안서에는 케인스주의 특유의 국가 엘리트 주도의 경제 기획과 재정 기획, 에너지 효율 향상을 위한 기술 개발과 산업 시설 현대화, 사회적 마찰을 최소화하는 탄소 중심 산업 분야의 구조 조정 등이 서로 맞물려 있다.

세계적으로 그린 뉴딜은 2007년부터 국가 차원의 의제로 떠올랐다. 비록 그린 뉴딜이라는 용어를 사용하지는 않았지만 2007년 6월 유럽연합 집행위원회는 2020년까지 에너지 효율을 20% 높이고 지구 온난화 가스 배출을 1990년도에 비해 20% 줄이고 재생 에너지 사용을 20% 증가시키는 것을 골자로 한 "2020 기후와 에너지 패키지"[13]라는 선언서를 공식 채택하였다. 이러한 유럽연합 집행위원회의 결정은 유럽연합 구성 국가들에게 구속력이 있는 규범이라는 점에서 의미가 있다. 그러나 유럽연합 집행위원회의 기후 위기 대처 방안은 에너지 효율의 극대화, 지구 온난화 가스 배출의 감소, 재생 에너지의 상업적 도입을 위한 최적 조건 부여, 재생 에너지 저장을 위한 수소 연료 전지 기술의 개발, 에너지 분배를 위한 스마트 전력 그리드의 형성 등 기술주의적 접근에 그칠 뿐이고 기후 위기를 불러일으키고 있는 시장경제 체제의 운영 방식을 근본적으로 재구성하는 것과는 거리가 멀었다.

이와 같은 기술주의적 접근 방식은 2019년에 유럽연합 집행위원회가 채택한 "유럽 그린 딜"(European Green Deal)에서도 그대로 나타나

13 European Commission, "2020 Climate & Energy Package." https://ec.europa.eu/clima/policies/strategies/2020_en (2021. 3. 29 접속).

고 있다. 유럽연합 집행위원회는 2030년까지 온실가스 배출을 1990년의 50%로 줄이고 2050년까지 탄소 중립에 도달하겠다는 목표를 설정한 뒤, 시장경제 체제의 근본 문제를 우회한 채 기술주의적 수단을 강구하는 데 초점을 맞추고 있다.[14] 유럽연합의 '그린 딜' 논의에서 또 한 가지 주목되는 것은 그 구상을 뒷받침하는 재정 충당 방식에 관한 제안이다. 2019년 유럽 중앙은행 총재 크리스틴 라가르드는 유럽 중앙은행이 양적 완화를 재개할 때 친환경적인 금융 자산인 녹색 채권을 우선적으로 매입할 의향을 밝혔다. 양적 완화를 '그린화'하자는 이 제안이 성사된다면 에너지 전환, 전기 자동차 생산, 에너지 효율 향상을 위한 산업 시설과 일반 건물의 리모델링 등에 투자하는 친환경 기업의 채권을 유럽 중앙은행이 무제한 매입하여 '그린 딜' 영역으로 천문학적 자금이 흘러 들어가게 된다.[15] 그렇게 되면 '그린 딜'은 친환경 기업과 금융 자본이 결합해서 자본주의 경제의 새로운 시장을 여는 기획이 될 것이다.

미국에서 그린 뉴딜을 국가 수준의 의제로 끌어올린 것은 녹색당이었다. 2006년 녹색당은 2030년까지 화석 연료 중심에서 재생 에너지 중심으로 에너지 정책을 100% 전환할 것을 주장하고 이를 위한 방법으로 탄소세를 도입하고 일자리 보장제를 실시할 것을 요구했다. 2008년 연방 대통령 선거에서 오바마는 녹색당의 요구를 일부 수용하였고 정권을 잡은 뒤에는 미연방 행정부의 정책에 반영하였다. 그 정책은 주로 에너지 효율화, 재생 에너지 산업 육성, 친환경 자동차 산업 육성 등에 초점

---

14 European Commission, "A European Green Deal: Striving to be the first climate-neutral continent." https://ec.europa.eu/info/strategy/priorities-2019-2024/european-green-deal_en (2021. 3. 29 접속).

15 이에 대해서는 유승경, "녹색 양적완화는 실행될 것인가?", 「시대」 76(2020), 72을 보라.

을 맞춘 것이었다. 따라서 오바마 행정부의 그린 정책은 전형적인 기술주의적 접근에 그쳤을 뿐이고 그나마 매우 좁은 범위로 선별된 영역에 한정되어 있었다. 셰일 가스와 석유 채굴을 금지하는 조치를 취하지 않은 것은 물론이고, 세계 최대의 에너지-물질-상품 소비 국가인 미국의 경제 체제를 생태학적으로 규율하겠다는 의도는 오바마 행정부에서 전혀 나타나지 않았다. 오바마 행정부의 뒤를 이은 트럼프 행정부는 기후위기 자체를 전면적으로 부정하고 파리 협약에서 탈퇴하는 조치까지 취했다. 오바마 행정부가 그린 뉴딜을 실현하기 위해 채택했던 정책들은 거의 완전하게 폐기되었다. 그러나 2019년 2월에는 70여 명의 민주당 상·하원 의원이 "그린 뉴딜 결의안"을 채택하였고, 2020년에는 민주당 소속의 조 바이든이 연방 대통령으로 선출되면서 그린 뉴딜이 미국에서 새로운 기회를 얻게 되었다.

앞에서 여러 차례 시사한 바와 같이, 유럽연합과 미국 등지에서 녹색 케인스주의에 바탕을 두고 추진되는 '그린 뉴딜' 혹은 '그린 딜' 기획의 문제점은 두 가지다. 하나는 자본주의적 대량 생산과 대량 소비를 그대로 둔 채 국가의 신용 창출에 기대어 '그린 뉴딜'이 기획되고 있다는 것이다. 그것은 미래 세대에게서 삶의 기회를 빼앗는 기획이다. 스웨덴의 소녀 환경 운동가 그레타 툰베리의 말을 빌리자면 "어떻게 그럴 수 있는가?"라는 질책을 피할 수 없다. 다른 하나는 그러한 자본주의적 경제를 뒷받침할 정도의 탄소 대체 에너지를 개발하고 공급하는 것이 결코 쉬운 문제가 아니라는 것이다. 예를 들어 전기 자동차의 배터리를 충전하는 전기는 과연 어떤 대체 에너지에서 충당할 것인가? 원자력 발전을 미래의 에너지원에서 완전히 배제한다면, 바이오디젤이나 조력 발전이나 풍력 발전이나 태양광 발전 등과 같은 대체 에너지는 얼마나 생태

친화적인가? 또 배터리를 생산하는 데 사용되는 리튬 같은 희토류는 무한정 공급될 수 있는가? 이러한 질문들은 대체 에너지를 생산하는 비용을 획기적으로 줄일 수 있다는 것과는 차원이 다르다. 이 두 가지 문제를 생각해보면, 국가의 신용 창출을 매개로 해서 자본주의와 기술주의를 결합하고자 하는 녹색 케인스주의는 생태계 보전을 향한 바른길이라고 보기 어렵다.[16]

(3) '전환적 뉴딜'의 문제 의식과 그 한계

우리나라의 그린 뉴딜 정책을 다룰 때 언급해도 좋았겠으나 한국의 국책 연구 기관인 KDI 국제정책대학원 원장 유종일이 제시한 '그린 뉴딜' 구상인 '전환적 뉴딜'은 따로 논의할 필요가 있다. 유종일의 그린 뉴딜 구상은 녹색 케인스주의의 한 변형이기는 하지만 유럽연합의 버전을 다소 초과하는 측면이 있다. 그는 '휴먼 뉴딜', '그린 뉴딜', '디지털 뉴딜' 등 세 가지 뉴딜을 서로 유기적으로 결합하는 '전환적 뉴딜' 정책을 제안했다. 그는 '수축 사회'에 접어든 한국 사회가 에너지 전환, 저탄소 경

---

16 이러한 입장을 대변하고 있는 제러미 리프킨은 그린 뉴딜 인프라 구축에 바탕을 둔 지구적 자본주의의 미래를 다음과 같이 전망한다. "그린 뉴딜은 인프라가 관건이다. 광대역 통신망, 빅데이터, 디지털 커뮤니케이션, 제로에 가까운 한계 비용, 탄소 제로 녹색 전기, 재생 에너지로 가동되는 스마트 도로를 주행하는 자율 주행 자동차, 노드로 연결된 탄소 제로 전력 생산 건물 등, 그린 뉴딜 인프라의 핵심 요소들이 각 지역에서 구축되고 확대되어야 하고 모든 지역에 걸쳐 연결되어야 하며 궁극적으로 전 세계의 모든 대륙을 뒤덮어야 한다. 지구의 온도 상승을 섭씨 1.5도 이하로 저지하고자 한다면 이러한 인프라의 전환이 시급하다. 적어도 일부 지역에서 부분적으로라도 조속히 이루어져야만 한다." 제러미 리프킨/안진환 옮김, 『글로벌 그린 뉴딜: 2028년 화석연료 문명의 종말, 그리고 지구 생명체를 구하기 위한 대담한 경제 계획』(서울: 민음사, 2020), 188.

제 구축 등을 골자로 하는 그린 뉴딜과 디지털 인프라 구축 등을 핵심으로 하는 디지털 뉴딜을 통하여 새로운 시장을 확장할 필요가 있다고 주장했다. 또한 그러한 시장 확장은 인간 자본 개발, 소득 분배 개선, 경제 민주화 등을 골자로 하는 '휴먼 뉴딜'과 함께 가야 한다고 강조했다. 바로 이 부분에서 유종일이 '전환적 뉴딜'의 한 축으로 설정한 '그린 뉴딜'은 유럽연합의 '그린 딜'보다 더 포괄적인 성격을 띤다.[17] 그러나 그가 말한 '전환적 뉴딜'은 한국 정부에 파편적으로만 받아들여지면서, '디지털 뉴딜'이 중심축이 된 반면 '그린 뉴딜'은 보조 축에 머무르게 되었고 '휴먼 뉴딜'은 거의 고려되지 않았다.

사실 유종일이 구상하는 '그린 뉴딜'과 '디지털 뉴딜' 역시 기술주의적 접근에 머물러 있고, 확장적 재정 정책을 통하여 자본주의 경제의 수축을 극복하여야 한다는 케인스주의적 사고의 프레임에 갇혀 있다. 더구나 그가 말하는 경제 민주화는 경쟁법상의 공정 거래 개념에 가까워서 자본과 노동의 제도적 권력 균형을 요구하는 경제 민주주의와는 거리가 멀고 소득 분배 개선도 그 방법을 명시하지 않아 막연하다. 그런 점에서 그가 말하는 '휴먼 뉴딜'은 사회 정의의 원칙에 따르는 사회적 뉴딜의 요구에 미치지 못하는 것이 분명하다.

---

17 유종일, "휴먼 뉴딜의 개념과 추진전략", KDI 국제대학원 경제·인문사회연구회 발표자료(2019. 7. 3), 2.

4) 생태계 보전과 기본소득의 연계 구상

신자유주의적 시장경제 체제에서 생태계 위기와 사회적 양극화가 가속화되는 현실 속에서 우리나라만이 아니라 세계 여러 나라에서도 생태학적 정의 없이 사회 정의의 지속 가능한 근거가 마련될 수 없고, 사회 정의 없이 생태학적 정의가 구현될 수 없다는 통찰이 자리 잡을 수밖에 없을 것이다. 또한 그래야 사회와 경제와 문화를 재구성하는 방안을 깊이 숙고할 수 있다. 생태계 위기와 사회적 양극화를 넘어서는 세상을 만들려면 생태계 보전과 기본소득이 같이 가야 할 것이다.

지금까지 기본소득을 연구한 학자들은 탄소세를 기본소득의 재원으로 삼으면 기후 위기를 극복하는 데 이바지하리라고 생각하기는 했지만, 기본소득과 생태학의 연계를 본격적으로 논의하지 못했다. 오히려 기본소득의 재원을 확보하려는 논의는 자본주의적 성장 경제를 당연시하는 경향을 보이기도 한다.

그렇다면 생태계 보전과 기본소득은 어떻게 결합하면 되는 것일까? 생태계 보전과 기본소득의 이상적 결합 모델은 국민 경제 수준에서 사회적·생태학적 소득 분배의 틀에서 논의해야 본격적으로 모색될 수 있을 것이다.

(1) 생태계 보전과 기본소득의 결합 모델

자본주의는 사람의 욕망을 충족시키고도 남는 잉여를 끊임없이 창출하고 그것을 자본가의 수중에 축적하는 독특한 경제 체제다. 이처럼 무한

정 축적되고 팽창하는 자본을 그냥 내버려 둔 채 사회 정의와 생태학적 정의를 말할 수는 없다. 마르크스가 자본주의적 생산이 "모든 부의 원천인 지구와 노동자를 동시에 무덤에 쓸어 넣는다"[18]고 날카롭게 지적한 바 있듯이, 사회적 가난을 확산시키는 자본의 축적과 팽창 기제는 결국 생태계 위기를 가져오고 묵시록적 기후 파국을 불러들인다고 말하지 않으면 안 될 것이다.

녹색 케인스주의의 프레임에 갇혀 있는 그린 뉴딜을 넘어서서 본격적인 의미의 생태계 보전을 실현하고자 한다면 그것은 자본주의 경제의 대량 생산과 대량 소비 체제를 넘어서는 방식으로 설계되어야 하며 사회적 가난을 체계적으로 해결하는 기획과 맞물리지 않으면 안 된다. 사회적 가난과 생태계 위기를 불러일으키는 자본 축적의 문제에 초점을 맞춘다면, 가난한 사람의 해방과 생태계 보전은 무엇보다도 우선적으로 자본의 잉여 가치를 생태계, 노동, 자본 사이에서 적절하게 배분할 것을 요구한다. 그것은 국민 경제 수준에서 사회적이고 생태학적인 소득 분배를 기획하고 실현하는 일이다. 그러한 소득 분배의 가능성 조건은 사회적이고 생태학적인 경제 민주주의의 제도적 수립이다. 이러한 전제 아래서 국민 경제 수준의 사회적이고 생태학적인 소득 분배는 다음과 같이 기획될 수 있다.

---

18 Karl Marx, *Das Kapital*, Bd. 1 (Berlin: Dietz Verlag, 1975), 529f.

(2) 소득 분배의 초점: 자본의 잉여 가치 배분

생태계 보전과 기본소득을 결합하는 소득 분배의 모델은 엄청난 규모로 축적되는 자본의 상당 부분을 떠내어 한편으로는 생태계 보전을 위해, 다른 한편으로는 인간의 존엄성과 위엄을 보장하는 생활을 위해 사용하도록 하는 것이다. 다시 말해 생태계로부터 에너지와 물질을 경제계로 끌어들여 인간의 욕망을 충족시키는 데 알맞은 형태로 변형시키는 생산에 대한 자본 투입을 획기적으로 줄이고, 생태계와 사람의 생명과 복지를 돌보기 위한 자본 투입을 획기적으로 증가시키는 것이다. 그렇게 되면 자본주의적 경제의 산물인 잉여는 그 일부가 생태계 보전 영역으로 배분되고 나머지 일부는 사람들의 복지 영역으로, 마지막 일부는 자본의 본래적 관심사인 미래를 위한 투자 영역으로 흘러 들어갈 것이다.

잉여 가치의 배분은 그 내용이 매우 이론적이고 추상적이라서 국민계정을 가지고 근사치적으로 설명할 수도 있다. 국내 총생산(GDP)은 자본 비용과 노동 비용과 국민 저축의 합이다. 케인스주의자들은 국민 저축의 사회경제적 성격과 계급적 성격을 굳이 따지려 하지 않지만, 국민 저축은 미래의 투자를 위한 기업 저축(자본 축적)과 미래의 소비를 위한 가계 저축으로 구성된다. 물론 전자가 후자보다 상상을 초월할 정도로 많다.[19]

---

19 케인스가 저축의 사회경제적 성격과 계급적 성격을 무시하고 단지 유동성 선호와 유예된 소비를 중심으로 한 사회심리학으로 빠져들어 간 결정적인 이유는 잉여 가치 개념을 한사코 인정하려 들지 않았기 때문이다. 그러나 케인스가 말하는 저축률=투자율이라는 등식은 오직 잉여 가치의 사회경제적 성격을 감안할 때만 국민 경제 차원에서 설명 능력을 지닌다. G. M. Keynes, *Allgemeine Theorie der Beschäftigung, des Zinses und des Geldes* (facsimile edition of 1936; Berlin: Duncker & Humblot, 2000), 154. 케인스 경제학에

국민 계정을 읽을 때 자본에 돌아가는 몫을 찾아내는 것이 중요하다. 자본에 돌아가는 몫은 흔히 자본의 감가상각 보전 비용과 이윤으로 분류되나 땅과 토지가 '설비 자본'으로 여겨지고 있기 때문에 지대도 중시되어야 한다. 따라서 이윤은 영업 이익과 지대로 분해되며, 영업 이익에 대한 과세 이후에 영업 잉여의 형태로 사내 보유금으로 축적된다. 사내 보유금 가운데 일부는 '이자 낳는 자본'의 성격을 띠는 유휴 자본으로 퇴장하여 자산 소득의 원천이 되기도 한다. 더 나아가 가계 귀속 소득 가운데 금융 소득, 임대 소득, 상속, 증여 등 자산 소득과 자본 이득(양도차익)의 비중이 커지고 있는 점도 고려될 필요가 있다. 기업과 가계에서 자산 소득의 비중이 커지는 것은 금융화의 영향 때문이다.

자본 소득, 자산 소득, 자본 이득 등을 면밀하게 살피기 위해서는 국민 계정뿐 아니라, 국세청 자료, 지방 세정 자료 등을 참고하여야 한다.

(3) 소득 분배의 기본 원리

이제 국민 총생산의 사회경제적 성격을 고려하면서 소득 분배의 기본 원리를 가다듬어보자. 그 이론적 전제는 마르크스의 재생산 도식이다.[20]

대한 신랄한 비판으로는 O. Šik, *Der dritte Weg. Die marxistisch-leninistische Theorie und die moderne Industriegesellschaft* (Hamburg, Deutschland: Hoffmann und Campe, 1972), 264ff를 보라.

20 필자는 마르크스가 *Das Kapital*, Bd. 2 (Berlin: Dietz Verlag, 1975), 3절에서 전개한 재생산 도식의 현대적 해석에 근거하여 국민 경제 수준의 거시 분배 계획을 이론적으로 구성하고자 한다. 마르크스는 사회적 총생산을 자본재 생산 부문과 소비재 생산 부문으로 나누고 이 둘의 연관을 설명하였는데, 그것은 자본의 순환 과정을 설명하기 위해 고안된 논리적 추상이다(Karl Marx, *Das Kapital*, 2:394). 이러한 범주적 구별은 현대 경제학에서 통용되는 1차, 2차, 3차 산업 부문, 혹은 이른바 지식 기반 경제를 가리키는 4차

이 재생산 도식에서 얻을 수 있는 중요한 결론은 잉여 가치가 지나치게 자본 축적으로 흘러 들어가면 생산 과잉과 수요 위축의 문제를 풀 수 없고, 과도하게 임금 상승으로 흘러 들어가면 투자 위축과 수요 인플레이션의 문제를 피할 수 없다는 것이다. 따라서 잉여 가치를 적절하게 분배하여 자본 축적과 임금 상승의 균형을 유지하는 것이 국민 경제에서 생산과 소비의 거시 균형을 역동적으로 달성하는 요체가 된다.[21] 생태계 보전을 위해 잉여 가치의 일부를 먼저 할애하고 나서 그 나머지를 자본의 몫과 노동의 몫으로 나누어도 국민 경제의 거시 균형을 이루는 데는 지장이 없다.[22] 이러한 전제 아래서 잉여 가치의 배분을 조금 더 구체적으로 생각해보기로 하자.

산업 부문 등의 산업 부문 설정과는 구별된다. 마르크스의 재생산 도식은 매우 포괄적인 성격을 띠고 있다. 자본의 생산 국면과 유통 국면을 통해 상품의 가치가 생산되고 실현되는 과정이 곧 자본의 재생산 과정인데, 여기서 말하는 상품은 당연히 재화와 서비스다. 마르크스는 재화의 생산만이 아니라 교육, 행정, 보험, 상업, 운수 등 다양한 형태의 서비스 생산을 고려했다. 서비스는 노동의 결과가 재화의 형태로 응결되어 상품으로 순환하지 않고 직접 사람의 욕망을 충족시키는 비물질적 상품의 생산이다. 서비스는 비물질적 상품의 생산인 한에서 논란의 여지 없이 가치 생산적이다. 이에 대해서는 H. Wasmus, *Produktion und Arbeit; Immanente Kritik der politischen Ökonomie* (Hamburg, Deutschland: VSA-Verl., 1987), 205, 218f를 보라. 마르크스의 재생산 도식은 국민 경제 수준의 소득 분배를 논의하는 데 많은 시사점을 던진다. 이에 대해서는 강원돈, "마르크스의 노동가치론 비판과 기독교 윤리학적 함의", 『지구화 시대의 사회윤리』(서울: 한울아카데미, 2005), 120-128을 보라.

21 이 점을 설득력 있게 제시한 경제학자는 마르크스주의적 관점에서 시장경제를 개혁하고자 한 체코슬로바키아 출신의 경제학자 오타 시크다. O. Šik, *Der dritte Weg. Die marxistisch-leninistische Theorie und die moderne Industriegesellschaft* (1972), 326.

22 O. Šik, "Dritter Weg und grüne Wirtschaftspolitik," In F. Beckenbach u. a. (Hg.), *Grüne Wirtschaftspolitik: Machbare Utopien*, mit einem Vorwort von O. Schilly (Köln, Deutschland: Kiepenheuer & Witsch, 1985), 361.

a) 먼저 자본 축적의 상당 부분을 생태계 보전을 위해 따로 떼어놓기로 한다. 새로 축적되는 자본의 상당 부분은 노동과 생태계에 응당 돌아갈 몫을 자본가의 몫으로 돌려놓은 것이다. 노동 가치론이나 시장 가격론을 가지고는 생태계가 소득과 부의 생산에 얼마나 이바지하였는가를 측정할 방법이 없지만, 사람이 살아가는 데 필요한 재화와 부를 생산하는 데는 노동만이 아니라 생태계도 이바지하였음을 인정하지 않으면 안 된다.[23] 축적된 자본의 상당 부분을 생태계의 몫으로 돌린다는 것은 재화와 부를 생산하는 데 생태계가 이바지한 몫을 생태계에 돌려준다는 의미다. 조금 다른 각도에서 보면 그것은 경제 활동을 위해 생태계로부터 빼앗아 온 것, 따라서 경제가 생태계에 진 부채(생태학적 부채, ecological debt)[24]를 갚는다는 뜻이기도 하다. 생태계에 돌아갈 몫을 생태계에 돌려주는 것이 바로 생태학적 정의의 한 측면이다. 공업화가 시작된 이래로 경제가 생태계에 진 빚을 모두 합치면 그 규모는 천문학적일 것이며, 국민 소득에서 생태계의 몫으로 따로 떼어놓는 것은 그 빚의 원리금을 분할해서 상환하는 정도에 지나지 않는다고 말하는 것이 공정하다. 경제

---

23 이 점을 가장 정확하게 지적한 학자는 마르크스였다. Karl Marx, "Kritik des Gothaer Programms: Randglossen zum Programm der deutschen Arbeiterpartei," *Marx-Engels-Werke* 19 (Berlin: Dietz, 1987), 15. "노동이 모든 부의 원천인 것은 아니다. 자연도 그 자체로 보아서는 자연 능력인 인간의 노동력의 외화인 노동과 마찬가지로 사용 가치들의 원천이다. 그리고 실제의 부는 사용 가치들로 구성되어 있다!"

24 '생태학적 부채'는 UN여성컨퍼런스의 틀에서 1985년 나이로비에서 열린 "여성, 평화, 생태학" 워크숍에서 최초로 사용되었고, 1992년 "리우정상회의"와 병행해서 열린 NGO 대회를 이끈 핵심 개념 가운데 하나가 되었다. 거기서 생태학적 부채는 '기후부채'라는 개념으로 발전하였다. 생태학적 부채를 갚는 것이 생태학적 정의라면 기후에 진 빚을 갚는 것이 기후 정의일 것이다. 생태학적 부채에 대해서는 G. Goeminne & E. Paredis, "The concept of ecological debt: Some steps towards an enriched sustainability paradigm," *Environment, Development and Sustainability* 12/5 (2010), 691-712을 보라.

활동이 생태계에 미치는 부정적인 외부 효과를 축소하거나 제거하는 비용을 확보하기 위해 축적된 자본을 일부 회수하는 것도 지극히 당연한 일이다.

국민 경제 수준에서 생태계에 돌아갈 몫을 얼마로 책정하고 어떻게 마련할 것인가를 정하는 것은 실로 큰 과제가 아닐 수 없다. 국민 소득에서 생태계의 몫을 계산하기 위해서는 생태계의 기여를 측정할 방법을 마련해야 하는데 그것부터가 쉽지 않은 과제다. 탄소세, 환경 부담금, 오염세 등과 같은 교정세, 탄소 배출권 거래를 통한 탄소 가격 형성, 생태계 보전 기금 조성 등은 그나마 생태계 보전 비용을 마련하기 위해 어쩔 수 없이 선택하는 방법들이다.

b) 다음으로 잉여 가치 가운데 생태계의 몫을 공제하고 난 뒤에 남은 것을 국민 경제 차원에서 생산과 소비가 거시 균형을 이루도록 배분한다. 자본의 재생산 조건을 염두에 둔다면, 자본이 생산한 상품이 유통을 통하여 남김없이 소비되게 하기 위해서는 잉여 가치를 투자의 몫과 소비의 몫으로 적정하게 분배하지 않으면 안 된다. 지금까지 자본주의 경제 체제에서 시장을 통한 소득 분배가 자본의 몫을 노동의 몫보다 더 크게 해서 투자 과잉의 경향이 강하게 나타났다는 점을 고려한다면, 자본의 몫을 줄이고 노동의 몫을 늘려야 투자와 소비의 거시 균형 조건이 마련될 것이다.

국민 경제 수준에서 생산과 소비의 거시 균형을 이룩하기 위해 잉여 가치를 자본과 노동의 몫으로 배분하는 일이 순조롭게 이루어지지 않는다면, 차선책은 자본에 돌아간 몫 가운데 일부를 끌어내어 노동의 몫으로 이전하는 소득 재분배 과정을 창설하는 것이다. 그 경우에는 국민 계정 수준에서 잉여 가치의 배분을 근사치적으로 실현하는 방안을 논할 수밖에 없다. 현대 시장경제에서 자본 소득이 자산 소득과 자본 이득으로부터 분리되지 않는다는 점을 고려한다면, 소득 재분배는 생산수단의 소유, 부동산 소유, 금융 자산 소유 등에서 비롯되는 소득으로부터 세금을 징수하여 그 가운데 상당 부분을 가계의 몫으로 이전하는 것을 기본 축으로 삼게 된다. 그렇게 되면 가계에 돌아가는 몫은 국민 계정에서 노동 비용의 총합으로 표시된 것보다 훨씬 더 커진다.

c) 마지막으로 잉여 가치에서 노동과 가계에 돌아간 몫을 어떻게 배분할 것인가를 고찰할 필요가 있다. 잉여 가치는 이론적으로 총매출에서 자본 비용과 노동 비용을 뺀 나머지이기 때문에 노동의 몫으로 간주될 수 없다고 생각되어왔다. 그러나 잉여 가치를 분해하여 그 일부를 노동과 가계의 몫으로 돌린다고 가정하면 그 효과는 엄청나다. 필자는 국민 계정에서 노동 소득으로 표시된 것과 잉여 가치 가운데 노동과 가계의 몫으로 할당된 것을 합한 것을 '소득 기금'이라는 개념으로 총괄하고 싶다. 잉여 가치의 분해를 통해 노동 비용의 총합인 노동 소득보다 더 커진 '소득 기금'을 어떻게 배분할 것인가? 그 기금 가운데 일부는 먼저 각각의 가계를 구성하는 개개인에게 기본소득으로 분배하고, 그런 조치가 취해진 다음에 남은 기금을 노동 시장에 참여하는 사람들에게 각각 일한 만큼의 대가인 시장 임금으로 배분한다.

기본소득과 임금 소득으로 배분하는 비율을 1:1 정도로 설정하는 것이 바람직하겠지만 그 비율을 어떻게 정할 것인가는 사회적·정치적 합의에 맡긴다고 생각하기로 한다. 이러한 합의 과정에서는 기본소득이 인간의 존엄성을 지키며 살아가기에 충분한 정도가 되어야 한다는 점을 고려해야 한다. 기본소득 분배율이 너무 낮아서는 안 된다는 뜻이다. 기본소득의 한계 소비 성향이 높으리라고 가정한다면, 국민 경제 차원에서 생산과 소비의 거시 균형을 달성하기 위해서라도 기본소득 분배율의 적정 수준을 유지하는 것이 바람직하다. 이러한 조건 아래서 시장에서 일자리를 얻는 사람들은 기본소득과 시장 소득을 합한 만큼의 복합 소득을 얻게 될 것이며 일자리가 없는 사람은 기본소득밖에 얻지 못할 것이다. 그러나 기본소득만을 받는 이들은 자신과 공동체를 돌보는 생활 활동 시간을 누리며 시장이 공급하지 않는 재화와 서비스를 누릴 기회를 얻게 될 것이다.

(4) 사회적이고 생태학적인 소득 분배의 정치적 위상

생태학적 관점과 사회적 관점에서 규율되는 국민 경제 수준에서 이루어지는 소득 분배는 소득 재분배와 다른 점도 있고 비슷한 점도 있다. 소득 재분배는 시장을 통해서 이루어지는 소득 분배를 조세 정책, 재정 정책, 사회 정책, 복지 정책 등을 통해 추후적으로 교정하는 과정이지만, 소득 분배는 민주적으로 구성된 권위 있는 분배 계획 기구의 사전 조정을 중시한다. 그 분배 계획 기구는 사회적 공론화 과정을 거쳐서 먼저 생태계 보전 목표를 설정하고 이를 달성하는 데 필요한 재원을 계산한다. 그러한 전제를 확립한 다음에 기술 개발 속도를 고려하는 가운데 성장의 적정 속도를 설정하여 국민 경제 차원에서 생산과 소비의 거시 균형을 이루도록 자본의 몫과 노동의 몫을 계산한다. 마지막으로 노동의 몫을 다시 시장 소득과 기본소득으로 배분하는 적정 비율을 계산한다. 이 모든 분배 계획은 사회적 합의를 거쳐 최종적으로 정치적 합의 과정에 넘겨

져서 확정된다.

이러한 분배 계획은 국민 경제 수준에서 잉여 가치의 분배에 초점을 맞춘 것이고, 공공 부문과 민간 부문의 신용 확대를 전제하지 않는다. 소득 분배의 목표는 생태계 보전, 경제 발전, 충분한 가계 소득 보장 등을 통합적으로 관리해서 사회적이고 생태학적으로 규율되는 국민 경제를 형성하며 국민 경제 차원에서 생산과 소비의 거시 균형을 달성하는 것이다.

중앙 관리 경제에서와는 달리 시장 경제에서는 국가가 국민 총소득의 처분권을 가지지 않고 경제 주체들의 합리적 선택을 행정 명령으로 대체할 수 없다. 국가는 분산된 시장 주체들의 경제 활동과 소득 활동을 제도적으로 보장하는 위치에 서기 때문에 설사 권위 있는 분배 계획을 수립한다고 하더라도 그것은 어디까지나 가이드라인의 성격을 띤다. 시장경제의 역사적 조건들 아래서 분배 계획은 사전에 조정된 분배 가이드라인에 가장 충실한 방식으로 세금 명목과 세목의 세율을 정하고 그렇게 모은 재정 수단을 배분하는 외양을 취하게 된다. 이 점에서 소득 분배 계획은 어쩔 수 없이 소득 재분배의 모습을 취하게 된다.

(5) [보론] 생태계 보전과 기본소득의 연계를 위한 국민 소득 분배의 모의 실험

A) 생태계 보전을 위한 국민 소득의 우선 할당

먼저 생태계 보전을 위해 국민 총소득(GDP)의 6%를 할애한다고 가정해보자. GDP의 6%를 생태계 보전을 위해 쓰자는 것은 엄청난 제안으로 여겨질 것이다. 그 규모를 2021년도 신재생 에너지 관련 그린 뉴딜 예산과 비교해보면 그것이 얼마나 큰 규모인가를 짐작할 수 있을 것이다. 2021년도 예산으로 잡힌 신재생 에너지 관련 그린 뉴딜 예산은 1조6천710억 원이다. 그것도 2020년도 예산 1조2천226억 원에서 약 36% 증가한 규모이나 2021년도 예상 명목 GDP의 0.32%에 달하는 미미한 수준이다. 그러나 GDP의 6%를 생태계 보전 영역에 투입한다고 하더라도 생태계의 안정성과 건강성을 보장하는 에너지 전환과 에너지 사용 효율화, 폐기물 처리, 오염 물질과 미세 먼지 제거, 생태계의 고유한 가치의 보전(일종의 생태학적 고정 자본의 실체 보전)을 위한 기금 조성,[25] 파괴된 생태계 연결망의 복원, 생태계의 미학적 경관 복원과 보전, 생태학적 요구에 따르는 국토 공간 배치, 도시 밀도 감축, 인구 분산, 교통 혼잡 완화, 생태학적 농업 진흥 등, 생태계 보전과 복원을 위한 사업에 투입하여야 할 재원을 충당하기에 부족할 것이다. GDP 6%의 재원 확보는 시작에 불과하다.

생태계 보전을 위한 재원은 크게 두 가지 범주로 구성된다. 하나는 국민 소득의 3%에 해당하는 잉여 가치를 모든 산업 부문으로부터 생태계 보전세로 징수하는 것이고, 다른 하나는 경제 활동이 생태계에 미치는 외부 효과에 대해 세금과 부담금을 부여하되 그 규모는 국민 소득의 최소 3%에 달하도록 하는 것이다. 경제 활동의 생태학적 외부 효과에 대한 세금과 부담금 부여는 세 측면에서 이루어져야 한다. 한 측면은 생태계에서 경제계로 투입되는 에너지와 물질에 대한 과세와 부담금이다.

25 생태학적 고정 자본의 실체 보존은 세대 간 공평성에 관한 하트위크 규칙에 근거한 구상이다. 존 하트위크는 세대 간 공평성을 보장하려면 고갈 가능성이 있는 자연 자원의 추출과 이용으로 얻은 이득을 투자하여 미래 세대가 현재 세대와 동등한 수준의 혜택을 얻을 수 있도록 하여야 한다고 주장했다. 이에 대해서는 가이 스탠딩/김병순 옮김, 『불로소득 자본주의: 부패한 자본은 어떻게 민주주의를 파괴하는가』(서울: 여문책, 2017), 230ff를 보라.

에너지세, 국토 개발세, 국토 개발 부담금, 연안 개발세와 연안 개발 부담금 등이 그 전형이다. 다른 측면은 경제계에서 생태계로 방출되는 폐기 에너지와 폐기 물질에 대한 과세와 부담금이다. 탄소세, 미세 먼지세, 환경 오염 물질세, 쓰레기 처리세 등이 대표적이다. 세 번째 측면은 도시 생태계에서 나타나는 공간 밀도와 교통 혼잡에 대한 과세와 부담금이다. 도시 혼잡 세금과 부담금, 교통 혼잡 세금과 부담금 등을 고려할 수 있다. 우리나라에서는 에너지세, 환경 개선 부담금, 지역 개발세, 광업권 허가 등 기왕에 시행되고 있는 세금 및 부과금 제도와 로열티 제도가 있으나 그 용도가 생태계 보전과 복원으로 확정되어 있지 않아 정비가 필요하고 탄소세, 미세 먼지세 등의 환경 오염세, 도시 교통 혼잡세, 쓰레기 배출세 등과 같이 새로운 세제를 창설해야 하는 경우도 있다. 위에서 언급한 여러 종류의 환경 부담금, 특히 국토 개발, 연안 개발, 광물 자원 채굴 등에 부과하는 부담금은 전적으로 생태계의 고유한 가치를 보전하는 기금을 조성하기 위해 별도로 취급해야 한다. 생태계의 경제적 활용은 생태계의 고유한 가치를 당대 사람들이 전유하는 결과를 빚으므로 그 가치를 보전하기 위한 기금을 조성하여 후대에 물려주는 것이 마땅하다. 그것은 생태학적 고정 자본의 감가상각 비용을 충당하는 것으로 볼 수 있다.

몇 가지 재원에 대해서는 조금 더 자세하게 살필 필요가 있다. 2019년 현재 에너지세 세수는 14조 원에 달한다. 여기에 탄소세를 도입한다면 탄소세 세수는 얼마나 될까? 조혜경이 탄소 배출의 사회적 비용에 해당하는 이산화탄소 1톤당 26,600원의 탄소세를 적정 세율로 가정하고 가계와 전 산업 부문의 에너지원에 적용해서 추정한 탄소세 세수는 17조 원에 달한다. 이렇게 보면 에너지세와 탄소세 세수는 총 31조 원으로

2019년 명목 GDP 1,919조 원의 약 1.6%에 해당한다.[26] 에너지세와 탄소세에 대해서는 두 가지를 유념해야 한다. 1) 우리나라는 값싼 에너지 공급 정책을 산업 정책의 기조로 삼고 있기에 난방 산업, 발전 산업 등 1차 에너지 공급에는 세금이 부과되지 않는다. 이것은 값싼 에너지 공급 정책을 유지하기 위한 조세 정책이다. 만약 비싼 에너지 공급 정책으로 전환해서 우리나라의 총 에너지 소비량의 56.7%를 차지하는 에너지 산업 분야에[27] 통상적인 에너지세율을 적용한다면, 에너지세의 세수는 20조 원가량 증가한다. 2) 탄소세는 도입할 때는 적게 거두지만 2050년 탄소 배출 넷제로 목표를 달성하기 위한 로드맵이 정해지면 점차 더 많이 거두게 될 것이다.

탄소 배출권 거래제는 탄소세와 서로 연동하도록 재설계한다.[28] 탄소 배출권을 거래하는 기업에는 탄소세를 면제한다. 2050년 탄소 제로 목표에 맞추어 탄소 배출 총량을 급진적으로 줄이고 탄소 배출권 거래 하한가가 탄소세를 상회하도록 탄소 배출권 거래 시장이 규율된다면, 탄소 배출권 가격은 높은 수준에서 형성될 것이다. 탄소 배출권 가격이 높게 형성되면 탄소세를 인상할 유인이 저절로 주어지는 효과도 있다. 발전, 난방, 시멘트, 철강, 제조업, 수송 등 산업 분야에 있는 대기업들이 탄소 배출권을 매입하기 위해 지출하는 비용은 탄소세를 넘어설 것이고, 탄소 배출권 거래 시장이 성숙함에 따라 그 비용은 더욱 증가할 것이다. 발전, 난방, 시멘트, 철강, 제조업, 수송 등 산업 분야에서 발생하는 탄

---

26 조혜경, "탄소배당 연계 탄소세 도입의 필요성 및 기본 방향"(2020), 37.

27 에너지경제연구원, 「연간에너지밸런스」(2019).

28 이 중요한 제안에 대해서는 조혜경, "정의로운 생태 전환과 탄소배당", 제3회 경기도 기본소득 국제컨퍼런스 발표문(2021. 4. 28), 199을 보라.

소는 우리나라 탄소 배출 총량의 90%에 달한다.[29]

위에서 말한 바와 같이 모든 산업 부문에서 예외 없이 에너지세와 탄소세를 징수한다고 가정하면, 생태계 보전에 투입할 수 있는 재원은 2019년 기준 명목 GDP의 2.7%에 이를 것으로 추정된다. 그것은 에너지세율과 탄소세율을 낮게 잡았기 때문에 나타난 수치인데, 만약 시장경제의 생태학적 규율의 관점에서 에너지 투입량과 탄소 배출량을 획기적으로 줄이겠다는 정치적 의지를 가지고 탄소세와 에너지세율을 높인다면 그만큼 생태계 보전 재원은 늘어날 것이다.[30] 시장에서 형성되는 탄소 배출권 가격 부담 때문에 기업이 탄소 배출 감소를 위한 지출을 증가시키면 그것도 GDP 중 생태계 보전을 위한 몫을 증가시킨다는 점을 별도로 고려할 필요가 있다. 앞서 언급한 각종 개발 세금과 부담금, 각종 오염 배출에 대한 세금과 부담금, 쓰레기 배출세, 도시 교통 혼잡세 등을 크게 늘려서 재원을 확보한다면 에너지세, 탄소세, 탄소 배출권 거래 등과 합해서 GDP의 3%에 해당하는 생태계 보전 재원을 마련할 수 있을 것이다.

그렇게 되면 생태계 보전세(국민 소득의 3%)와 경제 활동의 생태계에 대한 외부 효과에 부과하는 세금과 부담금(국민 소득의 최소 3%)을 합하여

---

29 국가에너지통계종합정보시스템, 「온실가스 배출량: 연료연소 및 탈루」의 2018년 통계치에 근거해서 분석. 특이하게도 우리나라에서는 1차 에너지 공급 분야에 속하는 발전 부문과 난방 연료의 생산 부문, 그리고 최종 에너지 소비 분야로 분류되는 교통 부문은 온실가스 및 에너지 목표 관리 제도의 틀에서 별도로 관리된다. 이러한 특혜적 조치는 폐지되어야 한다. 그러한 특혜가 유지되는 한, 탄소세 도입이나 탄소 배출권 시장 확대 조치는 소기의 목표를 달성할 수 없을 것이다.

30 참고로 탄소세율과 탄소 배출 목표 달성을 연계하고 있는 스위스의 경우 탄소세를 도입한 첫해인 2008년에는 탄소세율이 CO_2 1톤당 12프랑이었지만, 2018년에는 1톤당 96프랑(약 115,000원)으로 올랐다.

국민 소득의 6%를 생태계 보전을 위한 재원으로 확보할 수 있다.

B) 나머지 국민 소득에서 노동과 자본이 차지할 몫의 할당

생태계 보전을 위해 공제한 뒤에 남는 국민 소득은 국민 경제의 발전 방향과 성장 속도를 충분히 고려해서 노동 측과 자본 측이 6:4로 나누기로 합의하고,[31] 기업과 가계의 자산 소득과 자본 이득에는 예외 없이 정액세 30%를 부과하여 이를 기본소득의 재원으로 돌린다고 가정한다. 한국은행 국민 계정, 국세청 양도소득세 통계, 행정안전부 「지방세정연감」 취득세 통계 등에 근거하여 추산하건대, 자산 소득과 자본 이득에 대한 과세로 거두는 세수는 낮게 잡아도 GDP의 7%에 달할 것으로 추정된다.[32] 그럴 경우 노동 소득과 기본소득 재원의 합계는 명목 GDP의 63.4%에 달할 것이다. 이를 임금 소득과 기본소득으로 나누되 그 비율을 1:1

---

31 한국은행경제통계시스템, 「국민 계정」에서 2015년 노동 소득 분배율은 63.2%에 달하지만, 그것은 자영업자 소득에서 고정 자본 소득을 공제한 것을 노동 소득으로 포함하였기 때문에 나타난 수치다. 취업자 대비 피용자 비중에 따라 조정된 노동 소득 분배율은 51% 남짓이다.

32 국세청, 「양도소득세 부과 현황」(내부 행정 자료)에 따르면 2018년의 양도소득세 총액은 24조6천250억 원에 달했다. 양도소득세는 면제와 감면 혜택이 많고 해마다 변동이 있지만 국세 세원으로서는 큰 규모다. 주식 양도소득에 대한 세율을 높이고 부동산 양도소득에 대한 감면 및 면제 조치를 폐지하고 모든 부동산 거래에 대해 30%의 정률제 양도소득세를 부여한다면 양도소득세의 총액은 많이 증가할 것이다. 남기업 외는 「지방세정연감」의 취득세 자료와 한국은행의 국민 계정 자료를 분석하여 2007년부터 2015년까지 부동산 매매 차익에 '순임대소득'을 더한 부동산 불로소득이 GNP에서 차지하는 비율을 추산했다. 그 분석이 의미가 있는 것은 국세청이 2007년부터 부동산 취득세 산정 기준을 실거래가로 정하여 부동산 매매 차익을 비교적 정확하게 추정할 수 있게 되었기 때문이다. 그에 따르면 GNP에서 부동산 불로소득이 차지하는 비율은 2007년 26.8%, 2008년 24.0%, 2009년 27.8%, 2010년 26.3%, 2011년 24.4%, 2012년 23.1%, 2013년 22.9%, 2014년 21.7%, 2015년 22.1%에 달했다. 이에 대해서는 남기업 외, "부동산과 불평등 그리고 국토보유세", 「사회경제평론」 54(2017), 124을 보라.

로 한다고 가정한다. 그렇게 되면 기본소득을 위한 재원은 국민 소득의 31.7%에 달하고, 2019년 명목 GDP 1,919조400억 원[33]을 기준으로 계산한다면 국민 1인당 월 기본소득은 2019년 현재 97만 원가량이 될 것으로 추정된다.

C) 국가의 몫

국가 부문이 차지하는 몫은 국민 소득의 분배 이후에 조세와 공과금 등의 형태로 징수하고, 건강 보험과 상해 보험 기여금 등 기본소득 도입 이후에도 존속하는 사회적 안전망 유지 비용도 국민 소득 분배 이후에 갹출한다고 가정한다. 기본소득도 당연히 과세와 기여금 부담의 대상이 된다. 만약 국민 소득의 지출에서 국가 부문이 차지하는 몫이 커지고 국가의 지출 가운데 투자를 위한 지출이 소비를 위한 지출보다 커지면 국민 경제에서 생산과 소비의 거시 균형이 깨질 수 있으므로 그렇게 되지 않도록 유념해야 한다. 교육, 의료, 문화, 생태계 보전 등에 대한 국가 지출이 커지면 기본소득과는 다른 경로로 모든 국민에게 현물을 지급하는 효과를 발휘할 수 있다. 충분한 기본소득이 지급되면 사회 복지 제도를 운영하는 데 들어가는 행정 비용이 획기적으로 줄어들 것이다. 국민 소득의 2.5% 정도에 달하는 군사비 지출의 특수성도 고려할 필요가 있다. 건강 보험과 상해 보험 등은 당연히 가계 소득을 보전하는 효과가 있다.

---

33 한국은행, 「국민소득통계」(2019).

(6) 생태학적 지향을 가진 기본소득의 정당성

앞에서 논의한 바와 같이, 기본소득 제도는 국민 경제 차원에서 포괄적이고 본격적인 소득 분배의 틀이 마련되어야 제대로 설계될 것이다. 그것은 국민 총생산을 생태계의 몫, 미래를 위한 저축, 자본의 감가상각 비용, 임금 소득, 기본소득 등 다섯 개의 큰 항목으로 알기 쉽게 나누고 그 비율을 사회적 합의와 정치적 합의를 통해 결정하는 방식이다.

국민 경제 수준에서 사전에 조정된 소득 분배 계획의 틀에서, 기본소득은 자본과 자산에서 얻는 소득에 대한 과세뿐 아니라 노동 소득에 대한 증세를 통해서도 충당되어야 한다. 자본 소득, 자산 소득, 자본 이득 등을 얻고 있는 사람들의 반발도 매우 크겠지만 그들은 그 소득의 정당성에 대한 공격에 주로 방어적인 태도를 취할 것이다. 문제는 노동 소득자들의 반발이다. 노동 소득자들은 힘든 노동을 해서 번 돈을 일하지 않는 사람들의 기본소득을 위해 세금으로 더 많이 지출해야 하는 상황을 쉽게 받아들이지 못할 것이다. 기본소득이 노동자의 임금을 착취하는 효과를 낸다고 생각할 수도 있다.[34] 노동 소득자가 자신의 소득을 강탈당한다고 느낄 수 있다는 것은 충분히 이해되지만 따지고 보면 그렇게 생각할 일이 아니다. 아래의 세 가지는 소득 분배와 관련해서 반드시

34 판 파레이스가 기본소득의 재원 가운데 하나로 노동 소득세 인상을 주장한 데 대해서는 많은 비판이 있었다. 특히 자발적 실업자에게 무조건적 기본소득이 제공된다면 그것은 수혜에 상응해서 사회적 기여가 있어야 한다는 '상호성'의 원칙을 무시한 것이고, 심지어 임금을 착취하는 효과를 낸다는 비판이 제기된다. 이에 대해서는 Stuart White, "Liberal equality, exploitation, and the case for an unconditional basic income," *Political Studies* 45/2 (1997), 312-326; Gijs van Donselaar, "In Company of the Funny Sunny Surfer off Malibu: A Response to Michael Howard (and Some Others)," *Analyse & Kritik* 37/1-2 (2015), 305-317을 보라.

고려되어야 한다.

첫째, 사회적 분배의 대상이 되는 것은 그 누구의 것으로 돌릴 수 없는 자원들이다. 자연 자원이 대표적인 예다. 그러나 자연 자원만이 아니라 자신에게 우연히 속한 능력이나 성질에서 얻은 결과나 선물, 상속, 토지 소유, 희귀성이 있는 일자리에서 얻은 결과들도 사실은 그 누구의 것으로 돌릴 수 없는 자원이어서 사회적 분배의 대상이 된다.[35] 물론 그 누구의 것으로 돌릴 수 없는 자원들을 모아서 균분하고 모조리 소비해도 좋은 것은 아니다. 국부의 창출에 기여한 자연의 몫을 따로 떼어내어 생태계 보전을 위해 지출하여야 한다는 것은 더 말할 것도 없고, 갖가지 장애에 시달리는 사람들을 위한 사회적 지출, 경찰, 법원, 군대, 정치 기구 등과 같이 모든 시민의 형식적 자유를 보장하는 데 필요한 기구의 운영을 위한 지출, 실질적 자유를 증진하는 사회경제적 인프라와 문화적 인프라를 구축하기 위한 지출 등등을 공제한 다음에 남는 자원만이 사회적 분배의 대상이 된다.[36]

둘째, 앞에서 이미 '희귀성이 있는 일자리'를 언급한 바 있지만 이에 대해서는 조금 더 깊이 들여다볼 필요가 있다. 오늘날의 경제에서도 그렇지만 4차 산업혁명이 본격화될 미래의 경제에서 일자리는 점점 더 적어질 것이고, 일자리를 얻어 임금을 받는 것 자체가 특권이 될 것이다. 그렇게 되면 일자리가 지대를 창출하는 효과를 발휘한다. 이러한 지대 가운데 일부가 공적인 손에 의해 회수되어 일자리를 얻지 못하는 사람들에게 배분됨으로써 그 사람들이 인간의 존엄성과 위엄을 지키며 살아

35 Philippe Van Parijs, *Real Freedom for All: What (If anything) can Justify Capitalism?* (Oxford, UK; New York: Clarendon Press; Oxford University Press, 1995), 59.

36 위의 책, 43ff.

갈 수 있도록 이바지할 때, 비로소 사람들 사이에 사회적 평화와 연대가 싹틀 것이다.

셋째, 어떤 노동자가 이룩한 노동 업적 가운데 그 노동자에게 돌아갈 몫이 얼마인지 파악하는 것은 매우 힘든 일이다. 그 노동자가 노동하기 위해 사용하는 지식과 기술과 제도 등등은 그 자신이 창조한 것이 아니라 그에게 제공된 선대와 동시대인의 업적이기 때문이다. 그것은 일종의 공유재 성격을 띤다.[37] 그러한 지식과 기술과 제도 등이 없었다면 노동자의 노동 업적도 성립되지 않았을 것이다. 따라서 노동 업적 가운데 공유부로 돌아갈 몫을 따로 떼어 그것을 모든 사람에게 돌려주는 것이 정당하지 않을 리 없다.

최근에 기본소득한국네트워크는 공유부의 공정한 분배에 근거하여 기본소득을 설계할 것을 강조한다.[38] '모두의 몫을 모두에게' 균분하자는 주장은 디지털세, 탄소세, 국토보유세 등을 기본소득의 재원으로 부각하는 효과를 발휘하고 있다. 이러한 주장을 더 날카롭게 가다듬으면 기업 활동과 노동 활동의 업적이 공유부에 크게 의존한 것이기 때문에 법인세와 근로소득세 과세로 기본소득의 재원을 마련하는 것이 정당하다는 주장으로 자연스럽게 이어질 수 있다. 공유부의 공정한 분배를

---

37 허버트 사이먼은 소득의 90%가량은 이미 축적된 지식 같은 '사회적 자본'을 활용한 데서 비롯되었다고 추정한다. H. A. Simon, "Universal basic income and the flat tax," *Boston Review* 25/5 (2000), 10.

38 기본소득한국네트워크는 2019년 1월 26일 제7차 정기 총회에서 정관 제1장 제2조(목적)를 다음과 같이 개정하면서 기본소득의 개념을 가다듬었다. "네트워크는 모든 사회 구성원의 자유와 참여를 실질적이고 평등하게 보장할 수 있는 기본소득제의 실현에 기여하는 것을 목적으로 한다. 이때 기본소득이라 함은 공유부에 대한 모든 사회 구성원의 권리에 기초한 몫으로서 모두에게, 무조건적으로, 개별적으로, 정기적으로, 현금으로 지급되는 소득을 말한다."

전면에 내세우면 자본 소득이나 노동 소득이 있는 사람들이 기본소득의 도입과 제도화에 반대할 명분이 사라진다. 일단 공유부에 근거하여 소액의 기본소득을 모든 국민에게 지급하는 제도를 출범시키면 인간의 자유와 존엄성을 보장하는 수준으로 기본소득을 높이기 위해 다양한 재원을 찾고 증세를 할 수 있을 것이다.

5) 나가는 말

생태학적 지향이 있는 기본소득을 구상하면서 필자는 기본소득과 생태계 보전이 우리 사회와 경제를 재구성하는 두 축이라고 말했다. 생태계 보전 없는 경제는 지속될 수 없고, 기본소득 없는 사회는 연대와 평화를 유지할 수 없다. 생태계 보전과 기본소득은 함께 가야 한다. 생태학적 정의와 사회 정의가 동전의 양면처럼 서로 결합할 때만 사람과 생태계가 건강하고 안정적인 생명 공동체를 이룰 수 있다. 한국 정부가 추진하는 '그린 뉴딜'은 사회적·생태학적 지향이 뚜렷한 '사회적 그린 뉴딜'로 재구성되어야 하며, 그 핵심은 생태학적이고 사회적인 경제 민주주의에 바탕을 두고 국민 경제 수준에서 소득 분배 계획을 수립하는 것이다.

생태계 보전과 기본소득이 서로 결합하면 우리 사회와 경제를 운영하는 프레임이 확실하게 바뀔 것이다. 생태계의 안정성과 건강성은 크게 향상되고 경제 성장의 속도는 늦어지고 노동력의 상품화 압력은 약화할 것이다. 이제까지 시장에서 보상받지 못했던 가계 노동이 사회적으로 인정되고 여성들은 가부장제의 굴레로부터 손쉽게 벗어날 것이다.

사람들은 좀 더 쾌적한 생활 환경 속에서 느긋하게 살아가면서 서로를 존중하고 배려하는 공동체 생활을 발전시킬 것이다. 기후 위기에 대응하기 위해 사회적 합의와 정치적 결정을 통하여 생산과 소비를 급진적으로 축소하는 내핍의 경제를 선택할 수도 있다. 사회적이고 생태학적인 경제 민주주의가 작동하는 사회에서는 그러한 합의가 큰 마찰 없이 진행될 것이다. 엄청난 에너지와 물질을 투입하여 밀집 공간을 확장하고 기동성을 향상하고 자본의 이익을 극대화하기 위해 인간과 생태계를 들들 볶는 것은 옛말이 될 것이다. 그러한 사회는 전기 자동차의 대량 생산과 보급을 이상적인 것으로 그리는 녹색 케인스주의의 '그린 뉴딜' 사회와는 질적으로 다르다.

참고문헌

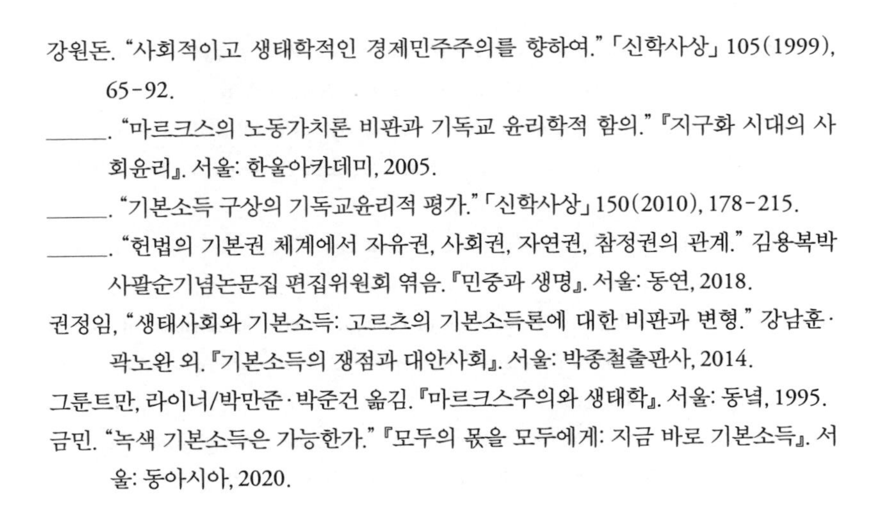

강원돈. "사회적이고 생태학적인 경제민주주의를 향하여." 「신학사상」 105(1999), 65-92.

______. "마르크스의 노동가치론 비판과 기독교 윤리학적 함의." 『지구화 시대의 사회윤리』. 서울: 한울아카데미, 2005.

______. "기본소득 구상의 기독교윤리적 평가." 「신학사상」 150(2010), 178-215.

______. "헌법의 기본권 체계에서 자유권, 사회권, 자연권, 참정권의 관계." 김용복박사팔순기념논문집 편집위원회 엮음. 『민중과 생명』. 서울: 동연, 2018.

권정임, "생태사회와 기본소득: 고르츠의 기본소득론에 대한 비판과 변형." 강남훈·곽노완 외. 『기본소득의 쟁점과 대안사회』. 서울: 박종철출판사, 2014.

그룬트만, 라이너/박만준·박준건 옮김. 『마르크스주의와 생태학』. 서울: 동녘, 1995.

금민. "녹색 기본소득은 가능한가." 『모두의 몫을 모두에게: 지금 바로 기본소득』. 서울: 동아시아, 2020.

남기업 외. "부동산과 불평등 그리고 국토보유세." 「사회경제평론」 54(2017), 107-140.

리프킨, 제러미/안진환 옮김. 『글로벌 그린 뉴딜: 2028년 화석연료 문명의 종말, 그리고 지구 생명체를 구하기 위한 대담한 경제 계획』. 서울: 민음사, 2020.

사이토 고헤이/추선영 옮김. 『마르크스의 생태사회주의: 자본, 자연, 미완의 정치경제학 비판』. 서울: 두번째테제, 2020.

스탠딩, 가이/김병순 옮김. 『불로소득 자본주의: 부패한 자본은 어떻게 민주주의를 파괴하는가』. 서울: 여문책, 2017.

유승경. "녹색 양적완화는 실행될 것인가?" 「시대」 76(2020), 71-82.

유종일. "휴먼 뉴딜의 개념과 추진전략." KDI 국제대학원 경제·인문사회연구회 발표 자료(2019. 7. 3), 1-22.

조혜경, "탄소배당 연계 탄소세 도입의 필요성 및 기본 방향." *Alternative issue Paper* 22(2020). https://alternative.house/alternative-issue-paper-no22.

프리드먼, 토머스 L./최정임 옮김. 『코드 그린: 뜨겁고 평평하고 붐비는 세계』. 서울: 21세기북스, 2008.

Altvater, E. *Grenzen der Globalisierung: Ökonomie, Ökologie und Politik in der Weltgesellschaft*, 7. Aufl. Münster, Deutschland: Verl. Westfälisches Dampfboot, 2007.

Bosselmann, Klaus. *Ökologische Grundrechte: zum Verhältnis zwischen individueller Freiheit und Natur.* Baden-Baden, Deutschland: Nomos-Verl.-Ges. 1998.

Donselaar, Gijs van. "In Company of the Funny Sunny Surfer off Malibu: A Response to Michael Howard (and Some Others)." *Analyse & Kritik* 37/1-2 (2015), 305-317.

Foster, John Bellamy. *Marx's Ecology: Materialism and Nature*. New York: Monthly Review Press, 2000.

Goeminne, G. & Paredis, E. "The concept of ecological debt: Some steps towards an enriched sustainability paradigm." *Environment, Development and Sustainability* 12/5 (2010), 691-712.

Keynes, G. M. *Allgemeine Theorie der Beschäftigung, des Zinses und des Geldes*. Facsimile edition of 1936, Berlin: Duncker & Humblot, 2000.

Marx, Karl. *Das Kapital*, Bd. 1. Berlin: Dietz Verlag, 1975.
______. *Das Kapital*, Bd. 2. Berlin: Dietz Verlag, 1975.
______. "Kritik des Gothaer Programms: Randglossen zum Programm der deutschen Arbeiterpartei." *Marx-Engels-Werke* 19. Berlin: Dietz, 1987.
Michael-Abich, K. M. *Wege zum Frieden mit der Natur: praktische Naturphilosophie für die Umweltpolitik.* München/Wien, Deutschland: Hanser, 1984.
Odum, E. P. *Prinzipien der Ökologie: Lebensräume, Stoffkreisläufe, Wachstumsgrenzen.* Heidelberg, Deutschland: Spektrum der Wissenschaft, 1991.
Šik, O. *Der dritte Weg. Die marxistisch-leninistische Theorie und die moderne Industriegesellschaft.* Hamburg, Deutschland: Hoffmann und Campe, 1972.
______. "Dritter Weg und grüne Wirtschaftspolitik." In F. Beckenbach u. a. (Hg.). *Grüne Wirtschaftspolitik: Machbare Utopien*. Mit einem Vorwort von O. Schilly. Köln, Deutschland: Kiepenheuer & Witsch, 1985.
Simon, H. A. "Universal basic income and the flat tax." *Boston Review* 25/5 (2000), 9-10.
Van Parijs, Philippe. *Real Freedom for All: What (If anything) can Justify Capitalism?* Oxford, UK; New York: Clarendon Press; Oxford University Press, 1995.
Wasmus, H. *Produktion und Arbeit. Immanente Kritik der politischen Ökonomie.* Hamburg, Deutschland: VSA-Verl., 1987.
White, Stuart. "Liberal equality, exploitation, and the case for an unconditional basic income." *Political Studies* 45/2 (1997), 312-326.

온라인 자료

Simms, Andrew et al. "A Green New Deal: Joined-Up Policies to Solve the Triple Crunch of the Credit Crisis, Climate Change and High Oil Price-The first report of the Green New Deal Group." London: New Economic Foundation, 2008. https://base.socioeco.org/docs/a_green_new_deal_1.pdf. 2021. 3. 29 접속.
European Commission. "2020 Climate & Energy Package." https://ec.europa.eu/clima/policies/strategies/2020_en. 2021. 3. 29 접속.
European Commission. "A European Green Deal: Striving to be the first climate-

neutral continent." https://ec.europa.eu/info/strategy/priorities-2019-2024/european-green-deal_en. 2021. 3. 29 접속.

통계 자료

국가에너지통계종합정보시스템. 「온실가스 배출량: 연료연소 및 탈루」.
국세청. 「양도소득세 부과 현황」(내부 행정 자료). 2018.
에너지경제연구원. 「연간에너지밸런스」. 2019.
한국은행경제통계시스템. 「국민 계정」.
한국은행. 「국민소득통계」. 2019.

2. 좌우파 기본소득 모델과 변동형 기본소득제

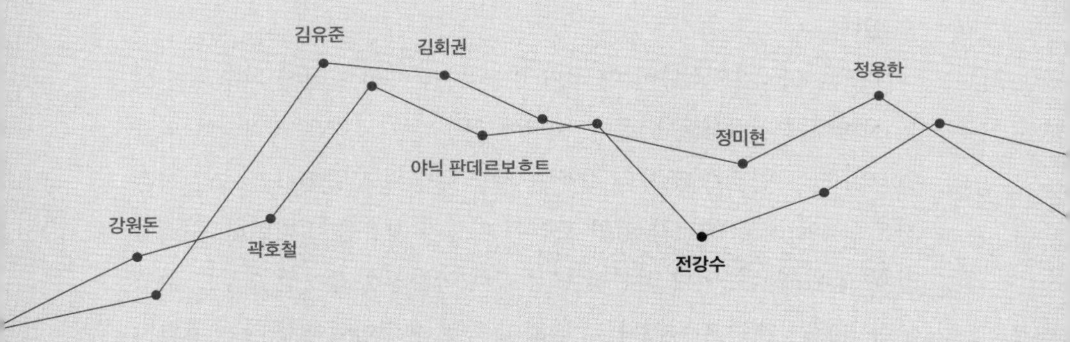

전강수

대구가톨릭대학교 경제금융부동산학과 교수

서울대학교 경제학과를 졸업하고 동대학원에서 경제학 박사 학위를 받았다. 1987년 이래 대구가톨릭대학교에서 경제학을 가르치고 있다. 『부동산 공화국 경제사』, 『토지의 경제학』, 『≪반일 종족주의≫의 오만과 거짓』 등 다수의 저서와 논문을 집필했으며, 『희년의 경제학』, 『사회문제의 경제학』 등을 번역·출간하였다.

1) 들어가는 말: 세 가지 기본소득 모델

기본소득지구네트워크(BIEN: Basic Income Earth Network)의 정의에 따르면, 기본소득이란 국가가 모든 사람에게 개인 단위로 자산 심사나 노동 요구 없이 정기적으로 지급하는 현금 급여다.[1] 따라서 기본소득은 보편성, 무조건성, 개별성, 정기성, 현금성 등 다섯 가지 성질을 지닌다고 할 수 있다.

보편성은 기본소득이 한 국가 또는 지역 사회에 상시 거주하는 모든 사람에게 지급됨을 뜻한다. 해외에 거주하는 국민은 제외되며 외국인 거주자는 일정한 조건을 갖추면 지급 대상에 포함된다. 무조건성은 기본소득에 소득 조건과 행위 조건이 따르지 않음을 의미한다. 수혜자가 되기 위해 소득이나 자산이 일정 금액 이하임을 증명할 의무도 없고 구직 노력을 해야 한다거나 그 직업이 특정 유형이어야 한다는 따위의 조건이 붙지도 않는다. 개별성은 기본소득이 결혼 여부나 가구 구성과는 무관하게 개인 단위로 지급된다는 뜻이다. 따라서 기본소득은 특정한 가구 유형을 선호하거나 차별하지 않는다. 이런 성질 덕분에 가구 단위로 가장에게 지급되는 기존 복지 급여가 초래하는 가족 내 불평등이 방지된다. 정기성이란 기본소득이 서류를 작성하거나 줄을 서는 일 없이 일정한 시간 간격을 두고 자동 지급됨을 의미한다. 모든 지급 대상자는 미래에 기본소득으로 얼마를 얻을지 예측할 수 있다. 현금성은 기본

---

1 "A Basic Income is a periodic cash payment unconditionally delivered to all on an individual basis, without means-test or work requirement." Basic Income Earth Network. https://basicincome.org.

소득에 지출 조건이 붙지 않음을 뜻한다.

이처럼 국제적인 차원에서 기본소득의 개념이 명확하게 정의되었음에도 최근 한국에서 제기되는 비판들은 여기에 해당하지 않는 다른 기준을 제시하며 기본소득제를 공격한다. 2021년 7월 정세균 더불어민주당 대선 예비 후보가 이재명 후보의 기본소득 공약에 대해 "기본소득은 사회적 취약 계층을 위해 쓰여야 할 국가 예산을 빼앗아 부자들에게 나눠주자는 발상과 똑같다"며 "가짜 푼돈 기본소득"이라고 맹비난한 것이나[2] 2021년 2월 임종석 전 청와대 비서실장이 기본소득을 "국민 모두에게 조건 없이 빈곤선 이상으로 살기에 충분한 월간 생계비를 지급하는 것"[3]이라고 정의한 다음, 이재명 경기도지사가 제시한 장기 목표를 달성하려면 317조 원이라는 어마어마한 예산이 필요하다고 공박한 것이 대표적이다. 정치권에서 논쟁이 벌어지기 전부터 활발하게 토론을 벌여온 학계에서도 그와 유사한 반론이 제기됐다. "급여가 너무 낮아 소득 보장의 의미가 없다", "기본소득 방식의 소득 보장은 너무나 가성비가 낮다"[4]라고 한 양재진의 비판이 대표적이다. 이상이는 국내의 기본소득론을 "황당한 푼돈 나눠주기식의 가짜 기본소득 주장"[5]이라고 폄훼하며 "보편적 복지의 확충을 위해 사용하기에도 부족한 소중한 정부 재정을 무차별적 획일주의 방식의 의미 없는 푼돈으로 낭비해선 안 (된다)"[6]고 주장했다.

---

2 이희조, "정세균, 이재명 기본소득 맹비난 '불공정·불공평·불필요'", 「서울경제」(2021. 7. 22).

3 임종석 전 청와대 비서실장 페이스북(2021. 2. 8).

4 양재진, "기본소득, 막연한 기대감 뒤에 감춰진 것들", 「프레시안」(2020. 6. 8).

5 이상이, "'푼돈 기본소득'은 위험한 '가짜 기본소득'이다", 「프레시안」(2020. 6. 29).

6 이상이, "내가 이재명의 '기본소득'을 비판하는 이유", 「프레시안」(2021. 8. 9).

정치권과 학계의 기본소득 비판은 하나의 동일한 전제를 깔고 있다. 바로 기본소득의 금액이 충분해야 한다는 것이다(충분성). 하지만 이 성질은 위에서 소개한 기본소득지구네트워크의 기본소득 정의에는 들어 있지 않다. 대표적인 기본소득 이론가인 가이 스탠딩은 낮은 수준에서 출발해 재원의 규모에 따라 증가시키는 점진적 방식을 제안하는데[7] 이는 좌파 기본소득론을 대표하는 필리페 판 파레이스도 마찬가지다. 전 세계 기본소득론자들에 따르면 소액의 기본소득부터 도입하자는 이재명식 기본소득론에는 전혀 문제가 없다. 국내의 기본소득 비판은 전 세계 기본소득 본진(本陣)에서 요건으로 삼지 않은 것을 내세워 비판을 가한다는 점에서 허수아비 치기의 성격이 짙다. 이에 대해서는 국제적으로 합의되지 않은 '충분성'을 정의에 포함함으로써 기본소득 개념을 의도적으로 왜곡했다는 재반론이 나왔는데[8] 이는 기본소득 반대론의 허점을 포착한 효과적인 대응이었다.

한 가지 지적해둘 점은 충분성을 내세우는 국내 기본소득 반대론에 논리적 근거가 전혀 없지는 않다는 사실이다. 국내외 기본소득론자 가운데 기본소득 금액이 충분해야 한다고 주장하는 사람들이 있기 때문이다. 이들은 모든 사람이 '실질적 자유'를 누려야 함을 강조하는데 기본소득은 이를 가능케 하는 수단이다. 게다가 지금까지 국내에서 제시된 기본소득 도입 방안들이 대부분 상당한 금액을 고정적으로 지급할 것을 목표로 한다는 점도 지적할 수 있다.

---

7 가이 스탠딩/안효상 옮김, 『기본소득: 일과 삶의 새로운 패러다임』(파주: 창비, 2018), 21.

8 정원호, "현실적 기본소득 도입방안 모색", 이병천 외 편저, 『다시 촛불이 묻는다』(서울: 동녘, 2021), 187.

기본소득론자들이 '매월 얼마', '매년 얼마' 하는 식으로 지급 목표액을 제시하는 것은 실책이다. 목표액이 적으면 '푼돈' 또는 '기본 용돈'이라고 조롱당하고 반대로 목표액이 크면 엄청난 예산이 소요된다고 비판받기 때문이다. 고정된 지급 목표액을 제시하는 기본소득론자들은 '정당한 재원 발굴 → 예상 수입 계산 → 1/n씩 분배'의 순서를 따르지 않고, '기본소득 지급 목표액 설정 → 소요 예산 계산 → 활용 가능한 재원 확보'의 순서를 따라 모델을 세운다. 정상적인 순서를 역으로 밟아 계산하는 셈이다.[9] 그러니까 무리가 따를 수밖에 없고 비현실적일뿐더러 정책 가성비가 떨어진다는 비판을 받는 것이다.

사실 기본소득론의 스펙트럼은 무척 넓다. 사회주의를 거치지 않고 자본주의를 통해 공산주의로 나아가는 경로를 그리는 필리페 판 파레이스는 모든 사람이 '실질적 자유'를 누려야 함을 강조하며 그 수단으로 기본소득을 제시한다. 그가 말하는 실질적 자유란 '형식적 자유'에 대비되는 개념으로 누구나 자신이 원하는 일을 할 권리만 가지는 것이 아니라 그렇게 할 수 있는 실질적 능력이 있는 상태를 뜻한다. 모든 사람에게 실질적 자유를 보장하려면 기본소득 금액은 커질 수밖에 없다.[10] 판 파레이스의 견해는 좌파 자유 지상주의, 자유주의적 평등주의로 분류되기도 하지만 본인은 실질적 자유 지상주의자를 자처한다. 이 글에서는 그의 견해를 좌파 기본소득 모델[11]이라고 부르기로 하자.

---

9 전강수, "기본소득 사상의 세 흐름에 대한 비교 검토와 그 함의", 「시민과세계」 35(2019), 209.

10 앞의 논문, 197.

11 여기서 좌파라 함은 사회주의 계열이 아니라 자유 지상주의(libertarianism) 내에서 상대적으로 급진적인 입장을 취하는 그룹을 일컫는다.

한편 선진 자본주의 국가에서 허비되는 복지 비용을 절감하려는 의도에서 제안된 기본소득 모델도 있다. 이것이 바로 밀턴 프리드먼(1912-2006)이 제안한 마이너스 소득세(NIT: negative income tax) 제도다. 이 제도는 모든 사람의 전체 소득에 세금을 부과한 후 모두에게 동일한 금액의 환급형 세액 공제를 부여하는 제도로, 사실상 기본소득제와 차이가 없다. 그러나 프리드먼이 이 제도를 제안한 목적은 1960년대에 미국 정부가 '빈곤과의 전쟁'을 벌이는 과정에서 잡다하게 도입한 복지 제도로 인해 세금이 줄줄 새는 현실을 바로잡는 데 있었다.[12] 기존 복지 제도의 해체를 통해 기본소득제를 도입하자는 프리드먼류의 주장은 우파 기본소득 모델이라 부를 수 있겠다.

필자는 가능한 한 세수를 많이 확보해 많은 금액을 기본소득으로 지급하자고 주장하는 좌파 기본소득 모델과 세수를 늘리지 않은 채 복잡다기한 복지 제도를 기본소득으로 대체하자고 주장하는 우파 기본소득 모델 모두 문제가 있다고 판단한다. 전자는 재원의 정당성이나 정책의 가성비를 이유로 기본소득을 비판하는 견해에 대응할 논거를 갖추지 못했기 때문이고, 후자는 불로소득 경제 체제의 고착화로 인한 불평등과 양극화를 해소하는 일에 아예 관심이 없기 때문이다.

이 글에서는 기본소득의 원조인 토머스 페인(1737-1809)과 토머스 스펜스(1750-1814), 헨리 조지(1839-1897)의 견해에 기초해 '변동형 기본소득제'를 제안하고자 한다. 이 제도는 모든 사람이 평등한 권리를 가지는 자원에서 생기는 소득을 공적으로 징수해서 모두에게 기본소득으로 지급하는 것이므로, 처음부터 재원의 정당성이나 정책의 가성비와

---

12 전강수, "기본소득 사상의 세 흐름에 대한 비교 검토와 그 함의"(2019), 192.

관련한 시비가 생길 여지가 없다. 또 모든 사람에게 평등한 권리가 있는 자원을 개인이 독점해 불로소득 얻는 것을 차단하기 때문에 불로소득 경제 체제를 정면으로 겨냥한다. 일본의 대표적 기본소득 이론가인 야마모리 토오루는 이 모델을 기본소득의 역사에서 정통으로 자리하는 견해라고 평가한 바 있다.[13] 사상적 원조의 생각을 따르고 있으니 이를 정통파 기본소득 모델이라고 불러도 무리가 없을 것이다.

이 글의 구성은 다음과 같다. 2절에서는 좌파 기본소득 모델을 대표하는 판 파레이스의 이론을 검토하고 실질적 자유를 보장하기 위해 충분한 기본소득을 지급해야 한다고 믿는 그의 견해가 한국 기본소득론에 어떤 영향을 끼쳤는지를 살펴본다. 3절에서는 우파 기본소득 모델을 대표하는 프리드먼의 마이너스 소득세를 소개하고 한국에서 그 원리를 구현하겠다며 등장한 안심소득과 공정소득에 대해 평가한다. 4절에서는 페인과 스펜스, 헨리 조지를 비롯한 조지스트(Georgist, 헨리 조지를 따르는 사람들)의 견해를 검토해 정통파 기본소득 모델을 제시하고 부분적이지만 그 모델을 따르고 있는 미국 알래스카주와 스위스의 사례를 간단히 소개한다.[14] 아울러 이 모델이 국내에 어떤 영향을 미치고 있는지 살펴보고자 한다.

---

13 山森亮, 『ベーシック·インカム入門』(東京: 光文社, 2009), 227.

14 양재진은 기본소득이 상반된 두 사상, 즉 자유주의와 사회주의에 뿌리를 두고 있다고 하면서, 토머스 페인과 필리페 판 파레이스, 그리고 기본소득지구네트워크의 기본소득론을 모조리 후자의 범주에 집어넣는다(양재진, 『복지의 원리』[서울: 한겨레출판, 2020], 235-244). 그는 전 세계 기본소득론이 자유 지상주의 계열의 학자와 운동가들에 의해 전개됐고 그 안에서 좌파와 우파가 나뉘었음을 간과하는 우를 범하고 있다.

2) 좌파 기본소득 모델과 '충분한' 기본소득

(1) 모든 사람에게 실질적 자유를 보장하기 위한 기본소득

앞에서 언급한 바와 같이, 필리페 판 파레이스는 모든 사람에게 실질적 자유를 보장하기 위한 수단으로 무조건적 기본소득을 주장했다. 그는 1986년 기본소득유럽네트워크의 결성을 주도했고 2004년 기본소득지구네트워크가 결성된 후부터는 국제자문위원회 의장을 맡아 일해왔다. 1991년부터 벨기에 루뱅 대학교 교수로 재직하며 전 세계 기본소득론의 확산에 지대한 영향을 끼쳤다.

판 파레이스는 모든 사람에게 실질적 자유를 보장하기 위해서는 권리 보장과 자기 소유권, 그에 더해 기회의 최소 극대화가 구현되어야 한다고 주장했다. 앞의 두 가지만 가지고는 형식적 자유만 주어지는 것일 뿐 실질적 자유는 보장되지 않는다는 것이 그의 생각이다.[15]

기회의 최소 극대화란 롤스의 최소 극대화 원칙을 응용한 것으로, 한 사회 내에서 최약자가 누리는 기회를 최대한 증가시키는 것을 뜻한다. 판 파레이스는 나중에 이를 '선물'(gifts)의 최소 극대화라는 말로 바꿔 표현했다.[16] 그에 따르면 현재의 생산력에는 기술 진보, 자연의 혜택, 자본 축적, 지식 등의 공동 유산, 다시 말해 사회적 자본에서 나오는 부

15 유종성, "필리프 판 파레이스: 모두를 위한 실질적 자유와 기본소득", KB금융공익재단·한국사회과학연구회 주최 "경제학 고전 강의" 강연 원고(2021), 16.

16 필리페 판 파레이스·야닉 판데르보흐트/홍기빈 옮김, 『21세기 기본소득』(서울: 흐름, 2018), 254.

분인 '선물'이 포함되어 있다. 이 선물은 사회 구성원 사이에 매우 불평등하게 분배되기 때문에 그 결과물을 조세로 환수하여 모든 사람에게 똑같이 분배하는 것이 옳고, 또 그래야만 기회(또는 선물)의 최소 극대화를 달성할 수 있다는 것이다. "모든 이들에게 줄 뿐만 아니라 지속 가능한 최고 수준에서 액수를 정한다면, 가장 덜 받는 이들도 가능한 한 지속적으로 최대한 받을 수 있도록 보장받을 것이다."[17]

"기본소득의 재원을 마련하는 조세는 현시점에서 생산에 참여한 이들이 무에서 창조한 것들에 부과하는 세금이 아니라, 오히려 우리가 모두 집단적으로 물려받은 것을 생산자들이 자기 개인의 혜택을 위해 사용한 특권의 대가로서 지불해야 하는 수수료"[18]이기 때문에 그것을 걷어서 지급하는 기본소득은 '결과의 평등'(재분배)이 아니라 '기회의 평등'(공정 분배)을 구현한다. 판 파레이스는 미국이나 북·서유럽의 부유한 국가에서 발생하는 소득의 90% 이상은 사회적 자본이 창출한다고 주장한 노벨경제학상 수상자 허버트 사이먼의 견해를 소개하면서 모두에게 공평하게 분배할 선물의 크기가 상당한 액수임을 암시했다.[19]

실질적 자유를 강조하는 판 파레이스의 견해 속에는 가능한 한 기본소득 지급 목표를 높여 잡아야 한다는 논리가 숨어 있다. '지속 가능한'이라는 단서를 붙여서 경제적 유인과 생태에 미치는 효과를 고려한다고 했지만[20] 그의 머릿속에 충분한 금액을 지급해야 한다는 생각이 자리하고 있음은 분명하다. 그가 어느 국가에서든 1인당 GDP의 1/4 정도

---

17 위의 책, 254.

18 위의 책, 257.

19 전강수, "기본소득 사상의 세 흐름에 대한 비교 검토와 그 함의"(2019), 198.

20 유종성, "필리프 판 파레이스: 모두를 위한 실질적 자유와 기본소득"(2021), 20.

를 기본소득으로 지급하자고 제안한 것만 보아도 이 사실은 확인된다.[21]

판 파레이스는 근로소득세를 가장 중요한 기본소득 재원으로 간주하지만 그 외에도 토지·자연 자원 과세, 각종 자본 과세, 화폐 발행 및 화폐 유통 과세, 슈퍼 토빈세 등 다양한 재원을 제안한다.[22] 어떻게든 많은 금액을 지급하고자 하는 동기에서 나온 불가피한 발상이었다.

근로소득세를 필두로 온갖 세금을 재원으로 삼자고 제안한 판 파레이스에게는 기본소득론에서 정당한 재원의 중요성을 흐릿하게 만든 데 대한 책임이 있다. 그는 심지어 부가가치세를 중심 재원으로 삼아 유럽연합 시민들에게 1인당 월 200유로를 지급하는 유로 배당을 제안하기도 했다. 부가가치세 같은 간접세는 국민을 속여서 세금을 징수하고 정부의 부패와 재정 낭비를 유발하는 효과가 있으므로[23] 정당한 재원과 가장 거리가 멀다. 모든 국민에게 충분한 크기의 기본소득을 지급하는 데만 마음을 빼앗겨서 아무 재원이나 끌어들여 활용하는 것은 정당하지도 않고 제도의 지속 가능성도 떨어지게 한다.

물론 판 파레이스는 모든 소득에 사회적 자본에서 기인하는 불로소득 부분이 포함되어 있다는 논리로 자신이 제안하는 재원에 정당성을 부여하려 했다. 여기서 사회적 자본이란 기술 진보, 자연의 혜택, 자본 축적, 지식 등의 공동 유산을 가리킨다. 그는 이 사회적 자본의 배분이 불평등하다는 이유를 들어 거기서 생기는 소득을 불로소득으로 봤다. 그러나 그 불평등이 독점 때문에 생긴 것이 아니라면 그것은 불로소득이 아니다. 설사 사회적 자본에서 발생하는 소득이 불로소득이라 하더

---

21 필리페 판 파레이스·야닉 판데르보흐트, 『21세기 기본소득』(2018), 35.

22 전강수, "기본소득 사상의 세 흐름에 대한 비교 검토와 그 함의"(2019), 197.

23 헨리 조지/전강수 옮김, 『사회문제의 경제학』(파주: 돌베개, 2013), 219.

라도 모든 소득에 들어 있는 불로소득의 비중이 개별 소득마다 다 다르다는 사실도 문제다. 그렇다면 어떻게 각 소득에서 불로소득 비중을 가려내고 그에 비례해서 과세할 것인가? 이와 같은 과세는 관념상으로는 가능할지 몰라도 현실에서는 불가능하다. 따라서 판 파레이스가 주장한 선물의 공평한 분배 개념은 현실적으로 재원 정당성의 기준이 될 수 없고 아무 소득이나 재원으로 삼을 수 있도록 하는 '도깨비방망이' 역할을 하기 십상이다.[24]

(2) '충분한 기본소득'론이 한국에 미친 영향

최고 수준의 기본소득을 마음에 그렸던 판 파레이스의 견해는 부지불식 간에 국내 기본소득 진영에 큰 영향을 미친 듯하다. 표1은 지금까지 나온 기본소득 재정 모델 중 대표적인 것을 정리한 표인데, 대부분 1인당 연간 지급액을 300만 원 이상으로 잡고 있고 소요 예산도 대략 146조-572조 원에 달한다.[25] 1인당 연 360만 원(월 30만 원)을 지급 목표로 잡은 모델이 많은데 2021년 기준으로 소요 예산을 계산하면 187조 원이다. 이는 같은 해 예산의 33.5%에 해당하는 막대한 금액이다. 더불어민주당 20대 대선 경선이 진행되던 2021년 7월 이재명 후보는 국민 1인당 연간 100만 원에다 청년에게 연 100만 원을 더 지급하는 기본소득 공약을 공식적으로 발표했는데 여기에도 총 59조 원(전체 예산의 10.6%)이라는 만만치 않은 금액이 소요된다.

---

24 전강수, "기본소득 사상의 세 흐름에 대한 비교 검토와 그 함의"(2019), 199.

25 규모가 훨씬 작은 모델도 두 개 있으나 그것들은 모두 정책 공약으로 제안된, 따라서 정치적 고려가 담긴 모델이다.

이 지점에서 왜 어렵게 마련할 예산으로 전 국민에게 1/n씩 나눠주고 마는가 하는 반론이 나올 수밖에 없다. 정당성과 정책 가성비가 분명치 않은 지출을 위해 마구잡이로 세금을 더 걷는 게 옳은가 하는 더 근원적인 비판도 제기될 수 있다. 게다가 모든 모델이 고정된 목표 지급액을 제시한다는 점도 문제다. 이는 국내의 기본소득론이 정당한 재원의 발굴부터 시작해 기본소득 지급으로 이어지는 정상적인 순서를 밟지 않고, 먼저 지급 목표액을 정한 다음에 재원을 찾는 역산 과정을 거쳤음을 의미한다. 이렇게 해서는 재원 정당성에 대한 시비가 불가피하다.

	재원	지급 대상	지급액	소요 예산
강남훈·곽노완(2009)	소득세, 상속증여세, 부가가치세, 환경세, 연금·공공 부조 대체, 증권 양도소득세, 이자·배당 과세, 토지세, 국방비 30% 절감, 고소득 자영업자 세원 포착 확대	모든 국민(연령대별 차등 지급)	1인당 연간 400만-900만 원	291조 원
강남훈(2010)	소득세, 상속증여세, 환경세, 연금·공공 부조 대체, 증권 양도소득세, 이자·배당 과세, 토지세, 지하 경제 세원 포착, 국방비 30% 절감, 국가 화폐 발행 등	모든 국민	1인당 연간 300만 원	146조 원
강남훈(2015)	소득세, 법인세, 생태세, 이자·배당세, 증권 양도소득세, 토지세	모든 국민	1인당 연간 360만 원 또는 480만 원	163조 원 또는 225조 원

<table>
<tr><td rowspan="3">전강수·강남훈
(2017)</td><td rowspan="2">모형 I: 국토보유세, 초고액 소득자 소득세 강화, 재벌·대기업 법인세 강화, 조세 감면 제도 개선, 재정 관리 강화</td><td>모든 국민</td><td>1인당 연간
30만 원
(토지 배당)</td><td>15.5조 원</td></tr>
<tr><td>30-64세를
제외한
모든 국민
(장애인,
농민 예외)</td><td>1인당 연간
100만 원</td><td>28조 원</td></tr>
<tr><td>모형 II: 토지세, 환경세, 시민세, 기존 급여 대체</td><td>모든 국민</td><td>1인당 연간
360만 원</td><td>185조 원</td></tr>
<tr><td>강남훈(2019)</td><td>토지세, 환경세, 시민 소득세, 기존 급여 대체</td><td>모든 국민</td><td>1인당 연간
360만 원</td><td>180조 원</td></tr>
<tr><td>유종성
(2021a)</td><td>재정 지출 구조 개혁, 토지보유세 강화, 부유세·탄소세 도입, 상속증여세 강화</td><td>모든 국민</td><td>1인당 연간
360만 원</td><td>GDP
10%</td></tr>
<tr><td rowspan="2">기본소득
한국네트워크
(2021b)</td><td>도입 단계: 토지보유세, 시민 소득세, 소득세 공제 축소, 탄소세, 복지 지출 조정</td><td>모든 국민</td><td>1인당 연간
360만 원</td><td>187조 원</td></tr>
<tr><td>2033년: 토지보유세, 시민소득세, 소득세 공제 축소, 탄소세, 복지 지출 조정, 공유 기금 수익, 화폐 발행 이익</td><td>모든 국민</td><td>1인당 연간
1,092만 원</td><td>572조 원</td></tr>
<tr><td>기본소득당</td><td>시민 재분배 기여금, 일부 현금성 복지 대체, 토지보유세, 탄소세</td><td>모든 국민</td><td>1인당 연간
720만 원</td><td>379조 원</td></tr>
<tr><td rowspan="2">이재명 후보
(20대 대선)</td><td rowspan="2">재정 구조 개혁, 조세 감면 축소, 국토보유세, 탄소세, 기본소득 목적세(장기)</td><td>청년</td><td>1인당 연간
100만 원</td><td rowspan="2">59조 원</td></tr>
<tr><td>모든 국민</td><td>1인당 연간
100만 원</td></tr>
</table>

* 1인당 연간 지급액이 동일한 모델 간에 소요 예산이 다른 것은 기준 연도의 차이 때문임.

표1. 국내 기본소득 진영의 재정 모델

20대 대선 더불어민주당 경선 과정 내내 이재명 후보는 기본소득 공약 때문에 '막대한 예산을 어떻게 조달할 것인가?', '매년 십수 조 예산을 고소득자에게 나눠주는 게 재정 정의에 맞는 일인가?', '보편적 복지를 위해 써야 할 예산이 줄어들 수밖에 없는데 이게 진보 개혁의 길인가?' 하는 비판에 시달렸다. 이재명 후보는 기본소득은 복지 정책의 성격이 있지만 4차 산업혁명 시대에 대비하는 경제 정책의 성격도 있다는 말로 대응했다. 재원과 관련해서는 재정 구조 개혁(25조 원 이상)과 조세 감면 축소(25조 원 이상), 그리고 긴급한 교정 과세로 충분히 마련할 수 있다고 답했다. 그러자 정세균 후보와 박용진 후보는 조세 감면 축소를 25조 원 이상 한다는 것은 불가능하다고 반박하는 동시에 도대체 어떤 예산을 얼마만큼 줄여서 25조 원을 마련할 것인지 구체적으로 밝히라고 추궁했다.

이재명 후보의 대응은 예산 조달의 비현실성과 정책의 가성비를 근거로 쏟아진 각종 비판에 대한 대답으로는 군색했다. 지지율 1위를 달리면서 '부자 몸조심'하는 바람에 그런 태도가 나왔다는 해석도 있긴 하지만, 기본적으로 이 후보가 기본소득의 본질과 위상에 대해 제대로 이해하지 못한 것이 원인이다. 재원과 기본소득은 말과 마차의 관계 또는 목적과 수단의 관계다. 불평등과 기후 위기를 해결하기 위해 국토보유세와 탄소세 등을 부과하는 것이 우선이자 목적이고[26] 기본소득은 이 목적

---

26 국토보유세와 탄소세는 각각 한국 사회의 부동산 문제를 근본적으로 해결하고 기후 위기에 대응하기 위해 꼭 필요한 조세다. 그런데 토지와 환경은 모든 국민의 공동 재산이라는 성격이 있는 만큼, 그에 대해 평등한 권리가 있는 모든 국민에게 세수 증가분을 1/n씩 분배하는 것이 옳다. 이는 주식회사에서 주주들에게 이윤을 배당하는 것과 같은 원리다. 이렇게 하면 조세 저항에 대응하기도 쉽다. 이런 면에서 기본소득보다는 사회적 배당금(social dividend)이라는 이름이 더 적합한지 모른다.

을 실현하는 수단이다. 국내 여러 기본소득론자와 마찬가지로 이재명 후보도 '마차'(기본소득)를 '말'(정당한 재원) 앞에 두는 오류를 범했다. 이는 그가 '충분한 기본소득'론의 영향을 부지불식간에 받았다는 증거다.

3) 우파 기본소득 모델과 복지 비용 절감

(1) 밀턴 프리드먼의 마이너스 소득세

우파 기본소득 모델은 기존 복지 지출을 대체하기 위한 수단으로서 기본소득 도입을 주장한다. 이념적으로는 우파 자유 지상주의 계열에 선 학자 중에 이런 견해를 가진 사람들이 있는데 대표적으로 밀턴 프리드먼, 마이클 태너, 매트 즈왈린스키, 찰스 머레이 등이 있다.[27] 그들은 기존 복지 프로그램을 폐지한다면 기본소득이 이상적인 모델이 될 것이라고 믿는다.

우파 기본소득 모델의 원조는 프리드먼이다. 사회주의와 복지 제도, 그리고 세금을 혐오하는 시카고학파의 거두가 어떻게 기본소득을 주장하게 됐을까? 우선 프리드먼은 명시적으로 기본소득 도입을 주장하지는 않았다는 점을 지적해둔다. 그가 제안한 것은 마이너스 소득세였다. 이 제도는 일정한 소득(이를 면세점이라고 하자)을 기준으로 소득이 그 이상인 사람에게는 플러스(+) 소득세를 내게 하고 그 이하인 사람에

27 가이 스탠딩/안효상 옮김, 『기본소득: 일과 삶의 새로운 패러다임』(2018), 73.

게는 마이너스(-) 소득세를 내게 하는 것이 핵심이다. 마이너스 소득세를 낸다는 것은 소득과 면세점의 차액에 세율을 적용해 계산되는 금액을 보조금으로 지급받는다는 뜻이다.

일반적으로 현대 국가의 소득세 제도는 소득이 면세점 이하일 경우 소득세 납부를 면제해주지만 마이너스 소득세 제도는 저소득층에게 소득세 면제를 넘어서 보조금 지급의 혜택까지 부여한다. 얼핏 생각하면 부자에게서 세금을 걷어서 가난한 사람을 지원하는 통상의 복지 제도와 차이가 없다. 그러나 이 제도를 새롭게 설계해 도입하는 경우 그것은 사실상 모든 국민에게 똑같이 기본소득을 지급하는 정책과 차이가 없다. 모든 사람에게 소득세를 걷은 다음 다시 모든 사람에게 기본소득을 지급하는 대신 소득세와 기본소득의 차액을 계산해서 (+)인 경우 세금을 걷고 (-)인 경우 보조금을 지급함으로써 두 번의 일을 한 번으로 줄이는 것에 불과하기 때문이다. 마이너스 소득세는 모든 사람이 전체 소득에 부과되는 세금을 낸 다음[28] 모두가 똑같은 금액의 환급형 세액 공제를 받는 제도로 해석할 수 있다.[29]

1960년대에 프리드먼이 이 제도를 제안한 목적은 정부에 저소득층을 지원하라고 촉구하는 데 있지 않았다. 오히려 당시 미국 정부가 '빈곤과의 전쟁'을 명분으로 잡다하게 도입한 복지 제도 때문에 세금이 줄줄 새는 현실을 바로잡는 것이 그의 주된 관심사였다. 프리드먼의 주장은 마이너스 소득세로 기존의 복지 프로그램들을 대체하자는 것이었다. 그는 시카고학파의 거두답게 가난한 자들을 돕는 일은 정부가 아니라

---

28 소득이 다르면 세금 액수도 다를 것이다.

29 전강수, "기본소득 사상의 세 흐름에 대한 비교 검토와 그 함의"(2019), 192.

민간이 해야 한다고 믿었으며 복지를 권리로 여기는 사고방식에 강하게 반대했다.[30]

이처럼 프리드먼의 제안은 우파 자유 지상주의의 신조에 충실했건만 당시 미국의 보수파는 그 제도가 저소득층의 노동 의욕을 떨어뜨리며 일단 도입되고 나면 복지 확대의 압력이 증가한다는 이유로 맹렬히 비판했으니 아이러니가 아닐 수 없다. 반면 케인스주의자를 중심으로 한 미국 내 진보파는 마이너스 소득세를 열렬히 지지했다. 프리드먼은 오해를 풀기 위해 칼럼을 쓰고 강연을 다니는 등 애를 썼지만 아무 소용이 없었다. 1972년 미국 대선에서 민주당 조지 맥거번 후보가 모든 국민에게 매년 개인별로 1,000달러씩 1회 지급하겠다는 공약을 발표했다가 상대 후보 진영의 집중 공격을 받고 공약을 유명무실하게 만든 것을 계기로 마이너스 소득세는 미국의 정책 공론장에서 자취를 감추었다.[31]

프리드먼의 마이너스 소득세는 내용상 기본소득론의 범주에 포함되기는 하지만 개인소득세를 재원으로 삼고, 사회에 모든 사람에게 평등한 권리가 있는 공유부가 존재한다는 사실을 인정하지 않으며, 근본적으로 정부의 빈곤 해소 의무를 부정한다는 점에서 치명적인 결함이 있다. 단적으로 그것은 한 명의 뛰어난 우파 경제학자가 기존 복지 제도를 허물어뜨리기 위한 대안으로 고안해낸 지적 설계물에 불과했다.

---

30 앞의 논문, 192.
31 앞의 논문, 191.

(2) 오세훈의 안심소득과 유승민의 공정소득

한국에서는 이재명 경기도지사의 기본소득 정책에 대한 견제가 격화되는 과정에서 안심소득과 공정소득이 화젯거리로 떠올랐다. 전자는 오세훈 서울시장이, 후자는 유승민 국민의힘 대선 예비 후보가 제안했다. 재미있는 사실은 둘 다 프리드먼의 마이너스 소득세를 이론적 근거로 삼고 있다는 점이다.

오세훈 서울시장은 4·7 보궐 선거 당시 기본소득에 대해 "가난한 분은 너무 적은 돈을 받아 고통 받고 부자는 굳이 안 받아도 되는 돈을 받게 된다"[32]라고 비판하면서, 어려운 사람에게 많이 줌으로써 불평등을 완화하는 효과가 큰 안심소득을 도입하겠다고 공약했다. 그가 기본소득의 대안으로 제시한 안심소득제의 내용은 최근 한국경제연구원이 발간한 보고서 가운데 담겼는데[33] 그 골격은 다음과 같다.

첫째, 소득이 중위 소득 100%(기준 소득, 2019년 4인 가구 기준 연 5,536만 원)에 미달하는 가구를 대상으로 중위 소득과 가구 소득의 차액에 50%의 세율을 적용한 금액을 안심소득으로 지급한다. 둘째, 기존 복지 제도 가운데 안심소득과 성격이 겹치는 생계급여, 주거급여, 자활급여, 근로장려금, 자녀장려금 등 5개 항목은 폐지하되 기존 복지 제도의 중심 항목(국민연금, 기초연금, 실업급여, 의료급여, 교육급여)은 그대로 유지한다. 셋째, 기준 소득 이상의 소득을 얻는 가구에 대한 소득세 증세는 없다.

이런 내용으로 안심소득제가 도입될 경우 소득이 전혀 없는 4인 가

---

32 김성진, "오세훈 '하후상박 안심소득제…소득양극화 개선 효과 탁월'", 「머니투데이」(2021. 2. 25).

33 박기성·조경엽, 「안심소득제의 비용과 경제적 효과」(서울: 한국경제연구원, 2021).

구는 연간 2,768만 원을, 소득이 4천만 원인 가구는 연간 768만 원을 지급받게 된다. 안심소득제 도입에 필요한 예산은 29조7천437억 원(2019년 기준)으로 이재명 후보의 기본소득제 단기 기준 예산 59조 원과 유승민 후보의 공정소득제 단기 기준 예산 51조8천억 원에 비해 적다. 기본소득제와 공정소득제의 최종 단계 예산은 각각 312조 원, 167조 원이므로 이를 기준으로 보면 안심소득제 예산은 훨씬 더 작은 규모다. 오세훈 시장이 이재명 지사와의 논쟁 과정에서 "(기본소득은) '제대로 하면 재원을 도저히 감당할 수 없다'는 비판을 받고 있다"며 자신의 안심소득은 "추가적 재원 부담은 최소화하고 근로 의욕은 고취하면서 어려운 분을 더 많이 지원함으로써 그분들이 중산층으로 성장할 수 있도록 한다"[34]고 자신 있게 주장한 배경에는 이 사실이 자리하고 있다.

마이너스 소득세의 결함에 대해서는 앞에서 언급했지만, 안심소득제는 거기에도 미치지 못하는 부실한 제도라는 것을 지적하지 않을 수 없다. 중위 소득을 기준으로 저소득층과 고소득층을 구분하기 때문에 선별에 따르는 행정 비용과 낙인 효과의 문제가 여전히 발생한다는 점 외에 플러스 소득세로 마이너스 소득세를 지급하는 장치가 존재하지 않는다는 점은 치명적이다. 안심소득제에 대해 "짝퉁 NIT"[35]라는 비판이 나오는 것은 그 때문이다. 안심소득 주창자들이 '기준 소득 이상의 소득을 얻는 가구에 대한 소득세 증세는 없다'고 약속하는 것은 제도의 장점이 아니라 허점을 드러낼 뿐이다. 마이너스 소득세가 사실상 기본소득과 같다는 주장은 제도 안에 플러스 소득세 파트가 들어 있을 때 성립하

---

34 노윤정, "이재명 '안심소득은 헛공약' vs. 오세훈 '기본소득은 현금 살포'", 「KBS뉴스」(2021. 5. 29).

35 김찬휘, "오세훈의 안심소득은 허상이다", 「오마이뉴스」(2021. 6. 3).

는 이야기다. 이 부분을 빠뜨린 채 기준 소득 이하의 가구에 안심소득을 지급한다는 것은 '재원 없는 복지'를 실현하겠다는 말과 다를 바 없다.

오세훈 시장의 안심소득제는 기본소득을 대신할 획기적인 정책이라기보다는 단지 복지 급여 지급 방식에 프리드먼의 아이디어를 빌린 허술한 대안에 불과하다. 플러스 소득세 파트를 갖추지 않은 안심소득제를 성공시키려면 현실적으로 기존 복지 제도를 대폭 폐지하는 수밖에 방법이 없을 것이다. 뒤에서 살펴볼 정통파 기본소득 모델은 사회에 모든 사람에게 평등한 권리가 있는 공유부가 존재한다는 사실에 기초해 정당한 재원을 발굴하고 그 수입을 평등한 권리에 상응해 분배한다는 철학에서 출발한다. 프리드먼의 마이너스 소득세에는 이런 철학이 자리할 여지가 없는데, 이를 모방했다고 자처하는 안심소득에는 그런 철학은 물론이고 고소득층이 내는 세금으로 저소득층을 지원한다는 재분배의 철학조차 자리할 여지가 없다. 실로 퇴영적인 정책이라고 하지 않을 수 없다.

한편 구체적인 내용은 발표되지 않았지만 유승민 후보의 공정소득은 안심소득보다 마이너스 소득세의 원리에 충실한 것 같다.[36] 플러스 소득세를 걷어서 소요 예산에 충당한다는 내용이 들어 있기 때문이다. 가구 단위로 지급하는 안심소득과는 달리 개인 단위로 지급한다는 점도 주목할 만하다. 가구 단위 지급은 사실상 제도 유지가 어렵다는 단점을 안고 있다. 비대상자가 가구 분리를 통해 얼마든지 대상자로 바뀔 수 있기 때문이다. 프리드먼도 가구 단위 지급을 주장했기 때문에 공정소득

36 유승민 후보가 공정소득의 내용을 구체적으로 밝힌 적은 없다. 다만 매경미디어그룹에서 발행하는 「레이더P」에서 "불붙은 기본소득 논쟁"이라는 제목으로 연재한 기사들을 통해 그 내용을 어느 정도 파악할 수 있다.

에는 마이너스 소득세의 결함을 보완하는 효과도 일부 있다고 평가할 수 있다.

하지만 공정소득에도 심각한 문제가 있다. 플러스 소득세 외에도 기존 복지 제도를 통폐합하고 SOC 분야 중복 투자 배제, 고용 복지 전달 체계 개선 등 정부 지출의 구조 조정을 단행해 공정소득 지급을 위한 재원을 마련한다고 하기 때문이다. 안심소득보다도 기존 복지 제도 폐지의 폭이 훨씬 넓기 때문에 공정소득제가 도입될 경우 기존 복지 급여의 수준이 저하되는 경우가 속출할 가능성이 크다. 유승민 후보는 기존 복지 급여가 줄어들지 않도록 하겠다는 원칙을 밝혔지만 얼마나 지켜질지 의문이다.

2021년 6월 1일 유승민 후보는 이재명 지사의 기본소득을 '반서민적'이라고 평가하며 소득이 일정액 이하인 사람들에게 부족한 소득의 일부를 지원하는 자신의 공정소득이 '친서민적'이라고 주장했다.[37] 기본소득에 쓸 돈을 소득 하위 50%에게 주면 2배를 줄 수 있고 소득 하위 33.3%에게 주면 3배를 줄 수 있다며, 공정소득이 불평등을 완화하는 효과가 훨씬 우월하다고 주장했다. 이재명 지사가 공정소득은 기본소득의 사촌쯤 될 것이라고 하면서 유사한 정책을 놓고 어느 것은 공정하고 어느 것은 불공정하다고 주장하면 국민이 혼란스러울 것이라고 반론하자, 유승민 후보는 "사촌이 아니라 남남"[38]이라고 재반격했다. 이 논쟁에서 과연 누가 옳을까? 이재명 지사다. 재원 정당성 문제를 논외로 할 경우,

---

37 김명성, "유승민 '이재명의 기본소득은 反서민적' '공정소득이 親서민적'", 「조선일보」 (2021. 6. 1).

38 이혜영, "이재명 '기본소득, 공정소득의 사촌'…발끈하는 유승민 '남남'", 「시사포커스」 (2021. 7. 26).

마이너스 소득세를 원칙대로 시행하면 기본소득과 사실상 내용이 같아진다는 것을 유승민 후보는 모르고 있다. 그는 과세와 보조금의 순효과를 따지지 않고 오로지 보조금 총액만으로 주장을 펼친다.

아래의 표2를 보자. 왼쪽은 소득세를 걷은 다음 기본소득을 지급하는 경우이고 오른쪽은 둘의 차액을 걷거나 지급하는 경우이다. 양쪽에서 각 소득 계층의 순수혜 금액은 동일하다. 둘 다 고소득층은 42만 원을 부담하고 중소득층과 저소득층은 각각 12만 원, 30만 원을 받는다. 그런데 걷는 것을 간과한 채 보조금 총액만 보면, 기본소득은 90만 원, 마이너스 소득세는 42만 원이어서 기본소득 쪽이 더 많은 예산이 드는 것처럼 보인다. 마이너스 소득세가 두 번의 일을 한 번에 처리하기 때문에 생기는 착시 현상이다. 자신의 공정소득이 프리드먼의 마이너스 소득세에서 나왔음을 자랑스럽게 여기는 유승민 후보가 왜 이런 간단한 원리를 간파하지 못하는지 이해하기 어렵다.

	기본소득				마이너스 소득세			
계층	저	중	고	계	저	중	고	계
소득	0	200	800	1,000	0	200	800	1,000
세금	0	18	72	90	0	0	42	42
보조금	30	30	30	90	30	12	0	42
세율	-	9%	9%	9%	-	0%	5.25%	4.2%
순수혜	30	12	-42	0	30	12	-42	0

표2. 기본소득과 마이너스 소득세(단위: 만 원)[39]

39 강남훈, 『기본소득의 경제학』(고양: 박종철출판사, 2019), 24의 표를 일부 수정하여 작성.

안심소득론과 공정소득론 간에는 내용상 차이에도 불구하고 보조금에 만 초점을 맞추어 논의를 전개한다는 공통점이 있다. 둘 다 프리드먼의 아이디어를 빌렸다고 말을 하지만 그 핵심은 놓친 것이다. '귤'이 한국으로 건너와 '탱자'가 되고 말았다.

4) 정통파 기본소득 모델과 변동형 기본소득제

(1) 토머스 페인, 토머스 스펜스, 헨리 조지의 기본소득론

혹자는 기본소득론의 기원을 토머스 모어(1451-1530)의 『유토피아』(*The Utopia*, 문예출판사 역간, 2011)에서 찾지만, 논리적 체계를 갖추고 기본소득론을 전개한 사람은 토머스 페인과 토머스 스펜스라고 할 수 있다. 두 선구자의 견해는 나중에 조제프 샤를리에(1816-1896)와 헨리 조지에게로 이어지는데, 학문적 원조에서 시작된 이 흐름이 바로 정통파 기본소득 모델이다.

토머스 페인은 1796년 출간한 『토지정의』(*Agrarian Justice*)에서 역사상 최초의 체계적인 기본소득론을 전개했다. 그가 기본소득을 주창한 것은 단순히 가난한 자를 지원하기 위한 것이 아니었다. 페인이 "내가 주장하는 것은 자선이 아니라 권리이며 박애가 아니라 정의"[40]라고 말했던 점에 유의하라. 많은 사람이 페인의 기본소득 방안에만 주목할 뿐 그

---

40 Thomas Paine, *Agrarian Justice* (London: W. T. Sherwin, 1817), 12.

방안을 피력하기 전에 토지 제도에 대해 선명한 입장을 천명했다는 데는 그다지 관심을 기울이지 않는다. 하지만 페인의 기본소득론은 토지 정의론의 필연적 귀결이라는 점에서 그의 토지관에 대한 검토가 필수 불가결하다.

페인은 토지 사유제와 그 제도를 뒷받침하는 토지법이 불의하다고 단죄한다. 인간은 토지를 만들지 않았기 때문에 그것을 점유할 자연적 권리를 가질지언정 영구적 사유 재산으로 주장할 권리는 없다는 것이 그의 생각이다. 인간은 토지에 대해 모두가 똑같이 누리는 공동의 권리를 가질 수 있을 뿐이다. 그런데 경작이 시작되면서 생산 활동으로 부가된 가치를 행위자에게 보장한다는 이유로 토지에 대해서까지 소유권을 인정하는 제도가 도입되고 말았다. 페인의 말을 직접 들어보자.

> 자연적인 미경작 상태의 토지는 인류의 공동 재산이었으며 앞으로도 쭉 그럴 것이다.…경작 및 문명 생활과 불가분의 관계에 있는 토지 사유제는 마땅히 이뤄졌어야 할 보상도 하지 않은 채 모든 사람에게서 그 재산을 빼앗아갔다.[41]

> 경작과 함께 시작된 토지 독점은 최대의 악을 초래했다. 모든 국가의 반 이상 국민에게서, 마땅히 이뤄졌어야 할 보상도 하지 않은 채, 자연적 유산을 박탈하는 바람에 그 이전에는 없었던 가난하고 비참한 사람들이 양산되었다.[42]

---

41 Ibid., 8.

42 Ibid., 7.

토지의 개량으로 발생하는 가치뿐만 아니라 토지 그 자체에까지 사적 소유권을 인정한 결과 모든 사람이 마땅히 누려야 할 공동의 권리는 부정당했으며 그로 인해 예전에 없었던 가난과 비참이 생겨났다는 것이다.

페인의 기본소득은 토지 사유제 도입으로 상실한 자연적 유산, 즉 토지권에 대한 보상이었다. 그는 "국가 기금을 만들어 누구나 21살이 되면 토지 사유제의 도입으로 상실한 자연적 유산에 대한 부분적 보상으로 15파운드 스털링을 지급하고, 누구나 50세가 되면 남은 생애 동안 매년 10파운드 스털링을 지급"[43]하는 방안을 제시했다. 이는 정확히 말하면 기본자산과 기본소득이 결합된 형태지만 21세 때 지급되는 기본자산이든 50세 이후 매년 지급되는 기본소득이든 상실한 토지권에 대한 보상이라는 점에서는 차이가 없다.

페인은 기본소득(또는 기본자산)이 빈자와 부자를 가리지 않고 모든 사람에게 지급되어야 함을 강조했다. 그의 근거는 모든 사람이 자연적 권리로서 토지권을 가지고 있다는 데 있었다. 기본소득(또는 기본자산)의 재원이 토지 지대로부터 나와야 한다는 점도 분명히 했다. 토지 소유자가 토지 지대만큼 공동체에 빚을 지고 있다는 이유에서였다.

기본소득의 원조가 기본소득을 '권리에 대한 보상'으로 인식했다는 점은 매우 중요하다. 본래 기본소득은 복지 정책도 아니고 경제 정책도 아니다. 그러므로 그 성격이 어느 쪽이냐를 두고 싸울 일이 아니다.[44]

---

43 Ibid., 8.

44 2021년 2월 이낙연 당시 더불어민주당 대표가 기본소득에 대해 "알래스카 외에는 하는 곳이 없고 기존 복지 제도의 대체재가 될 수 없다"고 주장하자 이재명 경기도지사는 기본소득으로 기존 복지 정책을 대체하자고 주장하지 않았다고 대응했다. 그 후 이 지사는 기본소득은 복지 정책이기에 앞서 경제 정책이라고 성격을 규정했다. 한국의 정치권에서 기본소득이 복지 정책이냐 경제 정책이냐를 두고 논쟁이 벌어진 것이다.

기본소득은 주식회사가 주주들에게 주식 수에 따라 배당금을 지급하듯이 국가가 공동 자산에 대해 평등한 권리를 갖는 모든 사람에게 지급하는 배당금이다.

페인과 동시대에 활동했던 스펜스는 1797년 "영아들의 권리"(The Rights of Infants)라는 논문을 발간해 페인의 이론을 한층 더 발전시켰다. 그는 페인이 주장했던 기본자산을 폐기하고 기본소득으로 일원화했으며 혜택을 받지 못하게 되어 있던 22-49세에게도 기본소득을 지급하자고 주장했다. 완전히 보편적인 기본소득의 구상이 탄생한 셈이다. 페인과 다른 점은 미경작 토지의 지대뿐만 아니라 가옥과 건물을 포함하는 모든 부동산에서 나오는 수익을 재원으로 삼았다는 사실이다. 더 많은 재원을 확보하려는 의도가 작용했겠지만 페인과 동일한 토지관을 가진 사람이 자연물인 토지와 인공물인 건물을 구분하지 않은 것은 이해하기 어렵다. 단, 스펜스가 각 교구에서 여성으로 이루어진 위원회를 두고 교구 내 모든 토지와 주택으로부터 임대료를 걷을 경우 모든 조세를 철폐할 수 있다고 믿었던 점은 주목할 만하다.[45] 기본소득과 함께 나중에 헨리 조지가 본격적으로 제안하는 토지 단일세를 미리 말하고 있기 때문이다.

약 반세기 후인 1848년 벨기에의 조제프 샤를리에는 『사회문제의 해법』(*Solution du Problème Social*)이라는 책을 발간해 토지 지대로 모든 국민에게 영토 배당(territorial dividend)을 지급하자고 주장했는데, 그가 페인이나 스펜스의 영향을 받았다는 증거는 없다.[46]

---

45 Thomas Spence, *The Rights of Infants* (London: printed for the author, 1797), 8.

46 필리페 판 파레이스·야닉 판데르보흐트, 『21세기 기본소득』(2018), 184.

페인과 스펜스의 토지관은 19세기 후반 미국의 경제학자 헨리 조지에 이르러 꽃을 피운다. 헨리 조지는 기본소득을 강하게 주장하지는 않았으나 그 원칙이라 부를 만한 것을 완성했다. 그의 후계자들은 헨리 조지의 원칙과 기본소득을 연결해 정통파 기본소득 모델로 발전시켰다. 조지는 토지가 인류의 공동 재산이며 토지 사유제는 모든 사람이 공평하게 누려야 할 토지권을 부정하는 불의한 제도라고 단언했다. 페인과 스펜스의 견해를 그대로 받아들인 셈이다. 토지 사유제가 문명의 쇠퇴와 몰락을 초래한 주요 요인이라는 사실도 상세하게 입증하여 페인과 스펜스의 토지 정의론을 확고하게 뒷받침했다.

하지만 조지는 당위론적 주장에서 한 걸음 더 나아갔다. 즉, 토지 사유제가 불의한 제도일 뿐 아니라 불평등과 주기적 불황을 초래하는 비효율적인 제도임을 상세히 논증한 것이다. 헨리 조지의 경제 이론에서 지대는 분배를 악화시켜 불평등을 심화하고 생산을 압박해 경제 불황을 불러오는 핵심 원인이다. 따라서 지대를 걷어서 모든 사람이 공평하게 혜택을 누리도록 사용하는 것은 정의를 실현하는 동시에 경제 효율을 증진하는 최선의 방책이다. 조지스트들은 헨리 조지의 견해를 한층 더 발전시켜 토지 사유제가 환경 파괴를 초래하는 주요 요인이라는 사실도 밝혀냈다. 그들은 토지의 투기적 보유로 인해 곳곳에서 토지 이용의 유휴화가 발생하고 쓸데없이 한계지가 밖으로 밀려난다는 데 주목한다. 그 과정에서 보호되어야 할 자연환경이 파괴된다는 것이다.

페인은 지대로부터 기본소득의 재원을 확보할 구체적인 방법을 제시하지 않았다. 스펜스는 모든 부동산을 경매에 부쳐서 지대를 걷자고 제안했지만 개인의 사유 재산을 어떻게 경매에 부칠 것인지 밝히지 않았다. 반면 헨리 조지는 지대를 공적으로 징수해 재원을 확보하는 방법을 구체적으로 제시했다. 조세에 착안해 토지 가치세(land value tax)를 걷자고 주장한 것이다. "이미 우리는 지대의 일부를 조세로 걷고 있다. 그러므로 단지 조세의 방법만 약간 바꾸어 지대 전체를 걷으면 된다."[47] 조지는 토지 가치세가 어떤 경제적 효과를 낳을지 상세히 설명했고 바람직한 조세의 기준(조세 원칙)을 활용해 얼마나 탁월한 세금인지 논증했다.

헨리 조지는 『진보와 빈곤』(*Progress and Poverty*)에서 토지 가치세 징수로 확보되는 수입을 전액 기본소득으로 분배하자고 하지는 않았다. 그 대신 그가 제시한 방안은 경제에 부담을 주는 다른 세금을 철폐하자는 것이었다. 이른바 토지 단일세(single tax) 정책이다. 다만 조지는 다른 곳에서 추가 세수의 일부를 일상적인 정부 지출에 쓰고 난 다음 나머지를 모든 사람에게 개인 단위로 똑같이 지급하자고 주장하기도 했다.[48] 토지가 공동 재산이 되어 모든 구성원이 토지 소유의 이익을 공유하는 사회를 꿈꾸었던 조지의 주장 속에는 토지 가치세 수입으로 기본소득을 지급하자는 논리가 숨어 있다. 사실 모든 사람이 토지에 대해 평등한 권리를 누리게 하려면 다른 세금을 없애는 것보다 세수를 직접 균등하게 분배하는 것이 더 효과적이다. 주지하듯이 감세는 고소득층에게 유리한 결과로 이어지기 때문이다.[49]

헨리 조지의 후계자들은 두 가지 방향으로 헨리 조지의 주장을 확장했다. 하나는 토지의 지대뿐만 아니라 자연 자원과 환경, 나아가 각종

---

47 헨리 조지/김윤상 옮김, 『진보와 빈곤』(서울: 비봉, 2016), 410.

48 Henry George, *The Land Question* (1881; Reprinted in 1982 by Robert Schalkenbach Foundation. George), 84; Henry George, "Land and Taxation: A Conversation with David Dudley Field," *North American Review* (7/1885).

49 전강수, 『토지의 경제학』(파주: 돌베개, 2012), 191.

특권을 독점해서 얻는 이익에도 조세나 부담금을 부과해 환수하는 것이다. 다른 하나는 토지, 자연 자원, 환경, 특권 등에 과세해 확보하는 수입을 다른 세금을 감면하는 데 쓰지 않고 기본소득으로 분배하는 것이다. 알라나 하트조크(Alanna Hartzok), 제임스 로버트슨, 피터 반스, 니콜라우스 티드먼 등이 대표적인데, 이들은 공통적으로 토지 가치세와 환경세, 그리고 자연 자원 사용료를 걷어서 시민 배당(citizen dividend), 즉 기본소득으로 분배하자고 주장한다. 국내에서는 전강수와 강남훈이 국토보유세와 환경세를 징수해 기본소득을 지급하자고 제안한 바 있다.[50] 한국의 대표적 조지스트인 김윤상은 교육 특권, 일자리 특권, 경력 특권, 지역 특권에서 생기는 이익을 누진 소득세 강화로 환수하자고 주장한다.[51]

그렇다면 조지스트들은 어떤 근거로 헨리 조지가 토지를 두고 주장했던 내용을 자연 자원, 환경, 각종 특권에까지 확대 적용하자는 것일까? 한마디로 말해 이 자원들은 토지와 마찬가지로 누군가가 차지하고 이용할 경우 동시대의 타인을 배제하기 때문이다. 자연 자원과 환경은 동시대의 타인뿐만 아니라 후손까지 배제한다. 토지, 자연 자원, 환경은 인류에게 거저 주어졌으므로 타인을 배제하고 그것을 차지해 사용하는 사람들은 배제당한 사람들의 권리를 보상할 의무가 있다. 그렇다면 특권은 어떤가? 특권은 가능한 한 인정하지 않는 것이 최선이지만 불가피하게 인정되어야 하는 경우 그 취득 기회를 모든 사람에게 균등하게 보장해야 하고 그로부터 생기는 이익은 철저히 환수해서 배제된 다른 사람들을 위해 공평하게 사용하는 것이 옳다.[52]

50 전강수·강남훈, "기본소득과 국토보유세", 「역사비평」 120(2017).
51 김윤상, 『특권 없는 세상』(대구: 경북대학교출판부, 2013), 58.
52 위의 책, 37.

(2) 정통파=변동형 기본소득 모델의 골격과 도입 사례

이쯤에서 정통파 기본소득 모델의 골격을 일목요연하게 정리해두는 편이 좋겠다.

첫째, 기본소득은 모든 사람이 평등하게 누려야 할 권리에 대한 보상이다. 현금 지급보다는 박탈당한 권리의 회복이 먼저다. 그러므로 기본소득이라는 이름보다 사회적 배당금이라는 이름이 더 적절한지도 모른다.

둘째, 따라서 한 국가에 존재하는 자원 가운데 모든 사람에게 평등한 권리가 인정되어야 할 자원들을 정확하게 가려내서 그것들을 차지하고 사용하는 사람들이 얻는 이익을 가능한 한 많이 환수해야 한다. 이 이익은 흔히 불로소득 또는 '지대'라고 불린다.

셋째, 불로소득 환수액은 사회적 배당금으로 모든 국민에게 똑같이 지급해야 하지만 환수액이 매년 변동할 것이므로 지급액도 변동할 수밖에 없다. 이는 변동형 기본소득 또는 변동형 사회적 배당금이라고 부를 수 있다.

여러 재원을 가리지 않고 많이 발굴해서 모든 사람에게 충분한 금액을 지급하려고 하는 좌파 모델에 비해 정통파 기본소득 모델은 과세와 급여의 정당성 면에서 훨씬 뛰어나다. 어떤 제도든 정당성이 입증되지 않으면 도입되기도 어렵고 설사 도입된다고 하더라도 지속되기가 어렵다는 점을 고려하면 제도의 실현 가능성이라는 면에서도 정통파 기본소득 모델은 좌파 모델에 비해 훨씬 우수하다. 이와 관련하여 다음의 평가를 주목할 만하다.

> 그것[자연 자원을 재원으로 삼는 모델]은 수혜자들에게 의존, 사기, 낭비, 실패 등의 낙인을 찍지 않는 현금 급여의 모델을 제공한다. 이런 낙인은 여타 현금 급여 수혜자에게 종종 따라다니는 것들이다. 개인의 소득이나 자산에 부과하는 조세가 아니라 자연 자원에서 재원을 찾는 영구기금 배당(PFD: permanent fund dividend) 모델이 시행되면 수혜자들은 배당금의 용처를 합리화하려고 애쓸 필요가 없어질 것이고 이 모델에 따라붙는 사회주의라는 딱지도 떨어질 것이다. 이는 조지스트의 과세 체계와 연결된 기본소득 구상이 누진 소득세와 고용 지대 과세로 재원을 조달하는 기본소득 프로그램에 비해 광범위한 지지를 얻을 가능성이 더 큼을 시사한다.[53]

여기서 영구기금 배당이란 미국 알래스카주에서 모든 주민에게 지급하는 기본소득을 가리킨다. 1976년 미국 알래스카주는 주정부 소유 유전에서 생기는 석유 수입의 일부를 축적하여 펀드를 만들었고, 1982년부터는 그 펀드를 전 세계에 투자하여 얻은 수입금으로 1년 이상 거주자 모두에게 해마다 배당금을 지급해왔다.[54] 이 배당금은 알래스카 주민이 주정부 소유 유전에 대해 갖는 평등한 권리에 대한 보상이다. 펀드를 조성하고 금융 투자를 활용하는 기법이 동원되기는 하지만 이는 기본적으로 페인, 스펜스, 조지스트의 방식을 따르는 정통파 기본소득 모델이다.

그림1은 알래스카주 정부가 영구기금 배당을 지급하기 시작한

53 Almaz Zelleke, "Basic Income and the Alaska model: Limits of the Resource Dividend Model for the Implementation of an Unconditional Basic Income," in Karl Widerquist & Michael Howard (eds.), *Alaska's Permanent Fund Dividend: Examining its Suitability as a Model* (New York: Palgrave-Macmillan, 2012), 211-212.

54 전강수, "기본소득 사상의 세 흐름에 대한 비교 검토와 그 함의"(2019), 204-205.

1982년 이후 매년 주민 한 사람에게 지급된 금액의 추이를 보여준다. 1,000달러에서 시작한 배당금은 어떤 해에는 500달러에도 미치지 못했고 다른 해에는 2,000달러를 초과하기도 했다. 배당금의 변동성이 매우 크다는 이야기다. 모든 사람에게 평등한 권리가 있는 자연 자원에서 재원을 찾고 매년 지급액이 변동한다는 점에서, 알래스카의 영구기금 배당은 변동형 기본소득의 전형이라 할 만하다.

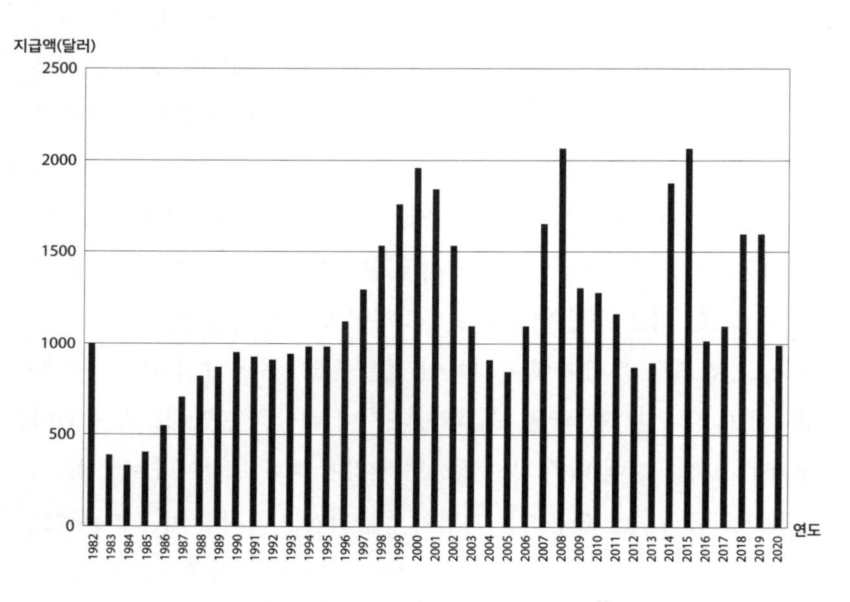

그림1. 알래스카 영구기금 배당의 지급액 추이[55]

스위스는 2016년에 국민투표로 "월 300만 원 기본소득 법안"을 부결시

55 http://pfd.alaska.gov/Division-Info/Summary-of-Applications-and-Payments의 통계로 작성.

킨 나라로 알려져 있지만, 사실은 2008년부터 이미 변동형 기본소득제와 매우 유사한 제도를 시행해왔다. 난방유, 천연가스, 석탄 등 화석 연료를 사용하는 개인과 기업에 탄소세를 부과하고 그 수입의 2/3를 전 국민에게 탄소 배당(CO_2 dividend)으로 지급해온 것이다. 이는 직접적으로는 탄소 배출을 감소시키려는 목적의 제도지만, 환경을 오염시키는 이들에게서 환경 오염으로 얻은 이익을 환수해 환경에 대해 평등한 권리가 있는 모든 국민에게 분배한다는 점에서 정통파 기본소득의 정신에 정확히 부합한다. 현재 탄소세는 유럽 19개국에서 부과하고 있는데 그 수입으로 탄소 배당을 지급하는 나라는 스위스가 유일하다.[56]

탄소세의 일차 목적은 화석 연료의 가격을 높여서 사용을 억제함으로써 에너지 절감이나 친환경 에너지로의 전환을 촉진하는 데 있다. 그런데 탄소세 도입으로 에너지 가격이 상승하면 저소득층의 연료비 부담이 커져 조세 저항이 광범위하게 발생한다. 이때 탄소세 수입을 탄소 배당으로 모든 국민에게 똑같이 분배하면, 에너지를 많이 소비하는 고소득층은 에너지 가격 상승분보다 적은 탄소 배당을 지급받아 에너지 비용이 늘어나지만 평소 에너지를 적게 소비하는 저소득층은 에너지 가격 상승분보다 많은 탄소 배당을 지급받아 에너지 비용이 줄고 실질 소득이 늘어난다. 중산층의 경우에는 에너지 가격 상승에 따르는 부담이 탄소 배당으로 상쇄된다. 탄소세와 탄소 배당을 결합하면 다수의 순수혜자가 생겨서 이들이 제도에 반발하기는커녕 오히려 고소득층의 조세 저항에 대해 강력한 방파제 역할을 한다. 스위스의 탄소세-탄소 배당 모델은 오랫동안 다른 나라에 거의 알려지지 않았지만 최근 들어 탄소세

56 정원호, "탄소 중립 하려면 스위스를 보라", 「프레시안」(2021. 1. 12).

의 역진성과 조세 저항 문제를 극복할 수 있는 유력한 대안으로 소개되면서 갑작스럽게 주목을 받기 시작했다. 2019년 1월 미국에서는 27명의 노벨경제학상 수상자, 4명의 전임 연방준비제도이사회(FED) 위원장, 15명의 전임 경제자문회의 의장, 2명의 전임 재무부 장관을 포함하는 3,589명의 경제학자가 탄소세-탄소 배당 정책의 시행을 촉구하는 성명을 발표했고[57] 독일에서는 녹색당이 2021년 9월의 연방 선거를 준비하면서 탄소세-탄소 배당 정책을 핵심 공약으로 내세웠다. 2019년 탄소세를 도입한 캐나다 정부도 제도에 대한 지지를 확보하고 탄소세의 경제적 부담을 줄일 목적으로 탄소 배당 시행 계획을 수립해두고 있다.

알래스카주의 영구기금 배당과 마찬가지로, 스위스의 탄소세-탄소 배당도 인간이 만들지 않은 자원으로부터 재원을 확보하고 그에 대해 평등한 권리가 있는 모든 국민에게 수입을 똑같이 분배하며 배당금 지급액이 매년 변동하도록 해놓고 있다는 점에서 정통파=변동형 기본소득의 범주에 속한다(그림2 참고). 현재 지구상에서 기본소득제를 본격적으로 시행하는 지역은 미국 알래스카주와 스위스밖에 없다. 전 세계에서 드물게 기본소득제를 시행하고 있는 두 지역에서 정통파=변동형 모델이 뿌리내렸다는 사실은 시사하는 바가 크다. 이 기본소득 모델이 다른 모델에 비해 현실 적용성이 높다는 이야기가 되기 때문이다.

---

57 금민, “기본소득형 탄소세”, 기본소득한국네트워크, 『기본소득이 있는 복지국가: 리얼리스트들의 기본소득 로드맵』(서울: 박종철출판사, 2021), 140.

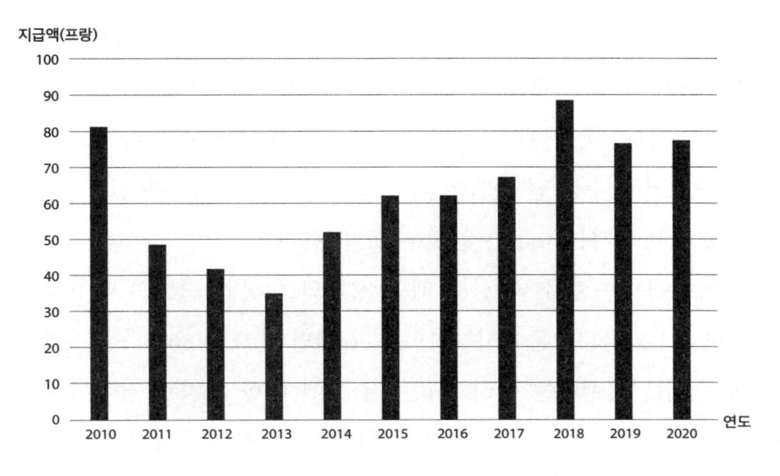

그림2. 스위스 탄소 배당 지급액의 추이(개인)[58]

한 가지 더 지적하자면 알래스카주나 스위스 모두 배당금 지급액이 그다지 크지 않다. 지급액이 가장 많았던 해의 배당금은 알래스카주의 경우 2,072달러(2015년)였고 스위스의 경우 88.8프랑(2018년)이었다. 한화로 각각 연간 약 230만 원과 약 10만 원에 해당하는 금액이다. 그야말로 푼돈이지만 현지에서 '푼돈 기본소득'이니 '용돈 배당금'이니 하는 말은 나오지 않는다. 주민들이 그 배당금은 권리에 대한 보상임을 인지하고 있기 때문이리라. 이처럼 지급액이 그리 크지 않은데도 경제적 효과는 상당한 것으로 드러났고 제도에 대한 주민의 지지 여론도 높다. 알래스카주는 미국에서 빈곤율이 가장 낮을 뿐 아니라 수십 년간 공평한 경제 성장을 실현한 유일한 주다. 알래스카 주민들은 이를 영구기금 배당과 관련이 있는 현상으로 인식한다. 미국을 비롯해 여러 선진국에서 신

58 정원호, "탄소 중립 하려면 스위스를 보라"(2021. 1. 12)의 통계표로 작성.

자유주의의 물결이 밀어닥쳐 진보적 경제 정책이 심한 공격을 받던 시기에도 영구기금 배당은 "알래스카 정치의 고압선"(the third rail of Alaska politics)이라 불렸다. 어떤 정치인이든 손대는 사람은 죽는다는 의미였다.[59] 알래스카주 수십 년 동안의 역사에서 영구기금 배당을 변동형에서 고정형으로 바꾸자는 요구는 일절 나오지 않았다.[60]

스위스에서는 탄소세-탄소 배당 정책의 대상인 연료의 탄소 배출량이 1990년 2,341만 톤에서 2019년 1,640만 톤으로 30%나 감축되었다.[61] 탄소세를 시행하는 여러 나라에서 그에 대한 정치적 저항이 빈발함에도 스위스에서는 그런 움직임이 나타나지 않는 것은 탄소세가 탄소 배당과 결합되어 있고 그 정책이 탄소 배출량 감축에 큰 효과를 발휘하기 때문이다.[62]

(3) 정통파=변동형 기본소득 모델에 비춰본 국내 기본소득론

국내 기본소득 운동을 주도하는 기본소득한국네트워크는 정관에서 기본소득을 "공유부에 대한 모든 사회 구성원의 권리에 기초한 몫으로서

---

59 Karl Widerquist & Michael W. Howard, "Exporting an Idea," in Karl Widerquist & Michael Howard (eds.), *Exporting the Alaska Model: Adapting the Permanent Fund Dividend for Reform around the World* (New York: Palgrave-Macmillan, 2012), 25.

60 Almaz Zelleke, "Basic Income and the Alaska model"(2012), 211.

61 정원호, "탄소 중립 하려면 스위스를 보라"(2021. 1. 12).

62 단, 스위스의 탄소세는 교통·수송 부문 연료에는 적용되지 않는 등 과세 범위가 좁다는 한계가 있었다. 2021년 6월 스위스 정부는 이 한계를 극복하기 위해 자동차·비행기 연료에 과세하는 방안을 마련해 국민투표에 부쳤는데 51:49로 부결되었다. 간발의 차이로 제도의 확대 적용에 실패한 것이다. 이는 스위스 국민이 추가 과세로 부담이 늘어나고 또한 코로나19 이후의 경제 회복 과정이 어려워질 수 있다는 판단을 한 결과라고 전해진다("Swiss voters reject key climate change measures," BBC [2021. 6. 13]).

모두에게, 무조건적으로, 개별적으로, 정기적으로, 현금으로 지급되는 소득"으로 정의한다. 기본소득지구네트워크와 달리 기본소득의 원천이 공유부임을 명확히 한 점이 주목된다. 기본소득한국네트워크의 금민 이사에 따르면 "공유부란 사회가 생산한 부 중에서 성과의 원리에 따라 특정 주체에 배타적으로 귀속시킬 수 없는 몫, 곧 모두의 몫"[63]이다. 금민은 공유부를 토지, 천연자원, 생태 환경 등의 자연적 공유부와 지식, 빅데이터 등의 인공적 공유부로 구분한 다음, 사적 시장 소득에 포함된 공유부를 조세로 회수하여 개별적 사회 구성원 모두에게 조건 없이 되돌려주는 것이 기본소득의 역할이라고 주장한다.[64]

기본소득을 공유부에 대한 모든 사회 구성원의 권리에 기초해 지급하는 몫으로 정의한다는 점에서 기본소득한국네트워크는 정통파 기본소득 모델의 계열에 서 있다고 할 수 있다. 특권 이익을 빠트리기는 했지만 빅데이터를 공유부의 하나로 발굴한 것은 네트워크의 공헌이다. 그러나 기본소득한국네트워크에는 좌파 기본소득 모델의 영향이 두드러진다는 점이 문제다. 이는 월 30만 원을 지급하는 부분 기본소득제를 즉각적으로 시행하고 2033년에는 중위 소득의 50%(2021년 기준 월 91만 원)를 지급하는 완전 기본소득제를 도입하자고 제안하는 데서 확연히 드러난다.[65] 단기·장기 지급 목표액을 제시할 뿐만 아니라 완전 기본소득제를 최종 목표로 삼는다는 것은 네트워크가 모든 국민의 권리

63 금민, "공유부와 기본소득: 공유부 배당의 정의 실현", 기본소득한국네트워크, 『기본소득이 있는 복지국가: 리얼리스트들의 기본소득 로드맵』(서울: 박종철출판사, 2021), 35.
64 앞의 논문, 36-38.
65 류보선, "서론: '푸른 하늘'과 '게으를 권리', 혹은 기본소득의 두 좌표", 기본소득한국네트워크, 『기본소득이 있는 복지국가: 리얼리스트들의 기본소득 로드맵』(서울: 박종철출판사, 2021), 13-14.

를 되찾아주는 일보다는 충분한 현금을 지급하는 일에 방점을 찍고 있음을 뜻한다.

이렇게 접근하면 기본소득은 단지 복지 정책의 한 수단으로 전락하고 만다. 그렇게 인식되는 순간 바로 '지나치게 많은 예산이 든다', '정책의 가성비가 떨어진다', '푼돈에 불과하다'는 등의 비판에 노출되는 것이 불가피하고 그에 대한 답변은 옹색해질 수밖에 없다. 정통파 기본소득 모델이 말하는 기본소득은 복지의 효과를 발휘하지만 복지 정책은 아니다.[66] 기본소득은 어디까지나 모든 사람이 마땅히 누려야 할 권리를 되찾아주는 경제 정의 구현 정책이다.

2021년 들어 한국 정치권에서 치열하게 전개된 기본소득 논쟁은 대부분 '기본소득은 복지 정책'이라는 전제를 깔고 있다. 기본소득 주창자도 반대자도 모두 마찬가지다. 이재명 후보는 복지적 경제 정책이라는 말로 비판에 대응했지만 정당한 재원을 확보하는 것보다 현금을 주는 쪽에 방점을 찍는다는 점에서 반대 진영과 같은 프레임에 갇혀 있다. 그런데 정통파 기본소득 모델에 충실한 대선 후보가 한 명 출현했으니, 바로 추미애 더불어민주당 대선 예비 후보다. 놀랍게도 그는 '1호 공약'으로 지대 개혁을 발표하면서 다음과 같이 말했다.

> 종합부동산세를 폐지하는 대신 국토보유세를 도입해 모든 토지 소유자에게 부과하고 그 세수 순 증분을 사회적 배당금으로 모든 국민에게 똑같이 분배하겠습니다. 이는 항간에 '기본소득형 국토보유세'로 알려져 있습니다만, 단순히 국가가 특별한 이유 없이 모든 국민에게 현금을 지급하는 것

---

66 덧붙이자면 기본소득은 경제 활성화 효과를 발휘하지만 경제 활성화 정책도 아니다.

> 과는 다릅니다. 대한민국의 주권자로서 국토에 대해 평등한 권리를 가진 모든 국민에게 그 권리에 맞춰 배당금을 지급하는 것이므로, 주식회사가 주식 수에 따라 주주에게 배당금을 지급하는 것과 같다고 해야 합니다.… 이 원리는 현재 기후 위기에 대처하는 유력 대안인 탄소세에도 적용할 수 있습니다. 환경에 대해서는 모든 국민이 똑같은 권리를 가지므로 탄소세를 걷어서 그 세수를 모든 국민에게 똑같이 분배하는 것입니다.[67]

국토보유세를 걷어 사회적 배당금을 지급함으로써 토지에 대한 국민의 권리를 회복하고, 탄소세를 걷어 탄소 배당을 지급함으로써 환경에 대한 국민의 권리를 회복하겠다고 한 것이니, 정통파 기본소득 모델의 핵심을 간파한 공약이라고 하지 않을 수 없다. 더불어민주당 대선 경선 TV 토론에서 추미애 후보는 이재명 후보의 기본소득에 대해 본말이 전도된 것이라고 비판했는데, 이는 이재명 후보가 마차를 말 앞에 두는 오류를 범했음을 정확하게 지적한 것이다. 추미애 후보의 국토보유세 공약 발표를 계기로 한국의 기본소득론이 좌파 기본소득 모델의 영향에서 벗어날 수 있을지 자못 궁금하다.

---

67 추미애, "지대 개혁으로 사람이 땅보다 높은 세상을 만들겠습니다", 추미애 대선 예비후보 공약 발표문(2021. 7. 23). https://blog.naver.com/choovision/222442338979.

5) 나가는 말

지금까지 기본소득론을 좌파, 우파, 정통파로 나누어 검토하고 각 모델이 한국의 기본소득론에 어떤 영향을 미쳤는지 살펴보았다. 판 파레이스가 대표하는 좌파 기본소득 모델은 모든 사람에게 실질적 자유를 보장하기 위해 가능한 한 최고 수준의 기본소득을 지급하고자 하는 것이 특징이다. 이를 위해 근로소득세를 비롯해 여러 조세를 재원으로 확보하려는 경향을 보인다. 국내 기본소득 진영은 부지불식간에 이 모델의 영향을 받아 목표 지급액을 높여 잡고 막대한 소요 예산을 제시하는 경향이 있다. 기본소득 반대론자들은 '왜 어렵게 마련한 예산으로 전 국민에게 1/n씩 나눠주고 마는가?', '왜 정책 가성비 떨어지는 지급 방식을 고집하는가?'라는 비판을 제기했는데, 국내 기본소득론자들은 여기에 제대로 대응하지 못했다.

프리드먼이 대표하는 우파 모델에서는 일정 소득 이상의 계층에게는 플러스 소득세를 걷고 그 이하의 계층에게는 마이너스 소득세를 걷자고(즉, 보조금을 지급하자고) 주장한다. 이 모델은 모든 사람이 전체 소득에 부과되는 세금을 낸 다음 모두가 똑같은 금액의 환급형 세액 공제, 즉 기본소득을 받는 제도로 해석되고 있다. 국내에서는 안심소득과 공정소득이라는 이름으로 이 모델을 모방한 정책이 제안되고 있으나, 플러스 소득세 파트를 무시하거나 경시함으로써 프리드먼의 원래 의도를 훼손하고 있다. 안심소득론자와 공정소득론자는 기본소득이 자신들의 모델보다 훨씬 복지 효과가 떨어진다고 비판하는데 이는 기본소득의 본질이 '권리에 대한 보상'임을 이해하지 못한 소치다.

정통파=변동형 기본소득 모델은 페인, 스펜스, 조지의 사상에 기원을 두며 기본소득을 모든 사람이 평등하게 누려야 할 권리에 대한 보상으로 본다. 이 모델에서는 모두가 평등한 권리를 누려야 할 자원을 가려내서 거기서 발생하는 이익을 가능한 한 많이 환수해야 한다고 주장한다. 환수액은 해마다 변동하므로 기본소득 지급액도 변동할 수밖에 없다. 국내의 기본소득론을 대표하는 기본소득한국네트워크는 기본소득을 공유부에 대한 모든 사회 구성원의 권리에 기초해 지급하는 몫으로 본다는 점에서 정통파 모델의 계열에 서 있다. 하지만 월 30만 원을 지급하는 단기 목표와 월 91만 원을 지급하는 장기 목표를 제시하고 있어, 충분한 현금을 지급하고자 하는 좌파 모델의 영향을 받고 있음을 드러낸다. 반대론자들로부터 기본소득을 지켜내고 그것을 한국 사회의 경제적 난제를 해결하는 효과적인 수단으로 만들기 위해서는 말(정당한 재원)을 마차(기본소득) 앞으로 보내는 것이 급선무다.

2020년 8-9월에 경기도는 기본소득에 대한 공론화 조사를 실시했다. 공론화 조사란 어떤 정책 사안에 관해 참여자들이 충분한 토론과 숙의 과정을 거치게 한 후 설문에 응답하게 하는 조사 방식이다. 경기도 공론화 조사의 결과를 보면 기본소득 연계형 토지세에 대해서는 67%가 찬성했고 기본소득 연계형 탄소세에 대해서는 82%가 찬성했다. 공론화 조사 이전 단순 여론조사를 했을 때의 찬성 비율은 각각 39%, 58%였다. 제도의 내용이 제대로 파악되자 정통파 기본소득 모델의 핵심 정책인 두 조세에 대한 지지율이 크게 올라간 것이다. 이에 비춰볼 때 기본소득 연계형 국토보유세와 기본소득 연계형 탄소세는 충분한 대국민 홍보와 함께 추진할 경우 성공 가능성이 매우 크다고 할 수 있다. 과연 대한민국은 미국 알래스카주와 스위스의 뒤를 이어 세 번째로 정통파 기본소득을 도입할 수 있을까? 그러려면 무엇보다도 먼저 기본소득이 복지 정책이라는 잘못된 프레임과 기본소득 지급액이 미리 결정되어 있어야 한다는 고정관념이 깨져야 한다. 변동형 기본소득제가 대안이다.

참고문헌

강남훈. "기본소득 도입 모델과 경제적 효과." 「진보평론」 45(2010).

______. "한국에서 단계적 기본소득 도입을 위한 재정 모형." 녹색전환연구소 주최 기본소득 포럼 발제문. 2015.

______. 『기본소득의 경제학』. 고양: 박종철출판사, 2019.

강남훈·곽노완. "국민 모두에게 기본소득을!" 민주노총 정책연구원, 2009.

금민. "공유부와 기본소득: 공유부 배당의 정의 실현." 기본소득한국네트워크. 『기본소득이 있는 복지국가: 리얼리스트들의 기본소득 로드맵』. 서울: 박종철출판사. 2021.

______. "기본소득형 탄소세." 기본소득한국네트워크. 『기본소득이 있는 복지국가: 리얼리스트들의 기본소득 로드맵』. 서울: 박종철출판사. 2021.

기본소득한국네트워크. 『기본소득이 있는 복지국가: 리얼리스트들의 기본소득 로드맵』. 서울: 박종철출판사. 2021.

김명성. "유승민 '이재명의 기본소득은 反서민적' '공정소득이 親서민적.'" 「조선일보」. 2021. 6. 1.

김성진. "오세훈 '하후상박 안심소득제…소득양극화 개선 효과 탁월.'" 「머니투데이」. 2021. 2. 25.

김윤상. 『특권 없는 세상』. 대구: 경북대학교출판부, 2013.

김찬휘. "오세훈의 안심소득은 허상이다." 「오마이뉴스」. 2021. 6. 3.

노윤정. "이재명 '안심소득은 헛공약' vs. 오세훈 '기본소득은 현금 살포.'" 「KBS뉴스」. 2021. 5. 29.

류보선. "서론: '푸른 하늘'과 '게으를 권리', 혹은 기본소득의 두 좌표." 기본소득한국네트워크. 『기본소득이 있는 복지국가: 리얼리스트들의 기본소득 로드맵』. 서울: 박종철출판사. 2021.
박기성·조경엽. 「안심소득제의 비용과 경제적 효과」. 한국경제연구원, 2021.
스탠딩, 가이/안효상 옮김. 『기본소득: 일과 삶의 새로운 패러다임』. 파주: 창비, 2018.
양재진. 『복지의 원리』. 서울: 한겨레출판, 2020.
______. "기본소득, 막연한 기대감 뒤에 감춰진 것들." 「프레시안」. 2020. 6. 8.
유종성. "기본소득과 사회보장 재정의 개혁." 「월간공공정책」 184(2021a).
______. "필리프 판 파레이스: 모두를 위한 실질적 자유와 기본소득." KB금융공익재단·한국사회과학연구회 주최 "경제학 고전 강의" 강연 원고. 2021b.
이상이. "'푼돈 기본소득'은 위험한 '가짜 기본소득'이다." 「프레시안」. 2020. 6. 29.
______. "내가 이재명의 '기본소득'을 비판하는 이유." 「프레시안」. 2021. 8. 9.
이혜영. "이재명 '기본소득, 공정소득의 사촌'...발끈하는 유승민 '남남.'" 「시사포커스」. 2021. 7. 26.
이희조. "정세균, 이재명 기본소득 맹비난 '불공정·불공평·불필요.'" 「서울경제」. 2021. 7. 22.
전강수. 『토지의 경제학』. 파주: 돌베개, 2012.
______. "기본소득 사상의 세 흐름에 대한 비교 검토와 그 함의." 「시민과세계」 35(2019).
전강수·강남훈. "기본소득과 국토보유세." 「역사비평」 120(2017).
정원호, "탄소 중립 하려면 스위스를 보라." 「프레시안」. 2021. 1. 12.
______. "현실적 기본소득 도입방안 모색." 이병천 외 편저. 『다시 촛불이 묻는다』. 서울: 동녘, 2021.
조지, 헨리/김윤상 옮김. 『진보와 빈곤』. 서울: 비봉, 2016.
조지, 헨리/전강수 옮김. 『사회문제의 경제학』. 파주: 돌베개, 2013.
추미애. "지대개혁으로 사람이 땅보다 높은 세상을 만들겠습니다." 추미애 대선 예비후보 공약 발표문. 2021. 7. 23. https://blog.naver.com/choovision/222442338979.
판 파레이스, 필리페·판데르보흐트, 야닉/홍기빈 옮김. 『21세기 기본소득』. 서울: 흐름, 2018.

山森亮. 『ベーシック·インカム入門』. 東京: 光文社, 2009.
George, Henry. *The Land Question*. 1881; Reprinted in 1982 by Robert Schalkenbach

Foundation. George.

______. "Land and Taxation: A Conversation with David Dudley Field." *North American Review* (7/1885).

Paine, Thomas. *Agrarian Justice.* London: W. T. Sherwin, 1817.

Spence, Thomas. *The Rights of Infants*. London: printed for the author, 1797.

Widerquist, Karl & Michael W. Howard. "Exporting an Idea." In Karl Widerquist & Michael Howard (eds.). *Exporting the Alaska Model: Adapting the Permanent Fund Dividend for Reform around the World.* New York: Palgrave-Macmillan, 2012.

Zelleke, Almaz. "Basic Income and the Alaska model: Limits of the Resource Dividend Model for the Implementation of an Unconditional Basic Income." In Karl Widerquist & Michael Howard (eds.). *Alaska's Permanent Fund Dividend: Examining its Suitability as a Model.* New York: Palgrave-Macmillan, 2012.

3. 아웃사이더 친화적인 정책?

부분적 기본소득과 노동 시장의 이중 구조화 완화[1]

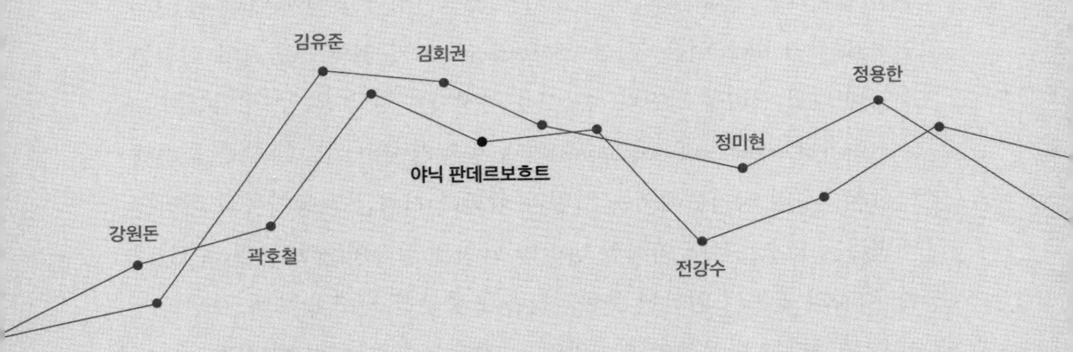

야닉 판데르보호트

벨기에 루뱅 대학교 정치경제학 교수

벨기에 브뤼셀 생-루이 대학교 정치과학 교수, 루뱅 가톨릭대학교 객원교수이자 생-루이 대학교 정치과학 연구 센터 연구원이며 「기본소득 연구」의 부편집장이다. 관심 연구 분야는 비교정치, 비교사회정책, 비교사회역사, 실업과 빈곤, 노동조합, 기본소득이다. 7권의 책을 공저했고 2000년 이후 약 50여 건의 논문을 왕성하게 발표하고 있다.

---

1 번역자 정진리: 연세대학교 정치학과 박사 과정에 재학 중이며 정미현, 박명림 교수의 연구 조교로 근무 중이다. 학문적 주요 관심사는 공화주의, 불평등, 행성정치이며 정치학과 신학의 학제간 연구에도 큰 관심을 기울이고 있다. 연세대학교에서 영문학과 동아시아학 학사 학위를 받았다.

위더퀴스트는 적어도 1960년대와 1970년대부터의 시기를 "기본소득 지지의 제2의 물결"이라고 했다.[2] 무조건적 소득 보장(an unconditional income guarantee)이 불안정한 근로자와 실업자들의 삶을 실질적으로 개선할 것이라는 생각은 이 시기에 기본소득 논쟁의 중심에 있었다. 1973년 사회학자 빌 조던은 "자산 조사(means test)가 없어도 만인이 적절한 수입에 대한 권리를 가진다"[3]는 것을 지지하는 영국 복지청구자협회(an association of English welfare claimants)의 투쟁을 상세히 기술한 책을 출판했다. 다른 유럽 국가들에서는 실업자 협회나 저임금 노동자들의 이익을 대변하는 노조로부터 이러한 방향의 탄원을 심심치 않게 들을 수 있었다. 각각의 활동에 연관된 운동가들은 불충분한 사회적 혜택, 불만족스러운 일자리를 받아들이라는 압력, 그리고 소득 분배의 끝자락에 있는 사람들에게 영향을 미치는 낙인을 비난했다. 빌 조던이 요약했듯이 기본소득 옹호자들의 판단은 다음과 같다. 현존하는 복지 국가의 초석은 "국가 보조금의 제공이나 유지를 위해 지켜야 하는 규제들에 있다는 것이다. 고용주들에게 힘을 실어준 것도 이러한 규제들이었다. 그 규제들이 정부로 하여금 개인에게 아무리 끔찍하거나 급여가 형편없는 일자리라도 수용하도록 강제하게 했기 때문이다. 또한 이 규제들은 어떠한 개

2 K. Widerquist, "Three Waves of Basic Income Support," in M. Torry (ed.), *The Palgrave International Handbook of Basic Income* (New York: Palgrave Macmillan, 2020), 31-44.

3 B. Jordan, *Paupers: The Making of the New Claiming Class* (London: Routledge & Kegan Paul, 1973), 42.

인도 국가 보조금을 받고 있는 동안 소득이 일정 수준 이상 넘어가지 않도록 통제했다."[4]

이러한 기본소득에 대한 주장들은 1980년대와 1990년대 내내 전개되어왔으나 2008년에 금융 위기가 터지고 나아가서 오랜 기간 무조건적 기본소득을 지지해온 기본소득지구네트워크의 공동 설립자인 경제학자 가이 스탠딩이 2011년 『프레카리아트: 새로운 위험한 계급』(박종철출판사 역간, 2014)을 출판하면서 비로소 확대되었다. 스탠딩은 이 책뿐만이 아니라 그 이후 출판된 저작들을 통해서 20세기 후반 내내 선진국의 사회민주 정당과 노동조합 의제의 중심에 있었던 다양한 형태의 "노동 관련 안전장치"(labour-related security)[5]가 정작 선진국의 개인들에게 결여되어 있음을 밝혔다. 스탠딩은 "불안정한 수입"이 프레카리아트의 주요 특징 중 하나라고 주장한다. 또한 "프레카리아트의 입장에서 진보적인 의제를 개발하자"[6]고 주장하면서 그것을 기본소득의 주요 내용으로 삼는다.

종합하자면 이 '제2의 물결' 이후 기본소득 논쟁에 참여한 학자들과 운동가들은 안정된 고용에 대한 접근을 보장받지 못한 이들에게 많은 관심을 기울였는데 이들은 이후 '아웃사이더'라고 표현되었다. 학계는 '노동 시장의 이중 구조'에 대하여 인사이더-아웃사이더 간 분화의 관점에서 집중하면서 그것이 복지 개혁에 미치는 영향에 대한 연구를 1980년대 중반부터 빠르게 발전시켜왔다. 하지만 놀랍게도 기본소득에 대한 논의는 철저하게 배제해왔다. 해당 분야의 대표적인 연구물

---

4 Ibid., 58.

5 Guy Standing, *The Precariat: The new dangerous class* (London: Bloomsbury, 2011), 10.

6 Ibid., 155.

로 루에다(2005, 2014, 2015), 하우저만과 스웬더(2012), 스웬더와 하우저만(2013)의 논문을 꼽을 수 있다.[7] 그러나 정작 기본소득에 대해서는 '일언반구'도 없는데, 이들이 기존 사회 보호 제도(social protection)의 부적절성과 함께 새로운 공공 정책을 통하여 악화되는 노동 시장 취약성을 해결해야 할 필요성을 강조했다는 점을 고려하면 상당히 이해하기 어려운 부분이라고 할 수 있다.

본고의 목표는 '친-아웃사이더 정책'으로서의 기본소득에 초점을 맞춤으로써 두 논의 사이의 가능한 연관성을 탐구하는 것이다. 기본소득의 시행이야말로 '인사이더', 즉 고도로 보호된 직업을 가진 근로자와 '아웃사이더', 즉 실업 상태에 있거나 저임금 및 낮은 수준의 보호, 채용권, 혜택 및 사회보장 특권을 가진 근로자 사이의 격차를 줄이기 위한 모든 사회 정책 계획의 성공에 있어 핵심 요소[8]라는 것이 나의 주장이다.[9]

---

7 D. Rueda, "Insider-Outsider Politics in Industrialized Democracies: The Challenge to Social Democratic Parties," *American Political Science Review* 99/1 (2005), 61-74; D. Rueda, "Dualization, crisis and the welfare state," *Socio-Economic Review* 22/2 (2014), 381-407; D. Rueda, "The State of the Welfare State: Unemployment, Labor Market Policy, and Inequality in the Age of Workfare," *Comparative Politics* 47/3 (2015), 296-314; S. Häusermann & H. Schwander, "Varieties of Dualization? Labor market segmentation and insider outsider divides across regimes," in P. Emmenegger et al. (eds.), *The Age of Dualization: The Changing Face of Inequality in De industrializing Societies* (Oxford, UK: Oxford University Press, 2012), 27-51; H. Schwander & S. Häusermann, "Who is in and who is out? A risk-based conceptualization of insiders and outsiders," *Journal of European Social Policy* 23/3 (2013), 248-269.

8 D. Rueda, "Insider-Outsider Politics in Industrialized Democracies: The Challenge to Social Democratic Parties"(2005), 61-74.

9 데이비드 루에다의 이러한 고전적 정의는 모든 대체 정의가 실제로 노동 시장 취약성의 동일한 본질적 특징을 주장하더라도 확실히 논의할 여지가 있다. 예를 들어 스웬더와 하우저만은 모든 "아웃사이더들"이 그룹 내에 존재하는 이질성에도 불구하고 공유하는 것은 "실업 또는 비정형 고용 경험"(252쪽)의 높은 위험이라고 주장한다. H.

1절에서는 무조건적 소득 보장을 통한 경제력의 보급이 자유주의적-평등주의(liberal-egalitarian) 정의 개념의 관점에서 필수적임을 역설한다. 공정 사회에서는 사회 구성원 중 가장 취약한 사람들이 기본적인 경제적 보장(basic economic security)을 받을 수 있어야 한다는 것이다.

2절에서는 실질적 기본소득(substantial UBI)과 부분적 기본소득(partial UBI)이 아웃사이더들의 기회에 미치는 잠재적 영향을 다룬다. 해당 절에서는 부분적 기본소득이 현재 노동 시장에서 취약성, 불완전 고용, 실업 상태에 시달리고 있는 사람들에게 유익하리라고 보는 여러 이유를 상세히 열거할 것이다.

3절에서는 저소득층에 대한 무조건적 소득 보장이 노동 시장 행동에 미치는 영향을 검증하기 위해 시행한 기본소득과 유사한 실험들을 통해 도출할 수 있는 몇 가지 교훈을 간략히 논의한다.

마지막으로 본고는 기본소득이 '아웃사이더'의 상황을 개선하기 위한 사회 정책 패키지의 필수 요소이기는 하지만 고품질 고용 복지 서비스에 대한 주요 투자와 함께 구현되어야 한다는 주장과 함께 결론을 맺고자 한다.

Schwander & S. Häusermann, "Who is in and who is out? A risk-based conceptualization of insiders and outsiders"(2013), 248-269. 부세마이어와 케머링의 논의도 참고하라. M. Busemeyer & A. Kemmerling, "Dualization, stratification, liberalization, or what? An attempt to clarify the conceptual underpinnings of the dualization debate," *Political Science Research and Methods* 8/2 (2020), 375-379.

1) 아웃사이더를 포함한 모든 이에게 더 많은 자유를 준다[10]

앞으로 다루겠지만 기본소득이 노동력 공급(및 수요)에 미칠 수 있는 영향에 대한 세심한 검토는 다소 어렵지만 필요하며, 또한 무조건적인 기본소득을 시행하는 것이 무엇보다도 정의의 문제라는 사실을 놓쳐서는 안 된다.

그럼에도 불구하고 모든 사람에게 지급되는 '의무 없는 보조금'(obligation-free grant)의 개념은 모든 '선물'에 반드시 '그에 상응하는 선물'(counter gift)이 있어야 함을 암시하는 상호주의적 도덕 의무를 중시하는 많은 비평가의 눈에 극도로 불공평한 것으로 보인다. 사실 상호주의적 도덕 의무는 초기 공공 부조 프로그램이 만들어질 때부터 강력하게 주장되었고, 오늘날에도 모든 조건부 사회 복지 체계에 내재되어 있다. 신학자이자 철학자인 후안 루이스 비베스는 1526년에 출판된 공공부조에 대한 체계적 호소를 담은 최초의 저작을 통해 그러한 의무를 명백하게 함과 동시에 이미 널리 퍼져 있던 기독교 도덕에 대한 광범위한 해석과 연결하고자 하였다. "무엇보다도 우리는 주님께서 모든 인류에게 강제하신 법률을 인정해야만 한다. 즉, 모든 개인은 각자의 노동을 통해 먹을 것을 얻어야 한다는 것이다. 내가 '먹다', '먹이다', '생계' 등의 단어를 사용할 때 이는 단지 음식만을 뜻하는 것이 아니라 의복, 주거, 땔감, 불 등 인간이 삶을 유지하는 데 필요한 모든 것을 포함하는 의미를

---

10 1절은 부분적으로 다음에 바탕을 두고 있다. Y. Vanderborght, "Surfer plutôt que travailler? Une défense libérale-égalitaire du revenu de base inconditionnel," in E. Bourdu et al. (eds.), *Le travail en mouvement* (Paris: Presses des Mines, 2019), 382-390.

가진다. 가난한 자들은 누구나 연령과 건강 상태를 살펴서 일할 수 있다면 일하게 만들어야 한다."[11]

그렇다면 왜 우리는 아웃사이더들이 일하지 않을 때도 도와야 하는가? 앞서 제시된 논리에 근거하면 그들은 도움을 받을 수 있지만 엄격한 조건 아래서만 일시적 혜택(현물 또는 현금)이 제공되어야 하고 이는 상호주의 요건과 엄격하게 연계되어야 한다. 이러한 도움의 대가로 일할 수 있는 사람은 누구나 취업하기 위해 노력함으로써 사회적으로 유용한 존재가 되고자 적극적으로 움직여야 한다. 이와 같은 도덕적 의무는 지원받을 권리를 보장하기 위한 차원에서 모든 복지 제도에 반영되어 있으며 종종 법정에서 도덕적 의무의 위반에 대한 처벌 판결이 내려질 때 명백히 드러난다. 위와 같은 논리에서 보았을 때 무조건적 현금 혜택이 전적으로 시행된다면 도덕적 의무는 위험한 수준으로 훼손될 것이다.

2017년에 출판된 우리의 저서 『21세기 기본소득』을 통해 필리페 판 파레이스와 나는 1990년대 초부터 판 파레이스가 발전시켜온 기본소득에 찬성하는 자유주의적-평등주의 주장을 명확히 함으로써, 위와 같은 반대 입장에 대해 직접적으로 문제를 제기하였다. 간단히 말해서 우리는 상호주의(reciprocity)의 요구는 협력적 정의(cooperative justice)의 개념에 기초하는 데 반해, 무조건적인 소득 보장을 정당화할 수 있는 것은 분배적 정의(distributive justice)의 개념이라고 주장한다. 분배적 정의의 개념에서 '선물'은 완전히 사라지는 것이 아니라 훨씬 더 넓은 의미를 얻는데, 경제적으로 발전된 국가에서 이 선물을 개인이 획득한 것(earnings)

11 L. J. Vives, "De Subventione Pauperum: On the Relief of the Poor, or of Human Needs (1526)," in P. Spicker (ed.), *The Origins of Modern Welfare* (Oxford, UK: Peter Lang, 2010), 72.

으로 여기는 것이 대표적인 예시라고 할 수 있다. 실제로 우리는 천연자원, 역사의 발전, 노하우, 사회적 관습, 사회 조직 등에 의해 축적된 기술적 진보로부터 매우 불균등하게 이익을 얻는다. 호의적이지만 예측할 수 없는 상황들, 있을 법하지 않은 만남들, 그리고 단순한 행운들 덕분에 어떤 사람들은 이러한 선물 중 더 많은 부분을 차지하는 데 성공하는 반면, 다른 누군가는 빵 부스러기를 먹으며 살아가야 한다. 전자는 그들의 행운을, 후자는 탐탁지 않은 그들의 운명을 마땅히 받아들여야 한다고 여기는 것은 어불성설이다.

위와 같은 사실은 불공평한 선물의 분배로부터 가장 많은 혜택을 받는 사람들이 오히려 잘 인식하는 듯하다. 크리스 휴스는 2018년에 출판된 자신의 책 『페어 샷』(*Fair Shot*)을 통해 그가 공동 설립한 소셜 네트워크 서비스 페이스북은 인터넷의 출현 이후 전개된 기술의 발전 또는 1990년대 말 이후 벤처 자본의 급속한 성장이 없었다면 절대 존재하지 않았을 것임을 우리에게 상기시킨다. 실제로 페이스북의 성장은 2004년에 이 사이트를 개설한 젊고 똑똑한 몇몇 학생에 의한 것만은 아님이 분명하다. 휴스가 예상 밖에 발생한 일련의 우연과 예기치 못한 사건들을 통해 하버드에서 마크 저커버그와 방을 같이 쓰게 되지 않았다면 절대 백만장자가 되지 못했을 것이다. 실제로 그는 "마크 저커버그와 룸메이트가 되었던 그 우연이 제 인생을 바꾸었습니다"라고 인정하며 "이러한 작은 사건들의 조합이 오늘날의 경제 요인들의 확대된 동력과 맞물려 역사적으로 유례없는 큰 수익으로 이어졌습니다"[12]라고 고백하였다.

12 C. Hughes, *Fair Shot: Rethinking Inequality and How We Earn* (New York: St. Martin's Press, 2018), 38.

한편 마크 저커버그는 모교인 하버드 대학교의 졸업생들에게 다음과 같이 말했다 "여러분 모두 좋은 아이디어 혹은 성실함이 꼭 성공으로 직결되지 않는다는 것을 잘 아실 겁니다. 때로는 '운'에 의해 성공이 좌지우지되기도 합니다. 우리가 스스로에게 솔직하다면 자신이 그동안 얼마나 많은 운을 누려왔는지 알 것입니다."[13] 몇몇 유명 인사들과 더불어 크리스 휴스와 마크 저커버그는 모종의 소득 보장 제도 도입을 강하게 옹호하고 있다.

그러므로 분배적 정의의 관점에서 무조건적인 보조금을 조달하기 위해 소득에 세금을 부과하는 것이 전혀 터무니없는 것은 아니다. 내가 주장하는 바는 마땅히 열심히 일하는 인사이더들에게 속해야 할 것을 게으른 아웃사이더들에게 재분배하자거나, 노동자들 몫으로 분배되어야 할 것을 기생충과 한량 같은 이들에게 재분배하자는 것이 아니다. 크리스 휴스의 말을 빌리자면 모든 사람이 "오늘날의 경제적 요인"에 의해 창출된 여러 선물을 언제나 공평하게 분배받도록 하자는 것이다. 일단 이런 기초적인 경제적 안전(basic economic security)이 보장되면 나머지 불평등은 협력적 정의의 기준을 바탕으로 정당화될 수 있다. 하지만 협력적 정의를 거부할 자원이 없다는 이유로 협력적 정의에 억지로 끌어들여져서는 안 된다.

기본소득을 분배하는 것은 현재 과도하게 집중되어 있는 경제력을 분산시키는 것이다. 또한 기본소득은 만인이 실질적 자유를 행사할 수 있는 최소한의 물질적 조건을 보장하고, 다원화된 사회에서 각자가 생

13 M. Zuckerberg, "Mark Zuckerberg's Commencement address at Harvard," *The Harvard Gazette* (2017. 5. 25). https://news.harvard.edu/gazette/story/2017/05/mark-zuckerbergs-speech-as-written-for-harvards-class-of-2017 (2021. 8. 31 접속).

각하는 '좋은 삶'(good life)을 추구하기 위해 필요한 최소한의 수단을 제공하는 것이다. 이는 상호주의의 도덕적 의무를 옹호하는 이들의 주장을 뒷받침하는 완벽주의적 비전에 대한 거부를 의미한다. 즉 직업윤리는 충족된 삶으로 여겨질 수 있는 하나의 비전일 뿐, 다양한 비전이 가능하다는 것이다.

2) 부분적 기본소득: 활동에 대한 접근을 증진할 수 있는 비노동 연계 복지(non-workfare) 방안

위의 절에서 간략하게 요약한 '정의'에 기초한 주장은 자유주의적-평등주의 전통에 뿌리를 두고 있으며 그 윤리적 근거로 인해 꽤 설득력 있게 들릴 수 있다. 하지만 기본소득이 기존의 이중 구조화된 노동 시장에 미치는 구체적 영향에 초점을 맞춘다면, 기본소득에 대해서 더욱 신중해야 할 타당한 이유가 있지 않을까? 특히 혹자들은 보장된 소득의 공급이 다양한 메커니즘의 조합을 통해 노동 시장의 이중 구조화를 오히려 강화할 수 있다고 우려할 수 있다.

여러 우려 사항 중 가장 자주 인용되는 것은 기본소득의 도입이 값싼 노동력의 전반적인 증가를 촉발할 수 있다는 것이다. 해당 관점에 따르면 근로자를 포함한 모든 사람이 근로와 무관한 혜택의 형태로 수입의 일부를 받기 때문에 고용주 입장에서는 의심할 여지 없이 임금을 더 낮출 기회를 잡을 것이며, 그로 인해 가장 취약한 노동자들에게 부정적인 영향을 미칠 가능성이 크다. 가이 스탠딩이 "대표의 안정성"(representation security)이라고 부르는 "노동 시장 내에서 파업권을 가진 독립적 노조를 통해 집합적인 목소리를 행사하는 행동"[14]의 결핍으로 인해 그들의 입지가 더욱 취약해질 수 있다. 예를 들어 마르크스주의 사회학자 대니얼 재모라는 기본소득이 "오히려 저임금의 그리고 불안정한 일자리를 퍼뜨리는 전쟁 기계처럼 기능할 것이기 때문에"[15] 경제적 불평등을 악화시킬 것이라고 우려한다.

이와 같은 전망이 인사이더와 아웃사이더의 격차를 줄이려는 목표를 가진 사람들에게는 상당히 암울한 것임은 두말하면 잔소리다. 재모라가 요약한 바와 같이 이러한 위험은 간과될 수 없으며 모든 기본소득 옹호자들이 관심을 둬야 할 부분이다. 우리는 1970년대 캐나다에서 진행되었던 민컴(MINCOME: Manitoba Basic Annual Income Experiment)에 관해 살펴보고 그 실험의 교훈에 따르면 우리가 그런 위험을 완전히 무시하지 않으면서도 동시에 조심스럽게 낙관할 수 있음을 들여다볼 것이다. 아웃사이더들의 삶의 질을 개선하는 데 우선권을 주고자 한다면 기본소득 시행에 수반되는 전략에 대해 생각하는 것이 매우 중요하다. 먼저 생각해볼 수 있는 전략으로 최저 임금 조항을 유지하거나 강화해 임금이 하위 소득 수준에서 전반적으로 떨어지는 것을 더 어렵게 만드는 것이 있다. 또 다른 전략으로는 아웃사이더들의 이해관계가 잘 대변되도록 그들의 노조 결성 비율을 높일 방법을 찾는 것이 있다.

마지막으로 기본소득을 옹호하는 사람들이 가장 자주 내세우는 전략은 아웃사이더들이 출구 선택권을 가질 수 있을 만큼 많은 양의 기본

---

14 Guy Standing, *The Precariat: The new dangerous class* (2011), 10.

15 D. Zamora, "The Case Against a Basic Income," *Jacobin* (2017. 12. 28). https://www.jacobinmag.com/2017/12/universal-basic-income-inequality-work (2021. 8. 31 접속).

소득을 보장하고 동시에 '의무 없는' 기본소득을 제공하여 그들이 '터무니없는 직업'을 받아들여만 하는 압력에서 쉽게 벗어날 수 있는 환경을 만드는 것이다.[16] 실질적 기본소득이 보장되는 경우 아웃사이더들의 협상력은 높아질 것이다. 실질적 기본소득이 주어짐으로써 노동자들이 금전적 빈곤에 빠질 위험이 없어지면 흥미가 떨어지고 위험하고 장래성 없고 급여가 나쁜 직업을 거절할 수 있기 때문이다. 바꿔 말하면 기본소득에 대해 맹렬하게 비난하는 사람들의 입장과 달리, 이중 구조화된 시장의 맥락에서 봤을 때 기본소득 그 자체가 아웃사이더들의 프레카리아트화 가능성을 높일 위험을 초래하는 게 아니다. 부당한 업무 관계에 대해 '아니오'라고 말할 수 있는 출구 선택권을 실제적·영구적으로 제공하기에는 기본소득의 규모가 그다지 크지 않을 때 위험한 것이다.[17]

현실적으로 실질적 기본소득 실험을 하기가 어렵기 때문에 이를 적용하는 문제에 대해 충분히 논의하는 데는 상당한 한계가 따른다. 또한 이를 적용하게 될 경우를 가정하더라도, 그에 소요되는 막대한 예산이 순 기여자로 분류되는 인사이더의 소득에 얼마나 영향을 줄지 파악하는 것 역시 쉬운 일이 아니다. 이러한 한계와 어려움 가운데 아웃사이더들의 관점에서 이 전략의 맹점에 주목해볼 필요가 있다. 기본소득이 아웃사이더들에게 근본적인 출구 선택권을 준다고 가정하면, 특별히 노동시장에 마땅한 직업(질이 덜 떨어지고 수익이 괜찮은)이 없는 경우 정규 노동시장으로부터의 영구적 '자기 배제'(self-exclusion)로 이어질 수 있다. 다시 말해서 완전 기본소득 전략은 아웃사이더들로 하여금 저임금 일자리

16 D. Graeber, *Bullshit Jobs: A Theory* (New York: Simon & Schuster, 2018).

17 K. Widerquist, *Independence, Propertylessness and Basic Income: A Theory of Freedom as the Power to Say No* (New York: Palgrave Macmillan, 2013).

에 갇히는 것('저임금 노동 함정'이라고 함)을 피하게 하는 반면, 정규직 비활동을 조장하는 위험('비활동 함정'이라고 함)을 초래할 수 있다.

막대한 예산 비용과 역설적으로 아웃사이더들의 삶에 역효과를 낳을 수 있는 잠재적 효과를 고려할 때, 급진적인 형태의 출구를 허용하는 완전 기본소득(full basic income)을 적용하는 것은 중단기적으로 비현실적이고 바람직하지 않아 보인다. 그러므로 우리는 기본소득의 비용을 좀 더 잘 통제하고 나아가 노동 공급에 대한 막대하면서 예측할 수 없는 영향을 피하기 위해 좀 더 완만한(modest) 형태의 기본소득으로 눈을 돌려야 한다. 최근 몇 년 동안 여러 구체적인 시나리오가 이러한 방향으로 발전되어왔다. 예를 들어 유럽에서 가장 널리 논의된 것 중 하나로 경제학자 마르크 드 바스키아는 프랑스에서 매달 480유로의 보장 소득(guaranteed income)의 도입을 제안하였다.[18] 영국에서 리드와 랜슬리[19]는 두 가지 기본소득 체계를 설계했는데, 하나는 모든 성인(25세 이상)이 주당 61파운드(매달 약 280유로/약 38만 원)를 받는 것이고 다른 하나는 주당 71파운드(매달 약 330유로/약 45만 원)를 받는 것이다. 두 경우 모두 제안된 금액이 각 국가의 빈곤 한계치(poverty threshold)를 훨씬 밑돈다. 2019년부터 경기도에서 만 24세 모든 청소년에게 3개월마다 지급한 '청년 기본소득'도 같은 경우라고 할 수 있는데, 분기당 25만 원(약 180유로)의 금액으로는 생활비를 충당할 수 없다.[20]

---

18 Marc de Basquiat & Gaspard Koenig, *Liber, un revenu de liberté pour tous: Une proposition réaliste* (Paris: GenerationLibre, 2017), vol. 2.

19 H. Reed & S. Lansley, *Universal Basic Income: An Idea whose Time Has Come?* (London: Compass, 2016).

20 Y. Seong Yoo et al., "Analysis of the Policy Effects of Youth Basic Income in Gyeonggi Province (II): Comparison of the Ex-ante and Ex-post Surveys," *Gyeonggi Research*

이러한 제안들 각각과 관련된 세부 사항은 해당 제안을 고려 중인 특정 국가의 국내 상황, 그중에서도 특히 세금 및 복지 제도에 매우 의존적이기 때문에 여기서 논의될 수 없다. 우리가 관심을 가져야 할 좀 더 일반적인 질문은 '과연 그러한 조치가 아웃사이더들에게 유익할 것인가' 그리고 '그들을 일자리로 내몰고 있는 노동 연계 복지 제도(workfare)와 같은 조치보다 더 나은 결과를 가져올 수 있는가' 하는 것이다. 부분적 기본소득이 보다 실질적인 기본소득의 방향으로 가는 전략적 이동으로 간주될 수 있다는 생각과는 별개로 적어도 세 가지의 밀접하게 상호 연관된 이유들로 인해, 앞선 두 질문에 대한 나의 대답은 분명히 '그렇다'이다.

첫째, 부분적 기본소득은 자발적인 근로 시간 단축을 위한 보조금의 역할을 할 수 있다. 아웃사이더들이 종사하는 직업이 힘들고 불안정하고 때로는 품위를 떨어뜨리거나 위험한 경향이 있다면, 근무 시간을 단축함으로써 그들에게 출구를 열어주고 복지의 측면에서 혜택을 증대시키는 동시에 착취를 감소시킬 수 있다.

둘째, 부분적 기본소득은 인적 자본에 긍정적인 영향을 미칠 수 있는 돌봄 노동 및 훈련 활동과 같은 사회적으로 유용한 일을 포함한 비고용 활동을 보조하는 데 있어서 원활하고 효율적인 방법이다. 돌봄 노동과 관련하여 많은 아웃사이더 중에서도 특히 미국과 같이 노동 시장이 극도로 이중 구조화된 나라의 편부모들은 자기 자녀를 돌보는 데 충분한 시간과 에너지를 쏟기가 매우 어렵다. 비록 부분적 기본소득이 노동 시장을 완전히 떠나게 하지는 못하더라도 노동 시장에 대한 의존도

Institute Policy Study 2020-78, 21.

를 감소시킬 수 있다. 게다가 부분적 기본소득은 아웃사이더들(물론 다른 이들도)이 훈련 활동과 견습에 참여하기 위해 몇 주 또는 몇 달 동안 노동 시장을 떠날 수 있는 길을 열어주기도 한다.[21]

셋째, 부분적 기본소득은 견습 교육과 돌봄과 같은 고용과 비고용 활동 사이의 전환을 완화하는 데만 그 효과가 국한되지 않는다. 부분적 기본소득은 적합한 직업을 찾는 아웃사이더들의 능력을 향상함으로써 직업들 사이의 전환을 용이하게 하고 따라서 불안정한 직업에서 덜 불안정한 직업으로의 전환을 촉진한다. 구체적으로 부분적 기본소득은 몇 주 또는 몇 달 동안 노동 시장을 떠날 때 적당한 형태의 소득 보장을 제공한다(이때 기본소득뿐 아니라 저축, 친척들로부터의 지원 또는 조건부 혜택으로 보충할 수 있음). 그뿐만 아니라 개인들이 더 고차원적인 훈련을 받기 위해, 혹은 좀 더 전도 유망한 미래를 위해 저임금 직업을 가지게 되었을 때도 이를 보조하는 역할을 한다.

이러한 이유들을 고려할 때 기본소득 옹호론자들은 그들의 주된 관심사가 아웃사이더의 삶의 질을 개선하는 것일지라도 부분적 기본소득이 오히려 실질적 기본소득보다 선호될 가능성을 너무 이른 시기부터 간과해서는 안 된다.

21 L. Martinelli, "IPR Policy Brief: Assessing the Case for Universal Basic Income in the UK," *Institute for Policy Research, University of Bath* (2017), 25.

3) 기본소득 실험으로부터 무엇을 배울 수 있는가?

사실 위의 절에서 전개한 생각들은 다소 추측에 가깝다. 따라서 다음으로 제기해야 할 질문은 '기본소득이 아웃사이더들에게 미칠 수 있는 영향과 관련하여 산업화된 국가에서 수행된 사회적 실험으로부터 우리가 무엇을 배울 수 있는가'에 대한 것이다. 이 절에서는 세 가지 다른 실험을 참고하여 이 질문에 대해 간략히 답변해보고자 한다. 그러나 질문에 답하기에 앞서, 물론 다른 선행 연구들을 통해서 이미 충분히 논의되었지만[22] 해당 실험에 뚜렷한 한계점들이 있음을 역설하지 않을 수 없다. 그러한 한계점 중 하나는 실험의 제한된 기간으로 인해 '영구적' 보장소득이 아웃사이더의 노동 시장 행동에 미치는 영향에 대해 일반적인 결론을 도출하기 어렵다는 것이다. 수령인들이 곧 수령 기간이 끝난다는 것을 인지할 경우, 노동 시간을 줄이지 않거나 직업 훈련 활동을 시작할 수도 있기 때문이다. 이를 반대로 생각하면, 일부 사람들은 잘 계획된 미래 노동 시장의 궤적을 설계할 시간이 없을 때 실험을 통해서라도 가능한 한 빨리 그러한 미래의 전망을 파악할 유일무이한 기회를 얻을 수도 있다고도 볼 수 있다. 어쨌든 이러한 한계에도 불구하고 우리는 여전히 캐나다, 핀란드, 네덜란드에서 진행된 각각의 실험으로부터 몇 가지

---

22 P. Van Parijs & Y. Vanderborght, *Basic Income: A Radical Proposal for a Free Society and a Sane Economy* (Harvard, MA: Harvard University Press, 2017), 138-144; K. Widerquist, *A Critical Analysis of Basic Income Experiments for Researchers, Policymakers, and Citizens* (New York: Palgrave Macmillan, 2018); R. Merrill & C. Neves (eds.), "The challenges of basic income experiments," *Ethical Perspectives* 28/1 (2021) 등을 참고할 것.

유용한 교훈을 얻을 수 있다.

2011년 이후 에블린 포게트, 데이비드 칼니츠키, 조너선 래트너의 세심한 연구 덕분에 1975-1978년에 다소 미약하게 수행되었던 캐나다의 민컴 실험이 재발견되었다. 민컴에서는 마이너스 소득세 형태의 보장 소득이 1976년 중위 소득의 49% 수준으로 도입되었는데[23] 상당한 금액이었지만 여전히 당시 캐나다의 빈곤선(poverty line)보다 낮은 수준이었다. 매니토바주의 작은 마을 도팽에 사는 모든 저소득층 주민이 이 제도의 대상이었다. 실험에 등록한 사람들의 행동은 이웃 지역 사회 저소득층의 무작위 표본의 행동과 비교 분석되었다. 흥미롭게도 해당 실험에서 도출된 결론 중 적어도 세 가지는 해당 연구의 목적과 연관된다고 할 수 있다. 첫째, 마이너스 소득세 형태의 보장 소득 제공이 값비싼 노동의 대폭적 확대로 연결되지 않았다. 칼니츠키는 이 제도가 고임금 노동을 폭증시키기보다 기업들로 하여금 저임금 노동의 임금을 기존 수준에서 올리도록 유도해 착취를 감소시킨다는 것을 발견했다.[24] 달리 말하면 도팽 지역의 임금 격차가 줄어들었다. 둘째, 일부 하위 수혜자 그룹의 근로 시간이 다소 감소했지만[25] 대부분의 경우 이와 같은 약간의 고용 감소는 무급 간병 업무, 교육 및 자영업 등 사회적으로 유용한 활동에 대한 참여 증가로 이어졌다.[26] 셋째, 포게트의 연구[27]는 입원 감소 및 참가자의

23 D. Calnitsky, "The employer response to the guaranteed annual income," *Socio-Economic Review* 18/2 (2020), 501.

24 Ibid., 494.

25 D. Calnitsky & J. Latner, "Basic income in a small town: understanding the elusive effects on work," *Social Problems* 64/3 (2017), 373-397.

26 D. Calnitsky, J. Latner & E. Forget, "Life after Work: The Impact of Basic Income on Non employment Activities," *Social Science History* 43/4 (2019), 657-677.

27 E. Forget, "The town with no poverty: The health effects of a Canadian guaranteed annual

정신 건강 진단 결과 개선을 포함하여 해당 실험의 중요한 건강 관련 효과를 뒷받침한다. 실제로 보장 소득은 도팽 지역 저소득 개인들의 복지에 분명히 긍정적인 영향을 미쳤다.

민컴은 1960년대 후반 이후 북미에서 행해진 일련의 실험 중 마지막 실험이었다. 기본소득이 실제 세계에서 미치는 영향을 실험하자는 아이디어가 다시 의제로 떠오른 것은 2010년대였다. 기본소득에 대한 새로운 실험의 물결이 일어나는 가운데 고도로 신중하게 설계된 실험이 2017년 1월과 2018년 12월 사이에 핀란드에서 수행되었다. 해당 실험은 2,000명의 장기 구직자에게 월 560유로(2017년 핀란드 빈곤 한계치의 절반 미만)의 보조금을 지급하고 이들의 행동을 기존 조건부 복지 시스템에 예속된 통제 그룹 내 개인들의 행동과 비교하는 것으로 구성되었다. 해당 실험을 후원한 핀란드 정부의 후원 의지를 이끌어낸 질문은 "과연 기본소득이 근로 의욕을 꺾는 다양한 요소들을 감소시키고 취업률을 높일 것인가"[28]였다. 일부의 우려와는 달리 무조건적인 보조금 지급은 수혜자들의 노동 시장 참여를 저해하지 않았다. 평균적으로 실험 집단의 개인은 2년 동안의 실험 과정에서 취업률이 크게 증가하지 않았더라도 대조군에 비해 아르바이트나 정규직에 종사하는 경향이 적지 않았다. 또한 시마나인엔과 투울리오 헨릭슨의 연구는 "기본소득을 받은 그룹이 기본 수입을 받지 않은 대조군보다 삶의 만족도, 건강, 정신적 고통과 우울증, 기억력, 새로운 것을 배울 수 있는 능력 및 집중력과 관련하여 더 강

---

income field experiment," *Canadian Public Policy* 37/3 (2011), 283-305.

28 O. Kangas et al., "Introduction to the journey of the Finnish basic income experiment," in O. Kangas et al. (eds.), *Experimenting with Unconditional Basic Income. Lessons from the Finnish BI Experiment 2017-2018* (Cheltenham, UK: Edward Elgar, 2021), 2.

한 인지 능력을 보인다"[29]고 결론지었다. 또 다른 연구에 따르면, 실험 참가자들의 삶 전반에 끼친 이러한 긍정적인 영향으로 인해 기본소득 수급자는 "대조군보다 재취업 기회에 대한 자신감이 훨씬 더 높았다."[30]

마지막 사례를 소개하고자 한다. 2018년 네덜란드의 여러 지방 당국이 수행한 소규모 실험이다. 핀란드에서 실시한 실험의 경우와 마찬가지로 참가자들은 실업 보조 혜택을 받는 저소득 개인들이었다. 위트레흐트시에서 진행된 이 실험에는 총 네 그룹이 있었는데, 복지 수혜를 받는 세 실험 집단과 통상적 자산 조사 결과에 따라 공공 부조를 받는 한 통제 집단을 비교하였다.

첫 번째 그룹은 "자기 활성화"(self-activation) 그룹으로 명명되었는데 해당 그룹 참가자들은 적극적으로 구직을 할 의무에서 완전히 면제되었으며 노동 수입의 25%를 무조건적인 보조금(다만 6개월 동안 매달 최대 202유로로 제한)으로 보충할 수 있었다. 이는 기존에 존재하던 공공 부조의 경우와 같다고 할 수 있다.

두 번째 그룹은 "근로 수당"(work pays) 그룹으로 명명되었는데 참가자들은 기존의 의무 및 통제 요인들에 예속되었지만 기본적으로 주어지는 공공 부조 수당에 50%의 노동 소득(전체 실험 기간 동안 매달 202유로라는 상한선이 있음)을 더할 수 있었다.

---

29 M. Simanainen & A. Tuulio-Henriksson, "Subjective health, well-being and cognitive capabilities," in O. Kangas et al. (eds.). *Experimenting with Unconditional* Basic *Income. Lessons from the Finnish BI Experiment 2017-2018* (Cheltenham, UK: Edward Elgar, 2021), 84.

30 M. Ylikännö, & O. Kangas, "Basic income and employment," in O. Kangas et al. (eds) *Experimenting with Unconditional Basic Income: Lessons from the Finnish BI Experiment 2017-2018* (Cheltenham, UK: Edward Elgar, 2021), 66.

마지막으로 "감독하 활성화"(supervised activation) 그룹이 있었는데 이들은 통제 그룹에 있는 사람들과 동일한 조건 및 규칙 아래 놓여 있지만 전문적인 직업 코치들로부터 긴밀한 도움을 받았다.

우리의 관점에서 볼 때 이 실험 결과에서 가장 흥미로운 것은 "자기 활성화" 그룹이 다른 그룹들보다 더 적게 일하지 않았다는 것이다. 오히려 그들은 일반적으로 불안정한 고용 상태에 있는 다른 그룹의 참가자들보다 스스로 영구적인 일자리를 확보할 가능성이 더 높았다.[31] 해당 실험을 진행한 연구원들은 보고서를 통해 자유라는 가치를 중심으로 기본소득을 옹호하는 학자들의 주장을 암시적으로 언급하고 있다.

> 자율성이 향상됨으로 직업을 구하고 또 받아들여야 하는 의무에서 면제된 상태는 해당 그룹의 참가자들이 작업 수임에 있어서 더욱 결정적인 존재가 되도록 했다. 이는 작업 수임의 상황이 발생할 때 더 높은 퀄리티의 작업 매칭으로 이어진다. 실제 심층 인터뷰에서 응답자들은 업무 복귀에 있어서 그들이 더 큰 영향력을 가질 때 더 향상된 자율감(sense of autonomy)을 느꼈다고 내비쳤다.[32]

---

31 T. Verlaat et al., *Onderzoek Weten wat werkt: samen werken aan een betere bijstand. Eindrapport* (Utrecht, Nederland: Universiteit Utrecht, 2020).

32 Ibid., 32.

4) 결론

해당 연구를 통해 부분적 기본소득이 이중 구조화된 노동 시장에 미치는 영향이 긍정적일 것이라고 낙관할 수 있는 여러 이론적·경험적 이유를 살펴보았다. 보장 소득으로서의 '부분적 기본소득'은 (잠재적으로 더 보람 있고 더 나은 급여를 주는) 활동에 대한 접근성 측면에서 아웃사이더들의 상황을 개선할 수 있다. 그뿐만 아니라 현재와 과거의 실험들을 통해서 알 수 있듯이 부분적 기본소득은 전반적인 행복, 사회적 권한 부여의 측면, 나아가 '자율감'에도 상당히 긍정적인 영향을 미칠 수 있다.

하지만 부분적 기본소득만으로는 충분하지 않을 것이라고 볼 수 있는 이유도 많다. 부분적 기본소득은 (사회 지원이나 사회 보험 혜택의 형태로) 조건부 보충이 가능하고 최저 임금 조항이 유지 혹은 강화될 때만 온전히 그 역할을 다할 것이다. 무엇보다도 성공적인 부분적 기본소득을 위해서는 고품질 구직 서비스가 광범위하고 접근성이 좋아야 할 것이다. 특히 기본소득이 인생 과정과 고용 전환 과정에서 완충의 역할을 온전히 수행하기를 원한다면, 구직 서비스와 노동 시장 훈련 프로그램에 대한 접근성은 항상 보장되어야 한다.

적어도 원칙적으로는 보편적 기본소득은 '보편적 기본 서비스', 즉 기본적인 구직 관련 복지 서비스의 대체품으로 간주되어서는 안 된다.[33] 후자는 전자, 즉 '친-아웃사이더 정책'으로 여겨지는 부분적 기본소득

33 I. Gough, "The Universal Basic Services: A Theoretical and Moral Framework," *The Political Quarterly* 90/3 (2019), 534-542.

의 성공에 있어서 중요한 요소라고 할 수 있으며 최악의 상황 가운데 어느 정도 윤택한 삶을 살 수 있는 새로운 기회를 창출한다.[34] 이는 기본소득의 옹호론자들이 기대하는 것과는 달리 기본소득의 시행이 여타 공공지출의 대규모 감소로 이어지지 않을 수도 있다는 것을 의미하며, 단기적으로 기본소득의 사회적 정당성과 정치적 타당성에 부정적인 영향을 미칠 수 있다. 따라서 기본소득의 미래는 노동조합 및 사회민주 정당과 같은 핵심 주체들의 의지와 역량에 달려 있다. 그리고 핵심 주체들의 역할은 먼저 다차원적인 '프레카리아트'의 이익을 대변하고 진정한 '친-아웃사이더' 의제를 추진하며 그 과정 가운데 '인사이더'들에게 기본적인 경제 안보를 강화하는 것은 경제적 효율성의 문제일 뿐 아니라 무엇보다도 분배적 정의의 문제임을 납득시키는 것이다.

참고문헌

가이 스탠딩/김태호 옮김, 『프레카리아트: 새로운 위험한 계급』. 서울: 박종철출판사, 2014.

판 파레이스, 필리페·판데르보흐트, 야닉/홍기빈 옮김. 『21세기 기본소득: 자유로운 사회, 합리적인 경제를 위한 거대한 전환』. 서울: 흐름, 2018.

Birnbaum, S. "Equality of opportunity and the Precarization of labour markets."

34 널리 알려진 고품질 구직 서비스와 결합된 기본소득의 사례는 사이먼 번바움이 "노동시장의 불안정화"에 초점을 맞춘 글에서 제시하였다. S. Birnbaum, "Equality of opportunity and the Precarization of labour markets," *European Journal of Political Theory* 20/2 (2021), 187-207.

European Journal of Political Theory 20/2 (2021), 187-207.

Birnbaum, S. & De Wispelaere, J. "Basic Income in the Capitalist Economy: The Mirage of 'Exit' from Employment." *Basic Income Studies* 11/1 (2016), 61-74.

Busemeyer, M. & Kemmerling, A. "Dualization, stratification, liberalization, or what? An attempt to clarify the conceptual underpinnings of the dualization debate." *Political Science Research and Methods* 8/2 (2020), 375-379.

Calnitsky, D. "The employer response to the guaranteed annual income." *Socio-Economic Review* 18/2 (2020), 493-517.

Calnitsky, D. & Latner, J. "Basic income in a small town: understanding the elusive effects on work." *Social Problems* 64/3 (2017), 373-397.

Calnitsky, D., Latner, J. & Forget, E. "Life after Work: The Impact of Basic Income on Non employment Activities." *Social Science History* 43/4 (2019), 657-677.

Chrisp, J., Laenen, T. & Van Oorschot, W. "The social legitimacy of basic income: A multidimensional and cross-national perspective. An introduction to the special issue." *Journal of International and Comparative Social Policy* 36/3 (2020), 217-222.

De Basquiat, Marc & Koenig, Gaspard. *Liber, un revenu de liberté pour tous: Une proposition réaliste*. Paris: GenerationLibre, 2017, vol. 2.

Forget, E. "The town with no poverty: The health effects of a Canadian guaranteed annual income field experiment." *Canadian Public Policy* 37/3 (2011), 283-305.

Gough, I. "The Universal Basic Services: A Theoretical and Moral Framework." *The Political Quarterly* 90/3 (2019), 534-542.

Graeber, D. *Bullshit Jobs: A Theory*. New York: Simon & Schuster, 2018.

Häusermann, S. & Schwander, H. "Varieties of Dualization? Labor market segmentation and insider outsider divides across regimes." In P. Emmenegger et al. (eds.). *The Age of Dualization: The Changing Face of Inequality in De industrializing Societies*. Oxford, UK: Oxford University Press, 2012, 27-51.

Hughes, C. *Fair Shot: Rethinking Inequality and How We Earn*. New York: St. Martin's Press, 2018.

Jordan, B. *Paupers: The Making of the New Claiming Class.* London: Routledge & Kegan

Paul, 1973.

Kangas, O. et al. "Introduction to the journey of the Finnish basic income experiment." In O. Kangas et al. (eds.). *Experimenting with Unconditional Basic Income. Lessons from the Finnish BI Experiment 2017-2018*. Cheltenham, UK: Edward Elgar, 2021, 1-5.

Martinelli, L. "IPR Policy Brief: Assessing the Case for Universal Basic Income in the UK." *Institute for Policy Research. University of Bath.* 2017.

Merrill, R. & Neves, C. "The challenges of basic income experiments." *Ethical Perspectives* 28/1 (2021), 1-115.

Reed, H. & Lansley S. *Universal Basic Income: An Idea whose Time Has Come?* London: Compass, 2016.

Rueda, D. "Insider-Outsider Politics in Industrialized Democracies: The Challenge to Social Democratic Parties." *American Political Science Review* 99/1 (2005), 61-74.

______. "Dualization, crisis and the welfare state." *Socio-Economic Review* 22/2 (2014), 381-407.

______. "The State of the Welfare State: Unemployment, Labor Market Policy, and Inequality in the Age of Workfare." *Comparative Politics* 47/3 (2015), 296-314.

Schwander, H. & Häusermann, S. "Who is in and who is out? A risk-based conceptualization of insiders and outsiders." *Journal of European Social Policy* 23/3 (2013), 248-269.

Simanainen, M. & Tuulio-Henriksson, A. "Subjective health, well-being and cognitive capabilities." In O. Kangas et al. (eds.). *Experimenting with Unconditional Basic Income: Lessons from the Finnish BI Experiment 2017-2018*. Cheltenham, UK: Edward Elgar, 2021, 71-88.

Standing Guy. *The Precariat: The new dangerous class*. London: Bloomsbury, 2011.

Van Parijs, P. & Vanderborght, Y. *Basic Income: A Radical Proposal for a Free Society and a Sane Economy.* Harvard, MA: Harvard University Press, 2017.

Vanderborght, Y. "Surfer plutôt que travailler? Une défense libérale-égalitaire du revenu de base inconditionnel." In E. Bourdu et al. (eds.). *Le travail en mouvement*. Paris: Presses des Mines, 2019, 382-390.

Verlaat, T. et al. *Onderzoek Weten wat werkt: samen werken aan een betere bijstand. Eindrapport*. Utrecht, Nederland: Universiteit Utrecht, 2020.

Vives, J. L. "De Subventione Pauperum: On the Relief of the Poor, or of Human Needs (1526)." In P. Spicker (ed.). *The Origins of Modern Welfare.* Oxford, UK: Peter Lang, 2010, 1-100.

Widerquist, K. *Independence, Propertylessness and Basic Income: A Theory of Freedom as the Power to Say No.* New York: Palgrave Macmillan, 2013.

______. *A Critical Analysis of Basic Income Experiments for Researchers, Policymakers, and Citizens*. New York: Palgrave Macmillan, 2018.

______. "Three Waves of Basic Income Support." In M. Torry (ed.). *The Palgrave International Handbook of Basic Income*. New York: Palgrave Macmillan, 2020, 31-44.

Ylikännö, M. & Kangas, O. "Basic income and employment." In O. Kangas et al. (eds.). *Experimenting with Unconditional Basic Income: Lessons from the Finnish BI Experiment 2017-2018*. Cheltenham, UK: Edward Elgar, 2021, 55-70.

Yoo, Y. Seong et al. "Analysis of the Policy Effects of Youth Basic Income in Gyeonggi Province (II): Comparison of the Ex-ante and Ex-post Surveys." *Gyeonggi Research Institute Policy Study* 2020-78.

온라인 자료

Zamora, D. "The Case Against a Basic Income." *Jacobin*. 2017. 12. 28. https://www.jacobinmag.com/2017/12/universal-basic-income-inequality-work. 2021. 8. 31 접속.

Zuckerberg, M. "Mark Zuckerberg's Commencement address at Harvard." *The Harvard Gazette*. 2017. 5. 25. https://news.harvard.edu/gazette/story/2017/05/mark-zuckerbergs-speech-as-written-for-harvards-class-of-2017. 2021. 8. 31 접속.

VI.

결론:
연구 성과 요약과 제언

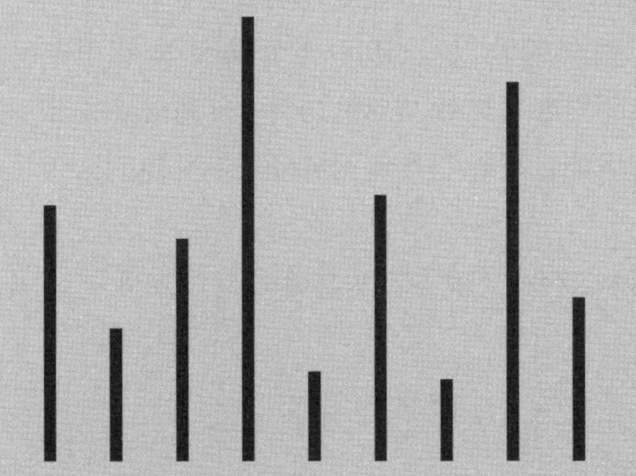

현대 사회는 신자유주의 경제사상을 중심으로 지구화되었으며 이로 인해 발생하는 사회 양극화의 폐단은 가히 심각한 수준이다. 4차 산업혁명의 결과로 인공지능 기술이 도입되는 데 따른 일자리 감소와 임금 노동 문제에 대한 대안 마련도 시급하다. 인간과 인공지능 로봇의 협업으로 기술을 통한 생산성 확대와 아울러서 노동의 의미와 구조 조정에 관한 학제적 고찰이 그 어느 때보다 필요하다고 하겠다.

전 세계적으로 심각한 빈부 격차와 절제 없는 경쟁적 자본주의의 병폐를 바로잡을 대안 마련을 위한 경제 정의 관련 논의가 세계교회협의회(WCC)를 통하여 구체화된 지도 오랜 세월이 흘렀다. WCC는 1983년 제6차 밴쿠버 총회 이후 "정의, 평화, 창조 질서의 보전"(JPIC: Justice, Peace and Integrity of Creation)을 주요 과제로 제시하고 교회, 신학계, 시민사회 및 정부가 전 지구적으로 경제 정의와 생태 정의를 실현하며 평화공동체를 이루는 행동에 동참하는 것이 우선적 과제가 되어야 함을 강조했다. 이러한 사상은 UN에도 영향을 끼쳤다. UN은 2015년 전 지구적 지속 가능 발전 목표(SDGs: Sustainable Development Goals)를 설정하여 지구 남반구와 북반구가 빈곤 퇴치, 젠더 정의, 양질의 일자리와 경제 성장, 깨끗한 에너지, 불평등 해소, 책임 있는 소비와 생산, 환경 보호, 지속 가능한 도시, 평화, 그리고 강력한 제도 등 다양한 영역에서 협력하여 경제 정의와 생태 정의를 실현하고 평화 정착에 이바지하도록 힘을 모으고 있다.

본 연구는 이러한 흐름 속에서 기본소득 담론에 대해 교계와 신학계에 관심을 촉구할 뿐 아니라 신학과 사회과학의 융·복합적 연구 결과를 한국 사회에 대중적으로 공유하기 위해 기획되었고 향후 글로벌 네트워크를 통한 협력에 이바지하도록 준비되었다. 이를 위해 본 연구는 신학의 여러 분야와 사회과학 분야의 전문 학자들이 고유의 관점과 방법을 동원하여 주제별 연구를 진행했으며 설문조사를 통해 기본소득에 대한 인지도와 기대를 파악하고 대중의 의식 변화와 계몽을 위한 과제를 제안하고자 했다.

2022년 대통령 선거를 치르는 과정에서 기본소득에 대한 찬성과 반대 논의가 정치적 포퓰리즘에 이용될 염려가 큰 상황에서, 본 연구진은 본서에 실린 기본소득 관련 연구 성과들이 특정 정당의 대선 후보가 내세우거나 특정 정당의 정강에서 운위되는 '기본소득' 슬로건을 지지하는 것처럼 오해되어서는 안 된다고 강조하고 싶다. 현실 정치가들의 '기본소득' 논의는 데마고그식 매표 행위를 위해 급조된 모토로 쓰이다가 폐기되는 경우가 많다. 기본소득에 대한 본서의 학문적 논의들은 정부의 기능을 축소해 오로지 기업의 자유 활동 공간을 무한히 확장하는 것으로 제한하고 기업의 역할을 고용 창출과 임금 소득자들의 가계 안정에 한정하는 신자유주의적 야만 경제에 머무는 대신, 민주적 선거로 선출되어 민주적 통제를 받는 중앙정부나 지방자치단체가 사회적 양극화를 해소하는 데 훨씬 더 적극적으로 기여해야 한다는 점을 환기한다. 지방자치단체의 기본소득은 지역 화폐 형태로 지급하여 지방 경제를 소생시킬 수 있으며 기본소득의 용도를 '건전한 소비 진작'으로 한정하면 골목 상권이 살아나고 사회 전체에서 구매력이 상승하여 생산과 소비의 선순환이 이루어지고 고용이 창출될 것이다.

본 연구진은 이 연구 결과물이 신학과 사회과학의 관점에서 기본소득의 본래적 취지와 의미를 살피고 특별히 기독교 공동체가 이 주제에 이념적으로 접근하지 않고 신학적으로나 실천적으로나 차분하게 접근하는 데 기여하기를 바란다. 기본소득에 대한 신학과 사회과학의 학제간 연구를 통해 신구약 성서신학, 교회사학, 기독교윤리학, 여성신학, 경제사학, 정치철학의 전공 영역에서 이 주제를 탐구한 결과물을 간략하게 다시 정리하면 다음과 같다.

구약학자 김회권은 기본소득을 지지하는 입법적 토대가 토지의 만민 귀속과 토지의 만민 향유권을 자명한 진리로 보는 자연법사상과 그것의 이스라엘적 확장·수정판인 구약의 토지법임을 확인했다. 그는 존 로크의 자본주의적 토지 사유 제도의 의미를 재점검하고 정치적 권위의 기획의 틀 안에서 사유 재산 보호법을 주장한 토머스 홉스와 '인민들의 상호 인정론'의 의미에서 사유 재산제 이론을 정당화한 데이비드 흄의 이론을 아울러 고찰했다. 이때 로크의 토지 사상은 초기 자본주의 발전을 위해 중요했던 토지 집중을 정당화했으나 토지의 만민 귀속성과 공공·공익성의 요소들을 고려하지 못한 한계가 있었던 점을 비판적으로 보았다. 로크에 의거하여 사유 재산제를 자연법적인 원천적 권리로 절대시하는 극단 자유주의자들이 토지공개념이나 사회주의 사상을 극단적으로 배척하는 것을 교정하기 위해 김회권은 토지 사유제를 인정한 로크도 뒷사람을 배려해야 한다는 단서 조항을 남긴 점에 착안하였고 이를 이사야 5:8과 연결한다. 땅이 내어주는 소출을 향유할 수 없는 사람들은 2,700여 년 전 이사야의 시대에도 있었으나 오늘날 대한민국에서는 그 숫자가 더욱 늘고 있다. 대한민국이 들어서기 전 이 한반도에 살던 사람이 천혜의 땅과 그 재부로부터 누렸을 행복추구권을 되돌려주자는 취지에서 기독교인들은 성서의 하나님에 대한 믿음을 가지고 성서에 나오는 토지법의 진정한 의미를 회복하여야 할 것이다. 하나님이 주신 언약 선물인 땅을 공유하여 이웃의 생존권을 보장하고 기본소득의 재원을 확보하는 길로 대두되는 토지 정의의 실천을 통하여 하나님이 창조하신 이웃과 평화롭게 공존하는 훈련을 확대해가자는 것이다.

신약학자 정용한은 바울이 데살로니가후서 3:10의 "일하기를 싫어하는 사람"을 위해 공동체에 준 권면을 세 가지의 시점으로 분석하여 그 의미를 오늘날의 상황에 적용하였다. 초창기부터 유무상통의 공유 경제를 바탕으로 편성된 초기 교회는 가난한 자에 대한 관심과 사랑을 제도적으로 발전시켜가고 있었다. 이러한 가운데 데살로니가는 지리적으로 마케도니아의 수도였기 때문에 황제를 숭배하는 제국 제의에 능동적으로 참여하며 로마 제국과 긴밀한 유대 관계를 맺고 있었다. 복음에 대한 이해의 깊이가 아직 부족했고 대내외적으로 어려움을 겪던 데살로니가 교회에 보내진 권면의 말씀은 당시의 역사적 맥락에서 먼저 읽어내야 한다. 바울 자신이 자비량과 후원을 적절히 활용하며 경제적 주체성을 발휘하고 있었던 점에 주목하고, 예루살렘 교회를 위한 모금 활동은 교회들의 공동체성을 반영한 점을 상기하며, 가난한 교인들을 돌보는 교회의 사역이 로마 제국의 경제 체제와 구호 체제를 대체하는 대안성을 가지고 있었음을 기억해야 할 것이다. 초기 교회가 믿고 있던 종말론에 대한 오해와 교회가 제공하는 경제적 돌봄에 대한 잘못된 반응을 교정하기 위해 공동체에 보낸 바울의 권면은 당시의 상황적 맥락을 염두에 두고 읽어야 한다는 뜻이다. 로마 제국의 핍박 속에서 교인들이 경제적 짐을 나누어 지도록 하기 위하여 솔선수범하면서 교인들에게 절제하며 성실하게 일할 것을 권면한 말씀은 그 배경이 된 상황을 무시한 채 문자적으로만 인용해서는 안 된다. 이 본문은 노동을 강제적으로 멈출 수밖에 없는 현실에 노출된 수많은 현대인에게 마구잡이로 적용하거나 기본소득을 반대하는 근거 본문으로 여겨지기보다 한국 사회의 경제적 주체성, 공동체성, 대체성을 고민하게 하는 본문으로 재조명되어야 한다.

교회사학자 김유준은 루터와 칼뱅의 경제사상을 기본소득을 뒷받침할 수 있는 희년 사상 중심으로 살펴보았다. 루터는 고리대금과 함께 토지를 담보로 지대 수익 노리는 것을 금지하였고 지대 수익을 통해 누리는 토지 불로소득을 십일조로 거둬들여 다른 세금을 대신하는 정책을 제안했다. 이때 십일조 또한 경제적 형평성에 근거하여 상황에 따라 거둬야 함을 주장하였고 위정자들에게 희년 사상이 실현되도록 그러한 제도를 입법화하는 것을 의회의 최우선 과제로 삼으라고 촉구했다. 프랑스의 이민자로서 스위스 제네바 도시의 공간에서 하나님의 공의와 다스림을 실현하고자 했던 칼뱅 또한 성서와 교부 전통의 원리 속에서 그 이상적인 경제사상을 실현하고자 했으며, 경제 정의와 가난한 자를 위한 대책을 개인 또는 교회의 구제 차원만이 아닌 시 당국을 통한 사회 전반의 구조적·제도적 차원에서 접근하였다. 그는 구약의 희년 사상과 교부들의 사상을 통해 토지와 공유물에 대한 절대적 소유권 거부, 땅의 재분배와 채무 변제, 그리고 재산이 사회적 억압 기제로 작용하지 않도록 하는 제도적 장치 마련과 지공주의적 경제사상을 했다는 점에서, 그러한 사상이 기본소득 도입의 근거로 활용될 수 있을 것이다.

기독교윤리학자 곽호철은 하나님이 허락하신 평등한 삶을 누릴 수 없게 된 현실, 즉 인간이 만들어놓은 불평등한 사회 구조와 문화를 교정하며 우연적 불평등을 해소하는 방안으로 기본소득을 옹호하였다. 그는 기본소득이 기독교 전통이 강조해온 타자에 대한 도움을 가능하게 하는 고도화된 자본주의의 도구로서 우리 시대에 필요한 제도이며, 동시에 기독교적 타자 사랑이 다시 기본소득의 방향성을 제시하고 있음을 밝히고 있다. 곽호철은 기본소득에 접근하는 여러 정책 중에서 기독교의 가르침과 양립 가능한 방식과 양립 불가능한 방식이 있음을 논구하면서, 타인의 노동이 착취되며 기득권 체제를 유지하는 방식으로 제공되는 기본소득이 아닌 자기실현을 위한 노동이 가능한 방식으로서 구체적 타자의 요청에 민감하고 주변화된 이들을 포함하는 포용적 방법론을 제시한다. 더 구체적으로 말하자면 기본소득은 개인이 자유를 최대화할 수 있는 방향으로 제공되어야 하며, 특별히 개별적 타자의 요구에 민감한 방향성을 가져야 하고, 또한 환대의 차원에서 배제당하기 쉬운 약자들이 기본소득의 수혜자로 포함될 수 있는 방향성을 가져야 함을 강조한다.

조직신학자이자 여성신학자로서 정미현은 개혁주의 원리에 대한 이해를 토대로 이를 여성주의적 시각과 결합하여 기본소득의 도입을 긍정적으로 검토하고자 했다. 경제 활동을 하는 모든 사회 구성원 사이의 유기체적 관계성을 확대하는 방안으로서 기본소득과 성 평등의 관계성을 성찰하는 시각은 부정과 긍정의 두 차원으로 정리될 수 있다. 정미현은 개별성의 원칙에서 결혼이나 임금 노동 여부에 상관없이 지급된다는 전제가 있다면 기본소득의 현금 지급을 통해 노동 조직과 환경의 변화를 유도할 수 있을 것이라는 긍정적 전망에 무게를 두었다. 즉, 기본소득은 생계 노동과 능동적 노동 사이에서 여성의 선택 폭을 넓혀줌으로써 성 평등에 기여할 수 있다는 것이다. 더 나아가 기본소득은 인간과 인간, 인간과 자연의 유기체적 관계성을 돈독히 하는 데도 유익한 마중물이 될 수 있다고 했다. 결론적으로 정미현은 하나님이 모두에게 공평하게 선사한 은혜의 원리에 공평의 가치를 부각하는 여성신학적 차원을 결합한 관점에서, 긍정적인 태도와 점진적인 방법으로 기본소득을 도입해야 할 것으로 본다.

기독교윤리학자 강원돈은 경제계와 생태계 사이의 에너지-물질 순환에 대한 인식에 바탕을 두고 생태학적 정의와 사회 정의가 동전의 양면처럼 긴밀하게 결합한다고 주장하면서, 생태학적 지향의 기본소득 구상을 통하여 생태계 보전과 기본소득을 통합하고자 했다. 그는 유럽연합, 미국, 한국 등지에서 추진하는 그린 뉴딜이 기술주의적이고 케인스주의적인 접근에 머물러, 생태계 보전을 위하여 소득 분배의 방식과 경제 운영의 방식을 근본적으로 변혁해야 한다는 인식에 이르지 못했음을 지적했다. 생태학적 정의와 사회 정의의 요구에 따라 시장경제를 규율하려면, 한편으로는 전통적인 에너지 공급 체계와 산업 구조 및 길게 늘어진 가치 생산 사슬을 뒷받침하는 물류 체계와 교통 체계를 해체하고, 다른 한편으로는 소득 분배의 규칙을 바꾸어서 생태계 보전을 위한 지출을 늘리고 임금 노동과 생활 활동을 사회적으로 새롭게 조직하기 위하여 기본소득을 전면적으로 도입하여야 한다. 이처럼 기본소득과 생태계 보전을 결합하여 시장경제를 재편하려면 사회적이고 생태학적인 경제 민주주의를 제도화하여야 한다. 이에 따라 강원돈은 국민 경제 차원의 소득 분배 계획의 틀에서 사회적이고 생태학적인 기본소득 재원 마련 방안을 제시했다.

경제학자로서 전강수는 기본소득론을 좌파, 우파, 정통파의 세 차원으로 나누어 검토하고 각 모델이 한국의 기본소득론에 어떤 영향을 미쳤는지 살펴보았다. 좌파 기본소득 모델은 필리페 판 파레이스가 대표하는데, 모든 사람에게 실질적 자유를 보장하기 위해 가능한 한 최고 수준의 기본소득을 지급하도록 하며 모든 소득에는 사회적 자본에서 비롯된 불로소득이 포함되어 있으므로 재원 확보는 근로소득세를 비롯해 여러 조세를 이용하자는 입장이다. 국내 기본소득 진영은 부지불식간에 이 모델의 영향을 받아 목표 지급액을 높여 잡고 막대한 소요 예산을 제시하게 된 경향이 있다. 밀턴 프리드먼이 대표하는 우파 모델에서는 일정 소득 이상의 계층에게는 플러스 소득세를 걷고 그 이하의 계층에게는 마이너스 소득세를 걷는 방법을 주장한다. 이 모델은 모든 사람이 전체 소득에 부과되는 세금을 낸 다음 모두가 똑같은 금액의 환급형 세액공제, 즉 기본소득을 받는 제도로 해석될 수 있지만, 1960년대에 프리드먼이 이 제도를 제안한 목적은 당시 미국 정부가 '빈곤과의 전쟁'을 명분으로 잡다하게 도입한 복지 제도 때문에 세금이 줄줄 새는 현실을 바로잡는 데 있었다. 현재 국내에서는 안심소득과 공정소득이라는 이름으로 이 모델을 모방한 정책이 제안되고 있으나, 플러스 소득세 파트를 무시하거나 경시함으로써 프리드먼의 원칙조차 훼손하고 있다. 마지막으로 정통파=변동형 기본소득 모델은 토머스 페인, 토머스 스펜스, 헨리 조지의 사상에 기원을 두는데, 기본소득을 모든 사람이 평등하게 누려야 할 권리에 대한 보상으로 보는 점이 특징이다. 기본소득한국네트워크는 정통파 모델을 기본 입장으로 삼고 있지만 충분한 현금을 지급하고자 하는 좌파 모델의 영향도 어느 정도 받고 있다. 전강수는 기본소득이 복지 정책이라는 잘못된 프레임을 바로잡고자 했으며 기본소득 지급액도 미리 결정되는 것이 아니라 변동형일 수 있다는 대안을 제시한다.

정치경제학자인 야닉 판데르보흐트는 벨기에 루뱅 대학교에서 판 파레이스와 함께 기본소득의 세계적 권위자로 자리매김하고 있는 학자로서 이 공동 연구에 참여하여 본 연구의 지평이 국내에만 머물지 않고 국제적 교류를 통해 확장되는 데 기여하였다. 그는 전면적이고 급진적인 기본소득제의 도입이 아닌 점진적 개혁론을 제시한다. 특히 부분적 기본소득이 이원화된 노동 시장에 긍정적인 영향을 가져온다고 볼 이론적·경험적 근거가 충분함을 말하면서 최소한의 수입 보장이 삶의 상황을 개선하고 사회 공동체의 웰빙, 서로 상생하며 힘을 나누는 유기체적 공동체성의 확대, '자율감'(sense of autonomy) 형성 등에 상당히 긍정적인 영향을 미칠 수 있다고 낙관한다. 물론 이러한 부분적 기본소득의 도입을 모든 사회·복지 문제를 해결할 만병통치약으로 보는 것도 경계하면서 말이다. 그는 기본소득이 삶의 과정과 고용 전환기의 완충 역할을 온전히 하려면 구직 서비스 및 노동 시장 교육 프로그램 등과 연계해 실행되어야 한다고 본다. 즉, 보편적 기본 서비스가 기본소득과 연계되어야 더욱 튼튼하고 효율적인 사회 구조가 마련될 수 있다고 보는 것이다. 또한 경제 안보의 문제는 효율성의 차원뿐 아니라 분배 정의 등과 같은 가치의 문제와도 연계되어야 한다.

부록의 "기독교인의 기본소득 인식 설문조사" 부분은 (주)한국리서치에 의뢰하여 2021년 6월 15일부터 6월 30일까지 전국 성인 남녀 기독교인(개신교, 천주교, 정교회) 1,000명을 대상으로 CAWI(Computer-Assisted Web Interview) 방식으로 설문을 시행한 결과다. 이 조사에서는 "모든 국민에게 정기적으로 현금(또는 지역 화폐)을 지급하는" 기본소득의 도입에 대한 찬반을 묻는 문항에서 찬성이 반대보다 14.1%가 더 높게 나왔다. 기본소득 도입에 찬성한다는 응답자의 비율은 정치적 성향 보수보다는 진보층(57.6%)에서, 여자보다는 남자(46.7%) 중에서, 연령으로 볼 때 40대(48.3%), 30대(45.0%) 중에서, 전라/광주 거주자(46.9%) 중에서 상대적으로 높게 나왔다.[1] 기본소득 도입을 긍정적으로 생각하는 사

1 정미현 외, "기독교인의 기본소득 인식 설문조사", 「기본소득에 관한 신학과 사회과학

람들에게 그 이유를 묻자 그들은 '기본 생존권 보장, 소득 재분배와 양극화 해소'(76.0%), '선별 복지로 인한 사각지대나 상대적 박탈감이 없음'(55.6%), '코로나19로 인한 어려운 현실'(45.9%) 등의 순으로 선택하였다. 이와 대조적으로 기본소득 도입을 부정적으로 생각하는 사람들은 '도덕적 해이 발생, 근로 의욕 저하'(75.4%), '증세로 인한 부담'(69.7%), '기본소득 도입보다 일자리 제공이나 부동산 가격 안정이 선행'(54.5%) 등을 반대 이유로 꼽았다.

특별히 주목할 것은 신앙적으로 하나님 사랑과 이웃 사랑을 실천해야 한다는 관점에서는 기본소득을 도입하는 것에 대해 찬성이 15.8% 더 높았다는 점이다. 즉, 일반적으로 기본소득을 도입하는 것에 대해 질문했을 때와 신앙적 차원에서 질문을 했을 때 상이한 결과가 나왔다. 이러한 내용은 단순히 신앙적 이유로 기본소득을 또 다른 자선의 한 형태로 접근하는 것이 바람직함을 의미한다기보다, 기본소득에 대한 취지와 배경을 설명하면서 사회 구조적 불평등 구조를 바로잡고 전반적 변화를 도모하려는 의도와 함께 이를 신학적 차원에서도 뒷받침하는 설명이 필요함을 역설적으로 보여주는 것으로 봐야 한다. 즉 기본소득에 대한 포퓰리즘식 접근이나 신앙을 이유로 한 단순 찬반의 이원론적 접근이 아니라, 그 근본 취지와 재원 마련을 포함한 사안에 대한 접근 방식 및 파급 효과 전반에 대하여 계몽적 교육이 필요하며 숙의 민주주의 형태로 이 주제에 대하여 접근할 필요가 있다는 것이다.

신앙적 견해에서 기본소득 도입에 찬성하는 응답자의 다수(56.9%)

의 학제간 연구」(서울: 연세대학교 기본소득 공동연구팀, 2021), 문항 10번(이 책 394쪽).

가 '기독교 신앙은 근본적으로 약자 보호 정신이 담겨 있기 때문'이라고 답변했고, 다음으로 46.6%가 '자선이나 구제만이 아닌 국가 차원의 공의가 선행되어야 함'이라는 이유를 선택했으며, 45.0%는 '최소한의 생존권이 보장되어야 함'이라고 답변한 사실이 그러한 접근이 필요하다는 점을 뒷받침해준다. 약자 보호 정신을 담지하고 있는 기독교인이 다수를 차지하는 사회적 상황에서 제도적 장치가 마련되면 재원을 더욱 공정하고 효율적으로 분배하고 복지 안전망과 지속 가능한 사회를 재구성할 수 있다는 낙관적 희망을 품게 하는 대목이다.

대조적으로 신앙적 근거로 기본소득의 도입에 반대하는 이들 중 다수(62.4%)는 반대의 이유가 '게으름을 조장해서 일하려는 의지를 약화시키기 때문'이라고 응답했고, 그다음으로 57.2%는 '빈둥거리는 이들을 위한 지급은 낭비'라고 봤으며, 46.1%는 '성서는 약자들을 도우라는 것이지 모든 사람이 아님'이라고 응답하였다. 본 저서에 연구 결과로 제시된 성서적 근거와 기본소득의 관계성을 비롯하여 기독교윤리학적·교회사학적·여성신학적·사회과학적 연구 내용이 대중적으로 확산된다면 이러한 반대 이유를 교정할 수 있는 근거로 활용될 수 있으리라고 기대한다. 기독교인들 안에서 기본소득에 대한 새로운 이해를 확산시킬 수 있을 뿐 아니라, 대사회적으로도 기본소득 담론에 또 다른 시각으로 접근할 가능성을 열어줄 것이다.

기본소득 도입의 필요성을 주장하는 이유는 다양하다. 특히 기계와 인간이 경쟁하게 되는 4차 산업혁명 이후의 시기에 기본소득의 도입은 인간의 기본적 삶을 유지해줌으로써 디스토피아가 아니라 유토피아로 이끌어주는 동력이 될 것이라고 기대하는 시각도 있다. AI와 경제의 관계성에 대한 연구에 집중하며 기본소득 도입을 적극적으로 주장하는 일본의 경제학자 이노우에 도모히로는 그의 책을 마무리하면서 기본소득을 지급하면 사람들이 더 게을러질 것이라는 편견에 반박하며 경제 문제에 관하여 "잘못된 직감을 바탕으로 한 상식에 얽매여 있어서 해결 가능한 문제를 방치하고 있는 것"[2]이라고 지적한 바 있다. 도모히로는 근로가 헌법에 명시된 일본에서는 "일하지 않는 자는 먹지도 말라"는 노동윤리를 배반하는 기본소득을 도입하는 데 가장 큰 걸림돌이 되는 것은 유교적 윤리라고 보았다. 노동을 인간 의무의 최대 가치로 보는 일본 문화에서 그러한 의무를 다하지 않는다는 것은 대단히 큰 죄악으로 간주되기 때문이다.[3] 비슷한 이유로 근면성을 강조하는 동일한 유교 문화권에 위치한 한국 사회도 기본소득은 게으름을 조장하는 것이라고 보는 점에서 크게 다르지 않다. 더욱이 기독교 성서의 특정 구절이 맥락 없이 읽히고 재생산되면서 기본소득의 반대 논리로 작용하고 있는 것을 우리가 시행한 설문조사에서도 확인한 바 있다. 기독교 내부에서부터 기본소득에 대한 계몽적 교육을 확산시킨다면, 기본소득 논의를 정치권의 이슈로만 내버려 두지 않고 기본소득에 대한 잘못된 해석의 확대·재생산을 방치하지 않으며 성서의 기본적 가치를 되살릴 수 있을 것이다.

기술 발달과 대량 실업에 대한 대비책으로써 새로운 유토피아를 구상하는 의미에서 기본소득을 촉구하는 것도 의미가 있겠으나, 기본소득은 무엇보다도 상생의 가치를 확대하며 생명지향적 경제 체제로의 전환을 촉구하는 도구가 될 수 있다는 점에서 환영할 만하다. 강원돈이 앞에서 유럽연합, 미국, 한국 등지에서 추진하는 그린 뉴딜이 생태계 보전을

2 이노우에 도모히로/김소운 옮김, 『모두를 위한 분배』(서울: 여문책, 2018), 274.

3 위의 책, 223.

위해 소득 분배 방식과 경제 운영 방식을 전면적으로 변경하여야 한다는 인식에 전혀 이르지 못했다고 지적한 부분은 다시 강조되어야 한다. 급변하는 사회 환경 속에서 이러한 내용들을 단숨에 바꿀 수는 없겠지만 생명 살림의 가치를 최우선으로 설정하여 생태학적 정의와 사회 정의의 요구에 따라 시장경제를 새롭게 정돈하려는 노력이 필요하며, 기존의 산업 구조와 생산·소비 체계를 개선하고 소득 분배의 원칙을 교정하여 임금 노동과 생활 활동을 위한 체계를 전반적으로 재구성해야 한다. 기본소득 도입은 생태계 보전을 위해서도 효율적으로 작용할 수 있다. 그러한 방향을 추구하면서, 기존의 재원 마련과는 차별화된 방안 및 기본소득의 실행을 포함한 시장경제 재편성이 점진적으로 시도되어야 한다.

기본소득은 관습적인 노동과 복지에 대한 이해를 넘어서는 창의적 실험의 장으로 우리 모두를 초대한다. 기본소득의 도입이 임금 노동의 시간을 줄이고 노동 유연제를 확대함으로써 인간이 정체성을 향상하며 공동체의 삶을 강화할 수 있는 방향으로 작동할 수 있다면, 우리 사회에 상생의 가치가 더욱 확산될 수 있을 것이며 그 효과는 전통적으로 품앗이하던 두레 정신 및 방법처럼 우리 사회·문화 전반에 유용하게 작용할 수 있을 것이다. 무엇보다도 기본소득 담론은 현금 지급을 통해 각 개인의 소득 증대 효과로 재무 상태 개선에 도움을 줄 뿐 아니라, 무임금 가사 노동과 저임금 돌봄 노동을 인정하고 재평가하게 함으로써 종래의 문제를 가시화하는 등 여성이 주로 감당하던 노동 현장과 그 불평등 구조에 대한 인식과 전환에도 도움을 줄 수 있을 것으로 전망한다. 또한 기본소득의 도입은 개인의 선택의 자유를 증진하며 고용의 다양화를 촉진할 수 있을 것이다. 이와 같은 제도화를 통해 새로운 임금 노동의 기회와 각 개인의 은사에 따른 노동 창의성의 효율화를 기대할 수 있을 것이며, 이 혜택은 노동의 성차별과 서열화를 교정하는 데도 기여할 것으로 전망한다.

설문조사를 통해 기본소득에 대한 현재의 기대와 염려를 확인하였는데, 앞으로 교계와 신학계에서 이 주제와 관련된 올바른 인식이 확산되기를 기대한다. 그동안 한국교회에서는 진보적인 교회나 보수적인 교회나 기본소득에 관련된 설교나 교육이 거의 없었던 것으로 드러나고 있다. 프란치스코 교황은 기본소득을 도입할 것을 촉구하여 우리나라만이 아니라 전 세계 가톨릭 교인들이 기본소득 개념과 제도적 도입에 대해 생각할 기회를 주었다. 우리 개신교에서도 권위 있는 기관이 나서서 기본소득에 대한 견해를 밝힘으로써 교회가 신도들에게 기본소득을 제대로 가르치고 기본소득에 대한 이해를 확대할 수 있도록 지침을 줄 필요가 있다. 한국기독교교회협의회(NCCK)가 주축이 되어 교회와 시민사회의 공론을 형성하고 한국교회도 공론화 작업에 동참할 때가 왔다고 본다.

한국교회는 공의를 행하며 자비를 사랑하라는 성서의 명령을 외면하고 교회 성장에만 몰두하는 바람에 순결한 모습을 상실한 채 사람들에게 밟히는 '버려진 소금'의 처지로 전락하고 말았다. 사회를 정의롭게 만들고 이웃의 처지를 돌아보는 일은 타인을 위하는 것이기도 하지만 교회로서의 정체성을 지키는 데 필수적임을 깨닫지 못한 탓이다. 교회가 순결성을 회복하려면 무엇보다도 먼저 그동안 사회 정의를 실현하고 이웃을 이롭게 하는 일에 소홀했음을 인정하고 철저히 회개해야 한다. 그다음 자신이 할 수 있는 작은 일을 찾아서 실행해야 한다. 기본소득에 대한 관심은 그 작은 일 중 하나가 될 수 있다.

한국교회는 무엇보다도 먼저 이웃 사랑의 근본 정신으로 돌아가야 한다. 성서와 기독교 전통에서 제시하는 소유권은 개인에게 귀속되는 절대적 소유권이 아니라 공동체를 위해 하나님께서 허락하신 사용권이다. 따라서 사회적 배제와 경제적 배제가 일상화되고 있는 현실에서 소외되고 있는 사람들을 위해 사용되어야 한다. 기본소득은 책임적 소유권의 한 형태이며 현시대 상황에서 이웃 사랑을 가능케 하는 중요한 도구로 기독교인들의 대사회적 책임성을 고려할 때 교회 안에서 특별히 더 깊이 논의하고 발전시켜나가야 할 주제다. 그렇게 한다면 한국교회는 한국 사회가 이념 대립을 넘어서서 자본주의의 병폐를 교정하기 위해 성장과 분배, 효율과 연대의 가치를 통합적으로 생각하도록 하는 나침판 역할을 할 수 있으리라고 기대한다.

한국교회는 기복주의식 복음(福音)과 번영 신학의 물신 숭배에서 돌이켜 하나님 나라의 통치 원리인 공정(공평)과 공감(정의)에 기초한 희년의 기쁜 소식(喜音)을 전하며 실천해야 한다. 하나님 나라는 교회의 규모나 교인 수에 달려 있지 않다. 하나님의 주권이 온전히 실현되는 곳이 하나님 나라다. 그 나라에 대한 비전 가운데 성령으로 충만했던 초기 교회에서 절박한 이웃의 필요를 채우며 섬기는 유무상통(공유)으로 자발적 희년을 성취한 것처럼, 오늘날 한국교회도 안식년의 노예 해방과 부채 탕감 및 희년의 토지 반환과 같은 토지 정의 실현을 위해 힘써야 할 것이다. 이를 위해 모두의 몫인 토지와 천연자원 같은 공유부를 재원으로 하는 기본소득 제도를 확립하여 모두에게 실질적 자유와 기본적 생존권을 제공하도록 교회가 앞장서서 공의로운 의식 개혁과 사회 개혁을 이루어가야 할 것이다.

이를 실천하기 위하여 무엇보다도 한국교회는 문자주의적이며 세대주의적인 성서 해석에서 벗어나 성서 본문의 다양성과 통일성의 긴장감을 견지하며 1세기와 21세기의 정치적·사회적·경제적 간극을 메우기 위하여 진지한 노력을 기울여야 한다. 한국교회는 몇몇 성서 본문의 문자적 의미만을 중심으로 기본소득 정책을 향한 찬성과 반대의 목소리를 높이는 대신, 과연 성서가 21세기의 일하고 싶어도 일할 수 없는 이들(실업자, 노인, 장애인, 가사 노동자, 이주민 등)을 위해 어떤 대안을 제시할 수 있는지에 대한 구체적인 논의를 시작해야 한다. 또한 기본소득 담론에 젠더 정의의 문제가 온전히 반영될 수 있도록 정교한 접근이 필요하다. 한편 기본소득과 같이 대안적 가치 체계를 지향하는 돌봄과 살림의 신학과 경제학을 말할 때 그 대상은 인간에게만 국한되지 않고 자연과의 모든 유기체적 관계성도 포함해야 한다. 전 지구적 그물코를 염두에 두자는 것이다.

이 책에 실린 연구 결과물이 국내의 독자들에게 많은 생각할 거리를 던져 주고 좋은 영감을 불러일으키기를 바란다. 또한 본 연구가 국내의 지평을 넘어서 세계 교회와 신학, 경제학과 정치학, 인문과학과 사회과학을 가로지르며 다양하고 중층적인 담론 네트워크를 형성하면서 더욱 심화된 연구로 이어지고, 기본소득을 좀 더 정교하게 좀 더 실현 가능한 형태로 가다듬는 데 기여할 것을 바라 마지않는다.

기본소득의 원칙은 구약성서와 신약성서의 정선율(定旋律, *cantus firmus*)에 공명하며 기독교 공동체의 혁신과 정치·사회적 개혁을 가져왔던 종교개혁의 정신에 잇닿아 있다. 성서에서 증언되는 희년 사상을 기억하고 하나님 나라와 의를 구하는 행진 속에서, 기본소득은 모든 사람이 인간의 존엄성을 누리며 살면서 공동체를 재건하는 새 문명 창조에 이바지할 수 있다고 믿는다.

부록:
설문조사와 해설

기독교인의 기본소득 인식
설문조사에 관한 결과 보고서

Ⅰ. 설문조사 개요

1. 설문조사 배경

현대 사회는 대전환의 도전에 직면해 있다. 신자유주의적 세계화는 선진국과 개발 도상국을 막론하고 사회적 양극화와 노동 시장 분단을 가져왔고, 4차 산업혁명과 인공지능 기술 도입은 기계가 사람의 노동을 대체하는 속도를 올려 노동의 기회를 앗아가고 있다. 이와 같은 상황의 전개에 그동안 당연시해온 노동 사회와 그것에 근거한 복지 시스템으로는 대처하기 어렵다는 인식이 대두하면서, 이제는 사회의 대전환을 모색하여야 한다는 목소리가 커지고 있다. 이러한 사회적 대전환을 이끄는 화두 가운데 하나가 기본소득 구상이다. 최근 기본소득은 시민 사회와 정치의 핵심 쟁점이 되었다. 기본소득 구상은 경제학, 정치학, 사회복지학 등 소득 분배와 소득 재분배를 다루는 전통적인 학문뿐만 아니라, 윤리학, 철학, 신학, 예술 이론 등 가치 규범과 세계관을 다루는 학문에서도 진지한 논의를 불러일으키며 활발한 학제적 고찰을 촉진하고 있다.

기본소득은 또한 교회와 신학계에서도 관심을 끌기 시작했다. 기본소득이 교회를 구성하는 신자들의 삶에 큰 의미가 있고 교회의 미래에도 큰 영향을 미친다면, 신학은 기본소득 구상의 이론과 실천을 면밀히 검토하고 책임 있게 의견을 제시하여야 할 것이다. 본 연구팀은 이러한 문제 의식을 가지고 신학과 사회과학의 학제적 연구의 틀을 마련하여 1) 신학의 근간이 되는 구약성서와 신약성서에서 기본소득 정신을 뒷받침할 수 있는 근거와 주제를 깊이 있게 연구하고, 2) 종교개혁자들이 자본주의의 발흥에 대응하면서 남긴 기본소득과 관련된 선례 및 사상을 고찰하고, 3) 기독교윤리학의 맥락에서 기본소득 구상의 사상적 토대와 그 적용 가능성을 연구하고, 4) 실제적이고 확장 지향적인 맥락에서 개혁 정신과 여성신학 관점으로 하나님의 은혜의 차원에서 출발하여 은사로서의 노동의 의미와 젠더 정의를 향한 인정 및 분배의 문제를 다루고, 5) 경제학적 관점과 정치사회학적 관점에서 기본소득의 재원을 어떻게 마련할 것인가, 기본소득 구상을 현실 정치에 어떻게 접목할 수 있는가를 밝혀서 기본소득 구상의 현실적 타당성과 실현 가능성을 살피고자 한다.

2020년 대한민국 교육부와 한국연구재단의 지원을 받아 인문사회 분야 일반 공동 연구를 수행하고 있는 연세대학교 기본소득 공동 연구팀은 "기본소득에 관한 신학과 사회과학의 학제간 연구"의 일환으로 기독교인의 기본소득 개념과 그 도입에 대한 인식을 파악하고자 기독교인 1,000명을 대상으로 설문조사를 실시했다.

2. 설문조사 목적

최근 코로나19로 인한 재난 상황에서 경제적 양극화가 심화하고 있어 국가가 자산 심사나 노동 요구 없이 모든 개인에게 정기적으로 현금이나 지역 화폐로 지급하는 기본소득의 필요성과 그에 대한 관심이 증대되고 있다.

설문조사를 기획한 본 연구팀은 기본소득의 사상적 근거, 경제적 기반, 제도화 가능성 등에 관한 신학과 사회과학의 학제간 연구를 통하여 기본소득이 현대 사회에서 경제 정의를 실현하는 유력한 방안임을 밝히는 것을 목표로 하고 있다. 이를 위해 설문과 여론 조사를 통해 기본소득 개념과 도입에 관한 시민 사회의 기대 등을 분석하고, 두 차례에 걸친 국내와 국제 학술 세미나를 통해 학계와 교계, 시민 사회, 그리고 해외에까지 연구 결과를 확산시키고자 한다.

본 연구팀은 기본소득에 대한 논의의 장을 활성화하려는 노력의 일환으로 기본소득 개념 인지도, 기본소득 도입의 현실 타당성, 기본소득 도입에 대한 시민 사회와 기독교계의 기대 및 수용 가능성에 대한 기초 연구 차원에서 이 설문조사를 실시했다.

기본소득의 다차원적 측면을 자세하게 설문으로 제시함으로써 무시되는 측면과 더불어 과장되는 측면을 파악하고 기본소득 논의의 방향을 파악하고자 했다. 기본소득 도입의 현실성과 관련하여 기본소득의 도입 여부와 재원 마련 등에 대한 기독교인의 인식을 중심으로 구체적인 설문을 통해 현실적으로 수용 가능한 기본소득의 형태를 분석하고자 했다. 시민 사회와 기독교계의 기대 및 수용 가능성 영역에서는 시민 사회와 기독교계가 각각 어떻게 기본소득을 제시하고 있는지를 분석했다. 이는 기본소득 운동을 벌이며 제시하는 개념과 정책이 시민과 기독교인에게 긍정적으로 수용될 방안까지 마련하고자 함이었다.

3. 설문조사 설계

기독교인의 기본소득 인식을 파악하기 위해 본 설문조사는 설문조사 전문 기관 (주)한국리서치에 의뢰하여 전국 성인 남녀 가운데 개신교, 천주교, 정교회 등에 속한 기독교인 1,000명을 대상으로 2021년 6월 15일부터 30일까지 15일간 설문조사를 실시했다. 설문조사 결과의 표준 오차는 95% 신뢰 수준에서 최대 허용 표집 오차는 ±3.1% 이내고, 설문조사의 표본할당은 지역별, 연령별, 성별 기준 인구 비례 할당에 의한 것으로 2015년 인구 총조사 종교인 기준을 토대로 했다.

설문조사 시 설문조사 전문 기관의 마스터 샘플(master sample) 활용을 통해 모집된 연구 대상자에게는 이메일, 문자 메시지, 모바일 푸시 메시지 등을 통해 설문조사에 대한 정보를 제공하고 참여 동의를 얻었다. 조사 시행 이전에 연구 대상자의 조사 대상 적절성을 사전 문항을 통해 확인했다. 여기에서 사전 문항은 성, 연령, 지역, 종교였다. 이를 통해 개신교, 천주교, 정교회 교인을 포함한 기독교인으로 구성된 전국 성인 남녀 1,000명을 대상으로 설문조사를 실시했다.

설문조사의 수행 방법은 마스터 샘플을 활용한 웹 서베이(CAWI: Computer-Assisted Web Interview) 방식이었고 설문 소요 시간은 약 10분으로 기본소득에 대한 인식, 신앙 정보, 기본소득 도입 여부와 재원 마련 방안에 대한 의견, 신앙적 견해에서 생각한 기본소득 도입 여부 등을 내용으로 하는 40개의 질문을 했다. 웹으로 진행된 본 조사는 최종 설문 문항 확정 후 모바일과 PC에서 조사할 수 있도록 프로그램을 설계했고 이후 조사 대상자에게 이메일, 문자 등을 발송한 후 조사에 동의한 사람에 한해서 설문조사를 진행했다.

4. 설문조사 내용

설문조사의 문항은 모두 40개이며 그 내용은 여섯 항목으로 구분할 수 있다. 첫 번째 항목은 응답자 선정, 두 번째 항목은 기본소득에 대한 인식, 세 번째 항목은 신앙 정보, 네 번째 항목은 기본소득 도입 여부와 재원 마련, 다섯 번째 항목은 신앙적 견해에서 생각한 기본소득 도입 여부, 여섯 번째 항목은 응답자 특성에 관한 것이다. 자세한 항목은 아래의 표로 제시했으며 설문 응답자에게 제시된 전체 설문지는 이 책의 386-399쪽에 나오는 "기독교인의 기본소득 인식 설문조사"를 참고하면 된다.

구분	문항
응답자 선정 (4문항)	1. 종교 2. 성별 3. 나이 4. 거주 지역
기본소득에 대한 인식 (2문항)	1. 기본소득 개념 인지도 2. 기본소득 관련 활동 단체, 지방자치단체 인지 여부
신앙 정보 (7문항)	1. 신앙 시작 시기 2. 신앙 기간 3. 예배 참여 횟수 4. 소속 교단(교파) 5. 소속 교회(성당) 주소지 6. 신앙적 성향 7. 목회자나 성도와의 기본소득 토론 여부

구분	문항
기본소득 도입 여부와 재원 마련 (12문항)	1. 기본소득 도입에 대한 찬반 2. 기본소득 도입 찬성 이유 3. 기본소득 도입 반대 이유 4. 기본소득 도입을 위한 증세 동의 여부 5. 기본소득 1인당 적정 지급액 6. 기본소득 재원 마련을 위한 토지세 찬반 7. 기본소득 재원 마련을 위한 탄소세 찬반 8. 기본소득 재원 마련을 위한 소득세 찬반 9. 기본소득 지급액에 대한 변동형 혹은 고정형 선호 10. 기본소득 지급 시 주요 지출 용도 11. 기본소득으로 인한 성별 간 노동 불평등 해소 관련 의견 12. 기본소득으로 인한 가계 활동에 대한 사회적 인정 효과
신앙적 견해에서 기본소득 도입 여부 (3문항)	1. 신앙적 견해에서 기본소득 도입에 대한 찬반 2. 찬성에 대한 신앙적 이유 3. 반대에 대한 신앙적 이유
응답자 특성 (12문항)	1. 학력 2. 직업 3. 소득 수준(월 급여) 4. 혼인 상태 5. 장애인 등록증 소지 여부 6. 가구원 수 7. 돌봄이 필요한 가족 여부 8. 국민기초생활보장 대상자 여부 9. 부동산 자산 규모 10. 주택 점유 형태 11. 한국 사회에서의 계층 12. 정치적 성향

5. 설문조사 응답자 특성

설문조사 문항 가운데 응답자 선정에 관한 4문항과 응답자 특성에 관한 12문항의 사례 수와 비율을 정리하면 아래의 표와 같다.

Base=전체(1,000명)		사례수(명)	비율
			%
종교	개신교	(654)	65.4
	천주교	(327)	32.7
	정교회	(19)	1.9
성별	남	(424)	42.4
	여	(576)	57.6
연령	20대	(137)	13.7
	30대	(180)	18.0
	40대	(211)	21.1
	50대	(205)	20.5
	60대	(147)	14.7
	70세 이상	(120)	12.0
학력	고졸 이하	(443)	44.3
	대학 졸업 이상	(557)	55.7
직업	관리자	(41)	4.1
	전문가 및 관련 종사자	(116)	11.6
	사무 종사자	(244)	24.4
	서비스 종사자	(71)	7.1
	판매 종사자	(39)	3.9
	농, 임, 어업 종사자	(10)	1.0
	기능원 및 관련 기능 종사자	(26)	2.6

직업	장치/기계 조작 및 조립 종사자	(30)	3.0
	단순 노무 종사자	(44)	4.4
	은퇴자/무직/주부/학생	(369)	36.9
	기타	(10)	1.0
소득 수준 (월 급여)	100만 원 미만	(202)	20.2
	100-200만 원 미만	(201)	20.1
	200-300만 원 미만	(245)	24.5
	300-400만 원 미만	(159)	15.9
	400-500만 원 미만	(94)	9.4
	500만 원 이상	(99)	9.9
거주 지역	서울	(251)	25.1
	경기/인천	(345)	34.5
	충청/대전/세종	(97)	9.7
	부산/울산/경남	(91)	9.1
	대구/경북	(70)	7.0
	전라/광주	(113)	11.3
	강원/제주	(33)	3.3
혼인 상태	미혼/비혼	(292)	29.2
	기혼/재혼	(654)	65.4
	이혼/사별	(54)	5.4

Base=전체(1,000명)		사례수(명)	비율
			%
장애인 등록증 소지 여부	있다	(47)	4.7
	없다	(953)	95.3
가구원 수	1인 가구	(106)	10.6
	2인 가구	(239)	23.9
	3-4인 가구	(568)	56.8
	5인 이상 가구	(87)	8.7

돌봄이 필요한 가족 유무	있다	(250)	25.0
	없다	(750)	75.0
부동산 자산 규모	부동산 자산이 없다	(258)	25.8
	1억 원 미만	(126)	12.6
	1억-5억 원 미만	(391)	39.1
	5억-10억 원 미만	(153)	15.3
	10억-30억 원 미만	(65)	6.5
	30억 원 이상	(7)	0.7
주택 점유 형태	자가	(607)	60.7
	전세	(232)	23.2
	월세	(143)	14.3
	일세/무상	(18)	1.8
사회적 계층 인식	하층	(522)	52.2
	중간	(260)	26.0
	상층	(218)	21.8
정치적 성향	보수	(290)	29.0
	중도	(441)	44.1
	진보	(269)	26.9

II. 설문조사 결과

1. 기본소득에 대한 인식

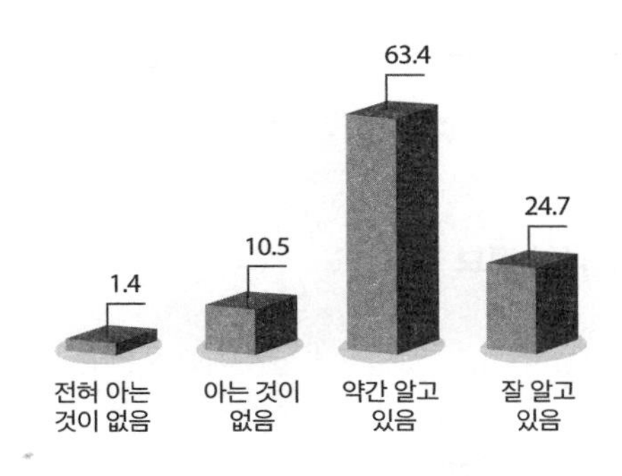

기본소득의 개념에 대해 어느 정도 알고 있는가를 물은 1번 문항에서는 응답자의 88.1%가 알고 있다고 답변했다. '약간 알고 있음'이 63.4%, '잘 알고 있음'이 24.7%로 대략 10명 중 9명은 기본소득에 대해 알고 있는 것으로 조사되었다. 반면 '아는 것이 없음'과 '전혀 아는 것이 없음'으로 답변한 비율은 11.9%에 불과했다.

2번 문항에서는 기본소득과 관련된 국내 활동 단체나 그것을 시행하는 지방자치단체에 대해 알고 있는 사례를 모두 선택하도록 했다. 기

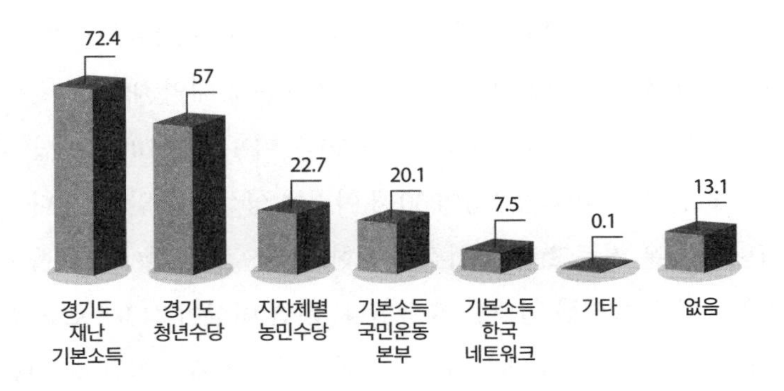

본소득의 개념을 인지하고 있는 응답자('약간 알고 있음'+'잘 알고 있음') 881명 중 "경기도 재난 기본소득"을 알고 있다는 응답자는 72.4%, "경기도 청년수당"에 대해 알고 있다는 응답자는 57.0%였다. 즉, 기본소득 관련 단체의 인지도보다는 경기도의 관련 활동에 대한 인지도가 높은 편임을 알 수 있다. 또한 기본소득에 대해 알고는 있지만 알고 있는 국내 활동 단체나 지자체는 없다고 응답한 비율이 13.1%였다.

2. 신앙 정보

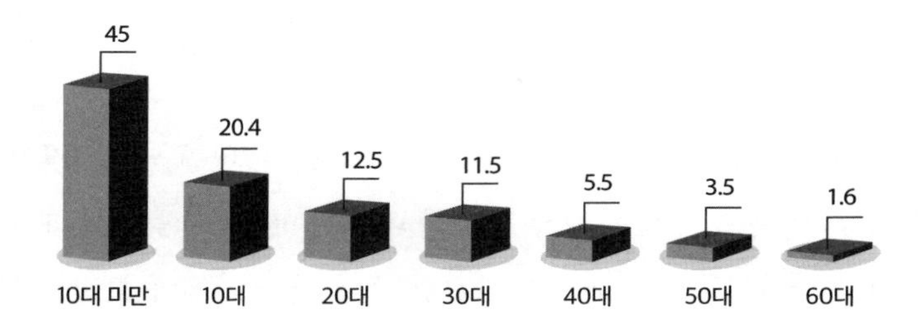

3번 문항은 기독교 신앙의 시작 시기에 대한 것으로 낮은 연령으로 응답한 비율이 높았다. 10대 미만이 45.0%, 10대가 20.4%, 20대가 12.5% 순이었다. 즉 어린이와 청소년 시기에 65.4%, 20-30대의 대학생·청년 시기에 24.0%의 신앙이 시작되었고, 40-60대 이후에는 10.6%에 불과했다. 기독교 신앙은 10명 중 9명이 30대 이전에 형성됨을 알 수 있다.

4번 문항은 기독교 신앙 기간에 대한 질문으로 중간에 교회를 다니지 않은 기간을 제외한 답변을 요구했다. 35년 이상이 21.0%로 가장 많았고, 10-15년 미만이 13.8%, 5-10년 미만이 13.5% 순이었다. 10년 이상이 전체의 74.1%로 대략 4명 중 3명은 최소 10년 이상의 기간 기독교 신앙을 이어왔다.

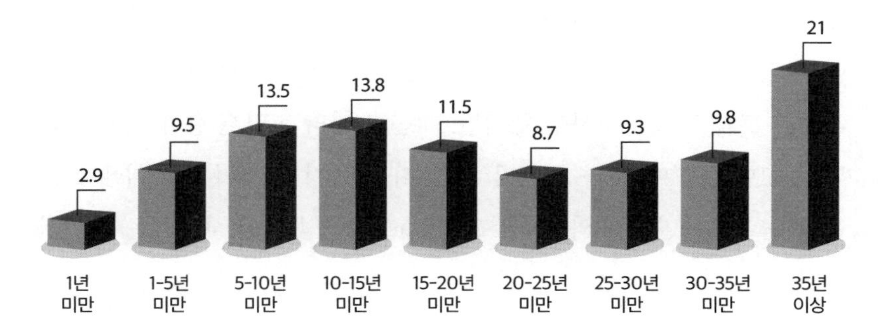

5번 문항에서는 비대면 예배를 포함하여 정기적으로 주일 예배(미사)에 참여하는 빈도를 물었다. 정기적으로 참석한다는 응답자가 49.9%로 가장 많았다. 가끔 참석한다는 25.0%를 포함해서 응답자의 74.9%가 정기적으로 혹은 가끔 주일 예배(미사)에 참여한다고 응답했고, 참여하지 않는다는 응답은 25.1%였다. 즉, 4명 중 1명은 비대면 예배를 포함해 정기적 주일 예배에 참여하지 않는다는 것을 보여준다.

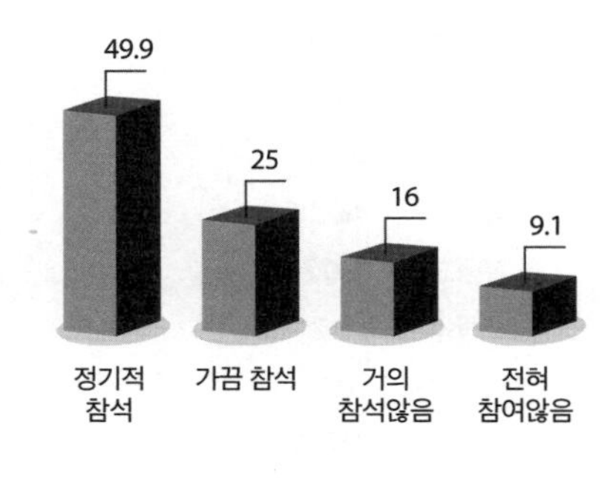

6번 문항에서는 소속 교단(교파)에 대한 질문으로 개신교가 65.4%로 가장 높은 비율을 차지했고, 천주교가 32.7, 정교회가 1.9%를 차지했다. 개신교는 여러 교단으로 구성되어 있으므로 설문에서 응답자의 소속 교단을 물었다. 표집 응답자의 교단별 분포를 보면, 장로교는 44.6%를 차지하였고, 그 가운데 예장(통합+합동) 소속 응답자가 32.6%,

기장 소속 응답자가 12%였다. 감리교는 6%, 성결교 3.8%, 침례교 3.3%, 하나님의 성회 2.2%, 독립교단, 복음교단, 성공회, 구세군 등은 모두 합쳐 2.8%였고, 기타 소속으로는 신천지, 그리스도교, 안식교 등이 있었다. 본 설문조사를 수행한 기관은 2015년 인구 총조사 종교인 기준을 토대로 설문조사를 했지만, 개신교 내의 교단별 통계 자료에 근거한 교단 규모에 따라 응답자 표집 비율을 정한 것이 아니기에 표집 응답자의 교단별 분포와 실제 교단별 교인 구성 비율 사이에는 차이가 있다.

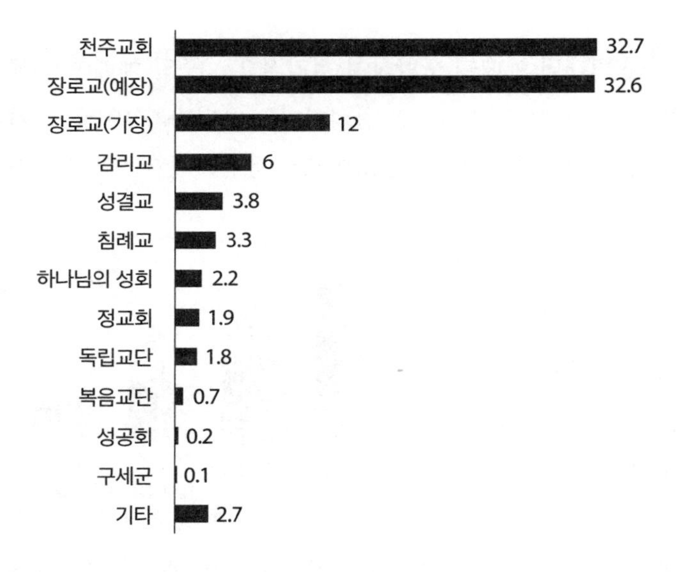

7번 문항은 소속된 교회(성당)의 주소지가 어디인가에 대한 질문으로 경기/인천이 30.3%로 가장 많았고, 서울 29.3%, 경상/부산/대구 16.1% 순으로 응답했다. 서울/경기/인천이 59.6%로 전체의 절반 이상을 차지했다.

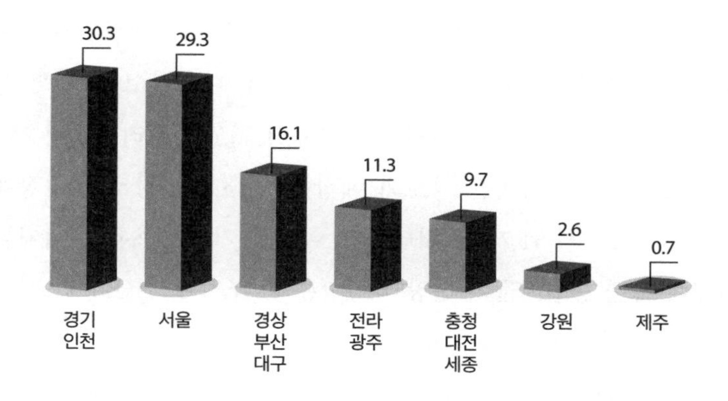

8번 문항은 신앙적 성향에 대한 질문으로 중도가 48.2%, 보수가 30.6%, 진보가 21.2%였다. 즉 응답자의 절반 정도가 신앙적 중도라고 답했으며, 신앙적 보수라고 응답한 비율이 신앙적 진보로 응답한 비율보다 9.4% 높게 나왔다.

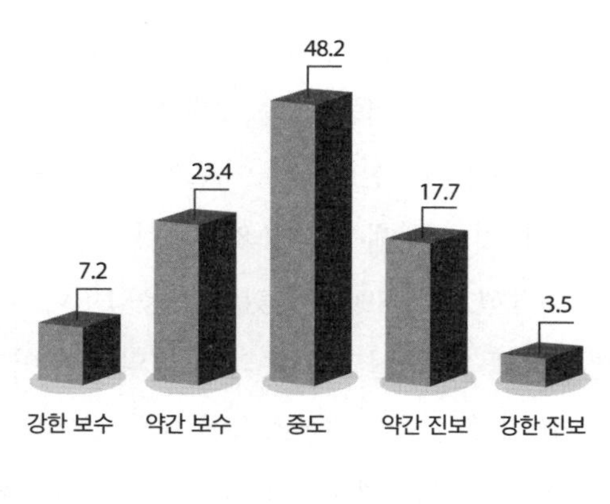

신앙적 성향은 가톨릭과 개신교 사이에 유의미한 차이가 있었다. 가톨릭은 23.9%가, 개신교의 경우는 33.9%가 보수적 신앙이라고 밝혔고, 진보적 신앙의 경우는 개신교가 19.7%, 가톨릭이 24.5%였다. 이 통계는 가톨릭이 신앙적으로 덜 보수적이며 더 진보적이라는 평가를 가능하게 한다.

개신교 교단별 신앙 성향을 따로 놓고 보면 교단별로 유의미한 차이가 나타났다. 표본 수가 적게 표집된 교단을 제외하고 장로교 예장, 장로교 기장, 감리교를 살펴보면 진보적 성향이 장로교 예장에서 16.9%, 장로교 기장에서 24.2%, 감리교에서 25.0%로 나타났고, 보수적 성향은 장로교 예장에서 39.6%, 장로교 기장에서 26.7%, 감리교에서 23.3%였다. 중도적 신앙 성향은 장로회 예장에서 43.6%, 장로교 기장에서 49.2%, 감리교에서 51.7%로 나타났다. 이처럼 기장에 속한 응답자들과 감리교에 속한 응답자들의 신앙적 성향은 이 조사에서 크게 다르지 않은 것으로 드러났다.

신앙적 성향과 기본소득에 대한 태도 사이에는 유의미한 상관관계가 있었다. 강한 보수, 약간 보수, 중도, 약간 진보, 강한 진보의 방향으로 가면서 기본소득에 대한 반대는 줄고 찬성은 늘었다. 예를 들어 강한 진보의 기본소득 찬성 비율은 65.7%인 데 반해 강한 보수의 찬성 비율은 33.3%에 불과했다. 기본소득 반대의 경우 강한 보수는 40.3%의 수치를 보인 반면 강한 진보는 17.1%에 불과했다.

9번 문항에서는 소속 교회(성당)의 목회자나 성도로부터 기본소득에 대한 설교나 설명을 들어보거나 그것을 두고 토론한 적이 있는지를 물었다. 이에 대해 응답자 86.2%가 그런 경험이 전혀 없거나 별로 없다고 응답했고 13.8%만이 있다고 응답했다. 이를 통해 교회(성당)에서 기본소득에 대한 설교나 논의가 거의 이루어지지 않고 있음을 알 수 있다. 10명 중 9명이 기본소득에 대한 설교나 설명을 듣지 못했다는 것이다. 이 점에서는 개신교와 가톨릭의 차이가 없었고, 개신교 안의 진보적 성향과 보수적 성향의 교단 사이에도 거의 차이가 없었다. 장로회 예장에서 기본소득에 대한 설교나 설명을 들은 적이 있다고 응답한 비율은 15.0%였고, 기장에서 17.5%, 감리교에서 8.3%, 천주교에서 10.7%였다. 이는 교회에서 담론을 생산하고 유통하는 교역자들이 기본소득 관련 담론 형성에 적극적으로 나서지 않고 있음을 보여준다. 교회에서 사랑의 실천 차원에서 구제와 봉사는 대단히 강조하나, 기본소득 논의처럼 사회 제도의 변혁과 관련된 설교와 교육을 소극적으로 하고 있는 셈이다.

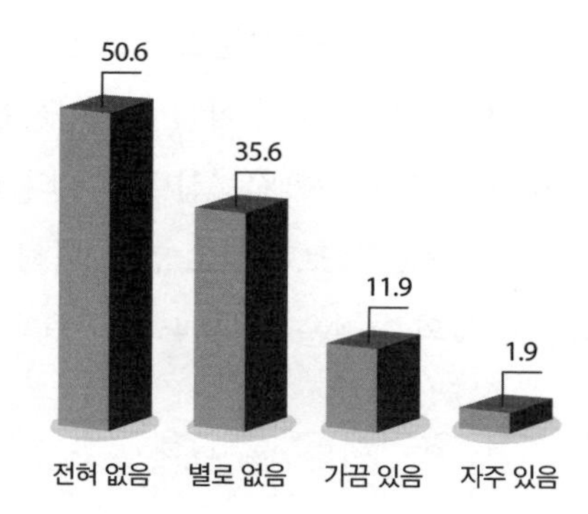

3. 기본소득 도입 여부와 재원 마련

10번 문항에서는 모든 국민에게 정기적으로 현금(또는 지역 화폐)을 지급하는 기본소득의 도입에 대한 찬반을 물었다. 찬성이 40.5%, 반대가 26.4%로 찬성이 반대보다 14.1% 더 높게 나왔다. 기본소득 도입에 찬성한다는 응답자는 남자(46.7%), 30대(45.0%)와 40대(48.3%), 전라/광주 거주자(46.9%), 정치적 성향 진보층(57.6%)에서 상대적으로 높게 나왔다.

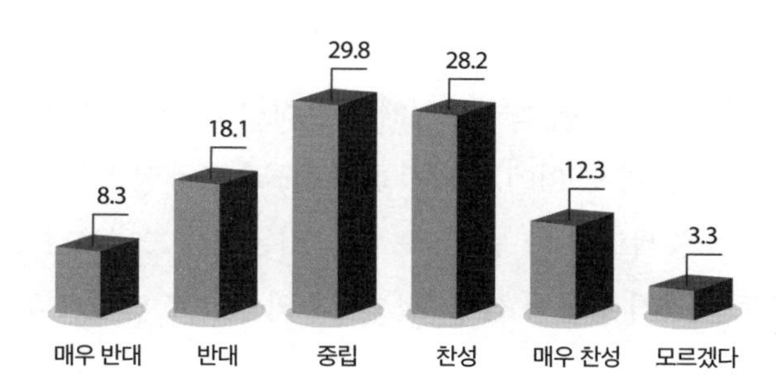

10-1번 문항에서는 기본소득 도입에 찬성한 405명에게 찬성 이유를 모두 선택해달라고 했다. 이에 응답자들은 '기본 생존권 보장, 소득 재분배와 양극화 해소'(76.0%), '선별 복지와 같은 사각지대나 상대적 박탈감이 없음'(55.6%), '코로나19로 인해 피해 입는 소상공인, 자영업자, 비정규직 노동자의 어려운 현실'(45.9%) 등의 순으로 답변했다.

찬성 이유(n=405)	%
최소한의 기본 생존권 보장, 소득 재분배와 양극화 해소	76.0
차별 없이 보편적으로 지급하면 선별 복지와 같은 사각지대나 상대적 박탈감이 없음	55.6
코로나19로 인해 피해 입는 소상공인, 자영업자, 비정규직 노동자의 어려운 현실	45.9
생계를 위한 노동이 아닌 자아실현을 위한 노동이 가능, 복지 사회로 가는 지름길	42.7
가사 노동(집안일, 육아, 돌봄 등)에 대한 가치를 인정, 노후에도 도움	36.0
4차 산업으로 인한 일자리 감소와 소득 기회 감소 대비	33.8
토지, 천연자원, 빅데이터와 같이 모두의 것인 공유부(common wealth)에서 발생한 수익에 대한 배분	15.6
기타	0.5

10-2번 문항에서는 기본소득 도입에 반대하는 264명에게 반대 근거를 복수 선택하도록 했다. 이에 응답자들은 '도덕적 해이 발생, 근로 의욕 저하'(75.4%), '증세로 인한 부담'(69.7%), '기본소득 도입보다 일자리 제공이나 부동산 가격 안정이 선행'(54.5%) 등의 순으로 답변했다.

반대 이유(n=264)	%
일하지 않고도 정기적으로 지급한다면 도덕적 해이 발생, 근로 의욕 저하	75.4
기본소득의 재원 마련을 위한 증세로 부담이 커짐	69.7
기본소득 도입보다 일자리 제공이나 부동산 가격 안정이 선행	54.5
기초생활보장제도나 사회보장제도 등 기존의 사회안전망이 기본소득보다 더 효과적 수단	37.5
기본소득의 지급액이 적다면 사각지대 해소에도 별 실효성이 없음	23.5
코로나19로 인해 피해를 입은 소상공인, 자영업자, 비정규직 노동자에게만 지원	17.4
기타	0.4

11번 문항에서는 기본소득을 도입으로 인한 증세에 대한 찬반을 물었다. 기본소득 도입을 위한 증세에 대해서는 반대하는 응답자가 41.2%로 찬성 31.0%보다 10.2% 더 많았다. 기본소득 도입을 위한 증세에 반대한다는 응답은 장애인 등록증 없음(41.7%), 돌봄이 필요한 가족 없음(43.1%), 부동산 자산 규모 30억 원 이상(42.9%), 정치적 성향 보수(56.9%)에서 상대적으로 높게 나왔다. 특기할 점은 기본소득 도입 찬성자의

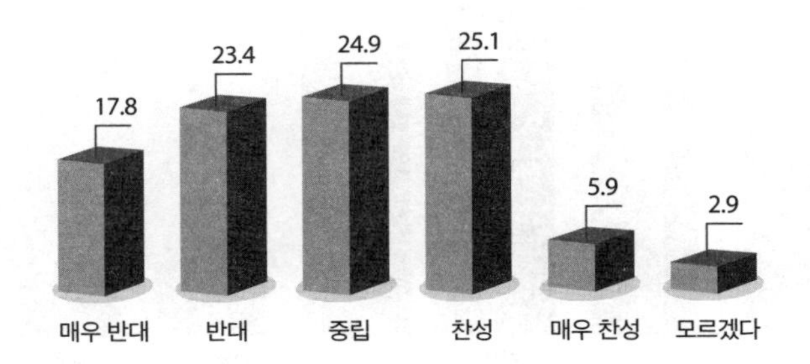

25.0%만 증세에 동의했다는 사실이다. 즉 기본소득 도입에 대해서 찬성은 하지만 그 가운데서 4명 중 1명만 증세에 동의하고 있어 증세에 대한 부담감이 있는 것으로 파악된다.

11-1번 문항에서는 기본소득제가 완성될 경우 적당한 1인당 지급액에 대한 의견을 물었다. 매월 30만 원 미만이 51.3%로 가장 높게 나왔고 60만 원 미만 26.0% 등으로 지급액이 낮을수록 적당하다고 응답했다.

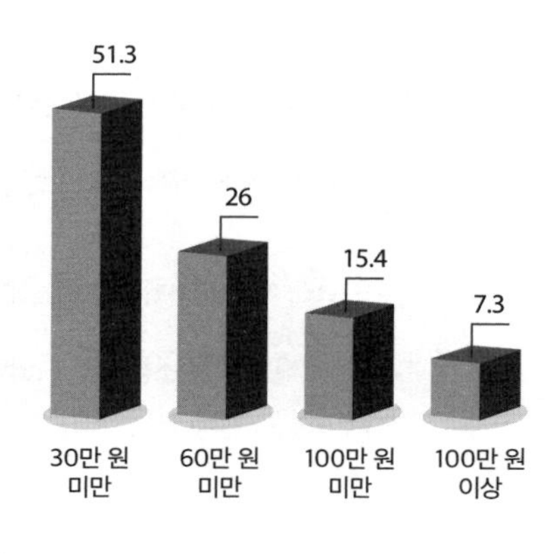

12-14번 문항에서는 기본소득 재원 마련을 위해, 토지세, 탄소세, 소득세 각각에 대한 과세 찬반을 물었다. 기본소득 재원 마련을 위한 증세 방안 중 토지세와 소득세는 반대 비율이, 탄소세는 찬성 비율이 더 높

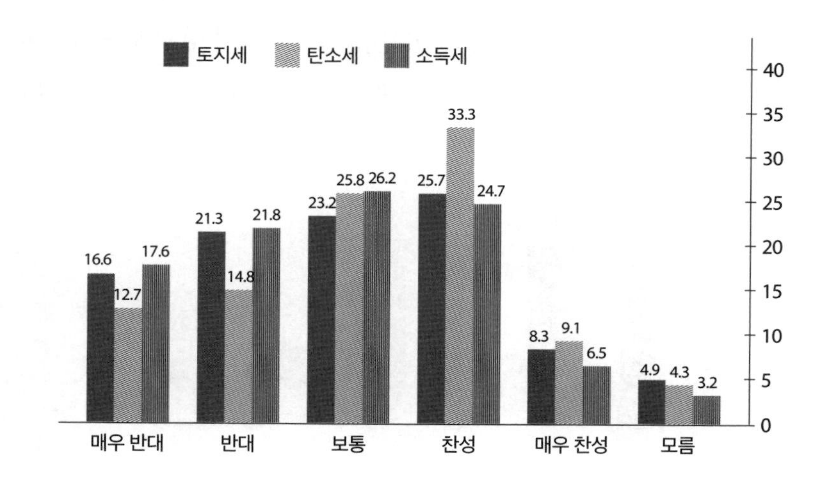

게 나왔다. 소득세에 대한 찬성은 31.2%, 토지세에 대한 찬성은 34.0%, 탄소세에 대한 찬성은 42.4%였다. 토지세, 탄소세, 소득세에 반대하는 응답자의 비율은 대구/경북 거주, 주택 점유 형태 자가, 사회적 계층 인식 상층, 정치적 성향 보수층에서 상대적으로 높은 편이었고, 찬성하는 응답자는 남자, 이혼/사별, 1인 가구, 부동산 자산 규모 1억 원 미만, 정치적 성향 진보층에서 상대적으로 높았다. 또한 기본소득 도입에 찬성한 응답자(매우 찬성+찬성) 중 토지세, 탄소세, 소득세 증세에 모두 찬성한 응답자(매우 찬성 7.5%+찬성 10.3%)는 17.8%였다.

15번 문항은 기본소득 지급액을 변동형으로 하는 것과 고정형으로 하는 것에 대한 선호도를 조사했다. 결과를 보면 고정형 34.6%, 변동형 34.5%로 응답률에 차이가 없었고 어느 쪽이든 상관없다 22.0%, 모름 8.9%였다. 이를 통해 기본소득을 지급함에 있어 변동형과 고정형에 대한 장단점과 차이점을 명확하게 제시할 필요가 있음을 알 수 있다.

16번 문항은 지급받은 기본소득을 어디에 지출할지 세 개까지 선택

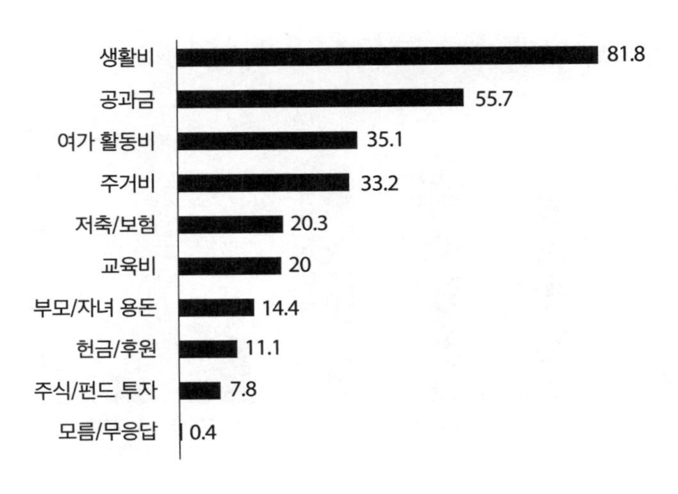

할 수 있도록 질문했다. 이에 응답자들은 생활비 81.8%, 공과금 55.7%, 여가 활동비 35.1%, 주거비 33.2% 순으로 응답했다. 이처럼 주로 의식주에 필요한 것을 주요 사용처로 응답했기 때문에 기본소득을 지급함으로써 소비 활동이 활성화되어 실물 경제에 있어서도 선순환을 기대할 수 있을 것으로 보인다.

17번 문항은 기본소득을 통하여 육아나 가사 등으로 경력이 단절된 여성에게 새로운 기회가 제공되는 등 성별 간 노동의 불평등이 해소될 것이라고 보는지에 대해 질문했고, 18번 문항은 기본소득 도입이 임금 노동으로 분류되지 않는 가사 노동을 하는 사람을 사회적으로 인정하는 효과가 있을지에 대한 의견을 물었다. 응답에서는 기본소득이 성별 간 노동 불평등을 해소하는 데 효과가 없다(38.3%)는 의견의 비율이 높았고, 가사 활동을 사회적으로 인정하는 데는 효과가 있다는(39.2%) 응답의 비율이 높았다. 두 가지에 모두 효과가 있다(매우 그렇다+그렇다)고 응답한 비율은 24.7%이었다.

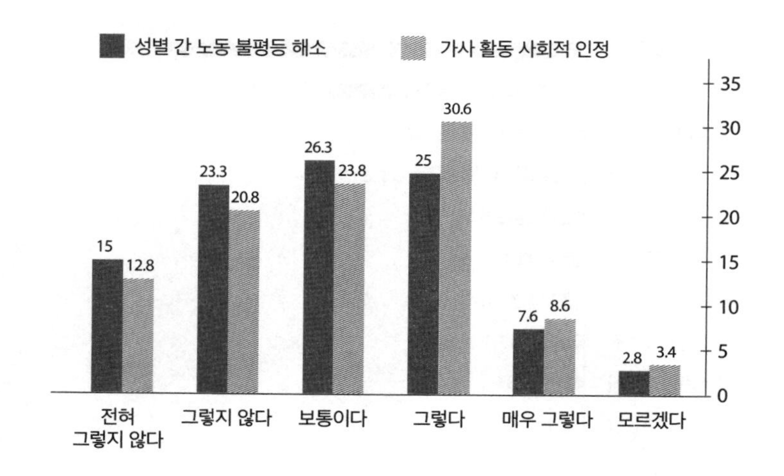

기본소득이 정기적으로 지급되면 성별 간 노동의 불평등 해소와 가사 활동에 대한 사회적 인정 효과가 있다는 데 찬성한 비율은 남자, 정치적 성향 진보층, 기본소득 개념 인지자, 기본소득 도입 찬성자에서 상대적으로 높았고 또한 사회적 계층 인식이 낮을수록 찬성이 많았다.

4. 신앙적 견해에서 본 기본소득 도입 여부

19번 문항에서는 하나님 사랑과 이웃 사랑을 실천해야 한다는 신앙적 견해에서 볼 때 기본소득을 도입하는 것에 대해 찬성하는지 반대하는지를 물었다. 찬성이 42.9%로 반대 27.1%보다 15.8% 높았다. 앞의 10번 문항에서 질문했던 기본소득 도입에 대한 일반적인 견해의 경우 찬성 비율이 반대에 비해 14.1% 더 높았던 반면, 신앙적인 견해에서 기본소득 도입에 찬성한다는 비율은 15.8%가 더 높다는 점에 주목할 필요가

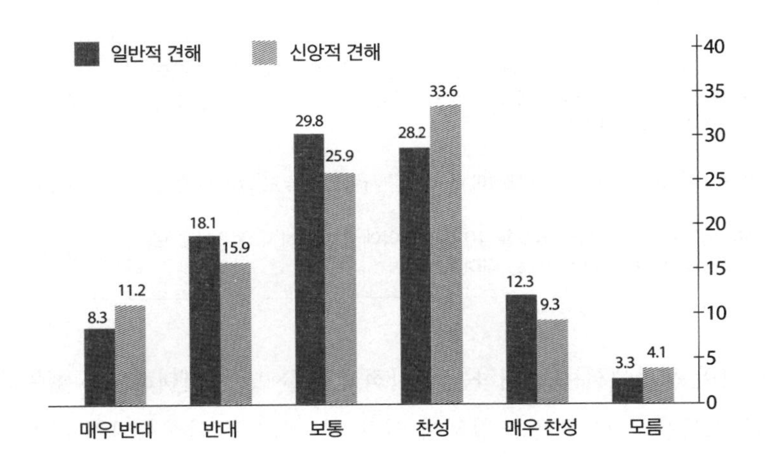

있다. 일반적인 견해에서 찬성은 40.5%였는데 이것이 42.9%로 2.4% 증가했다. 이러한 결과를 통해 기독교인에게 기본소득에 대한 신앙적 견해가 분명하게 제시된다면 찬성의 비중이 조금이라도 더 높아질 수 있음을 알 수 있다.

19-1번 문항에서는 찬성에 대한 신앙적 근거를 모두 선택하도록 했다. 신앙적 견해에서 기본소득 도입에 찬성하는 이유로는 '기독교 신앙은 근본적으로 약자 보호 정신이 담겨 있기 때문'이라는 응답이 56.9%로 가장 높았고, '자선이나 구제만이 아닌 국가 차원의 공의가 선행되어야 함' 46.6%, '최소한의 생존권이 보장되어야 함' 45.0% 순으로 선택되었다.

찬성 이유 (n=429)	%
기독교 신앙은 근본적으로 고아, 과부, 나그네, 병든 자, 억눌린 자, 소외된 사람 등 모든 약자를 보호하는 정신이 담겨 있기 때문에	56.9
기독교 신앙은 교회나 일부 사람을 통한 자선이나 구제만이 아니라 국가 차원에서 모든 사람을 위한 지속적인 지원이 제도로 정착되는 공의가 선행되어야 하기에	46.6
일자리가 없어 하루종일 기다리던 품꾼이 한 시간밖에 일하지 않았음에도 똑같이 하루 일당을 준 포도원 주인의 마음처럼 누구나 최소한의 생존권이 보장되어야 하기에	45.0
이웃 사랑을 실천해야 하는 대상에서 제외될 사람은 아무도 없기 때문에	42.0
하나님께서도 이스라엘 백성을 40년간 광야에서 차별하지 않으시고 모든 사람을 위해 날마다 만나를 내려주셨기에	27.3

19-2번 문항에서는 반대하는 신앙적 근거를 모두 선택하도록 했는데, 기본소득은 '게으름을 조장해서 일하려는 의지를 약화시키기 때문에'

라는 응답이 62.4%로 가장 높았고, '빈둥거리는 이들을 위한 지급은 낭비'라는 의견이 57.2%, '성서는 약자들을 도우라는 것이지 모든 사람을 도우라는 것이 아님'이 46.1% 순이었다.

반대 이유(n=271)	%
기본소득은 게으름을 조장해서 일하려는 의지를 약화시키기 때문에	62.4
빈둥거리며 살아가는 이들을 위해 기본소득을 지급하는 것은 낭비이기 때문에	57.2
성서는 고아, 과부, 나그네 등의 약자들의 어려움에 처한 이웃을 도우라고 한 것이지 모든 사람을 도우라는 것이 아니기 때문에	46.1
일하기 싫어하는 자는 먹지도 말라고 한 것이 성경의 가르침이기에	43.9

III. 설문조사 결과 요약

기독교인 설문 응답자의 88.1%는 기본소득에 대하여 알고 있었고 "경기도 재난 기본소득"에 대해서는 72.4%, "경기도 청년수당"에 대해서는 57.0%가 알고 있어 기본소득 관련 단체보다는 주로 경기도 관련 활동에 대한 인지도가 높은 편이었다.

신앙을 접한 시기에 대한 질문에는 어린 시절이었다고 응답한 비율이 높았고 신앙 기간은 35년 이상이라고 응답한 비율이 21.0%로 가장 높았다. 응답자의 74.9%가 주일예배(미사)에 참여한다고 했으며 개신교에 65.4%, 천주교에 32.7%, 정교회에 1.9% 소속되어 있었으며 신앙의 성향은 보수의 비율이 높았다. 또한 응답자의 86.2%는 교회(성당)에서 기본소득에 대한 설교나 설명을 들어본 적이 없다고 응답했다.

기본소득 도입 여부에 대해서는 찬성이 40.5%로 반대보다 14.1% 높았으며 그 근거로는 76.0%가 최소한의 기본 생존권 보장과 소득 재분배와 양극화 해소를, 55.6%가 복지 사각지대나 상대적 박탈감이 없음을 선택했다. 반면 기본소득 도입에 반대하는 이유로는 75.4%가 도덕적 해이 발생과 근로 의욕 저하, 69.7%가 증세로 부담이 커짐을 선택했다. 또한 41.2%는 증세에 반대했고 31.0%는 찬성했으며 51.3%는 1인당 지급액으로 매월 30만 원 미만이 적당하다고 했다.

기본소득 재원 마련과 관련하여 토지세와 소득세에 대해서는 반대의 비율이, 탄소세에 대해서는 찬성의 비율이 더 높았다. 지급액 책정 방식에 대한 의견은 변동형과 고정형 간의 차이가 거의 없었다. 기본소득 수령 시 주요 사용처는 생활비 81.8%, 공과금 55.7%, 여가 활동비

35.1% 순이어서 소비 진작을 통한 경제 활성화 효과를 기대할 수 있을 것으로 나타났다. 기본소득이 성별 간 노동 불평등을 해소하는 데 효과가 있을지 여부에서는 효과가 없다는 의견이 38.3%로 더 많았고, 가사 활동을 사회적으로 인정하는 효과에 대해서는 39.2%가 효과가 있다고 응답했다.

신앙적 견해에서 봤을 때는 기본소득 도입에 찬성한다는 의견이 42.9%로 반대보다 15.8%가 더 높았고, 일반적 견해보다 신앙적인 견해에서 도입에 대한 찬성 비율이 높아졌다. 신앙적 견해에서 도입에 찬성하는 근거로는 약자 보호 정신이 56.9%, 국가 차원의 제도로 정착되는 공의가 선행되어야 한다는 의견이 46.6%였으며, 반대 근거로는 게으름 조장이 62.4%, 빈둥거리는 이들을 위한 지급은 낭비라는 의견이 57.2%였다.

한편 신앙적 성향과 기본소득에 대한 태도에는 유의미한 상관관계가 있었다. 강한 보수, 약간 보수, 중도, 약간 진보, 강한 진보의 순으로 기본소득에 대한 반대 비율이 줄고 찬성 의견이 늘었다. 예를 들어 강한 진보의 경우 기본소득 찬성 비율이 65.7%인 데 반해, 강한 보수는 33.3%에 불과했다. 기본소득 반대의 경우 강한 보수는 40.3%의 수치를 보인 반면, 강한 진보는 17.1%에 불과했다.

교회(성당)에서 교역자나 성도로부터 기본소득에 대한 설교나 설명을 들어보거나 그에 관해 토론한 적이 전혀 없거나 별로 없다는 응답이 86.2%로 높게 나오고 13.8%만이 그런 경험이 있다고 응답한 부분에도 유의할 필요가 있다.

기독교인의 기본소득 인식 설문조사

안녕하십니까?

연세대학교 기본소득 공동연구팀은 2020년 대한민국 교육부와 한국연구재단의 지원을 받아 공동연구를 수행하고 있습니다. 최근 코로나19로 인한 재난 상황에서 경제적 양극화가 심화되고 있어 국가가 자산심사나 노동 요구 없이 모든 개인에게 정기적으로 현금이나 지역화폐로 지급하자는 〈기본소득〉에 대한 필요와 관심이 증대되고 있습니다. "기본소득에 관한 신학과 사회과학의 학제간 연구"를 수행하는 본 공동연구팀은 기독교인의 기본소득 개념과 도입에 대한 인식을 파악하고자 설문조사를 실시하고 있습니다.

귀하께서 응답해주신 모든 내용은 통계법 33조(비밀의 보호)에 의거하여 오직 통계분석을 위해서만 사용되며, 귀하의 개인정보는 법에 의해 보호됨을 약속드립니다.

바쁘시더라도 본 설문에 협조하여 주시면 대단히 감사하겠습니다.

본 설문은 기독교인(개신교, 천주교, 정교회)의 기본소득 인식을 알아보기 위한 설문조사입니다. 종교가 없거나 불교 등 다른 종교를 믿고 계신 경우 설문에 참여하실 수 없습니다.

또한 지역, 연령별 최대 조사인원 수가 정해져 있으므로 늦게 접속하실 경우 참여가 불가할 수 있다는 점 미리 알려드립니다.

조사의뢰: 연세대학교 기본소득 공동연구팀
조사문의: (주)한국리서치 여론조사 사업1본부 김지혜 과장 ☎ 02-3014-1039

안녕하세요. 본 연구에 참여해주셔서 감사합니다.
연구 참가 시작 전, 본 연구에 대해 설명 드리도록 하겠습니다.

1. 연구의 배경과 목적

연세대학교 기본소득 공동연구팀은 2020년 대한민국 교육부와 한국연구재단의 지원을 받아 공동연구를 수행하고 있습니다. 최근 코로나19로 인한 재난 상황에서 경제적 양극화가 심화되고 있어 국가가 자산심사나 노동 요구 없이 모든 개인에게 정기적으로 현금이나 지역화폐로 지급하자는 〈기본소득〉에 대한 필요와 관심이 증대되고 있습니다. "기본소득에 관한 신학과 사회과학의 학제간 연구"를 수행하는 본 공동연구팀은 기독교인의 기본소득 개념과 도입에 대한 인식을 파악하고자 기독교인 1,000명을 대상으로 설문조사를 실시하고 있습니다.

2. 연구 대상자의 참여 기간, 절차 및 소요 시간

본 연구를 위해 연구 대상자는 조사 참여를 위해 이메일과 문제를 1회 수신하게 됩니다. 이를 토대로 설문조사 소요시간은 약 10분 정도입니다.

한국리서치가 보유한 MS패널(자발적인 조사 참여 의향을 가진 약 57만 명의 한국리서치 보유 패널)에게 조사를 알리는 이메일, 문자메시지 등을 발송하며, 연구 대상자의 조사대상 적절성을 확인하기 위해 사전문항(성, 연령, 지역, 종교) 확인 후 설문이 가능하도록 설계합니다. 사전문항에 적합하지 않은 응답을 할 경우 자동 탈락됩니다.

3. 연구 대상자에게 예상되는 위험 및 이익

본 연구에 참가에 따른 직접적인 위험은 없습니다. 연구 참가자가 추가적인 정보나 설명을 원할 경우를 대비하여 담당 연구원의 전화번호 및 이메일이 제공될 것입니다. 연구 참여자가 설문조사를 참여하든 중단하든 이에 대한 어떠한 위험이나 위협이 없습니다.

본 설문조사에 답변을 완료한 응답자에게는 보상으로 사례비 3,000원이 입금될 예정입니다.

4. 개인정보보호에 관한 사항

- 본 연구의 참여로 귀하에게서 수집되는 개인 정보는 아래와 같습니다.
  - 필수항목: ID, 비밀번호, 이름, 생년월일, 주소, 이메일, 휴대폰번호 (필수항목으로 수집하는 개인정보 중 주소의 경우, 조사 시 활용되는 지역 쿼터[전국 인구비례에 따라 할당] 확인을 위한 용도이며, 이메일은 조사안내 발송, 휴대폰번호는 조사 참여 독려, 이름, 계좌정보는 참여 완료 후 사례비 입금을 위한 용도임)
  - 선택항목: 직업, 학력, 결혼여부, 가구소득, 가족구성원수, 주거형태, 자동차보유정보, 담배정보, 통신상품정보, 자녀정보, 계좌정보, 제품 및 라이프스타일 정보
  - 모바일앱(APP) 설치 시 필수항목: 휴대전화번호, 모바일 기기 모델명, 모바일 기기 OS 버전, 모바일 기기 국가 정보, 모바일 기기의 통신사 정보, 모바일 기기 고유 디바이스 ID, 푸쉬 전송을 위한 푸쉬용 디바이스 아이디, 최초 MobileCX 로그인 날짜, 현재 설치된 MobileCX 앱 버전, 설치된 버전의 업데이트 날짜
- 수집된 개인 정보는 본인 확인, 활동 의사 확인, 부정 가입 방지, 중복 가입 방지 등의 회원 관리에 이용, 조사 안내, 발송, 검증 등의 설문조사 관리에 이용, 문의 상담, 공지 전달, 사례금 안내, 물품 배송 등의 회원 서비스 제공에 이용, 조사 사례금 지급 및 소멸 등의 요금 정산에 이용, 자체 이벤트 및 광고성 정보 제공 등의 마케팅 정보 제공에 이용, 비식별 조치 후 빅데이터 분석 및 활용에 이용, 서비스 이용 기록, 접속 기록, 통계 분석 등을 통한 서비스 개선 및 맞춤 서비스 제공에 이용, 보안 및 프라이버시 보호 등을 위한 서비스 개선 및 이용환경 구축에 이용됩니다.
- 개인정보의 보유 및 이용 기간은 이름, 생년월일, 성별, 동일인식별번호(CI), 이메일, 휴대폰번호는 일정기간 재가입 방지를 위해 탈퇴일로부터 90일, 이름, 생년월일, 성별, 조사 사례금 지급 내역은 대금결제 및 재화 등의 공급에 관한 기록, 전자상거래 등에서의 소비자보호에 관한 법률에 근거하여 5년, 소비자 불만 또는 분쟁처리에 관한 기록은 전자상거래 등에서의 소비자보호에 관한 법률에 근거하여 3년입니다.
- 개인정보의 파기절차와 방법은 다음과 같습니다.

1) 파기절차

- 이용자가 회원가입 등을 위해 입력한 정보는 목적이 달성된 후 별도의 DB로 옮겨져(종이의 경우 별도의 서류함) 내부 방침 및 기타 관련 법령에 의한 정보보호 사유에 따라(보유 및 이용기간 참조) 일정 기간 저장된 후 파기됩니다.
- 별도 DB로 옮겨진 개인정보는 법률에 의한 경우가 아니고서는 보유되어지는 이외의 다른 목적으로 이용되지 않습니다.
- 다만, 회원탈퇴 시에는 시스템 업데이트 소요 시간으로 인해 탈퇴회원의 정보가 파기되는 시간이 일정시간 소요될 수 있습니다.

2) 파기방법

- 전자적 파일형태로 저장된 개인정보는 기록을 재생할 수 없는 기술적 방법을 사용하여 삭제합니다.
- 종이에 출력된 개인정보는 분쇄기로 분쇄하거나 소각을 통하여 파기합니다.

3) 본 연구진은 본 조사의 설문에서 제시된 필요한 정보만 수집합니다.

본 연구 자료와 개인정보 보호와 관련해서는 「생명윤리 및 안전에 관한 법률」 제15조에서 규정하고 있는 인간 대상 연구 등에 해당되는 연구과제로서 동법에서 정하고 있는 절차를 따를 것이며, 3년간 보관한 후에 폐기할 것입니다. 전자적 파일 형태로 저장된 개인정보는 기록을 재생할 수 없는 기술적 방법을 사용하여 삭제하고, 종이에 출력된 개인정보는 분쇄기로 분쇄하거나 소각을 통하여 파기합니다.

5. 연구 참여에 따른 손실에 대한 보상

- 본 설문조사에 답변을 완료한 응답자에게는 보상으로 사례비 3,000원이 입금될 예정입니다.
- 본 연구 참여에 따른 손실에 대한 보상은 없습니다. 연구 참가자가 추가적인 정보나 설명을 원할 경우를 대비하여 조사 대상자에게 발송되는 문자, 이메일에 담당연구원의 전화번호 및 이메일이 제공될 것입니다.

6. 개인정보와 비밀 보장

- 회사는 이용자들의 개인정보를 제3자에게 제공하지 않습니다.
- 회사는 이용자들의 개인정보를 "2. 개인정보의 수집목적 및 이용목적"에서 고지한 범위 내에서 사용하며, 이용자의 사전 동의 없이는 동 범위를 초과하여 이용하거나 원칙적으로 이용자의 개인정보를 외부에 공개하지 않습니다. 다만, 아래의 경우에는 예외로 합니다.

  - 이용자가 개별적으로 제3자 제공에 대하여 동의한 경우
  - 법령의 규정에 의거하거나, 수사 목적으로 법령에 정해진 절차와 방법에 따라 수사기관의 요구가 있는 경우

- 회사는 이용자의 개인정보를 처리함에 있어 개인정보가 분실, 도난, 누출, 변조 또는 훼손되지 않도록 안전성 확보를 위하여 다음과 같은 기술적, 관리적 대책을 강구하고 있습니다.

1) 개인정보 암호화

이용자의 개인정보는 비밀번호에 의해 보호되며, 중요한 데이터는 저장 및 데이터 전송 시 암호화하여 보안기능을 통해 보호하고 있습니다.

2) 해킹 등에 대비한 기술적 대책

회사는 해킹이나 컴퓨터 바이러스 등에 의해 이용자의 개인정보가 유출되거나 훼손되는 것을 막기 위해 최선을 다하고 있습니다. 최신 백신 프로그램을 주기적으로 업데이트하여 개인정보나 자료가 누출되거나 손상되지 않도록 방지하며, 기타 개인정보에 대한 접근 통제를 위해 필요한 조치를 다하고 있습니다.

3) 개인정보처리 임직원의 최소화 및 교육

개인정보관련 처리 임직원은 개인정보관리 책임자 및 담당자 등 개인정보관리 업무를 수행하는 자에 한정시키고 있고, 담당자에 대한 수시 교육을 통하여 개인정보보호방침의 준수를 항상 강조하고 있습니다.

4) 아이디와 비밀번호 관리

이용자의 개인정보는 비밀번호에 의해 보호되며 회사는 이용자의 부주의로 아이디, 비밀번호가 유출되어 발생한 문제와 기본적인 인터넷의 위험성으로 일어나는 일들에 대해 책임을 지지 않습니다. 비밀번호를 자주 변경하며 공용PC에서 로그인 시 개인정보가 유출되지 않도록 각별한 주의를 기울여주시기 바랍니다.

7. 참여 철회 및 중지 보장

참가자는 본 연구 참가 진행 도중 개인이 원할 시에 임의로 중도 참여 포기할 수 있습니다. 참여 포기 시, 개인의 자료 및 정보는 즉시 삭제되며 보관되거나 분석의 대상이 되지 않습니다.

본 연구나 설문에 관해 문의할 사항이 있으시면 아래 연락처로 연락 주시기 바랍니다.

- 연구 담당자 연락처
  연세대학교 기본소득 공동연구팀 (02-2123-5041)
  연구 책임자 정미현 교수 (gocmh@yonsei.ac.kr)

- 연구 대상자 권리 정보에 관한 문의처
  연세대학교 생명윤리위원회 (02-2123-5143)

위의 연구 설명을 보시고 아래 항목에 동의하는지, 혹은 동의하지 않는지 응답해주십시오. 모든 항목에 동의하셔야 연구에 참여하실 수 있습니다.

	동의한다	동의하지 않는다
본 연구의 연구 목적을 이해하고 연구에 참여하기를 희망합니다.		
연구 도중 자유롭게 참여를 철회할 수 있음을 이해하였습니다.		

I. 응답자 선정

SQ1. 귀하는 어떤 종교를 믿고 계십니까?

① 개신교
② 천주교
③ 정교회
④ 불교 → 설문 중단
⑤ 기타 → 설문 중단
⑥ 종교 없음 → 설문 중단

SQ2. 귀하의 성별은 어떻게 되십니까?

① 남
② 여

SQ3. 귀하의 나이는 올해 어떻게 되십니까?

1. (　　)세 → 19세 이하 설문 중단
[로직: 나이 자동 코딩]
① 20대
② 30대
③ 40대
④ 50대
⑤ 60대
⑥ 70세 이상

SQ4. 귀하의 현재 거주 지역은 다음 중 어디에 해당되십니까?

① 서울
② 경기/인천
③ 충청/대전/세종
④ 부산/울산/경남
⑤ 대구/경북
⑥ 전라/광주
⑦ 강원/제주

II. 기본소득에 대한 인식

문1. 귀하는 기본소득(Basic Income)의 개념에 대해 어느 정도 알고 계십니까?

① 잘 알고 있음
② 약간 알고 있음
③ 아는 것이 별로 없음 → 문3
④ 전혀 아는 것이 없음 → 문3

[문1 응답 후 모든 응답자에게 보이기]

기본소득이란 국가가 자산심사나 노동 요구 없이 모든 개인에게 정기적으로 지급하는 현금(또는 지역 화폐)을 의미한다.

문2. 귀하는 기본소득에 대한 국내 활동단체나 시행하는 지방자치단체에 대해 알고 계십니까? 알고 계신 사례를 모두 선택해주세요.

① 기본소득한국네트워크(BIKN)
② 기본소득국민운동본부
③ 경기도 재난기본소득
④ 경기도 청년수당
⑤ 각 지자체별 농민 수당
⑥ 기타(　　　　)
⑦ 없음

III. 신앙 정보

문3. 귀하는 기독교 신앙을 언제부터 시작하셨습니까?

① 10대 미만
② 10대
③ 20대
⑥ 30대
⑦ 40대
⑧ 50대
⑨ 60대 이후

문4. 귀하는 기독교 신앙 기간이 얼마나 되셨습니까? 중간에 교회(성당)를 다니지 않은 기간은 제외해주세요.

① 1년 미만
② 1~5년 미만
③ 5~10년 미만
④ 10~15년 미만
⑤ 15~20년 미만
⑥ 20~25년 미만
⑦ 25~30년 미만
⑧ 30~35년 미만
⑨ 35년 이상

문5. 귀하는 비대면 예배를 포함해서 정기적으로 주일예배(미사)에 참여하십니까?

① 정기적으로 참석
② 가끔 참석
③ 거의 참여하지 않음
④ 전혀 참여하지 않음

문6. 귀하의 교회는 어느 교단(교파)에 소속되어 있으십니까?

① 장로교(대한예수교장로회)
② 장로교(한국기독교장로회)
③ 감리교
④ 하나님의성회
⑤ 성결교
⑥ 침례교
⑦ 성공회
⑧ 루터교
⑨ 복음교단
⑩ 구세군
⑪ 독립교단
⑫ 천주교회
⑬ 정교회
⑭ 기타(   )
⑮ 모름

문7. 귀하가 소속되어 있는 교회(성당)의 주소지는 어디입니까?

① 서울
② 경기/인천
③ 충청/대전/세종
④ 경상/부산/대구
⑤ 전라/광주
⑥ 강원
⑦ 제주

문8. 귀하의 신앙적 성향은 어떠하다고 생각하십니까?

① 강한 보수
② 약간 보수
③ 중도
④ 약간 진보

⑤ 강한 진보

문9. 귀하는 소속 교회(성당)의 목회자나 성도로부터 기본소득에 대한 설교나 설명을 들어보거나 토론한 적이 있으십니까?

① 자주 있음
② 가끔 있음
③ 별로 없음
④ 전혀 없음

IV. 기본소득 도입 여부와 재원 마련

문10. 귀하는 모든 국민에게 정기적으로 현금(또는 지역 화폐)을 지급하는 기본소득의 도입에 찬성하시나요? 반대하시나요?

① 매우 찬성한다 → 문10-1
② 찬성하는 편이다 → 문10-1
③ 중립이다 → 문11
④ 반대하는 편이다 → 문10-2
⑤ 매우 반대한다 → 문10-2
⑥ 모르겠다 → 문11

문10-1. 찬성하신다면 그 이유는 다음에 제시된 근거 중 어디에 가까운가요? 모두 선택해주십시오.

① 최소한의 기본 생존권 보장, 소득 재분배와 양극화 해소
② 4차 산업으로 인한 일자리 감소와 소득 기회 감소 대비
③ 토지, 천연자원, 빅데이터와 같이 모두의 것인 공유부(common wealth)에서 발생한 수익에 대한 배분
④ 차별 없이 보편적으로 지급하면 선별 복지와 같은 사각지대나 상대적 박탈감이 없음
⑤ 생계를 위한 노동이 아닌 자아실현을 위한 노동이 가능, 복지 사회로 가는 지름길
⑥ 가사 노동(집안일, 육아, 돌봄 등)에 대한 가치를 인정, 노후에도 도움
⑦ 코로나19로 인해 피해 입는 소상공인, 자영업자, 비정규직 노동자의 어려운 현실
⑧ 기타(　　　　)
→ 응답 후 문11

문10-2. 반대하신다면 그 이유는 다음에 제시된 근거 중 어디에 가까운가요?

① 일하지 않고도 정기적으로 지급한다면 도덕적 해이 발생, 근로 의욕 저하
② 기본소득의 지급액이 적다면 사각지대 해소에도 별 실효성이 없음
③ 기초생활보장제도나 사회보장제도 등 기존의 사회안전망이 기본소득보다 더 효과적 수단
④ 기본소득의 재원 마련을 위한 증세로 부담이 커짐
⑤ 기본소득 도입보다 일자리 제공이나 부동산 가격 안정이 선행
⑥ 코로나19로 인해 피해를 입은 소상공인, 자영업자, 비정규직 노동자에게만 지원
⑦ 기타(　　　　)

문11. 기본소득을 도입하면 국토보유세, 탄소세, 시민소득세(기본소득목적세) 등 세금이 추가로 부과됩니다. 귀하는 기본소득 도입을 위한 증세에 동의하십니까? 반대하십니까?

① 매우 동의한다
② 동의하는 편이다
③ 보통이다
④ 반대하는 편이다
⑤ 매우 반대한다
⑥ 모르겠다

문11-1. 장차 기본소득제가 완성될 경우, 1인당 지급액이 어느 정도면 적당하다고 생각하십니까?

① 매월 30만 원 미만
② 매월 60만 원 미만
③ 매월 100만 원 미만
⑥ 매월 100만 원 이상

문12. 기본소득 재원 마련을 위해서 모든 토지에 대해 토지가격의 일정 비율을 과세해서 전 국민에게 기본소득으로 나눠주는 것에 찬성하십니까, 반대하십니까? 기존의 재산세 제도는 그대로 유지하면서, 주택용 택지를 포함해서 모든 토지에 대하여 예외 없이 동일한 비율로 신규로 과세하여, 그 수입 전체를 기본소득으로 동일하게 나누게 됩니다.

① 매우 찬성한다
② 찬성하는 편이다
③ 보통이다
④ 반대하는 편이다
⑤ 매우 반대한다
⑥ 모르겠다

문13. 기본소득 재원 마련을 위해서 탄소 배출에 대해 배출량의 일정 비율을 과세해서 전 국민에게 기본소득으로 나눠주는 것에 대해 찬성하십니까, 반대하십니까? 기존의 환경세는 그대로 유지하면서, 모든 탄소 배출에 대하여 동일한 비율로 신규로 과세하여, 그 수입 전체를 기본소득으로 동일하게 나누게 됩니다.

① 매우 찬성한다
② 찬성하는 편이다
③ 보통이다
④ 반대하는 편이다
⑤ 매우 반대한다
⑥ 모르겠다

문14. 기본소득 재원 마련을 위해서 개인 소득에 대해 소득의 일정 비율을 과세해서 전 국민에게 균등하게 기본소득으로 나눠주는 것에 대해 찬성하십니까, 반대하십니까? 기존의 소득세 제도는 그대로 유지하면서, 모든 개인 소득에 대하여 일정한 비율로 신규로 과세하여, 그 수입 전체를 기본소득으로 동일하게 나누게 됩니다.

① 매우 찬성한다
② 찬성하는 편이다
③ 보통이다
④ 반대하는 편이다
⑤ 매우 반대한다
⑥ 모르겠다

문15. 기본소득은 예산 확보 사정에 따라 매년 지급액을 변동시킬 수도 있고(변동형), 사전에 지급액을 확정한 후 예산을 마련해서 일정 금액을 지급할 수도 있습니다(고정형). 어느 쪽이 더 합리적이라고 생각하십니까?

① 변동형
② 고정형
③ 어느 쪽이든 상관없다
④ 모르겠다

문16. 귀하께서 기본소득을 매월 정기적으로 지급받는다면 주로 어느 곳에 지출을 하시겠습니까? 우선순위대로 3개까지 선택해 주세요.

① 주거비(월세, 임대료)
② 헌금/후원(선교/구제)
③ 공과금(전기, 도시가스, 전화 등)
④ 생활비(교통비, 의류 구입비, 식비)
⑤ 본인이나 자녀의 교육비(학비/학원비)
⑥ 여가 활동비
⑦ 부모/자녀 용돈
⑧ 저축/보험
⑨ 주식/펀드 투자
⑩ 기타(   )

문17. 기본소득이 정기적으로 지급되면 육아나 가사 등으로 인한 경력 단절 여성에게 새로운 기회를 제공하는 등 성별 간 노동의 불평등이 해소될 것이라고 생각하십니까?

① 매우 그렇다
② 그렇다
③ 보통이다
④ 그렇지 않다
⑤ 전혀 그렇지 않다
⑥ 모르겠다

문18. 기본소득은 직업 활동을 하지 않고 가계 활동을 하는 사람을 사회적으로 인정하는 효과가 있다고 생각하십니까?

① 매우 그렇다
② 그렇다
③ 보통이다
④ 그렇지 않다
⑤ 전혀 그렇지 않다
⑥ 모르겠다

V. 신앙적 견해에서 기본소득 도입 여부

문19. 귀하는 하나님 사랑과 이웃 사랑을 실천해야 하는 신앙적 견해에서 볼 때, 기본소득을 도입하는 것에 대해 찬성하십니까? 반대하십니까?

① 매우 찬성한다 →문19-1
② 찬성하는 편이다 →문19-1
③ 보통이다 →DQ1
④ 반대하는 편이다 →문19-2
⑤ 매우 반대한다 →문19-2
⑥ 모르겠다 →DQ1

문19-1. 찬성하신다면 그 신앙적 이유는 다음에 제시 된 근거 중 어디에 가까운가요? 모두 선택해주세요.

① 이웃 사랑을 실천해야 하는 대상에서 제외될 사람은 아무도 없기 때문에(레

19:18; 마 22:39; 약 2:8)

② 기독교 신앙은 근본적으로 고아, 과부, 나그네, 병든 자, 억눌린 자, 소외된 사람 등 모든 약자를 보호하는 정신이 담겨 있기 때문에(시 146:9; 마 25:40)

③ 기독교 신앙은 교회나 일부 사람을 통한 자선이나 구제만이 아니라 국가 차원에서 모든 사람을 위한 지속적인 지원이 제도로 정착되는 공의가 선행되어야 하기에(잠 21:3; 겔 45:9; 미 6:8; 눅 11:42)

④ 일자리가 없어 하루종일 기다리던 품꾼이 한 시간밖에 일하지 않았음에도 똑같이 하루 일당을 준 포도원 주인의 마음처럼 누구나 최소한의 생존권이 보장되어야 하기에(마 20:1-8)

⑤ 하나님께서도 이스라엘 백성을 40년간 광야에서 차별하지 않으시고 모든 사람을 위해 날마다 만나를 내려주셨기에(출 16:12-15)

⑥ 기본소득 제도가 초대교회의 자발적 희년 실천 정신에 가깝기 때문에(레 25:8-12; 행 4:32-35)

→응답 후 DQ1

문19-2. 반대하신다면 그 신앙적 이유는 다음에 제시 된 근거 중 어디에 가깝습니까? 모두 선택해주세요.

① 일하기 싫어하는 자는 먹지도 말라고 한 것이 성경의 가르침이기에(살후 3:10)

② 빈둥거리며 살아가는 이들을 위해 기본소득을 지급하는 것은 낭비이기 때문에(잠 19:24; 20:4)

③ 기본소득은 게으름을 조장해서 일하려는 의지를 약화시키기 때문에(잠 10:26; 21:25)

④ 성서는 고아, 과부, 나그네 등의 약자들의 어려움에 처한 이웃을 도우라고 한 것이지 모든 사람을 도우라는 것이 아니기 때문에(마 25:40)

V. 응답자 특성

DQ1. 귀하는 학교를 어디까지 마치셨습니까?

① 중학교 졸업 이하

② 고등학교 졸업

③ 대학교 졸업(전문대 포함)

④ 대학원 이상

DQ2. 귀하의 직업은 무엇인가요?

① 관리자(회사 임원 등)

② 전문가 및 관련 종사자(의사, 변호사, 교사, 예술감독 및 연출가, 사회복지사, 부동산 중개인 등)

③ 사무 종사자(인사, 총무, 기획, 영업, 홍보, 안내, 접수, 전산 업무 종사)

④ 서비스 종사자(미용사, 간병인, 피부관리사, 여가 관련 서비스 종사자, 주방장, 승무원 등)

⑤ 판매 종사자(도매 및 소매 판매 종사자/홍보 도우미 및 판촉원 등)

⑥ 농, 임, 어업 종사자

⑦ 기능원 및 관련 기능 종사자(재단사, 정비사, 설치 및 수리기사, 미장공, 세공사 등)

⑧ 장치/기계 조작 및 조립 종사자(각종 공장의 기계 조작원, 차량 운전사 등)
⑨ 단순 노무 종사자(청소원, 택배원, 경비원, 가사도우미 등)
⑩ 은퇴자/주부/학생
⑪ 기타(　　　　)

DQ3. 귀하의 소득 수준(월 급여)은 어느 정도 되시나요?

① 100만 원 미만
② 100~200만 원 미만
③ 200~300만 원 미만
④ 300~400만 원 미만
⑤ 400~500만 원 미만
⑥ 500만 원 이상

DQ4. 귀하의 혼인 상태는 어떻게 되십니까?

① 미혼/비혼
② 기혼/재혼
③ 이혼/사별

DQ5. 실례지만, 귀하는 장애인 등록증 소지자이십니까?

① 예
② 아니오

DQ6. 귀하를 포함한 귀하의 전체 가구원 수는 몇 명입니까?

① 1명
② 2명
③ 3명
④ 4명
⑤ 5명
⑥ 6명 이상

DQ7. 귀하의 가족 중, 돌봄이 필요한 사람이 있으십니까?(취학 전 아동, 노인, 몸이 불편한 가족 등)

① 있다
② 없다

DQ8. 귀댁은 국민기초생활보장 대상이십니까? 해당하는 모든 항목에 응답해주세요.

① 생계급여 가구
② 자활급여 가구
③ 주거급여 가구
④ 의료급여 가구
⑤ 교육급여 가구
⑥ 기타(　　　)
⑦ 대상 아님

DQ9. 귀댁의 부동산 자산 규모는 어느 정도입니까?

① 부동산 자산이 없다
② 1억 원 미만
③ 1억~3억 원 미만
④ 3억~5억 원 미만
⑤ 5억~10억 원 미만
⑥ 10억~30억 원 미만
⑦ 30억 원 이상

DQ10. 귀댁의 주택 점유 형태는 어떻게 되십니까?

① 자가
② 전세
③ 보증금이 있는 월세
④ 보증금이 없는 월세(사글세 포함)
⑤ 일세
⑥ 무상

⑦ 기타(   )

DQ11. 한국 사회의 최하층을 0으로 하고 최상층을 10으로 한다면 귀댁은 어디에 속한다고 생각하십니까?

최하층					중간					최상층
0	1	2	3	4	5	6	7	8	9	10

DQ12. 귀하의 정치적 성향은 어떠하다고 생각하십니까?

① 강한 보수
② 약간 보수
③ 중도
④ 약간 진보
⑤ 강한 진보

찾아보기

인명

기타

한국교회, 기본소득을 말하다

기본소득에 관한 신학과 사회과학의 대화

1쇄 발행 2022년 1월 18일

지은이 정미현·강원돈·곽호철·김유준·김회권
야닉 판데르보호트·전강수·정용한
펴낸이 김요한
펴낸곳 새물결플러스

편 집 왕희광 정인철 노재현 한바울 정혜인
이형일 나유영 노동래 최호연
디자인 박인미 황진주 김은경
마케팅 박성민 이원혁
총 무 김명화 이성순
영 상 최정호 곽상원
아카데미 차상희

홈페이지 www.holywaveplus.com
이메일 hwpbooks@hwpbooks.com
출판등록 2008년 8월 21일 제2008-24호
주 소 (우) 04118 서울시 마포구 마포대로19길 33
전 화 02) 2652-3161
팩 스 02) 2652-3191

ISBN 979-11-6129-229-8 93230

책값은 뒤표지에 있습니다.